La distance pastorale

DU MÊME AUTEUR

Éditions

Honoré d'URFÉ, *La Sylvanire*, introduction, édition et notes, Toulouse, Société de Littératures Classiques, 2001.

Giambattista GUARINI, *Il Compendio della poesia tragicomica* [*De la poésie tragicomique*], introduction, texte, traduction et notes, Paris, Honoré Champion, 2008.

Collectifs

Lectures croisées du « Gascon extravagant », actes de la journée d'études de juin 2005, en collaboration avec Jean-Pierre Cavaillé, *Les Dossiers du Grihl*, revue en ligne du CRH (EHESS), 2007.

Construire l'exemplarité. Pratiques littéraires et discours historiens (XVIe-XVIIIe siècles), actes du colloque de Dijon (mars 2006), Dijon, EUD, 2008.

La distance pastorale

Usages politiques de la représentation des bergers (XVIe-XVIIe siècles)

Laurence **Giavarini**

collection
Contextes

Éditions de l'École des hautes études en sciences sociales
Librairie philosophique J. Vrin
2010

Imprimé en France

ISSN 1159-4535
ISBN VRIN 978-2-7116-2300-6
ISBN EHESS 978-2-7132-2275-7

www.vrin.fr *www.editions.ehess.fr*

INTRODUCTION

TRADITION ET POLITIQUE

Ce livre fait le pari de lire en un sens politique les textes de la littérature pastorale d'Ancien Régime. Il existe pourtant peu de genres ou de modes d'énonciation à ce point inscrits dans l'affirmation du retrait, de la distance, de cette coupure entre les lettres et le monde que Pétrarque a décrite comme fondatrice de l'*otium* contemplatif[1]. Cette distance a reçu des interprétations différentes, mais soit qu'elle ait figuré une tentation[2], parfois donnée comme idéal d'une société plus morale, soit qu'on l'ait interprétée comme utopie ou aspiration universelle à un éden disparu, elle semble contredire *a priori* l'idée d'un sens politique de ces écrits. La littérature des bergers parle d'un ailleurs du monde dans les termes originels de la poésie. Si elle a connu des époques de gloire, elle appartient pour toujours désormais au monde intemporel des formes symboliques qui donnent accès aux vérités intangibles de l'âme humaine – tel son besoin d'échapper à sa condition historique. Pour toujours, le berger de la première bucolique de Virgile reprend son dialogue avec Tityre, sous l'ombre d'un hêtre.

Pour peu néanmoins que l'on s'arrête sur la réception de ces textes, il est clair qu'il y a bien ne serait-ce qu'une politique du discours critique. Celle-ci consiste par exemple à faire participer le genre transhistorique de la pastorale à la construction du siècle classique, du côté de la formalisation des mœurs policées, du côté de la langue quand on parle de *L'Astrée* d'Honoré Urfé – le seul texte qui émerge d'une masse considérable d'écrits et qui occupera une place particulière ici. Elle consiste encore à intégrer les

1. Pétrarque, *La Vie solitaire* [1346], Paris, Rivages, 1999.

2. V.-L. Saulnier, « Pour la pastorale », dans *Le Genre pastoral en Europe du XVe au XVIIe siècles*, Saint-Étienne, Presses universitaires de Saint-Étienne, 1980, Introduction, p. 5.

traditions étrangères dans un discours français sur la construction nationale[1] qui contredit souvent l'ancrage local des textes qui lui servent de sources.

Le terme qui porte la valeur intemporelle de la pastorale et qui constitue le véritable lieu politique de son analyse est donc celui de « tradition ». Toute réflexion sur la littérature des bergers passe par une enquête sur la « tradition pastorale ». Or, si la tradition est le sujet même de l'histoire littéraire, auquel le travail érudit de recherche des sources tend trop souvent à s'identifier, dans le cas de la pastorale elle semble déterminer la forme propre des textes, rétive aux critères d'originalité promus par le romantisme, entièrement produite par la reprise propre à l'*imitatio* et par l'affirmation de la continuité temporelle et poétique qui en découle : l'*Arcadia*, le poème de Jacques Sannazar qui inaugure l'historiographie du genre au début du XVIe siècle (1504) est une marqueterie de sources, un montage de récritures et d'amplifications, tout comme, un siècle plus tard, *Les Bergeries* de Racan (1625). J'ai moi-même été saisie dans cette tentation généalogique, lorsque j'ai écrit la thèse qui est à l'origine, assez lointaine désormais, de ce livre, alors que je faisais l'analyse d'une structure an-historique, d'une « topique » de la pastorale des XVIe et XVIIe siècles, tout en saturant mon propos de réflexions sur l'histoire[2]. Cette démarche bien ancrée dans l'histoire littéraire et dans le réflexe universitaire et savant qui la justifie est suscitée par la pastorale – un des buts de ce livre est d'essayer de le montrer. Mais la tradition est aussi ce que les écrits pastoraux pensent d'autant mieux qu'ils interviennent dans des ruptures historiques. Elle n'est pas un produit immanent du temps, mais une construction historique et politique, fût-elle difficile à découvrir sous le discours de l'intemporel, de la continuité poétique, de l'immémorial.

Singulièrement, cet écrasement de la pastorale par le discours de la tradition caractérise le travail d'Erwin Panofsky sur les *Bergers d'Arcadie*, le tableau de Nicolas Poussin aujourd'hui au Louvre. Louis Marin a montré comment, entre deux articles de 1936 et 1955, Panosfky, qui s'était d'abord intéressé au concept de « transitoire » (« *transience* ») pour parler des bergers, était passé à celui de « tradition élégiaque » (« *elegiac*

1. Notamment J. Marsan, *La Pastorale dramatique en France à la fin du XVIe et au commencement du XVIIe siècle*, Paris, Hachette, 1905.

2. « L'expérience du berger et les signes. Origine, forme et sens de la topique pastorale de l'amour, en France, aux XVIe et XVIIe siècles », thèse de l'Université de Paris VII, Maurice Laugaa (dir.), 1997.

tradition »)[1]. Panofsky aurait déplacé l'accent d'une expérience du temps qu'il avait d'emblée saisie vers une analyse de la tradition en tant que telle, devenue centrale dans le propos de l'article de 1955[2]. Ce qui visait à expliquer le tableau de Poussin dans l'article de 1936 – la mise en place des fondements iconographiques du sens – serait devenu l'objet même de la réflexion en 1955, l'inscription « *Et in Arcadia ego* » n'étant plus mentionnée que comme un des éléments de la tradition, à l'intérieur d'un récit retraçant « une histoire empirique en termes d'influences et de contacts »[3].

Certes, remarque Louis Marin, l'idée de tradition explicite « en la développant la conception philosophique du "change", puisque toute tradition est une transmission dans le temps de faits, de doctrines et de légendes » et que l'élégie exprime justement « des sentiments nés de l'écoulement du temps et de sa marque sur les êtres et les choses ». Mais en déplaçant l'accent du « transitoire » à la « tradition », Panofsky serait passé d'un terme poétique à un terme métapoétique, faisant du tableau de Poussin « le modèle réduit d'une théorie et d'une méthode de la "science" de l'art »[4]. Dans l'article de 1955, le déplacement et la concentration sur l'analyse iconographique mettent l'accent sur le « moment cognitif de l'histoire-théorie de l'art » : ce « moment du savoir » permet la rencontre entre le regard comme expérience et l'intuition du sens, entre savoir et expérience[5], au détriment peut-être de l'expérience singularisante du regard sur le tableau, aux dépens du sentiment de fugacité que suscite celui-ci, quand le discours de la tradition postule la continuité à travers le temps, subsume les disparitions, la mort, la rupture.

On pourrait se demander jusqu'à quel point ce déplacement que Louis Marin relie à la définition kantienne des formes symboliques revue par Ernst Cassirer peut définir le risque de toute réflexion quand elle passe à l'extérieur de son objet pour en écrire l'histoire – le risque de ne chercher que des continuités à travers le temps. Louis Marin dit autre chose : en se déplaçant, la réflexion de Panofsky aurait perdu l'intuition du sens du mot

1. L. Marin, « Panofsky et Poussin en Arcadie », dans *Erwin Panofsky. Cahiers pour un temps*, Centre Georges Pompidou, 1983, p. 151-166, rééd. dans *Sublime Poussin*, Paris, Seuil, 1995, p. 106-125.

2. « *Et in Arcadia ego*, on the Conception of Transience in Poussin and Watteau » dans R. Klibansky et P.J. Patton (eds.), *Philosophy and History: Essays presented to Ernst Cassirer*), Clarendon Press, 1936 ; « *Et in Arcadia ego* : Poussin and the Elegiac Tradition » dans *Meaning in the Visual Arts*, Doubleday Anchor Books, 1955 (*L'Œuvre d'art et ses significations. Essais sur les « arts visuels »*, Paris, Gallimard, 1969, p. 278-302).

3. L. Marin, « Panofsky et Poussin en Arcadie », art. cit., p. 121.

4. *Ibid*. p. 111 et 113.

5. *Ibid*. p. 115.

« *ego* » inscrit sur le tombeau arcadien. Privé des savoirs de l'énonciation qui lui eussent permis d'introduire le sujet-peintre dans son analyse de l'inscription, cet « *et in Arcadia ego* » qui concentre sur le tombeau la méditation des bergers d'Arcadie, Panofsky aurait manqué ce dont il avait eu pourtant comme l'intuition, puisqu'en 1936 il finissait son premier article sur le *Gilles* de Watteau, si curieuse image du peintre donnée par lui-même, véritable écho pictural au sujet « *ego* » du tableau de Poussin[1].

L'article de Louis Marin mettait ainsi l'accent sur la façon dont, à l'intérieur de la démarche de Panofsky, le discours de la tradition était venu, pour des raisons épistémologiques tout à fait claires selon lui, soutenir la discipline iconologique, mais en laissant de côté la question de l'immédiateté de l'action de peinture en laquelle Nicolas Poussin se serait figuré à distance dans le tableau, pour dire en quelque sorte : moi aussi, le peintre, j'ai été en Arcadie ; moi aussi – suggère Louis Marin – je suis mort dans l'« utopie délectable » de la peinture. Car le sujet de l'Arcadie n'est pas la tradition que l'image de peinture reprend et réactive, ou n'est *pas seulement* cette tradition. Le sujet de l'Arcadie est d'abord l'énonciation de celui qui dit sa propre mortalité, la fugacité de son existence, et qui l'inscrit au centre d'un paysage mythique, dans une tradition précisément. Le sujet de l'Arcadie est le mode d'inscription d'une historicité dans l'immémorial saisi comme image, comme paysage.

Il n'y a rien de plus significatif que la difficulté de l'histoire littéraire à saisir ce sujet de l'énonciation[2] dans l'image pastorale, quand elle analyse les textes de la littérature des bergers. Non qu'une théorie de l'énonciation lui manquerait, pour peu du moins qu'elle use des savoirs de la linguistique, mais parce qu'avec la voix des bergers, l'énonciateur s'absente de l'image, ou du tableau, ou de sa propre parole.

Cette absence du berger à sa propre énonciation, Florence Dupont la relève dans les *Bucoliques* de Virgile[3] ; j'en proposerai plusieurs interprétations dans ces pages, qui articuleront différemment le discours à un lieu et à un moment. Dans le tableau de Poussin, elle s'écrit fortement comme un *ego* sur un tombeau, premier mot d'une histoire qui embraye un présent ou un passé – toujours un schème temporel – sur l'immémorial du paysage des bergers, le point de saisie d'une expérience temporelle dans l'espace de la

1. L. Marin, « Panofsky et Poussin en Arcadie », art. cit., p. 124-125.

2. Parmi toutes les définitions possibles qu'offrent les travaux linguistiques, celle d'O. Ducrot, qui distingue utilement en outre le locuteur de l'énonciateur : « l'événement constitué par l'apparition d'un énoncé » (*Le Dire et le dit*, Paris, Minuit, 1984, p. 205).

3. F. Dupont, « Introduction » à Virgile, *Les Bucoliques*, Paris, Gallimard, 1997, p. 11.

méditation. Mais il n'est pas facile de comprendre ce que *Les Bergers d'Arcadie* disent de cette expérience, d'un contexte, d'une histoire même, tout comme il est difficile d'articuler le sens du tableau à l'inscription qui le barre en son centre. Par rapport à la première version de Chatsworth, dont Panofsky fait le relais iconologique décisif entre le tableau du Louvre et celui, également fameux, du Guerchin – du point de vue de sa lecture du *ego* du moins –, la seconde version des *Bergers d'Arcadie*, celle de Poussin, offre à peine une scène, un moment : une mise à distance de la mort (ou du mort) dans un geste qui met en relief l'inscription sur le tombeau. Autour de celle-ci s'organisent des figures disposées dans des postures à l'antique, des attitudes éthiques. Quelles que soient les interprétations de cet *ego*, cette inscription constitue ainsi une sorte d'écran à la lisibilité de l'image de peinture. Signe auquel le tableau ne saurait être pleinement identifié, elle oblige à construire la question de la signification comme un rapport entre des signes – images, écriture [1].

Parce que le sens de l'inscription latine ne nous est pas immédiatement lisible, nous sommes ainsi tentés de mettre l'opacité du côté de sa nature de signe plutôt que de son statut de chose écrite parmi d'autres choses visibles dans le tableau. C'est bien néanmoins comme chose, comme écriture sur un tombeau dans un paysage mythique, autant que comme signe représentant le sujet en Arcadie, que cette inscription originaire montre la façon que ce tableau apparemment hors du temps a de faire histoire, de relever d'un type d'opération historiographique si l'on veut. Elle est une trace, qui coupe l'espace et le temps du mythe, renvoie à leur extérieur. Elle marque dans le tableau le commencement d'une histoire, au sens de la discipline ou de la connaissance historique, s'il est vrai que « l'histoire ne cesse de naître de la prise de distance en quoi consiste le recours à l'extériorité de la trace archivale » [2].

Il y aurait bien d'autres définitions possibles de l'histoire. Celle-ci, empruntée au dernier livre de Paul Ricœur, souffre assurément de sa généralité historique et de l'assimilation contestable de toute écriture à une archive. Mais elle dit peut-être pour cette raison même la vérité de ce qu'est l'histoire pour les contemporains de Nicolas Poussin : l'extériorité d'une écriture. Elle formule les conditions de cette distance qui caractérise la disposition ordonnée des bergers d'Arcadie autour de l'inscription funéraire, historiens au moment où ils s'interrogent sur cette trace. Pour

1. L. Marin, *Détruire la peinture*, Paris, Flammarion, 1997.
2. P. Ricœur, *La Mémoire, l'histoire, l'oubli*, Paris, Seuil, 2000, p. 174.

leur part, les bergers du tableau de Chatsworth marquaient leur surprise devant la tête de mort cachée sous les branches.

Ainsi regardée comme l'événement inaugural d'une histoire, l'inscription funéraire invite à reformuler une question de méthode devant le tableau de Poussin : peut-on essayer de dire l'histoire que fait le tableau en prenant en charge l'immémorial comme cadre d'apparition de l'écriture et le signe écrit comme trace laissée dans l'éternité arcadienne ? Et quel est alors le rapport entre l'immémorial de la pastorale et le contexte du tableau ? Quel est éventuellement son lien avec une politique contextuelle de la peinture ? Que fait Poussin aux alentours de 1638 ? Pourquoi peint-il à ce moment-là les *Bergers d'Arcadie*, et comment ce peintre d'allégories morales et politiques, puis de paysages, fait-il ainsi l'histoire de son temps, lui qui dit parfois regarder à distance la « comédie » que jouent ses contemporains[1] ? Ses tableaux de paysages montrent ces jointures d'affects, ou de moments, ou de formes pathétiques, qui barrent d'une histoire l'intemporalité apparente des paysages, ou leurs temporalités mythiques : celle d'Orphée et Eurydice, celle de Polyphème, celle d'Ève[2]. Comme d'autres, le tableau du Louvre identifie l'expérience temporelle à la rencontre avec la mort ; comme d'autres, il fait de la mort un signe. Mais ce signe est ici une écriture, si bien que le sens de l'existence mortelle des bergers s'esquisse dans leur posture éthique devant l'écriture. L'histoire que fait le tableau est d'abord l'histoire du tableau comme surgissement d'une écriture à déchiffrer à l'intérieur du temps mythique.

Voilà qui, au moment d'analyser les écrits de la pastorale littéraire, engage une démarche à rebours de celle d'Erwin Panofsky selon Louis Marin. Revenir du genre et de la tradition au moment de la peinture ou de l'image comme histoire, s'arrêter sur cette articulation entre la mémoire intemporelle portée par un lieu et ses incarnations particulières, comme ses réalisations contextuelles précises, c'est s'intéresser au moment où l'histoire apparaît « de part en part écriture »[3], et même si l'écriture de la pastorale, dans la pastorale, se donne comme la restitution d'une ou de plusieurs voix.

1. Dans plusieurs lettres à Chantelou, le 21 décembre 1643, le 17 janvier 1649 (*cf.* l'article de la note suivante).

2. L. Giavarini, « L'effroi de voir et le pouvoir de la peinture. Sur "Paysage avec Orphée et Eurydice" de Nicolas Poussin (c. 1648) », dans B. Bercoff et F. Fix (dir.), *Mythes en images : Médée, Orphée, Œdipe*, Dijon, EUD, p. 61-76.

3. P. Ricœur, *La Mémoire, l'histoire, l'oubli*, *op. cit.*, p. 302. Ici encore j'utilise la formulation de Ricœur en restreignant son champ d'application à la période concernée.

Tel est le projet de ce livre que toutes sortes d'images vont traverser, mais qui ne se consacre pas à la peinture. Construit sur l'hypothèse que l'histoire, la conscience historique, l'écriture de l'histoire même sont au cœur de la représentation des bergers, il ne reprend pas l'analyse de la tradition, mais tente un pas de côté pour rapporter les écrits de la pastorale à leurs contextes. Il se propose de prendre en charge le statut de la pastorale comme représentation, une représentation dont le caractère d'image, voire d'image picturale, n'est qu'un cas particulier de ce que peut être la représentation. Tous les textes le disent en effet : ces bergers ne sont pas de vrais bergers. Dire que la pastorale est représentation signifie qu'elle est représentation d'une action de bergers, mais plus souvent encore, comme l'écrit le père Rapin au milieu du XVIIe siècle, « mode pastoral de représentation d'une action »[1]. Un des buts de cet ouvrage est de comprendre pourquoi une action se représente sous un « mode » pastoral, pourquoi cette parole se dit parole de berger et quel est le rapport de ce « mode » à l'histoire que permet la représentation.

Le cadre historique, imposé par l'importance quantitative de ces textes en un moment clairement identifiable, est celui des guerres de Religion et de la difficile pacification qui s'ensuit. Le propos se situe donc avant l'invention de la « littérature », dans un moment de véritable inflation des lettres et des images pastorales. Ce moment, je l'envisage comme un problème historique en tant que tel, à la fois d'un point de vue littéraire – pourquoi une telle inflation du « mode » pastoral[2] au tournant des XVIe et

1. *Renati Rapini Societatis Jesu Eclogæ cum Dissertatione sub carmine pastorali*, Paris, S. Cramoisy, 1659, pars secunda : « *de carminis pastoritii constitutione, & natura* », p. 101-134 (p. 104-106 pour la citation) : « *Ut autem os vultumque pictura, sic actionem imitatur poetica, quae non personae, sed actionis est adumbratio. Ex quibus colligi poterit haec carminis pastoralis definitio. Est imitatio actionis pastoralis, vel quae sit ad modum pastoralis. Ut Gallus Virgilii licet pastor non sit, erat enim ferme primariæ vir in urbe dignitatis : tamen pertinet a carmen pastorale, quia repraesentatur ad modum pastoris.* » (De la constitution et de la nature du vers pastoral. De même que la peinture imite le visage et l'apparence, de même l'art poétique imite l'action, imitation qui est une reproduction, non de la personne mais de l'action. Cette définition du vers pastoral pourra être tirée de ces remarques. C'est une imitation de l'action pastorale, ou plutôt une imitation sur le mode pastoral. Si le Gallus de Virgile n'a pas été pasteur – il était en effet un homme de première dignité à la ville –, il convient néanmoins au vers pastoral puisqu'il est représenté sur le mode pastoral). Voir aussi du même, dans les *Réflexions sur la poétique de ce temps* (Paris, Muguet, 1675), un chapitre sur l'églogue vulgaire (II, chap. XXVII) reprenant la plupart des remarques de la *Dissertation*.

2. P. Alpers, *The Singer of the Eglogues : a Study of Virgilian Pastoral*, Los Angeles, Berkeley, 1976.

XVIIe siècles ? –, et en essayant d'entendre le discours historique porté par la représentation des bergers.

Des guerres de Religion à la fondation de l'Académie française en 1635, la question d'une politique à la fois irénique et protestataire de la pastorale est appréhendée à partir de la *représentation*, ce que j'entendrai de plusieurs manières tout au long de ce livre : l'écart entre le référent de la pastorale (un pays, des hommes réels) et sa construction éthique, mais aussi la production d'une image de lieu qui prend en charge le statut culturel du monde des bergers ; mais encore la distance entre le texte et l'auteur qu'il représente pour des lecteurs ou des destinataires ; enfin, le rapport intime des bergers avec la scène, rapport qui se développe dans la tragicomédie pastorale des premières années du XVIIe siècle. Ces contenus ne sont ni exclusifs ni contradictoires : ils définissent la complexité d'un système sémiotique et politique qui ne ressortit ni tout à fait à l'allégorie, ni à proprement parler à la *mimesis*, à une époque où l'on commence à peine en France à connaître les commentaires italiens de la *Poétique* d'Aristote. La période examinée dans ce livre précède pour l'essentiel le temps de la représentation qu'ont mise au centre de leurs travaux Michel Foucault dans *Les Mots et les choses*, et Louis Marin dans ses études sur le fonctionnement du pouvoir absolu au XVIIe siècle, notamment *Le Portrait du Roi*. Le point de vue sur le monde qu'offre la représentation des bergers procède d'un discours social et éthique. Ici, l'image de peinture, le tableau de Poussin, montre ce qui est au cœur de la distance pastorale : une production d'images et de discours articulant de manière complexe *sujets* de la représentation (les auteurs), *objets* de la représentation (les bergers et leur discours sur le monde), *texte* comme représentation (produisant une image du monde, exerçant sur lui, par sa nature d'écrit et par sa publication, une action).

Aussi dois-je assumer ici la polysémie du mot « représentation » dans cette période définie autour d'un moment critique, celui de la publication de *L'Astrée*. Au centre de cette notion qui ne vise nullement à une construction théorique[1], mais bien à prendre en charge tant un mode énonciatif spécifique que la diversité des écrits qui en rendent compte – au centre donc de cet emploi extensif du mot de « représentation », j'introduis

1. Ce n'est pas non plus exactement ce que P. Ricœur appelle « représentation » en s'appuyant un peu paradoxalement sur les analyses de L. Marin concernant la « force » de l'image, dans l'image, mais qu'il construit d'emblée comme prolongement des « mentalités » et donc comme « objet de l'historien » : *La Mémoire, l'histoire, l'oubli*, *op. cit.*, p. 292 *sq.* et p. 302 *sq.*

une idée plus large, moins technique, plus indéterminée sans doute : celle de distance. Il y a la distance selon Thomas Pavel[1], qui se pense comme éloignement entre l'écrit et le monde, et il y a celle, toute différente, de Norbert Elias, qui pense la représentation comme forme d'une distanciation des individus par rapport au processus historique qu'ils subissent[2]. Il y a encore la distance mesurant l'écart entre le signe et le référent, entre l'auteur et son livre, entre le texte et son hypothétique lecteur. Il y a enfin la distance comme type de proximité que ces écrits ont produite avec leur présent.

Parler de « distance », c'est ainsi choisir de ne pas définir la représentation, mais d'en mesurer la portée, les usages, les équivoques. Ce n'est pas exactement non plus proposer une description de la pastorale comme fragment d'une histoire des représentations. Si la représentation apparaît bien comme un mode de construction historiographique, partie de l'opération historique qu'étudie Paul Ricœur – sans que je me sois sentie obligée de reprendre la chronologie ricœurienne des « phases » de cette opération[3] –, cela n'implique pas pour autant qu'il faille l'inscrire dans une analyse des mentalités, mais qu'il faut plutôt tenter de constituer les contextes qui disent l'opération historiographique propre à l'image, celle des écrits qui disent un rapport, autre que celui des historiens qui leur sont contemporains, à une histoire du temps. Telle est bien la fonction de ce que j'appellerai, de manière volontairement un peu plus lâche, la « distance » : une mesure différentielle des usages politiques de l'écrit. Car loin d'être un impensé des textes que l'on va lire, la distance pastorale est leur mode d'intervention dans le monde. Elle est une modalité de leur action.

Parce que la question historiographique m'est apparue centrale dans la pastorale, fût-ce sous la forme ténue de cette écriture sur un tombeau, sous la forme d'un lieu rhétorique et pathétique, parce que cette forme m'est donc apparue comme immédiatement historique, ce livre obéit à une construction chronologique en deux parties. La première se concentre sur la période des guerres de Religion, même si le chapitre inaugural

1. Dans *L'Art de l'éloignement*, Paris, Gallimard, 1996.

2. Dans *La Société de cour* [1974], Paris, Flammarion, 1986, chap. VI.

3. *La Mémoire, l'histoire, l'oubli*, *op. cit.*, p. 169 *sq.* En utilisant le terme de « phase » pour décrire l'opération historiographique, soit « le champ parcouru par l'analyse épistémologique » qu'il construit, P. Ricœur pose un ordre hiérarchique des phases, « documentaire », « explicative/compréhensive », « représentative », même s'il se défend de toute idée de succession chronologique (p. 170) qu'il ne me semble pas nécessaire de reproduire, ni d'accepter pour justifier l'hypothèse d'une spécificité de la représentation comme écriture de l'histoire.

(1. « L'expérience du berger et les signes ») propose un parcours plus large, qui montre la façon dont les images politiques de la « bergerie » sont travaillées pendant deux siècles comme des images historiques et mythiques. Un deuxième chapitre (2. « Distance pastorale et distance utopique ») met l'accent sur les formes poétiques diverses de la « bergerie » au début des guerres de Religion, à un moment où la menace politique est particulièrement forte sur l'autonomie et la clôture du royaume de France. Il ouvre un questionnement sur la politique des poètes dans ce déploiement de la bergerie, questionnement développé dans un troisième chapitre (3. « L'expérience mélancolique ») plus spécifiquement consacré à la pastorale des guerres de Religion – au « cœur des troubles » – et à ses rapports avec l'idéologie ligueuse. Cette première partie tente ainsi de penser la distinction entre propos éthique et usage politique de l'écrit, qui permet d'appréhender les formes diverses de l'écriture pastorale chez les auteurs de ce temps.

La deuxième partie (« Le moment libertin (c. 1607-1634) ») porte sur la pastorale d'auteurs qui ne sont pas identifiables comme poètes. Le moment qualifié de « libertin » est celui où les pratiques auctoriales sont l'objet de jugements critiques sur la nouveauté, le rapport aux anciens, le rapport plus général à l'autorité. Un premier chapitre (6. « La nature en procès ») analyse les liens entre la construction dramatique, la *dispositio* de ces textes et le discours sur la nature et l'histoire qu'elle permet de tenir, en montrant le rôle de modèles que les pastorales italiennes ont joué dans cette élaboration structurelle. Le deuxième chapitre (7. « L'autorité en procès ») s'intéresse plus particulièrement aux pastorales dramatiques écrites dans l'entourage du duc de Montmorency, et aux formes pastorales de discussion de l'autorité monarchique. Enfin, en s'attachant à des traductions concurrentes de pastorales anglaises ou italiennes, le dernier chapitre (8. « Tombeaux et jugements critiques ») revient sur les enjeux auctoriaux du « tombeau », lieu symptomatique du texte pastoral.

Deux chapitres consacrés à *L'Astrée* séparent les deux moments historiques de ce livre. Le roman d'Honoré d'Urfé occupe une place à part dans la production pastorale de la période considérée et dans l'histoire littéraire française même. Construit dans le temps même de sa réception comme monument, sans que l'on puisse affirmer qu'il ait été conçu comme tel, il sert plus que jamais aujourd'hui à ériger la tradition poétique, historique, de la Renaissance en patrimoine de la France classique, autant dire de la France même. En faire l'analyse à l'intérieur d'un « passage », arbre étendant ses branches sur les deux autres parties de ce livre, est une manière de prendre en charge le sens de *L'Astrée* dans la forme même de la description; c'est souligner, un peu pesamment peut-être, la façon dont, plus que tout autre écrit du temps, *L'Astrée* a donné à certains de ses contemporains un sentiment de l'histoire dans laquelle ils étaient ou avaient été pris. C'est enfin une manière de le considérer du point de vue de son événementialité, celle d'un écrit nobiliaire procédant d'abord d'un projet lignager, familial, politique, bien qu'en trente ans à peine, il ait été produit, et pour longtemps, comme œuvre nationale. *L'Astrée* offre ainsi un exemple remarquable de tension entre la distance de l'auteur au regard de l'action de son écrit, à l'écriture même semble-t-il, et sa perception avertie des usages politiques qu'il peut en faire, comme de sa réception sociale. Entre distance auctoriale et surinvestissement mimétique, entre éloignement d'un monde disparu, dont il n'est pas sûr que l'adaptation rohmérienne [1] récente ait même voulu le combler, et affirmation de la place décisive de cet écrit dans les lettres françaises qui fondent l'âge classique, *L'Astrée* montre que l'idéologie de notre lecture des textes littéraires d'Ancien Régime s'ancre dans les usages que les hommes du temps ont fait des formulations éthiques propres à la pastorale. C'est la raison pour laquelle il fallait proposer ici des éléments d'analyse sur la construction du monument, tout en conférant à celui-ci une place éminente dans ce livre.

De manière générale, si celui-ci s'arrête souvent sur des écrits peu ou pas connus, peu lisibles devant les critères modernes de la valeur littéraire ou poétique, s'il place côte à côte des textes qui n'ont pas le même statut devant l'histoire, il n'entend pas bouleverser les hiérarchies. Plutôt déplacer le regard pour produire autre chose que la reconstruction d'une téléologie du genre pastoral. Il est certain que les poètes du XVIe siècle et les auteurs des premières années du XVIIe siècle ne cessent de se situer par rapport aux anciens, qu'écrire une pastorale signifie contribuer à un vaste texte sur l'amour, le corps politique et le corps des particuliers, la nature et l'histoire. Mais je n'ai pas reconstitué ici ce texte comme un « genre », ou un ensemble homogène culminant avec *L'Astrée*, au moment où la France entend exercer une domination politique sensible sur l'Europe. Même si je ne me suis attachée qu'à la France, le propos n'exclut nullement l'existence de la pastorale en Angleterre, en Italie, en Espagne et, quand cela permettait de comprendre les textes que je lisais, j'ai fait référence à des écrits étrangers. Or, pas plus qu'un classement des textes ou qu'une histoire de la

1. *Les Amours d'Astrée et de Céladon*, 2007.

pastorale française, il ne s'agissait de faire une analyse transeuropéenne du genre pastoral[1].

Les chapitres qui suivent essaient d'articuler des études portant sur des écrits particuliers avec quelques lignes d'analyse, plus générales, sur les questions qui traversent la parole des bergers – histoire, nature, amour, corps – en considérant que ce sont ces questions qui ont motivé un usage politique de ces écrits en leur temps. J'ai ainsi renoncé à construire ou à rendre compte des séries de textes (les pastorales dramatiques, les romans, les églogues, les traductions mêmes[2]), d'abord parce que l'imitation n'était pas plus le mode de production de ces écrits que leur sujet – il n'y a donc aucune raison de masquer un point derrière un autre –, et pour faire apparaître d'autres types de rapports entre les textes : plus contextuels, plus aléatoires peut-être, relevant d'une autre problématique que le classement, invitant à un autre discours d'histoire. Cette autre histoire du rapport entre les écrits pastoraux et le passé, cette histoire pastorale de la France au tournant des XVIe et XVIIe siècles, est l'objet de ce livre.

1. Elle existe : M. I. Gerhardt, *Essai d'analyse littéraire de la pastorale dans les littératures italienne, espagnole et française*, Assen, Van Gorcum, [ca 1950].

2. Ces classements ont été réalisés et je les utiliserai dans les chapitres suivants : pour l'églogue et la poésie, A. Hulubei, *L'Églogue en France au XVIe siècle. Époque des Valois (1515-1589)*, Genève, Droz, 1938 et S. Macé, *L'Éden perdu. La pastorale dans la poésie française de l'âge baroque*, Paris, Champion, 2002 ; pour la pastorale dramatique, l'ouvrage cité de J. Marsan, ainsi que ceux de D. dalla Valle, *Pastorale barocca, forme e contenti dal « Pastor Fido » al dramma pastorale francese*, Ravenne, 1973 et d'I. Cremona, *L'Influence de "l'Aminta" sur la pastorale dramatique française*, Paris, Vrin, 1977 ; pour le roman, Fr. Lavocat, *Arcadies malheureuses. Aux origines du roman moderne*, Paris, Champion, 1998.

PREMIÈRE PARTIE

« DE LA POLITIQUE CONSIDÉRÉE COMME UNE AFFAIRE DE BERGERIE ». DU MOYEN ÂGE AUX TROUBLES DE RELIGION

PRÉLUDE

LE VERTIGE DU MODÈLE : THÈME PASTORAL ET PASTORAT SELON MICHEL FOUCAULT (1978-1981)

Avant la « pastorale », il y a le berger, dont le rapport difficile avec le politique peut être résumé par l'ensemble de problèmes que la figure du roi-pasteur pose au discours historien. Figure d'une histoire qui chercherait ses fondements dans les Écritures – c'est « l'Éternel » de l'Ancien Testament, le « bon Pasteur » du Nouveau Testament –, ou dans le mythe – ce sont les Apollon, les Pâris, les Mercure –, figure exemplaire de l'histoire selon le XVIe siècle qui mêle la fable et le mythe à des événements datables, le roi-pasteur ne semble apparaître dans les textes que pour mobiliser, à l'intérieur du discours sur le prince, l'origine la plus immémoriale et la plus syncrétique de la royauté.

L'origine et le modèle. Avec le roi-pasteur, ce n'est pas une théorie qui s'énonce, c'est un modèle du gouvernement qui apparaît, dût-il finalement être écarté comme dans le texte fameux du *Politique* de Platon qui fait de la définition pastorale de l'homme politique un leurre méthodologique destiné à mieux affirmer la validité de l'autre modèle, celui de l'artisan entretissant les rapports de force au sein de la cité[1]. Il se peut d'ailleurs que, comme l'imagine Jacques Rancière, le leurre n'ait été cette mise à l'écart du modèle, qui demeure comme nostalgie, « présence obstinée au cœur de la République »[2]. Parler de modèle, c'est dire que la fonction royale s'exemplarise dans une image, pédagogique, persuasive, si simple en l'occurrence qu'elle pourrait se réduire à une formule. Mais c'est constater

1. Platon, *Le Politique ou de la royauté*, dans *Œuvres complètes*, éd. L. Robin, Paris, Gallimard, 1950, 257, p. 340.

2. J. Rancière, *La Haine de la démocratie*, Paris, La Fabrique, 2005, p. 41.

aussi que cette image topique n'a pas l'appui juridique qui règle, dans les cérémonies de la monarchie d'Ancien Régime, les formes de la représentation royale : sacres, entrées royales, funérailles. Il n'y a pas de référence au droit derrière l'image pastorale du pouvoir royal, pas de discours du droit derrière celle de la bergerie France, quand il y a des textes juridiques qui justifient la représentation de Marie de Médicis en régente dans le cycle qu'a peint Rubens en 1625 pour le palais du Luxembourg[1]. Et la référence pastorale n'a pas non plus la complexité de la numismatique romaine soutenant la présence d'un éléphant dans les images de la souveraineté royale qui jalonnent la galerie François 1er au château de Fontainebleau[2].

L'image pastorale n'a pas sa place dans une réflexion politique sur la monarchie en tant que type de gouvernement. Michel Foucault le souligne dans une série de cours de 1978 au Collège de France, puis dans un article de 1981 intitulé « *Omnes et singulatim* » : le modèle pastoral n'interroge pas dans la fonction royale la souveraineté ; seul le sollicite l'« art de gouverner », cette technique qui peut dépasser le gouvernement politique pour s'étendre à la direction des âmes – tout ce que Foucault nomme le « pastorat ». Ce modèle serait apparu avec la question de la « gouvernementalité », développée à la fin du XVIe siècle par une approche anti-machiavélienne du pouvoir et qui aurait traversé ensuite la construction de l'absolutisme jusqu'aux années 1680. S'interrogeant sur l'origine de cette « idée » qui ne va pas de soi – les hommes ont à être gouvernés –, Foucault pose d'abord que c'est l'Église médiévale qui a « coagulé les thèmes du pouvoir pastoral », thèmes que le monde grec avait récusés dans sa réflexion sur ce qui définit l'homme politique[3]. Ce serait avec le XVIe siècle, « l'âge des conduites, [...] l'âge des directions, [...] l'âge des gouvernements », que le pastorat, « ensemble de techniques et de procédures » étendu de l'*oikos* à la chrétienté entière, ayant pour objet la « conduite des hommes », se serait séparé du « thème pastoral ». La périodisation dessinée par Foucault pour décrire un processus qui se développe en particulier de 1580 à 1650 coïncide ainsi avec ce qu'il appelle, ici, la « dégouvernementalisation du

1. F. Cosandey, *La Reine de France*, Paris, Gallimard, 2000, III, 3.

2. E. et D. Panofsky, *Étude iconographique de la galerie François 1er à Fontainebleau*, Saint-Pierre-de-Salerne, G. Monfort, 1992, p. 28-31.

3. « Cette forme de pouvoir si caractéristique de l'Occident, si unique je crois dans toute l'histoire des civilisations, elle est née, ou du moins elle a pris modèle du côté de la bergerie, de la politique considérée comme une affaire de bergerie. » : M. Foucault, *Sécurité, territoire, population. Cours au Collège de France. 1977-1978*, Paris, Gallimard-Seuil, 2004, leçon du 8 février 1978, p. 134.

cosmos» et ailleurs, les débuts de l'«*épistémè* classique». Le schème pastoral du gouvernement des hommes serait devenu caduc comme modèle au moment précis où le pastorat se serait développé comme technique. À l'époque de sa pertinence, il aurait donc coïncidé avec une économie du salut, une économie divine des signes, des merveilles, des prodiges, l'économie d'une nature lisible comme un livre et peu à peu disparue, avec l'invention d'une nouvelle nature, d'une nouvelle raison, d'une nouvelle rationalité de l'imitation de la nature [1].

Envisagé sous l'angle foucaldien d'un modèle fondateur d'une technique de pouvoir, le thème pastoral permet de formuler deux types de questions. Quel est, premièrement, son rapport spécifique avec la définition de la France comme royaume dans l'Ancien Régime? Si l'on suit le propos de Foucault, le modèle pastoral s'étend à la chrétienté entière. Les textes grecs et les sources patristiques qu'il analyse le montrent bien: il appartient à une histoire de la séparation du monde chrétien d'avec le monde grec. Mais rien n'est dit des usages particuliers, proprement français, de la métaphore pastorale du pouvoir, de la réalisation de ce modèle dans le royaume de France aux XVIe et XVIIe siècles, même si l'on se doute que tel n'est pas le propos de Foucault. Et quel est, par ailleurs, le rapport du thème pastoral avec une histoire de la représentation comme structure du pouvoir? Le modèle ne serait en effet pertinent et présent comme modèle qu'à l'âge de la «gouvernementalisation» du cosmos, ce que dans *Les Mots et les choses*, Foucault nommait l'âge de la «prose du monde». L'historicisation négative du modèle – négative en ce sens que, dans les cours de 1978, elle se dégage de la périodisation progressivement donnée pour le pastorat – détermine ainsi l'ambiguïté de son statut politique: le thème pastoral serait propre à un âge où le politique n'avait pas de lieu propre. En tant qu'il précèderait l'âge de la représentation – Foucault parle de modèle pastoral, mais aussi d'«analogie», de «métaphore» –, il ne serait jamais un signe de pouvoir. Voire: le modèle pastoral appartiendrait à cet âge où le pouvoir ne serait pas encore inscrit dans ce que Louis Marin a étudié comme une politique des signes. Il aurait certes pu coïncider avec une «économie divine des signes», mais il se serait agi d'un autre type de signes que ceux que devait mettre en œuvre, plus tard, la représentation comme pouvoir.

En tant qu'il ne procède donc pas de «la» représentation – même s'il est bien difficile de lui récuser le statut d'une représentation de l'art de gouverner –, le modèle pastoral relèverait plutôt alors de ce que les

1. *Ibid.*, leçon du 8 mars 1978, p. 241.

historiens appellent un « imaginaire », terme qui n'a pas la technicité du précédent et qui permet en outre de recourir à la notion de « symbole » dans le discours sur le pouvoir, voire dans l'exercice même de ce pouvoir. Mais le mot d'« imaginaire » offre le risque de postuler un inconscient, là où l'on a affaire à nombre de textes très explicites sur ce qu'est la « bergerie », le risque en outre de rabattre l'antiquité du roi-pasteur sur un « archaïsme », d'ailleurs désigné comme tel par Foucault. Or, l'archaïsme du berger, c'est-à-dire l'ancienneté et la simplicité du modèle, ne fait que reconduire le discours de l'intemporel apolitique. Une formule de Mirabeau citée par Norbert Élias dans *La Civilisation des mœurs* en résume bien le contenu :

> Dans toutes les langues ..., de tous les âges, la peinture de l'amour des bergers pour leurs troupeaux et pour leurs chiens trouve le chemin de notre âme, tout émoussée qu'elle est par la recherche du luxe ou d'une fausse civilisation[1].

Intemporelle en ses variations mêmes, ressaisie dans un discours sur la civilisation, cette « peinture » apparaît dès lors sans lieu et sans sujet.

À propos du modèle pastoral, Michel Foucault lui-même se prend au discours de l'origine, parce qu'il travaille les sources grecques et patristiques mais ne montre jamais comment s'actualise le modèle dans la période où le thème pastoral et le pastorat ne sont pas encore, selon lui, clairement distincts. Il est vrai que son propos est en partie ordonné par le souci de déconstruire la causalité comme modèle d'explication propre au discours historique – si bien qu'au moment de discuter du lien entre dégouvernementalisation du cosmos et développement du pastorat comme technique, il interroge plutôt la question même de la causalité que ce lien. La force et la difficulté de ses analyses tiennent ainsi pour beaucoup à la façon dont son propos entend se « délocaliser » par rapport à l'institution du discours historique, mais où il tend aussi par là à délocaliser ce dont il fait l'histoire : ni histoire religieuse, ni même sans doute histoire de la gouvernementalité[2]. Le discours de l'origine, donc, plutôt que celui de l'événement. Des textes sources, relevant du droit et de la patristique, plutôt que des textes produisant pour le présent un discours pastoral sur le pouvoir ou un discours sur le modèle pastoral du pouvoir. La pastorale religieuse,

1. Mirabeau, *L'Ami des hommes ou Traité de la population* [1757], cité par N. Elias, *La Civilisation des mœurs* [1969], Paris, Presses Pocket, 1976 [1973], p. 58. *Cf.* J. Moras, *Ursprung und Entwicklung des Begriffs Zivilisation in Frankreich (1756-1830)*, Hambourg, Hamburg Studien zu Volkstum und Kultur der Romanen, 1930, p. 37.

2. Comme l'observe Ph. Büttgen, « Théologie politique et pouvoir pastoral », *Annales HSS*, 2007/5, p. 1129-1154 (p. 1130 pour la référence).

qui remplit les catalogues de bibliothèque, plutôt que la pastorale des auteurs et des poètes, plus éclatée, plus difficile à classer et à évaluer du point de vue de son action dans un espace politique et religieux mal défini, aux bords de la théorie.

Il y a certes là un effet disciplinaire – Foucault tient un discours d'histoire politique, sinon proprement de philosophie politique – et un effet de vocabulaire : son enquête sur le modèle d'un type de pouvoir va jusqu'au point où le statut de modèle du modèle finit par le vider de toute effectivité politique. Cependant, le problème demeure de savoir comment un modèle s'actualise dans des textes et dans des conduites, comment un modèle est produit par l'écriture comme action politique; comment il participe d'un pouvoir en acte, sinon du pouvoir même; comment, enfin, il fait exemple. Toute l'analyse de Foucault implique bien un rapport entre l'écart originaire qui place le berger à l'origine du discours sur l'art de gouverner et le développement du pastorat comme art des conduites. Mais toute son analyse absorbe en même temps la question de l'exemplarité du modèle que nombre de textes prennent pourtant en charge. C'est précisément la question du pouvoir propre au modèle politique pastoral qui est par là rejetée dans l'archaïsme d'une origine.

Faire « l'histoire de », voire « faire histoire » sans « faire de l'histoire »[1] – telle est en quelque sorte la tension qui affecte toute la démonstration de Foucault, imputable sans doute à l'ensemble de sa démarche intellectuelle, mais qui tient aussi dans ce cas précis, et les analyses de Michel Senellart le confirment[2], à la façon dont le modèle pastoral du gouvernement est traversé par un écart qui le met à distance de l'exercice même du pouvoir. Le problème du roi-pasteur relève ainsi du contenu politique réel que l'on accorde à une image considérée comme archaïque et qui n'est donc pas du ressort de la représentation; une image qui ne relève par ailleurs ni de la théorie politique, ni à proprement parler d'un pouvoir en acte. Ce problème est celui du statut politique de la parole poétique, des écrits d'auteurs qui ne sont ni juristes ni docteurs de l'Église, mais qui ont écrit pour certains des textes de genres très différents et qui actualisent le modèle pastoral soit dans une analyse, soit dans une postulation – deux modes de la distance énonciative dont il conviendra de préciser l'articulation dans les pages qui vont suivre –, tout en tenant un discours sur leur propre place dans le monde ainsi analysé ou postulé. Ce problème provient enfin du fait que l'archaïsme

1. P. Ricœur, *La Mémoire, l'histoire, l'oubli*, *op. cit.*, p. 295.

2. M. Senellart, *Les Arts de gouverner. Du* regimen *médiéval au concept de gouvernement*, Paris, Seuil, 1995, p. 165 en particulier pour le commentaire de Thomas d'Aquin.

n'est pas pensé comme question d'histoire, ni aujourd'hui, ni dans la période qui intéresse ce travail, alors même qu'il a pu procéder d'une mise à distance critique des choses « antiques » – tel est en effet le premier sens du mot, qui désigne un fait de langue – pour en mesurer la caducité à l'intérieur d'un présent qui s'en est trouvé par là même valorisé.

L'objet de cette première partie est de montrer que le statut originaire de la figure du roi-pasteur, et *a fortiori* le statut exemplaire de son pouvoir, sont pris en charge par les textes et les images qui les font apparaître ; que, loin d'être une image archaïque impensée comme telle, le roi-berger est toujours mobilisé pour tenir un discours sur le temps. Qu'il y a des auteurs pour penser l'immémorial de cette image, lesquels disent leur place dans le discours et dans le lieu d'où vient le discours, et qui tiennent par là un propos sur l'histoire – l'histoire de l'image, l'histoire de la parole, l'histoire du politique. La production de l'imaginaire pastoral du politique est politique précisément en ce qu'elle ne se dissocie pas d'un type d'énonciation qui réfléchit sur la distance du modèle et de l'énonciateur par rapport au lieu du pouvoir, qui l'implique dans le message et en joue dans l'action qu'elle met en œuvre. Il s'agit moins alors de décrire le contenu de la métaphore pastorale ou d'essayer d'en faire l'histoire[1], que de tenter de définir les contextes précis où elle apparaît en France, les modalités de son énonciation, d'interroger cette distance et le fait même qu'il y ait métaphore ou modèle pour parler de l'art royal ou princier de gouverner. Il s'agit de prendre à la lettre l'expression de Michel Foucault quand il appelle « politique considérée comme une affaire de bergerie » cet art de gouverner qui s'exemplarise dans le soin du berger pour son troupeau. Mais il s'agit aussi, en défaisant l'unité que postule Foucault, de délier le modèle compact construit par la métaphore et d'envisager les manières différentes, peut-être divergentes, d'être « politiques » qu'ont les textes de la bergerie.

J'analyserai deux types de textes en ce sens : ceux qui participent d'un discours présent sur le pouvoir en l'énonçant sur un mode pastoral – concrètement, en l'incluant dans une temporalité orientée par l'événement ; ceux qui s'intéressent à la question du modèle, qui réfléchissent sur le modèle comme exemplaire d'un art de gouverner. La différence entre ces textes n'est pas toujours clairement marquée. Elle peut se formuler comme

1. Ce travail a été réalisé en partie dans des travaux allemands : A. Demandt, *Metaphern für Geschichte. Sprachbilder und Gleichnisse im historisch-politischen Denken*, Munich, CH Becksche Verlagsbuchhandlung, 1978, 31-32 ; et surtout D. Piel, *Untersuchungen zur Staats und Herrschaftsmetaphorik in literarischen Zeugnissen von der Antike bis zur Gegenwart*, Munich, Wilhem Fink Verlag, 1983, p. 29-165.

différence entre les modes d'historicité que les sujets du discours confèrent à la bergerie, c'est-à-dire aussi comme différence entre les champs d'action ouverts par l'écriture ou entre les statuts de l'écriture. C'est en effet par l'écriture que l'on réintroduit de la singularité dans la compacité du modèle pastoral. Aussi passerai-je d'une périodisation large – celle que propose la réflexion foucaldienne sur le « pastorat », reprise dans un premier chapitre consacré aux usages de la figure du « bon pasteur » – à une échelle temporelle plus restreinte dans les deux chapitres suivants, de manière à donner sens à la multiplication des textes pastoraux, les bergeries françaises, pendant la seconde moitié du XVIe siècle.

CHAPITRE PREMIER

L'EXPÉRIENCE DU BERGER ET LES SIGNES (XVIe-XVIIe SIÈCLES)

Il est une figure qui permet de saisir le moment où se constitue une exemplarité du berger pour le roi, une figure qui entretient un rapport privilégié avec l'écriture et avec les signes de la nature, rapport indissociable, selon Foucault, du thème pastoral. Mais fixant le modèle dans un « art », un savoir-faire portant sur le gouvernement du troupeau, elle permet aussi de sortir du vertige de l'origine.

Cette figure surgit dans le petit livre du *Bon Berger* de Jean de Brie, écrit vers 1379 – image nouvelle du berger apparue à côté de la plus ancienne bergère des pastourelles, des figures violentes de la *serrana* espagnole, des révoltés qui animent les *shepherd plays* anglais. Par la date de son édition, le livre de Jean de Brie appartient à l'orée de la Renaissance – deux éditions non datées de Simon Vostre et Jehan Trepperel précèdent celle de 1541. Cependant, la date probable de sa composition, établie par Gustav Holmer[1], fait apparaître le bon berger après les grands bouleversements qui entraînent les divisions sociales des XIIIe et XIVe siècles entre clercs et milieux populaires, entre instances ecclésiastiques et droit séculier, entre dévotions rurales et bourgeoisie naissante des villes, entre orthodoxie religieuse et courants « hérétiques » ou sorciers[2]. Dans ces conflits, le berger prend place du côté des milieux populaires, des dévotions rurales, des courants interprétés comme « sorciers ». Mais il a ceci d'intéressant

1. G. Holmer, « Jean de Brie et son art de bergerie ». Et *cf.* D. Fabre, « Le berger des signes », dans D. Fabre (dir.), *Écritures ordinaires*, Paris, POL, 1993, p. 269-313 (p. 205).
2. M. de Certeau, *La Fable mystique*, 1, *XVIe-XVIIe siècles*, Paris, Gallimard, 1987 [1982], p. 115.

qu'avec Jean de Brie, il ne se réduit pas à un tel partage puisqu'il entend interpréter les divisions dans son langage propre, syncrétique. Un siècle et demi avant que les étymologistes ne confondent le *pagensis* (paysan) et le *paganus* (païen) – oubliant que le second avait servi à traduire l'hébreu *goy* attribué aux hérétiques de tous bords et de toutes provenances –, et qu'ils ne fixent ainsi l'image de l'homme des champs dans son refus du christianisme[1], ce berger parle d'une dévotion dans la nature, visible dans sa présence auprès de l'enfant de la Nativité. C'est de là qu'il vient auprès du roi de France parler du gouvernement de son troupeau.

Se donnant pour un « traicté », le petit livre de Jean de Brie dispose une expérience de l'« art de bergerie » qui représente le berger et, d'un même mouvement, rencontre les figures d'une destination pour son savoir-faire. En offrant au roi Charles V le Sage, sous le titre du *Bon Berger ou Vray régime et gouvernement des Bergers et Bergères*, ce témoignage composé, Jean de Brie vient un instant concurrencer les lettrés qui entourent le roi[2]. L'édition de Simon Vostre souligne cette concurrence des savoirs en le montrant, sur la page de titre, qui remet son livre au souverain assis sur son trône, revêtu des attributs de son pouvoir, sceptre et couronne. La modestie de la tenue du pasteur, sa houlette dont l'axe croise celui du sceptre, sa gibecière et sa flûte, le petit chien qui l'accompagne suscitent un conciliabule hargneux des deux docteurs debout au second plan. Dans le coin supérieur droit, une fenêtre s'ouvre sur les toits d'un village, évocation du lointain ou de la proximité d'où arrive ce modeste sujet du roi de France.

Quoi d'étonnant si l'on ne trouve aucune histoire de cette figure dans les textes sur le thème pastoral, à la Renaissance et au-delà : elle est immédiatement désignée comme « populaire ». Selon Nathalie Zemon Davis, le texte de Jean de Brie a dû faire partie de ces manuscrits signés par de petites gens des XIVe et XVe siècles, et qui n'ont jamais rencontré la distinction exceptionnelle d'une Christine de Pisan[3]. Les historiens de la fin du XVe siècle qui fouillent l'exceptionnelle bibliothèque royale ne mentionnent pas le bon berger de Jean de Brie dans leurs études sur Charles V. Selon Alice Hulubei[4], il aurait pourtant été commandé par Jean de Hetomesnil, maître des requêtes du roi, pour combler une lacune du traité de Pietro Crescentio

1. D. Fabre, « Une culture paysanne », dans A. Burguière et J. Revel (dir.), *Histoire de la France*, t. IV, *Les formes de la culture*, Paris, Seuil, 1989, p. 202.

2. Ch. de Pisan, *Le Livre des fais et bonnes meurs du sage Roy Charles V* [1404], Genève-Paris, Slatkine-Champion, 1977 [1936], chap. XII et XIII en particulier.

3. N. Zemon Davis, « L'imprimé et le peuple », dans *Les Cultures du peuple. Rituels, savoirs et résistances au XVIe siècle*, Paris, Aubier Montaigne, 1979, p. 191.

4. A. Hulubei, *L'Églogue en France au XVIe siècle*, *op. cit.*, p. 129.

qu'il venait de faire traduire : parmi les animaux dont l'homme a soin, les douze livres des *Ruralium Commodarum* ne disaient rien des moutons.

La figure de Jean de Brie ne s'est maintenue que publiée et amplifiée à partir de 1490 par le *Kalendrier des bergers*, puis par trois siècles d'almanachs, et rapportée à la science de bergerie et du temps, présente jusqu'au XVIIe siècle. Porteur d'une foi dans les signes écrits dans la nature qu'il reprend à son tour, garant des événements qui scandent l'existence humaine, le berger de Jean de Brie est le « maître des marques ». Il affirme « l'unité du monde naturel et métaphysique dont le corps et l'âme de l'homme sont le reflet concentré » [1]. Son savoir-faire ne se mesure qu'à cet adjectif, « bon », qui le désigne sur la page de titre et dans le livre. Il écrit en « lettre de berger », mais, note le prologue du *Kalendrier*, « gardant des brebis aux champs [il] n'estoit cler nullement, & si n'avoit aucune cognoissance des escritures » [2].

C'est donc cette figure « non claire » d'une expérience du temps et d'un rapport non savant à l'écriture qui servira ici de point de repère à une enquête sur les usages politiques de la parole du berger à la Renaissance et sur les partages que ces usages mettent en œuvre de manière plus ou moins réfléchie, plus ou moins affirmée : entre oralité et écriture, entre mythe et histoire, entre origine et commencement.

ALLÉGORISME ET HISTORICISME, NATURE ET HISTOIRE

Les signes de Pan : un syncrétisme sémiotique

À l'époque où Jean de Brie présente son art de bergerie au roi de France, nombreux sont les textes dans lesquels la France est figurée comme un parc ou un clos – une bergerie. Ainsi, dans cette *Bergerie de l'agneau de France à cinq personnages*, sans doute composée dans le dernier tiers du XVe siècle, le roi enfant est représenté par un agneau, ses oncles régents par les bergers, la guerre civile sous les traits de « La Picque ». L'allégorie établit clairement le rapport entre une menace politique exercée contre la jeunesse du roi et le personnage du berger, désignant dans la bergerie à la fois un texte et un espace politique qui se reconnaît dans la jeunesse du roi et s'identifie à elle. Le corps fragile du roi est donc au centre du message politique de ce texte,

1. D. Fabre, « Le berger des signes », art. cit., p. 290.

2. *Le bon berger ou le vray gouvernement des Bergers et Bergères : composé par le rustique Jehan de Brie Le Bon Berger*, réimp. sur l'édition de 1541, éd. P. Lacroix, Paris, I. Lisieux, 1879.

comme il est au centre de la bergerie. De manière générale, l'allégorie pastorale des moralités et des mystères du Moyen Âge et du premier XVIe siècle formule l'aspiration à l'unité et à la paix sur le mode temporellement ambivalent, parce que sans cesse articulé au mouvement d'une négation, d'un désir [1].

Cet imaginaire qui identifie la bergerie au corps fragile du royaume est notamment présent lors de l'entrée royale, événement le plus représentatif d'une constitution imaginaire du corps politique autour du corps réel du prince, celui qui s'inscrit le mieux en outre dans les pratiques sociales du XVIe siècle. Alors que le sacre n'est accessible qu'aux élites de la société, l'entrée royale est une manifestation publique, « la mise en scène somptueuse d'un dialogue » que les rois de France ont imitée de l'*adventus* pratiqué durant le Bas-Empire romain et ont développée après 1430 surtout [2]. Si la culture humaniste des ordonnateurs [3] de ce « cérémonial d'État » [4] exploite une tradition allégorique et mythologique qui développe peu à peu les motifs et les formes du triomphe antique, dans le dernier tiers du XVe siècle la plupart des entrées médiévales et renaissantes comportent aussi des éléments de bergeries. Elles mettent l'accent sur la clôture, cette image du parc que thématise très bien, en 1531, l'*Eglogue sur le trespas de ma Dame Loyse de Savoie* de Clément Marot :

1. J. Blanchard, *La Pastorale en France aux XIVe et XVe siècles. Recherches sur les structures de l'imaginaire médiéval*, Paris, Champion, 1983, chap. I, p. 21-22 : « La pastorale est donc ce lieu plénier et souverain, indifférent à la gloire et à l'argent [...] où se déploie librement et sans contrainte un désir qui fait retour sur lui-même comme désir de soi, à la fois origine et fin. »

2. C. Beaune, *Le Miroir du pouvoir*, Paris, Hervas, 1989, p. 130. *Cf.* E. Kantorowicz, « The "King's Advent" and the Enigmatic Panels in the Doors of Santa Sabina », *Selected Studies*, Locust Valley, 1965, p. 37-81, article dont se sert A.-M. Lecoq, *François Ier imaginaire. Symbolique et politique à l'aube de la Renaissance française*, Paris, Macula, 1987, p. 203.

3. En 1548, à Lyon, ce sont Maurice Scève, Barthelemy Aneau et Guillaume du Choul qui préparent le programme d'entrée d'Henri II et Catherine de Médicis, rapporté ensuite dans une « relation » intitulée *La Magnificence de la superbe et triomphante entrée de la noble et antique cité de Lyon faicte au Treschretien roy de France Henry deuxiesme de ce nom, et a la Royne Catherine son épouse le XXIII de septembre MDXVIII*, Lyon, G. Rouille, 1549, et éditée en italien par le même. En 1549, Jean Martin, traducteur des architectes italiens et de l'*Arcadia* de Sannazar, et Thomas Sébillet, travaillent aux côtés de Jean Cousin et Jean Goujon : J. Chartrou, *Les Entrées solennelles et triomphales à la Renaissance (1484-1551)*, Paris, PUF, 1928, p. 121-122 et p. 149.

4. R. E. Giesey, *Cérémonial et puissance souveraine. France, XVe-XVIe siècles*, Paris, Armand Colin, 1987, p. 36-37.

Tant eut au chef de sagesses encloses :
Tant bien sçavoit le clos de France aymer :
Tant bien y sceut aux Lys joindre les Roses :
Tant bien y sceut bonnes herbes semer :
Tant bien sçavoit en seuré confermer
Tout le Bestail de toute la Contrée :
Tant bien sçavoit son Parc clore, & fermer,
Qu'on n'a point veu les Loups y faire entrée [1].

En 1508, à Rouen, pour l'entrée de Louis XII, un échafaud montre des lys sur une montagne où ruisselle une source, symbole de la vertu que la cour et les sept bailliages font couler sur le parc de Normandie[2]. En 1532, à Rouen toujours, ville que ses armes, parce qu'elles représentent un agneau, prédisposent à l'emploi du motif pastoral, une bergère présente au dauphin un agneau en prononçant des paroles de dilection inspirées du *Cantique des cantiques*: « j'ai trouvé celui que mon cœur aime »[3]. Pendant la première moitié du XVIe siècle, de nombreuses églogues politiques désignent du nom de Pan la figure du politique, objet de l'éloge ou de la célébration : ainsi, en 1539, la fameuse *Eglogue au Roy soubs les nom de Pan, & Robin* de Clément Marot qui célèbre la naissance du dauphin. Tantôt elles disent le plaisir d'une naissance ou d'une arrivée, tantôt – et c'est là que foisonnent les signes de la nature – la douleur de la mort : c'est un ciel qui se voile de noir, une corneille qui crie, des oiseaux qui se lamentent « en chant triste & sauvaige », une lune qui s'offusque. Tout un versant de la production bucolique est consacré à dire l'événement qui rassemble le prince et son peuple ou qui pleure leur séparation – naissance, mariages, deuils –, impliquant le locuteur dans l'effusion d'un affect.

Ces textes ne sont pas sans sujets. Ils disent la modestie des locuteurs devant des événements plus grands qu'eux. La distance énonciative entre Pan et les pasteurs se comprend à l'intérieur d'un même espace, celui de la bergerie – autrefois « parc » ou « clos » dans les entrées royales – à la fois monde et texte. C'est à ce titre que ces idées, ces énoncés qui impliquent

1. Cl. Marot, *Eglogue sur le trespas de ma Dame Loyse de Savoie*, dans *Œuvres poétiques complètes*, éd. G. Defaux, « Classiques Garnier », Paris, Bordas, 1990, p. 228, v. 141-148.

2. J. Chartrou, *Les Entrées royales*, *op. cit.*, p. 39.

3. Rapporté par A.-M. Lecoq, *François Ier imaginaire*, *op. cit.*, p. 367, d'après *Les Entrées de la Reyne et de monseigneur Daulphin [...] Faictes à Rouen en l'an mil cinq cents trente et ung* [v. st.], Rouen, s.d. [1532], fac-similé A. Pottier, 1866 : « Et en dansant, une bergère présentoit audict seigneur un petit aigneau, en bien humble et grande révérence, lequel seigneur recevoit agreablement. Et estoit escript à la plate bende dudict theatre : *Dilectus mihi et ego illi*. Canti. ii. »

dans le même allégorisme pastoral le sujet du discours et son destinataire royal ou princier, participent de la « gouvernementalisation » du cosmos, interprétant dans l'ordre de la philosophie, de la science et de l'histoire la description par signes et chiffres du monde.

En tant que contenant et en tant qu'« art », la bergerie exploite des savoirs susceptibles d'alimenter l'imaginaire du temps continu qu'elle entend produire. Elle se nourrit notamment du néoplatonisme italien, entré en France pendant la première moitié du XVIe siècle. Au XVe siècle, à Florence, Laurent de Médicis se représentait en Pan. Autour de lui, la riche symbolique du dieu païen s'articulait à la mystique des chiffres développée au sein du néoplatonisme de Marsile Ficin et de Pic de la Mirandole[1]. Un jeu de mots identifiant Cosimo et Cosmos, souligné par un intermédiaire, Cosmus, avait ouvert les significations politiques locales à la puissance universelle : André Chastel analyse la représentation de Pan comme un motif important du pouvoir médicéen, qui aurait exprimé à travers le dieu mythologique l'espoir d'une continuité dynastique sans rupture[2].

Un tableau aujourd'hui disparu de Luca Signorelli avait, rapporte-t-il encore, représenté le sens politique d'un Pan médicéen autour duquel la campagne florentine s'identifiait à l'Arcadie, et les intimes de Laurent à des bergers gouvernés par les lois des Médicis[3]. Outre quelques images antiques du dieu[4], la figure de Pan Medicus, microcosme, image et centre d'un macrocosme, se fondait sur quelques vers de l'églogue II de Virgile commentés par Servius :

> Car Pan est un dieu rustique, « formé » comme la nature d'où il tire son nom qui signifie tout : il a en effet des cornes comme les rayons du soleil et les cornes de la lune. Sa face est rouge à l'imitation des airs (de l'ether) ; sur sa poitrine, il a une peau étoilée comme le ciel constellé d'étoiles ; la moitié inférieure de son corps est poilue, à cause des arbres, des branchages, et des bêtes sauvages ; il a des pieds fourchus, pour montrer la solidité de la terre ; il a une flûte à sept tuyaux à cause de l'harmonie des cieux, dans lesquels

1. E. Garin, *Moyen Âge et Renaissance* [1954, 1985, 1987], Paris, Gallimard, 1989, et la note 2 ci-dessous.

2. A. Chastel, *Art et humanisme à Florence au temps de Laurent le Magnifique. Études sur la Renaissance et l'humanisme platonicien* [1958], Paris, PUF, 1982, p. 227.

3. Il s'agit du « Triomphe de Pan » peint vers 1490 : J. Cox-Rearick, *Dynasty and Destiny in Medici Art. Pontormo, Leo X, and the Two Cosimos*, Princeton University Press, 1984, chap. II, p. 83, ainsi qu'A. Chastel, *Art et humanisme à Florence*, *op. cit.*, p. 226-232.

4. Pour les sources du tableau, A. Chastel, *ibid.*, p. 230.

> sont les sept sons [...] il a une croix de berger à cause de l'année qui fait retour sur elle-même [1].

C'est ce même corps politique de Pan, relié au cosmos et marqué des signes du temps, corps écrit que ne traverse nulle rupture, nul déchirement, que l'on voit décrit dans le premier livre des *Illustrations de Gaule et singularitez de Troye* de Jean Lemaire de Belges, consacré à la jeunesse de Pâris, au cours de laquelle il vient signifier le régime pastoral d'un gouvernement dans la nature.

Allégorie et écriture : le Temple d'honneur et de vertus *de Jean Lemaire de Belges (1503)*

Il y a, cela dit, une différence de niveau temporel entre les textes qui décrivent ce corps-monde faisant tenir la bergerie, et ceux qui tentent de le faire advenir ou exister par la seule puissance élocutoire de la parole des bergers. C'est la différence entre un propos de nature historienne fondé sur des savoirs mythico-religieux et celui qui essaie d'actualiser ces savoirs dans une énonciation au présent fondée sur la distance allégorique. En 1503, *Le Temple d'honneur et de vertus* de Jean Lemaire de Belges célèbre sous le nom allégorique de « Pan » un personnage important de la cour de Charles VIII, Pierre de Bourbon. Dans ce qui a sans doute été d'abord une fête de cour, l'imaginaire spatial et politique de la bergerie se combine à la référence virgilienne de l'énonciation poétique. Les noms bucoliques des bergers ne cachent pas les provinces françaises qu'ils désignent – « *Tityre en pastoralles loix/Se prent icy pour Beaujolais* », « *Galathée, bergiere belle, /Cendroit Auvergne s'appelle* » –, mais formulent en « termes ruraulx et couvers » [2] la relation d'amour qui les unit à leur prince. Ils tentent, par la seule profération des signes, de faire apparaître Pan, « ung tout en perfection et ung petit monde total ». Toutefois, par l'allégorie qu'ils emploient,

1. *Mauri Servii Honorati grammatici in eadem commentarii*, *op. cit.*, p. 10 : « *Nam Pan deus est rusticus in naturæ similitudinem formates, unde est Pan dictus est, id est omne habet enim cornua in radiorum solis est cornuum lunæ similitudinem ; rubet ejus facies as ætheris imitationem ; in pectore nebridem habet stellatam ad stellarum imaginem ; pars ejus inferior hispida est propter arbores, virgulta, feras ; caprinos pedes habet propter harmoniam cæli, in qua septem soni sunt* [...] *xa lau ropa habet, id est pedum, propter annuum, qui in se recurrit.* » *Cf.* A. Chastel, « Melancholia in the Sonnets of Lorenzo », *Journal of the Warburg and Courtauld Institutes*, 8, 1945, p. 11-67. Il est également possible que le tableau se soit référé à Pétrarque (*Africa*, III, 194 *sq.*) ou à Boccace (*Genealogia deorum gentilium*, I) (*ibid.*, p. 231, et note 1).

2. J. Lemaire de Belges, *Le Temple d'honneur et de vertus* [1503], éd. Stecher, 1882-1885, Genève, Slatkine Reprints, 1969, t. IV, adresse à Louis de Luxembourg, p. 191.

les bergers disent aussi la distance où ils se trouvent par rapport au prince. À partir d'un « bord », ce bord d'une grandeur sociale qui les dépasse, ils énoncent le désir de la présence d'un corps, celui du prince avec lequel ils entendent faire corps eux-mêmes. L'allégorie pastorale avoue ainsi en son aura singulière[1] la fragilité de l'équilibre social qu'elle postule. Si les éloges et les célébrations avec leurs ornements rhétoriques peuvent être rapportés à un discours idéologique de représentation du pouvoir produit par les poètes du XVIe siècle, s'ils constituent ainsi un supplément de pouvoir[2], la puissance de leur dire est d'autant plus hantée par un désir de continuité qu'elle identifie le politique au corps mortel du prince.

La mort ne comble pas la distance. Après le décès de Pierre de Bourbon, les bergers restent donc devant le Temple que seule son épouse Aurora peut pénétrer en songe, pour assister à la gloire de son époux. Il ne leur reste qu'à déposer quelques écritures « négatives » sur les murs, pour attester leur refus de la mort du corps naturel de Pierre :

> [Ils] se mirent à tout leurs cousteaulx et greffes bien acerez à graver autour des murailles du temple chascun ung epytaphe et superscription rude, mais de bonne affection, pour honnorer leur prince, dont les teneurs sont cy de mot à mot representées :
>
> MELIBÉE
> *Cy ne gyst pas comme corps pourissant*
> *Mais regne en gloire et en bruit flourissant*
> *Le bon pasteur, le bon prince paisible*
> *Qui en bien faiz sa felicité mist,*
> *Et qui jamais à son vueil ne permist*
> *Oultre vertu riens quelconque loisible.*
>
> TITYRUS
> *Cy n'est pas mys soubz tumbe tenebreuse,*
> *Comme homme attaint de mort noire et umbreuse,*
> *Le noble duc tant cler et renommé,*
> *Mais vit et dure en memoire eternelle,*
> *En loz haultain, en fame eternelle,*
> *Comme le prince au monde plus aymé.*

1. Une aura « spécifiquement oratoire », écrit J. Blanchard à propos du *Temple d'honneur et de vertus* : *La Pastorale au XVe siècle*, *op. cit.*, p. 233.

2. Fr. Cornilliat, *"Or ne mens". Couleurs de l'éloge et du blâme chez les grands rhétoriqueurs*, Paris, Champion, 1994.

L'expression allégorique du désir du prince dit son existence corporelle tout en avouant une impossible constance de ce corps naturel, donc mortel. L'image du bon prince n'apparaît que dans le temps de sa disparition, au moment où elle se fige en gloire. Les bergers virgiliens enregistrent cette disparition en vertu d'une compétence scripturaire et morale qui rappelle le « berger des signes » : ils écrivent les marques négatives d'une perpétuation à travers la mort. Les signes qu'ils lisent dans le monde, leur connaissance des écritures qui garde trace de la « lettre de berger » de Jean de Brie, représentent à la fois la particularité de leur savoir et la forme de son incertitude, ou de son impuissance. D'où, dans *Le Temple d'honneur et de vertus*, un déplacement significatif de la lecture des signes annonçant la mort de Pierre de Bourbon à une écriture qui tente de réaliser sur le mode de la dénégation le postulat de perfection du savoir de berger. Alors que l'énoncé de ce savoir ne cherchait qu'à produire l'apparition de Pan-Pierre de Bourbon, le signe écrit (chaque inscription aux murs du Temple) prend acte d'un deuil qui donne un sens plus profond à ce que recherchait la puissance élocutoire des bergers : l'apparition n'était que la forme déjà endeuillée d'une impossible proximité du corps du prince.

L'allégorie pastorale du politique fonde ainsi l'équilibre du troupeau en chacun de ses membres – *omnes et singulatim* écrit Foucault – sur la santé et l'équilibre du corps naturel du roi ou du prince. Elle se tient ici en deçà de la fiction juridique des deux corps du roi, relève plutôt de ce dont parle Alain Boureau dans sa critique d'Ernst Kantorowicz lorsque, contre la dualité, il met en évidence l'importance de la singularité d'un corps individuel dans l'ancienne conception du corps social[1]. La bergerie porte cette imaginaire unité du troupeau, centrée sur un corps distant, protecteur, exemplaire mais fragile, parce que soumis à la mortalité. Dans *Le Temple d'honneur et de vertus* de Lemaire, le berger est sujet d'un discours sur le pouvoir, contribuant à la production d'idées sur le temps – l'« expérience », l'« usage », la « prudence » – qui ne constituent pas pour autant une théorie politique et qu'il semble difficile de rattacher à un quelconque historicisme, au sens où celui-ci interprète selon John Greville Agard Pocock « l'occurrence d'événements contingents dont le temps était la dimension et [...] l'intelligibilité des séquences [...] d'événements particuliers »[2]. Ces idées

1. A. Boureau, *Le Simple Corps du roi. L'impossible sacralité des souverains français (XVe-XVIIIe siècles)*, Paris, Éditions de Paris, 2000 [1988] : « Le temps du corps propre : 1350-1550 ».

2. J. G. A. Pocock associe le développement de cet historicisme à la naissance de la théorie républicaine dans l'Italie du XVe siècle : *Le Moment machiavélien. La pensée politique florentine et la tradition atlantique* [1975], Paris, PUF, 1997, p. 23.

inscrivent néanmoins dans la parole pastorale des fragments de savoirs moraux destinés à une sorte de pédagogie du gouvernement. Car l'éloge n'est au fond pas plus prégnant ici que la demande. Il serait certes possible de relever les qualités prêtées au prince par les bergers-poètes, de noter la constance de la référence aux quatre vertus cardinales définies par Platon, théorisées par saint Ambroise, puis par saint Thomas – Prudence surtout, la première de toutes dans le monde menacé de la pastorale, puis Justice, Force, Tempérance. Parmi de très nombreux autres, un texte de Nicolas Bargedé, paru en 1550, montre que l'exemplaire vaut tout autant pour ce qu'il sollicite que pour ce qu'il exprime :

> *Prudence en luy est la mieux exprimee,*
> *D'autant qu'elle est sur ses trois plus luysante*
> *D'autant qu'elle est à tous humains decente,*
> *Plus sans faillir est elle inestimable,*
> *Si dans un Dieu elle est resplendissante :*
> *Car dessus trois elle est plus admirable.*
> *Au grand berger comme Pan venerable,*
> *Elle convient je le dy seurement,*
> *Car elle garde, ô chose delectable,*
> *Que rien n'est fol en son gouvernement*[1].

Nicolas Bargedé, avocat, président du présidial d'Auxerre qui écrit ici sous le nom du « moins que rien », donne les clés de l'allégorie pastorale :

> Pour Pan dieu des bergers l'autheur entend Monseigneur le Reverendissime Cardinal de Meudon, lors qu'il estoit absent à Rome : pour le Parc, prairie & bergerie ses abbayes & ville de Vezelay : les interlocuteurs sont le vieil Colin, lieutenant à Vezelay pour ledict seigneur Claudin & Colin, enfans dudict lieutenant : & Claude Colet natif de Rumilli en Champaigne qu'il illustre par ses doctes escriptz[2].

Les lieux communs politiques que portent la bergerie offrent une disponibilité pour toute parole projective, invitation à donner forme à la temporalité d'un âge d'or toujours passé et toujours à venir, que cette

1. N. Bargedé, *La Bergerie d'honneur*, dans *Les Odes penitentes du moins que rien*, Paris, J. Longis, 1550, 3e bucolique, s.p. Des quatrains servent à dire les quatre vertus du prince selon quatre bergers, avant qu'ils ne reprennent plus longuement la définition de celles-ci.

2. *Ibid.*, « Argument de la Bergerie partie en trois bucoliques », s.p. Le cardinal de Meudon est Antoine Sanguin.

invitation soit formulée par un avocat célébrant un cardinal absent ou par le poète Clément Marot[1].

Dire ainsi que l'énonciation des bergers se nourrit de néoplatonisme, ou de l'exégèse chrétienne du *Livre de Daniel*, de la dégradation des âges décrite à travers les métaux ou du mythe hésiodien de l'âge d'or, c'est dire la mobilisation de ces savoirs par les auteurs qui mobilisent l'énonciation pastorale dans toutes sortes de cadres politiques. Cette énonciation lettrée autorise l'élaboration de ces savoirs dans un message politique « local », lié à la singularité d'un lieu et d'un moment – un départ, une absence. Dans la mesure où elle se met au service d'un discours sur l'événement et formule une inquiétude temporelle, elle construit la tradition en affirmant la continuité politique ou le retour de l'équilibre perdu.

« *Jam redit et Virgo, redeunt Saturnia regna.* » Le sixième vers de la IVe églogue des *Bucoliques* résume ainsi, cela a été souvent observé, la façon dont la tradition virgilienne est mobilisée dans ce type d'écriture politique. Il dit la perception temporelle du retour attachée au lieu de l'âge d'or, comme si l'événement de la constitution d'un corps ne pouvait jamais être énoncé que comme retour d'une temporalité antérieure. La Vierge, dans le vers de Virgile, c'est Astrée, dont le nom rappelle ici la promesse de l'enfant de l'âge d'or, identifié au christianisme et dont Frances Yates a montré l'importance à l'intérieur de la symbolique impériale européenne du XVIe siècle, fondée sur une idée universaliste de l'empire, sur le postulat d'unité qu'avait posé toute la Renaissance italienne en le destinant à fonder en Dieu le pouvoir impérial[2]. D'Élisabeth d'Angleterre à Henri IV en France, l'espoir religieux du retour d'Astrée était lié à la promesse d'une ère politique nouvelle.

Faut-il alors, pour dire de quelle manière l'énonciation pastorale est politique, rendre compte de l'inscription d'une tradition plutôt qu'une autre dans le propos du berger ? Suivre la méthode de Quentin Skinner quand il réinterprète le cycle des fresques du *Bon Gouvernement* d'Ambrogio Lorenzetti dans le Palazzo Publico de Sienne – une ville qui fut l'épicentre de la bucolique italienne du XVe siècle – en lisant ce cycle à partir de sources

1. Mais Bargedé est le premier à utiliser, pour un prince de l'Église, le nom « du dieu Pan, précédemment réserv[é] au roi et à Dieu ». M.-M. Fontaine remarque cependant que Rabelais l'utilise pour Guillaume de Langey dans le *Quart Livre* : « Les Guises et les bergers », dans B. Meniel (dir.), *Éthiques et formes littéraires à la Renaissance*, Paris, Champion, 2006, p. 90-91.

2. F. A. Yates, *Astrée, le symbolisme impérial au seizième siècle* [1975], Paris, Belin, 1989.

non pas aristotéliciennes, donc grecques, mais latines, et en proposant un rapport entre déchiffrement iconographique et réévaluation des fondements de la philosophie politique italienne, pour construire une autre historicité de la représentation du *Bon Gouvernement*, plus nettement inscrite dans le présent de la république siennoise [1] ? Dans l'actualisation de savoirs que permet l'énonciation pastorale de l'événement, cette construction d'une tradition qui inscrit le présent dans une histoire conçue comme continuité temporelle, il y a quelque chose d'analogue à la façon dont Skinner tente de proposer un autre modèle théorique pour la politique des fresques. La différence est que seul le lieu où figurent les fresques du *Bon Gouvernement*, le Palazzo Publico, donne, dans l'analyse de Skinner, un « sujet » à cette représentation. C'est le lieu qui intègre la représentation à l'exercice présent du pouvoir de la république siennoise. Ce lieu du pouvoir constitue le corps politique, là où la parole du berger seule postule l'unité de la « bergerie ». À la différence des fresques de Lorenzetti analysées par Quentin Skinner [2], la production pastorale d'un message politique est indissociable de la mise en exergue d'un sujet de l'énonciation. La parole du berger reçoit de nombreux savoirs, qui ne sont pas forcément homogènes les uns aux autres, mais qui lui servent à formuler un discours sur le présent. Par là, le texte pastoral (églogue ou bergerie) n'est pas tant inscrit, par l'imitation d'un modèle antique, dans une histoire de la transmission poétique qu'il n'écrit l'histoire de sa propre production et l'imaginaire de l'autorité et de la transmission qu'il met en œuvre, exhibant les savoirs auxquels se nourrit son imaginaire politique.

De ce fait, l'analyse d'une politique de la bergerie ne se sépare pas d'une représentation par les poètes et les auteurs des conditions sociales de cette énonciation. C'est dire si cette politique est à entendre du côté des contenus de la bergerie, du côté de l'action d'écriture et de publication de ces mêmes contenus. La littérature pastorale a servi en partie à cela : élaborer un type de discours auto-réflexif sur l'écriture et la condition poétique, voire, au début du XVIIe siècle, la condition d'auteur en service.

1. G. Skinner, *L'Artiste en philosophie politique : Ambrogio Lorenzetti et le « Bon gouvernement »*, trad. fr. R. Christin, Paris, Raisons d'agir, 2003.

2. Une analyse de ces fresques qui s'appuierait sur une théorie de l'énonciation, comme Louis Marin la met en œuvre dans ses analyses sur la peinture, produirait sans doute des conclusions assez différentes. Pour une lecture du « Bon gouvernement » différente de Skinner, voir P. Boucheron, « "Tournez les yeux pour admirer, vous qui exercez le pouvoir, celle qui est peinte ici". La fresque du Bon gouvernement d'Ambrogio Lorenzetti », *Annales HSS*, n° 6, 2005, p. 1137-1199.

ARTS POÉTIQUES : LA RECOMPOSITION HISTORIQUE

Les premiers commentaires de la Renaissance qui enregistrent une valeur politique de la parole du berger y voient d'abord un discours sur l'événement. Se référant à la seule bucolique antique, ils ne disent rien de son devenir médiéval. Ainsi Thomas Sébillet, en 1548 :

> Avise donc que ce Poëme que [Théocrite et Virgile] ont appelé Eclogue est plus souvent un Dialogue, auquel sont introduis Bergers et gardeurs de bestes, traittans soubz propos et termes pastoraus, mortz de Princes, calamitez de temps, mutations de Republiques, joyeus succes et evenemens de fortune, louenges Poëtiques, et teles choses ou pareilles soubz allegorie tant clere, que les desseins des noms, des personnes, et l'adaptation propre des propos pastoraus aux choses soubz iceus entendues et deduittes, les facent voir tant clérement, comme s'aperçoit la peinture soubz le verre [1].

Aussi simple d'accès que les vitraux dans les églises, le voile pastoral ne cache pas l'événement qu'il célèbre et met en image. Il procède du style *humilis* qu'enregistrait au Moyen Âge la « roue de Virgile », système d'organisation des styles initié par le commentaire de Virgile selon Aelius Donat [2]. Si l'allégorisme pastoral de la Renaissance s'inscrit dans une histoire de l'herméneutique des textes anciens, il porte donc aussi une description éthique et sociale de l'énonciation. Dans le propos de Sébillet, il est la forme stylistique d'une énonciation « poëtique » qui marque la distance entre les bergers « parleurs », ou « entreparleurs », et les princes ou les rois, entre les bergers et l'objet de leur discours. Deux ans plus tard, Du Bellay souligne cette même distance quand il fait l'éloge, dans la *Défense et illustration de la langue française*, d'un « des meilleurs petiz ouvraiges que fist onques Marot [avec son] ecclogue sur la naissance du filz de Monseigneur le Dauphin » [3].

1. Th. Sébillet, *Art poétique français*, dans Fr. Goyet (éd.), *Traités de poétique et de rhétorique de la Renaissance*, Paris, Le Livre de Poche classique, 1990, II, 8, p. 131.

2. *Stylus humilis* – les *Bucoliques*, *mediocris* – les *Géorgiques*, *gravis* – l'*Énéide*. Voir E.-R. Curtius, *La Littérature européenne et le Moyen Âge latin* [1956], Paris, PUF, 1991, p. 324, n. 1.

3. J. Du Bellay, *La Deffence et illustration de la Langue Françoyse*, éd. H. Chamard-J. Vignes, Paris, STFM, 1997, II, 4, p. 124.

L'art de poésie contre l'art de bergerie

La reconnaissance d'un type de texte dévolu au discours sur l'événement politique est indissociable de la réflexion sur l'énonciation poétique comme de l'inscription de la poésie française dans une tradition antique que les auteurs disent tous fondée par Théocrite et Virgile, mais dont ils s'attachent en même temps à définir la spécificité nationale. Sébillet, dont l'art poétique « français » a joué un rôle proprement séminal pendant toute la seconde moitié du siècle [1], note le caractère français du mot de « bergerie » – « car le Français ainsi nomme l'Églogue grecque, et assez proprement » –, et donne pour exemple un texte de Marot sur « feu Madame la Régente » [2] : Marot, le seul que cette poésie française auto-instituée dans un « art » poétique puisse alors sauver de l'ensemble des grands rhétoriqueurs qui ont pourtant écrit nombre d'églogues de circonstance.

Ce travail de distinction est plus net encore, à la fin du XVIe siècle, dans le chapitre de son *Art poétique* que Pierre de Laudun d'Aigaliers consacre à la bergerie. Reprenant à la fois les lignes de Thomas Sébillet consacrées à l'églogue et le IVe chapitre du livre I de la *Poétique* de Scaliger, de Laudun élargit le classement en synthétisant les trois contenus que l'on peut désormais, quelque cinquante ans d'abondante production pastorale plus tard, dégager de l'énonciation du berger – l'églogue, le texte mêlé de prose et de vers, enfin ce qu'on appelle généralement, usant de « latin écorché », la « pastorale » :

> Si nous n'avions autre nom pour l'appeler que celui-là, je n'y contredirais pas, mais attendu que nous avons Bergerie, nous ne devons user d'un mot étranger [3].

Certes, l'énonciation du berger autorise une grande variété de contenus – « parler des forests, des montagnes, des prés, des fontaines, des brebis, des chiens, loups et autres choses » –, mais seule l'allégorisation morale et politique est le fait des « bons Poètes » :

> sous les noms des Bergers, et en leurs devis bien souvent les bons Poètes y mettent un sens moral, et les font parler des affaires d'Etat, des conditions, et fortunes des Rois, et Princes : le plus souvent tout se réfère à l'amour [...].

1. J.-Ch. Monferran *et alii*, « Introduction » à P. de Laudun d'Aigaliers, *L'Art poëtique françois*, Paris, STFM, 2000, p. XVI-XVII *sq.*

2. Th. Sébillet, *Art poétique français*, *op. cit.*, p. 131.

3. P. de Laudun d'Aigaliers, *L'Art poëtique françois*, *op. cit.*, p. 138.

Rien ne dit cependant comment l'amour entre dans le sens moral et politique du devis des bergers. Les noms mentionnés dans le chapitre concernent les auteurs de bergeries plus longues que de simples églogues, et divisées en « journées » : Ronsard, Belleau, Ollenix de Montsacré, pseudonyme poétique de Nicolas de Montreux – le seul titre explicite étant celui d'un poème de Laudun lui-même, *La chaste matinée du fidelle amant*, mentionné dans le chapitre VIII :

> Mais ceste façon provient de l'imitation d'un docte et gentil esprit, comme sont les dessus nommez. [p. 137]

Le discours sur l'énonciation du berger se spécialise donc comme parole poétique « docte », inscrite dans une tradition ancienne. Il relève d'une politique d'institution de la poésie française, attachée à penser les poètes, bien plus que la production d'un imaginaire pastoral de la politique.

Il est ainsi possible que le berger virgilien des églogues ait contribué à mettre à l'écart la figure sotériologique, syncrétique du bon berger qu'aucune tradition antique n'ennoblit, mais qui possède une « mystérieuse pratique des écritures [...] par observation et par tradition »[1], possible encore que le signifiant allégorique du politique ait écrasé le « berger des signes », à la fois parce que celui-ci n'était porteur d'aucune historicité – par différence avec la référence antique de la bucolique – et parce qu'il concurrençait la compétence des clercs en matière d'écriture. Daniel Fabre a montré comment le « berger des signes » se spécialise du côté des savants, comment il borde le monde des poètes sans jamais être entré dans leur discours. *L'Art poétique* de Sébillet a paru sept ans, très peu de temps donc, après la première édition datée du *Bon Berger*. On peut se demander dans quelle mesure, s'appropriant la cause des clercs, il n'impose pas avec l'églogue un autre modèle de l'écriture que celui que véhicule le livre venu du Moyen Âge, un autre fondement de l'art, un rapport au savoir plutôt qu'un savoir-faire. Dans le passage cité plus haut, l'insistance de Sébillet sur la clarté de l'allégorisme bucolique résonne fortement par rapport au trouble dans les partages du savoir qu'apporte le berger des signes « non clerc ».

Une telle recontextualisation de l'art poétique contre « l'art de bergerie », du berger virgilien contre le berger des signes, peut s'appuyer sur le rôle des clercs dans la transmission de l'églogue au Moyen Âge :

1. D. Fabre, « Le berger des signes », art. cit., p. 271.

l'appropriation du berger virgilien par l'art poétique aurait incarné dans une figure une part du savoir lettré des poètes, le discours de l'« art » permettant de produire de la valeur et de la distinction, de donner des exemples et de construire de l'exemplarité – et, par là, une histoire, inscrite dans la longue durée, du savoir de poésie.

L'origine plutôt que le commencement, la parole plutôt que l'écriture

Cette histoire pense l'imitation comme mode de transmission poétique à travers le temps. Si les arts poétiques soulignent la distance énonciative qui fait le caractère politique de la parole des bergers, d'autres textes tentent de préciser le rapport entre cette parole et la nature qui la fonde. Le texte de Laudun ne marque pas de rupture entre la bergerie comme lieu des vrais bergers et la bergerie des poètes, mais il ne développe pas pour autant ce rapport temporel entre les uns et les autres que l'on trouve formulé chez Jules César Scaliger, dans le cadre de sa recherche des origines de la parole poétique :

> Or *on dit* que la modulation a d'abord été inventée dans les pâturages, soit à l'impulsion de la Nature, soit à l'imitation des petits oiseaux, soit d'après le sifflement des arbres. En effet l'oisiveté est père de volupté et de licence. Deux genres de chansons en sont donc nées. Les unes où les bergers chantent leurs amours chacun à l'écart sous l'ombre estivale : ce sont les *monoprosopos* [chant à une voix]. Les autres où se rassemblent, soit par hasard, soit par décision, ceux entre lesquels l'amour ou la haine a élevé une dispute : que ce soit émulation, que ce soit envie provoquée par le chant, le bétail ou une bergère [1].

Du chant des oiseaux ou du sifflement des arbres au chant des bergers, le glissement est naturel, purement imitatif, ancré dans l'expérience et dans le temps. Scaliger donne les modèles poétiques de cette fiction – Virgile, Théocrite toujours –, associant en une même définition motivation naturaliste et tradition. Il réfléchit la forme de l'échange entre bergers – soit le chant est à une voix, soit il est à deux voix et on le dit alors

1. J. C. Scaliger, *Poetices libri septem*, ad delphinum sylvium, apud Antonium Vincentinum, 1561, liber I « *qui est historicus* », caput IIII « *Pastoralia* », p. 6 : « *Videtur autem modulatio in pastionibus inventa primum, vel Naturæ impulsu, vel avicularum imitatione, vel arborum sibilis. Otium enim voluptatis, ac lascivæ pater. Altera cum singuli sub æstivam reducti umbram saturi canerent amores : Monoprosopos hæc. Altera quum aut forte, aut consilio convenissent ii, quos inter vel amor vel odium excitatum fuisset : aut esser æmulatio, obtrectatione, propter vel cantum, vel gregem, vel amicam.* »

« amébée » –, et le relie à la transmission des textes, à tout ce que l'imitation implique du rapport de la langue des poètes à la tradition. Réfléchir sur l'énonciation pastorale, c'est ici se prendre au discours de l'origine (de la poésie) et de la motivation [1]. C'est dire l'histoire de la naissance de la parole comme imitation – d'abord il y eut des oiseaux, puis des hommes pour imiter un chant présent dans la nature –, une histoire qui se confond donc d'autant mieux avec une origine que la nature sert de cadre à la production poétique pastorale. Le texte de Scaliger situe dans un passé immémorial de la poésie ce rapport entre berger et nature que porte la figure du « berger des signes », il l'interroge selon la modalité du chant, enquête sur une oralité originaire. Car il n'y a pas d'Écriture, pas plus d'ailleurs que d'écriture au départ de cette origine. Simplement l'écho d'un « on dit », selon Scaliger, une voix commune et sans commencement.

Faut-il expliquer le silence gardé, à la Renaissance même, sur le modèle de l'écriture du berger par un effet de distinction ? par l'écrasement d'une culture « populaire » face à une culture « savante » – un peu comme la figure du meunier Menocchio, devenue grâce à Carlo Ginzburg le paradigme d'une culture populaire hétéroclite, a été écrasée par les tenants des savoirs doctes [2] ? Sans doute. Cependant, le partage entre culture populaire et culture savante tend à présenter comme relevant du savoir acquis une différence de valeur dont les textes montrent plutôt qu'elle s'élabore en partie dans l'écrit et les modèles qu'on lui donne, qu'elle s'inscrit en outre dans la construction d'un discours national sur la poésie. Les arts poétiques et les textes de la pastorale n'appartiennent pas exactement à la même temporalité : la production de ces derniers n'est pas homologue du modèle historique que les arts construisent de leur côté. La tradition de la bucolique a une histoire qui appartient aux commentaires des grammairiens du IVe siècle et ne recouvre pas celle que les poètes écrivent quand ils imaginent la transmission de la parole bucolique comme le passage d'un poète à l'autre, à travers le temps, d'une même « musette » accrochée aux branches d'un arbre, où d'autres poètes viendront plus tard la reprendre : fable d'une transmission strictement interne de la poésie, qui n'en passerait pas par les relais érudits qu'étudie pour sa part la critique littéraire.

1. M.-L. Demonet, « La motivation des genres dans *La Poétique* de Scaliger », *Acta Scaligeriana*, 1986, p. 129-141.

2. C. Ginzburg, *Le Fromage et les vers. L'univers d'un meunier du XVIe siècle*, Paris, Aubier, 1980. Et sur la culture « populaire », N. Zemon Davis, *Les Cultures du peuple*, *op. cit.*

Entre fable et histoire, un discours anthropologique selon Guillaume Colletet (1658)

Au XVIe siècle, le discours de l'« art » poétique interroge la parole du berger à partir de la nécessité qui le fonde : dire la poésie comme parole plutôt que dire la condition de poète. Il élude par là une autre forme d'historicité, celle qui fait passer le berger de Jean de Brie de la condition pastorale au monde où l'écrit se publie et se confronte à de nouveaux modèles de l'écriture. Pour le dire autrement, le discours poétique ne saisit pas exactement ce moment dont parle Daniel Fabre quand il étudie le « berger des signes », et qui intéresse l'historien de l'écriture et de la littérature, où l'on « voit un groupe social susciter ses poètes ». S'il ne cesse de parler des fondements de la poésie pastorale, c'est pour s'approprier le temps mythique d'une origine.

En 1657, à l'occasion de ce qu'il présente comme une réflexion sur l'art poétique sollicitée par une discussion à l'Académie française, en présence du chancelier Séguier, Guillaume Colletet publie un *Discours du poème bucolique* qui fait de l'églogue pastorale une des sources de l'idylle, véritable objet de la discussion académique. L'ancienneté de l'églogue sollicite selon lui deux types de discours, clairement distingués : celui des « Fables », celui des « Historiens ». Aux premières, les origines divines du genre fondé par Pan, Bacchus, Apollon ou Mercure. Aux seconds, les développements concernant les fondements religieux de la poésie pastorale : c'est toujours à l'occasion de la fondation d'un temple à Diane que des pasteurs – de vrais pasteurs – furent amenés à chanter ou à faire des offrandes rustiques et lyriques. Quelle que soit la version choisie, Colletet affirme que la transmission du poème pastoral fut orale et que cela n'a pas interdit la célébrité des Amphion, Linus, Demodocus, etc.[1], tous poètes dont on ne connaît pas les écrits.

Ce court discours frappe par la fermeté analytique du propos et la façon de penser la transmission d'une poésie si « reculée », écrit Colletet, que les « les plus anciens Autheurs en ont attribué la source aux dieux du Paganisme, & aux premiers siecles, qui estoient de grands amateurs de la vie Pastorale, & qui cherissoient également l'innocence des mœurs & la simplicité des Chansons rustiques ». C'est dire que l'éloignement temporel de l'églogue est pensé comme l'explication du discours religieux sur les origines du genre. Ainsi Colletet souligne-t-il les commencements non

1. G. Colletet, *Discours du poème bucolique où il est traicté de l'Eglogue, de l'Idyle, et de la Bergerie*, Paris, L. Chamhoudry, 1657, p. 6-9.

lettrés et non écrits de l'églogue, avec d'autant plus de fermeté, peut-on imaginer, que ses réflexions répondent à un débat alors soulevé à l'Académie française, lieu d'un savoir spécialisé sur les lettres et d'une pensée déjà professionnelle sur l'écriture. Mais il introduit, dans le modèle unitaire de l'origine, une pluralité d'explications qui défait quelque peu la compacité de la pensée mythico-historique de la poésie.

C'est là, dans les discours sur les origines de la pastorale, proprement une exception. Sans doute parce qu'il écrit depuis le lieu qui motive sa compétence mais ne se confond pourtant pas tout à fait avec l'Académie française, Colletet ne tient pas ici le discours de l'art. Qu'il déclare avoir ouvert ses livres et fait ses réflexions *à la suite* du débat soulevé dans la « docte assemblée » ne change rien à ce point. La « docte assemblée » sollicite une compétence qu'elle légitime, mais qui trouve ailleurs son fondement, dans un savoir et une pensée de l'histoire. Colletet n'a pas besoin de tenir le discours de l'art, qui participe, on l'a vu, à l'élaboration fragmentée d'un discours social sur la condition des poètes. C'est probablement ce cadre d'une réflexion déjà spécialisée sur l'écriture qui rend possible l'élaboration d'une pensée historienne de la transmission des formes poétiques. Colletet tient un discours que l'on pourrait plutôt qualifier de « professionnel », s'attachant à préciser les noms des auteurs qui ont, selon lui, et avec une ampleur également inédite dans les arts poétiques, repris la veine pastorale. Et il mêle tous les genres que distingue aujourd'hui l'histoire littéraire – églogues, roman, mélange de prose et de vers – pour souligner le seul critère de classement que constitue l'énonciation des bergers. Il souligne les particularismes de l'écriture bucolique, de l'imitation pastorale. Lui qui a rapporté de nombreuses vies d'écrivains des XVIe et XVIIe siècles [1], il écrit ici la seule histoire des auteurs français, plus attachée au commencement de l'écriture qu'au discours de l'origine.

USAGES DE L'EXEMPLE : LES DISCOURS DE L'HISTOIRE

Les Illustrations de Gaule et Singularitez de Troye *de Jean Lemaire de Belges (1511-1513) ou les incertitudes de l'exemplaire*

Revenons en arrière. Quand en 1512, Jean Lemaire de Belges, alors secrétaire et historiographe de Marguerite d'Autriche, déclare fonder, avec *Les Illustrations de Gaule et singularitez de Troye*, la « glorieuse

1. François Perrin, François Villon, François Rabelais, Olivier de Magny, Marc-Antoine Muret, Raymond Lulle…

resplendissance de tous les princes qui dominent aujourd'hui sur les nations occidentalles » sur « la rememoration veritable des haulx gestes troyens » et « redresser et ressoudre [leur] tresnoble histoire »[1], il pose avec éloquence le devenir de la figure du roi-pasteur dans une image. L'éloge de la « pastourerie » – cette « espece de regime politique d'une chose publique » – se justifie de l'écriture allégorique, qui distingue dès le prologue entre sens « littéral », sens « historial » des commentaires, et sens « moral » ou « philosophal » propre aux récits mythiques. Ce prologue précise en outre le sens moral de la jeunesse « palladienne », c'est-à-dire « contemplative, en habit pastoral et humble fortune », de Pâris Alexandre, fils de Priam de Troie. L'éducation donnée par Pallas à l'entendement, « on la peult appliquer à l'instruction et doctrine d'un chacun jeune Prince de maison Royalle, comme estoit Paris Alexandre ». Le rapport entre le texte du mythe et le présent fonctionne comme une « similitude » à l'intérieur de l'éloge politique adressé, dans le premier livre, à Marguerite de Bourgogne-Autriche, duchesse de Savoie, tutrice du future Charles Quint, ici désigné comme « l'archiduc » :

> Or ne sçay nulle Princesse vivant aujourd'hui sur terre (sauve la paix des autres) qui puist en ce premier livre plus convenablement tenir le lieu de dame Pallas, que ta personne, princesse illustre : ne aussi ne sçay je, qui mieux puist figurer le personnage du tresbel enfant Royal, Paris Alexandre, que le tien trescher neveu l'archiduc Charles d'Autriche et de Bourgogne, Prince des Espagnes. [Stecher, p. 6]

Toutefois, ce rapport sollicite aussi l'imitation. Si la lecture du livre doit représenter pour l'archiduc « le cours de son âge puéril », celui-ci peut en retour, « louablement et sans reprehension », suivre les « actes de Paris ». L'historien se charge de lui présenter la pomme d'or, « c'est-à-dire son propre franc arbitre » (p. 6). L'épisode pastoral, allégorie de la jeunesse d'un prince, est exemplaire en ce qu'il fait du miroir l'instrument d'une imitation.

Au chapitre XII du premier livre consacré à la jeunesse pastorale du héros Pâris, un « sage » vieillard explicite ce rapport entre pastoralité et fonction royale, soutenant que le « labeur pastoral » est non seulement « royal », mais constitue aussi une « occupation deïfique ». Le discours exemplaire se fait plus explicite que dans le prologue : la vie pastorale est « le vray exemplaire d'un Royaume » où s'expérimente l'art de gouverner,

1. J. Lemaire de Belges, *Les Illustrations de Gaule et Singularitez de Troye* [1512], éd. Stecher, *op. cit.*, t. I, Prologue du Premier Livre, p. 4.

un modèle n'ayant de valeur que par la perfection qui l'isole en une représentation presque inaccessible. Ce « Tableau de la Science ruralle » emprunte vraisemblablement au *Bon Berger* de Jean de Brie ; il s'achève par la mention d'une série de savoirs nettement informée par les *Géorgiques* (bêtes, abeilles, jardinage et culture des arbres fruitiers) et aboutit à l'affirmation du *tout* que doit être le berger. Dans cette totalité réside en effet sa perfection :

> Et par ainsi à tout conclure, il designoit, que le vray pasteur Royal *en toute perfection* ne doit avoir seulement la figure et representation d'un Roy, à cause qu'il regit les troupeaux : ou d'un Prince, pource qu'il est le premier : ou d'un Capitaine, entant qu'il est le chef de ses ouailles : mais doit aussi estre philosophe, c'est-à-dire amateur de sapience : et medecin. Car c'est son office de curer les vices de ses bestes, et les entretenir en santé. Et pere de famille, car sa charge est de pourveoir à ce que rien ne leur faille. Et laboureur, pource qu'il ne doit jamais estre oiseux. Et hortolan [jardinier], car il doit discerner le bon plantage arriere du mauvais, attendu qu'il est disciple de Minerve la prudente Deesse, qui planta premierement la fructueuse olive. [Stecher, p. 152, je souligne]

L'exemple exemplaire se développe pour ainsi dire à distance de sa destination politique, en vertu d'une autonomisation de l'image qui fait qu'il ne s'agit pas tant de reconnaître la perfection du berger dans le roi que l'idéale « figure et représentation d'un Roi » dans le « vrai pasteur royal ».

Le modèle ne se coupe pas de l'exercice temporel du pouvoir : la bergerie est une économie politique dont les rois sont les destinataires privilégiés, à la fois parce qu'elle est la métonymie de l'exercice de leur pouvoir et parce qu'elle leur fournit des produits, des vêtements, des tapisseries qui « aornent les murs des Temples divins, et les parois des palais royaux ». L'exemple ne se contente donc pas de solliciter une imitation. Il historicise le pouvoir monarchique en son origine pastorale – politique et religieuse –, il ancre le pouvoir dans le mythe, mais il est lui-même inclus comme représentation dans l'histoire mythique de ce pouvoir. Il narrativise sa propre exemplarité, la distance entre le lieu où il s'énonce – celui de l'origine que rapporte l'« historiographe et indiciaire » – et celui auquel il se destine. L'image porte l'historicité de ce qu'elle figure – le pouvoir royal – comme continuité temporelle à l'intérieur d'une histoire longue de l'art de gouverner.

Faut-il alors, comme le suggère Colette Beaune, identifier cette histoire à celle de la « nation France » qui remplacerait alors les histoires universelles du Moyen Âge par la « matière de France » ? L'archaïsme du bon pasteur ne le permet nullement, non plus que la composition en mouvement des *Illustrations de Gaule*. Leur propos, leur projet est d'abord bourguignon et autrichien. C'est de la « maison » d'Autriche que Lemaire fait la généalogie « troyenne », à la fois parce qu'il sert successivement deux éminentes princesses, Marguerite d'Autriche à qui il dédie le premier livre en 1511, puis Anne de Bretagne qui reçoit le troisième en 1513[1], et parce qu'il aspire à l'union entre l'Allemagne et la France des Capétiens, union dont la « nation bourguignonne » serait pour lui le ferment[2]. La figure du berger n'a pas de sens politique *a priori* autre que l'unité et l'expérience politiques qu'elle postule; elle n'est pas d'abord « française ». Que l'image du bon pasteur soit destinée à figurer sur les murs des palais royaux ne porte pas l'immédiateté d'une politique nationale du texte. Elle pose avant tout le rapport entre l'exemplaire et le visible de l'image. L'exemple doit être saisi comme un tout : il porte, dans sa visibilité ou sa « picturalité », la temporalité qui lui permet de faire histoire.

Voir l'exemple : La Bruyère et la critique des signes

Cette visibilité de l'exemplaire roi-pasteur s'observe plus nettement encore dans les textes de la seconde moitié du XVIIe siècle. À l'autre bout de la périodisation proposée par Michel Foucault, l'image pastorale du politique se saisit dans une plus grande universalité, et la pensée du modèle s'intensifie quand le modèle sert la critique, déjà topique, d'un pouvoir gisant dans les signes. Lorsque La Bruyère veut définir, dans le chapitre des *Caractères* qui porte sur le « Souverain ou de la République », le tableau idéal des rapports entre le prince et son peuple, il recourt à ce qu'il appelle une « image naïve » :

> Quand vous voyez quelquefois un nombreux troupeau, qui répandu sur une colline vers le déclin d'un beau jour, paît tranquillement le thym ou le serpolet, ou qui broute dans une prairie une herbe menue et tendre qui a échappé à la faux du moissonneur, le berger, soigneux et attentif, est debout auprès de ses brebis; il ne les perd pas de vue, il les suit, il les conduit, il les change de pâturage; si elles se dispersent, il les rassemble; si un loup avide paraît, il lâche son chien, qui le met en fuite; il les nourrit, il

1. Le second est offert à Claude de France, encore dauphine, en mai 1512. Mais Lemaire n'est jamais historiographe à son service comme il l'a été pour Marguerite d'Autriche, et le sera pour Anne de Bretagne.

2. Sur tout cela, et pour la discussion avec le livre de C. Beaune (*Naissance de la nation France*, Paris, Gallimard, 1985), voir l'article très éclairant de J. Abélard, « Les *Illustrations de Gaule* de J. Lemaire de Belges. Quelle Gaule ? Quelle France ? Quelle nation ? », *Nouvelle Revue du Seizième Siècle*, 13/1, 1995, p. 7-27.

> les défend; l'aurore le trouve déjà en pleine campagne, d'où il ne se retire qu'avec le soleil: quels soins! quelle vigilance! quelle servitude! Quelle condition vous paraît la plus délicieuse et la plus libre, ou du berger ou des brebis? le troupeau est-il fait pour le berger, ou le berger pour le troupeau? Image naïve des peuples et du Prince qui les gouverne, s'il est bon Prince [1].

L'image pastorale s'organise ici à partir de l'œil du lecteur ou du spectateur. À ce regard est attribuée la production de l'image, de même que lui est rhétoriquement dévolue la responsabilité du commentaire : « quelle condition vous paraît ...? ». Le procédé se distingue peu de celui qui fait s'agiter, en d'autres passages des *Caractères*, les Théodecte (« De la société », 12), Théophile (« Des grands », 15) et autres Timante (« De la cour », 56), ou de celui qui interpelle le lecteur pour qu'il pénètre la surface des apparences [2].

Cela dit, en tant qu'image, l'image pastorale prend sens de la série de réflexions politiques auxquelles elle s'intègre et qui s'ouvre sur une définition euphémisant dans une litote le caractère eulogique du *topos : « Nommer un roi* PÈRE DU PEUPLE *est moins faire son éloge que sa définition* » [3]. Suit la réflexion 28 qui développe sur un mode analytique la question du contrat synallagmatique entre le prince et le peuple [4]. Pourtant, l'image « naïve », c'est-à-dire naturelle, mais aussi simple, sincère, quasi ingénue, ne relève pas de l'analyse. Là où la définition cherche à « nommer » « [ce] qu'un prince est », l'image vise à persuader par sa puissance de présentification, à faire voir ce dont on débat : les « conditions » respectives du prince et du peuple. La question de la condition la plus libre souligne la valeur critique propre à l'irréalité de l'image et sensible dans la chute qui interroge les signes du pouvoir :

1. J. de La Bruyère, *Les Caractères de Théophraste*, traduits du grec, avec *Les caractères ou les Mœurs de ce siècle* [1688], éd. M. Escola, Paris, Champion, 1999, chap. X, p. 391.

2. *Ibid.*, « Des Biens de fortune », 25, p. 280 : un « vous » est ainsi convié à entrer dans les cuisines pour découvrir la fabrication des plats, dans le théâtre pour apprendre les ressorts du spectacle.

3. *Ibid.*, « Du Souverain ou de la République », 27, p. 390. Sur « l'extraordinaire fortune de la métaphore paternelle » du pouvoir, voir A. Du Crest, *Modèle familial et pouvoir monarchique (XVIe-XVIIIe siècles)*, Presses Universitaires d'Aix-Marseille, 2002, p. 84-113, et *infra*, chap. VI.

4. *Ibid*, 28 : « Il s'agit de juger, d'un côté entre les étroits engagements du respect, des secours, des services, de l'obéissance, de la dépendance ; et d'un autre, les obligations indispensables de bonté, de justice, de soins, de défense, de protection. » Cette idée du contrat est reprise des pamphlétaires de la Fronde : voir dans la note 1 de l'édition R. Garapon (Classiques Garnier, 1990, p. 290-291), le rapprochement avec les conceptions des théologiens contemporains de La Bruyère.

> Le faste et le luxe dans un Souverain, c'est le berger habillé d'or et de pierreries, la houlette d'or en ses mains; son chien a un collier d'or, il est attaché avec une laisse d'or et de soie. Que sert tant d'or à un troupeau ou contre les loups ? [29]

On reconnaît dans la laisse d'or le lien du courtisan enchaîné à un Louvre doré, et pourquoi pas, dans ce dernier, le chien de la fable, à qui son collier a laissé le cou pelé. L'or inutile et faux du luxe s'est rhétoriquement substitué à l'or métaphorique d'un âge auquel renvoie l'image justement « naïve » – la critique est patente, de la richesse d'un faste coupé des origines exemplaires du pouvoir. Comme les époques que superpose la condensation métaphorique, une image se surimpose à la première, les attributs du berger, les signes de la pastoralité n'apparaissent que pour faire voir le déguisement royal et être aussitôt pointés comme objets vains. L'énonciation du modèle « naïf » devient en se déplaçant l'occasion d'une critique au présent des apparences et de l'éclat d'un pouvoir « dénaturé ».

Le sens de la relation allégorique entre l'image et le référent qu'elle désigne s'est donc inversé: le tableau pastoral disjoint ici ce qu'il rassemble. Il révèle la forme idéale du lien entre le peuple et le souverain, pour représenter de manière négative, au sens d'une image inverse, une réalité concrète, immédiate, que le polémiste condamne. Il ne fait apparaître l'immémorial d'un passé que pour rendre plus éclatante la vanité du présent. L'image pastorale souligne la structure divisée de l'espace cour (ville)/campagne qui désigne les signes du pouvoir comme signes[1] : utile en cela même qu'elle se tient à distance de cette réalité du pouvoir absolu.

« Le Berger et le Roi » de La Fontaine, ou la fable d'une « représentation »

S'il est un texte qui prend pour objet le visible même du pouvoir pastoral dans une confrontation avec le monde dénaturé des apparences clairement identifié à la cour, qui inscrit par là le visible de l'exemplaire dans une réflexion sur la représentation, c'est la fable double intitulée *Le Berger et le Roi*, parue dans le second recueil des *Fables* de La Fontaine en 1678. Qu'advient-il quand le berger devient le roi? quand il est fait

1. La condition de roi est encore ce qui motive l'emploi du *topos* dans les livres VII, X, XIII des *Aventures de Télémaque* que Fénelon adresse au duc de Bourgogne, comme il avait fixé pour lui un programme d'études faisant une large place à la *res rusticae*. Que vient faire l'image pastorale dans l'épopée homérique? Elle définit l'économie idéale de Salente et développe le sens de la métaphore paternaliste du roi-pasteur. Si elle a la force d'une définition, elle insère des archétypes critiques dans un univers héroïque.

« pasteur de gens » ? La fable raconte ce que montre la remarque de La Bruyère. Le sujet en est emprunté pour partie – la rencontre entre le berger et le roi – à un épisode des *Voyages* de Tavernier (1676)[1], pour partie – la venue d'un ermite à la cour – au *Livre des lumières ou la Conduite des Roys* de Pilpay dont la traduction a paru en 1644[2]. Mais La Fontaine remplace le savoir dont est porteuse la figure que sollicite le désir du roi dans les deux textes – l'art de conduire les hommes – par le spectacle d'une économie mesurée en un seul regard :

> [...] Ce roi vit un troupeau qui couvrait tous les champs,
> Bien broutant, en *bon corps*, rapportant tous les ans,
> Grâce aux soins du berger, de très notables sommes.
> Le berger plut au roi par ses soins diligents.
> « Tu mérites, dit-il, d'être pasteur de gens :
> Laisse là tes moutons, viens conduire des hommes.
> Je te fais juge souverain. » [v. 11-17, je souligne]

1. *Les six voyages de Jean-Baptiste Tavernier qu'il a faits en Turquie, en Perse et aux Indes*, Paris, Clouzier, 1676, I^e partie, chap. IX, p. 110 : « Le grand Cha-Abas I. estant un jour à la chasse dans les montagnes & eloigné de ses gens, trouva un jeune garçon joüant d'une fluste auprès d'un troupeau de chevres. Le Roy luy ayant fait quelques questions, il repondit si à propos à chaque chose sans sçavoir qui à luy parloit, que Cha-Abas surpris de ces reparties fit signe de loin à Iman-couli-Kan Gouverneur de Schiras qui le vient joindre, de ne rien dire qui pust faire connoistre au Berger que c'estoit le Roy à qui il parloit. Il continua de luy faire d'autres questions, ausquelles le jeune homme repondit d'une maniere à donner de plus en plus de l'etonnement au Roy. Sur cela, le Roy demandant au Kan ce qu'il jugeoit de l'esprit de ce Berger. Il luy repondit, qu'il croyoit que s'il scavoit lire & écrire il pourroit rendre tres-bon service à sa Majesté. »

2. Bidpay (Pilpay), *Le Livre des lumières ou la Conduite des Roys*, Paris, S. Piget, 1644, p. 152-157 : « Il y avoit un Hermite retiré du tracas de cette vie, qui vivoit en grandes austeritez. La vie exemplaire de ce bon homme, fut reconnüe de tout le monde en peu de temps ; de façon que de tous costez, on l'alloit visiter ; & comme la devotion estoit fervente, le peuple y couroit en foule. Le Roy du pays estoit devot, & aymoit les gens de bien avec tendresse. Quand il sceut que dans son estat, il y avoit un si homme de bien, il monta à cheval, l'alla visiter, & luy porta un present Royal, le priant de luy faire quelque exhortation, dont il peust profiter. L'Hermite, pour contenter le Roy, luy dist, Sire, Dieu eternel a deux habitations, l'une perissable qui est le monde, & l'autre eternelle qui est le Paradis. Vostre Maiesté, comme genereuse qu'elle est, ne doit pas penser seulement aux biens perissables de ce monde, mais avec un esprit plus elevé, il faut qu'elle aspire aux *thresors* eternels, une goute desquels, vaut plus que toutes les Principautez de la terre. Qu'elle tasche doncques de se rendre possesseur de ce bien eternel. Par quel moyen se peut-il acquerir, dit le Roy ? En assistant les pauvres, & secourant les miserables, respondit le bon homme. Tous les Roys qui aspirent au repos eternel, doivent travailler à donner le repos temporel à leurs subjects. Le Roy fut si touché de ces paroles, qu'il ne voulut plus avoir d'autre conversation que celle de ce bon-homme, en laquelle il trouvoit une grande consolation. [...] »

Dès lors, la critique de la cour remplace le propos sur l'originaire économie pastorale. La présence du berger à la cour provoque l'envie, et la « chute » du berger qu'un ermite avait prévue dans la seconde fable enchâssée à l'intérieur du récit-cadre le ramène aux signes de la pastoralité, oubliés dans un coffre :

On cabale, on suscite
Accusateurs, et gens grevés par ses arrêts.
« De nos biens, dirent-ils, il s'est fait un palais. »
Le prince voulut voir ces richesses immenses,
Il ne trouva partout que médiocrité,
Louanges du désert et de la pauvreté ;
C'étaient là ses magnificences.
« Son fait, dit-on, consiste en des pierres de prix.
Un grand coffre en est plein, fermé de dix serrures. »
Lui-même ouvrit ce coffre, et rendit bien surpris
Tous ces machineurs d'impostures.
Le coffre étant ouvert, on y vit des lambeaux,
L'habit d'un gardeur de troupeaux,
Petit chapeau, jupon, panetière, houlette,
Et, je pense, aussi sa musette. [v. 50-64]

Ce que le roi avait vu n'est donc pas ce que le berger apprend à voir dans l'expérience de la fable : le premier l'image synthétique de l'économie pastorale (« un trouppeau qui couvrait tous les champs/Bien broutant, en bon corps, rapportant tous les ans/Grâce aux soins du berger, de très notables sommes »), le second les signes cachés d'une identité authentique oubliée. Bien sûr, la moralité attire l'attention sur l'ambition du berger, soit un des « deux démons [qui] partagent notre vie/Et de son patrimoine ont chassé la raison » (v. 1). Mais placée à l'initiale de la fable, elle témoigne de ce qu'elle ne saurait contenir tout le « désir de savoir » du lecteur, son « désir théorique, désir de vérité » qui n'est pas homologue du savoir des personnages[1] : le berger ne dit-il pas à la fin qu'il avait bien « prévu [sa] chute en montant sur le faîte » (v. 75) ?

Plus intéressante peut-être que ce discours topique sur l'ambition comme mal de cour est la fiction à laquelle conduit l'envie du roi, sollicitée par le spectacle de la bonne économie pastorale. Fiction d'une littéralité de la métaphore chrétienne du roi-pasteur, placée dans l'indécision « du *bon* temps » (v. 10), elle peut être lue comme une expérience textuelle parallèle à l'expérience politique dans laquelle s'engage le roi de la fable, constituée

1. L. Marin, *Le Récit est un piège*, Paris, Minuit, 1970, p. 31.

pour l'occasion en examen du sens et de la fonction même de l'image politico-religieuse du roi-pasteur. Le « *bon* sens » (v. 21) du berger semble y garantir au roi l'équivalence entre le « *bon* corps » (v. 12) de son troupeau et l'espace politique où s'exerce le « jugement souverain ». La fable interroge un déplacement que ni le roi ni le berger ne perçoivent tout à fait comme tel, une épreuve au cours de laquelle le savoir du berger se trouve à la fois balancé par l'idée de son aveuglement au lieu de sa nouvelle condition, et subordonné à la signification supérieure d'une coupure, manifestée par les signes appartenant à son passé, entre réalité et représentation – coupure utopique dont la fable déclare qu'elle s'y alimente en imaginant de la suspendre pour un moment.

À l'origine, il y a une corrélation subtile entre *voir/faire venir* et *être vu/venir*, corrélation initiée par la volonté royale : « mon but est de dire/Comme un roi fit venir un berger à sa cour. » Un roi, donc, « vit un troupeau » et il demanda au berger de « venir à sa cour » (v. 9, v. 16). La vision est une traction. De l'initiative du monarque à la réussite du berger, la fable développe de menus déplacements sémantiques : « viens conduire », demande le roi (v. 16), « le reste vient ensuite » (v. 21), et « il en vint fort bien à bout » (v. 22) – *venir*, *arriver*, *réussir* dit la fable-cadre. La fable enchâssée interroge pour sa part la valeur et le sens du regard posé à l'ouverture du texte :

> L'Ermite son voisin accourut pour lui dire :
> « Veillé-je ? et n'est-ce point un songe que je *vois* ?
> Vous, favori ! vous, grand ! Défiez-vous des rois :
> [...] Voyez combien déjà la cour vous rend peu sage.
> Je crois *voir* cet Aveugle à qui, dans un voyage,
> Un Serpent engourdi de froid
> *Vint* s'offrir sous la main : il le prit pour un fouet
> Le sien s'était perdu, tombant de sa ceinture. [v. 23-36, je souligne]

À la différence du roi, l'ermite résiste à la traction du visible. Il accourt pour réintroduire dans l'expérience voulue par le roi la séparation du monde pastoral et de la cour, l'écart nécessaire entre la perfection de l'idéal et l'espace des « machineurs d'impostures », la différence entre métaphore et littéralité du pouvoir abolie par la seule présence du berger à la cour. Telle est la leçon exemplaire dont celui-ci fait l'expérience.

À quoi sert la métaphore du roi-pasteur si elle ne peut jamais brouiller la littéralité des conditions sans que soit perdue la différence entre fiction et réalité ; si elle ne vaut qu'autant qu'elle maintient la perfection du modèle à distance du monde réel, le passé de la fable à l'écart du présent de la cour ? À interpréter le présent et la cour sans doute ; à interroger en outre le rapport entre l'exemple et les conduites réelles – la conduite du roi, celle du berger, celle des courtisans – en jouant d'un brouillage entre temps mythique et temps historique.

Immémorialité de l'exemple et critique de l'histoire

Le *topos* du pouvoir pastoral se récrit ici dans le cadre de ce que Louis Marin nomme le « désir le plus caractéristique de la fin du XVIIe siècle : faire des choses, des êtres, des signes, faire du monde, de l'être, une représentation »[1]. Ce désir peut alors interroger les marques de l'exemplarité du modèle pour mettre en question la fonction même de cette exemplarité. Si le texte de Lemaire interrogeait la possible destination de l'image pastorale de l'économie dans les palais royaux, ceux de La Bruyère et La Fontaine, auxquels on pourrait ajouter encore *Les Aventures de Télémaque* de Fénelon – qui mobilise la métaphore pastorale dans une perspective pédagogique, tout comme l'*Examen de conscience sur les devoirs de la royauté* adressé au dauphin[2] – commentent le statut d'image de l'image exemplaire. En moralisant nettement le visible du modèle, ils interrogent son fonctionnement autant que son contenu.

Faut-il en conclure que le thème pastoral disparaît en tant qu'objet de croyance à l'âge des conduites – du « pastorat » – et de la représentation, que son identification au mythe et à l'origine le déshistoricise en un temps où l'histoire n'absorbe plus le mythe dans sa construction temporelle propre, mais le constitue clairement en fable ? Ce serait postuler une naïveté des textes les plus anciens, rabattre l'analyse du thème pastoral sur le discours d'histoire que tient le XVIIe siècle concernant la « naïveté » du modèle. Les textes que l'on a mentionnés n'utilisent pas de la même manière l'*action* du modèle. Il faut donc plutôt supposer que l'histoire

1. L. Marin, « L'ogre de Charles Perrault ou le portrait inversé du roi », dans *Politiques de la représentation*, Paris, Kimé, 2005, p. 153.

2. Fénelon, *Les Aventures de Télémaque* [1699], éd. J.-L. Goré, Paris, Classiques Garnier, 1994, livres I, II (p. 144-149), III (p. 182-184), V (p. 194-196), VII (p. 263-271), XI (p. 374-379), XIV (p. 461-464 et 470-473). Et dans l'*Examen de conscience sur les devoirs de la royauté*, Fénelon recommande au dauphin de connaître le nombre de ses sujets : « Savez-vous le nombre d'hommes qui composent votre nation, combien d'hommes, combien de femmes ; combien de laboureurs, combien d'artisans, combien de praticiens, combien de commerçants ; combien de prêtres et de religieux, combien de nobles et de militaires ? Que dirait-on d'un berger qui ne saurait pas le nombre de son troupeau ? Il est aussi facile à un roi de savoir le nombre de son peuple : il n'a qu'à le vouloir. Il doit savoir s'il y a assez de laboureurs ; s'il y a, à proportion, trop d'autres artisans, trop de praticiens, trop de militaires à la charge de l'État. » (cité par M. Senellart, *Les Arts de gouverner*, *op. cit.*, p. 56).

du pastorat comme « épreuve majeure de la gouvernementalité », selon l'expression remarquable de Michel Foucault, intègre une histoire du type d'historicité conférée à la référence pastorale du pouvoir, une histoire de l'articulation entre pastorat et modèle pastoral comme mode d'élaboration d'un discours historique sur le gouvernement royal – en d'autres termes un discours sur l'herméneutique de l'exemple plus que sur l'exemple même.

La fable, la remarque, le roman pédagogique tout aussi bien, montrent que l'analyse des usages politiques du modèle pastoral du pouvoir intègre nécessairement les rapports entre les modalités d'une écriture de l'histoire (de la royauté) et la littérarisation des discours sur le pouvoir, entre les usages critiques de l'exemplarité historique et l'invention de la littérature comme discours simultanément autonome et dépendant du pouvoir politique[1]. Dans la fable de La Fontaine, ce discours ramène le berger, les courtisans et le lecteur aux seuls signes de la pastoralité. L'expérience de la fable aboutit pour le berger à faire de ces signes le secret à découvrir du désir de savoir qui fait la fable – secret celé, oublié au fond du coffre. S'il signifie ironiquement pour la cour[2], il vaut aussi pour le berger : il le rend à l'idéal comme à ce passé dans lequel les signes d'une condition auraient été des signes vrais, ou n'auraient pas été des signes. L'image du pouvoir pastoral devient par là une représentation qui peut désigner comme irréelle la réalité du pouvoir, tout comme les palais sont des « songes » pour l'ermite. La critique s'est décalée par rapport à La Bruyère. Elle joue sur une réversibilité des positions à la fois menaçante et féconde, dont se nourrit langage de la fable. Le fait que le « songe » désigne aussi bien la fiction d'un berger dans un palais (pour l'ermite) que le palais même (pour le berger), le fait que celui-ci désigne comme « gages » ses nippes auxquelles La Fontaine ajoute de manière toute réflexive l'instrument qui désigne le poète – « et, je pense, aussi sa musette » (v. 64) –, souligne que le discours de l'exemple n'est pas réductible à la pédagogie exemplaire.

Publiée dans le recueil de 1678, cette fable écrit sa distance avec un événement que le lecteur entrevoit pourtant à travers le réseau de signes qu'elle entretisse : « envie », « voir », et surtout ce « serpent » en lequel se métamorphose le bâton, faisant apparaître dans la fable l'emblème de Colbert. Avec lui, c'est la mésaventure de Nicolas Fouquet en 1661, la

1. Ch. Jouhaud, *Pouvoirs de la littérature. Histoire d'un paradoxe*, Paris, Gallimard, 2000.

2. P. Dandrey, « Séduction du pouvoir : La Fontaine, le Berger et le Roi », *Cahiers de littérature du XVIIe siècle*, n° 8, Presses universitaires de Toulouse-Le Mirail, 1986, p. 9-33 (p. 31).

fiction un moment envisagée d'un ministère donné au Surintendant des Finances qui se lit dans le récit énoncé par la fable, tandis que le « bon temps » devient la distance nécessaire à un possible retour sur l'événement politique qui a inauguré la monarchie de Louis XIV et n'est jamais vieux que de dix-sept ans. Distance toute « politique », si l'on veut, que celle qu'opère la fable en déréalisant l'événement d'une condamnation. Mais distance *a fortiori* politique parce que, dans le cadre intemporel d'une justice archaïque, elle permet de mettre en scène un discours sur l'innocence, fabuleuse bien entendu, d'un berger prudemment demeuré sans patronyme.

Si la figure du berger semble rester en deçà d'une réflexion sur la représentation politique, au sens où il n'est jamais ce « portrait du roi » dont Louis Marin a montré qu'il était le lieu même de la représentation comme pouvoir à l'âge classique, le système sémiotique de la fable dit bien quelque chose, à rebours, du processus de la mise en signes du pouvoir qui caractérise ce portrait et ce pouvoir. En tant qu'exemple, le berger n'a pu être qu'un moment « à la place » du roi, descendu des tentures pour exercer son savoir dans les palais. Mais en tant qu'exemple, il peut aussi valoir pour quelqu'un d'autre que le roi. L'histoire de l'innocence condamnée ne peut être évoquée, certes, qu'à la prudente distance du « bon temps », mais la fable entend bien dire par là quelque chose des origines réelles du pouvoir monarchique. Que le berger ait un jour représenté le roi en son pouvoir définit les modalités selon lesquelles il permet à La Fontaine de tenir un discours sur le pouvoir monarchique – dans une fable politique sur l'historicité réelle du pouvoir, et sur l'impuissance réelle de l'image exemplaire. La distance du berger porte l'histoire du commencement impur du pouvoir monarchique. Le berger n'appartient pas à l'origine heureuse, idéale, de l'histoire de la monarchie, il raconte le leurre d'une origine idéale, il dit la vérité d'un commencement injuste comme tromperie de l'origine. Ce sont bien les séductions de l'image exemplaire que traite la fable fort justement nommée, on le voit, « double », c'est de la représentation comme leurre autant que comme échec de l'exemplarité. L'image exemplaire du roi-pasteur contient ici une fable sur la Fable, qui interroge les origines mythiques de l'Histoire.

Clausule

De Lemaire à La Bruyère, on mesure la même littérarité conflictuelle de l'écriture du modèle. De l'un à l'autre, le discours du modèle est « devenu » un discours sur la « naïveté », qui inscrit la royauté dans une autre configuration historiographique. À l'histoire du gouvernement royal conçue comme linéaire, englobant le mythe en tant qu'il est porteur de cette continuité transhistorique que postule tout le texte de Lemaire et qui est nécessaire à son discours d'exemplarité, s'oppose une histoire de l'herméneutique des modèles, qui rejette la perfection du roi-pasteur dans une exemplarité d'autant mieux valorisée qu'elle est mieux ressentie comme lointaine, rejetée, ou interrogée dans le passé d'un « bon temps ». Par là, une histoire peut être inscrite, plutôt qu'écrite, dans le lieu de l'immémorial.

Pour le lecteur de la fable, le secret à découvrir qui le fait lire est peut-être le sens de cette temporalité imprécise posée à l'ouverture du récit : ce « bon temps » est celui de la fable et déjà aussi, dans cette seconde moitié du XVIIe siècle, celui du conte; il peut rappeler en outre l'avénement de Louis XIV. Aucun des textes cités ne précise l'histoire à laquelle appartient le modèle dont ils gardent l'image, dût-elle avoir la proximité d'une injustice politique. La mémoire du « bon berger » de Jean de Brie se fait entendre dans l'insistance de la fable sur le « bon temps », le « bon corps » du troupeau, dans le geste même qui conduit le berger auprès du roi, comme le berger du XIVe siècle apportait son « art de bergerie » au roi. Elle est encore là sans doute derrière l'hypothétique « bon prince » de La Bruyère. Mais elle n'a pas de référent temporel précis. Si le lieu pastoral permet de construire un espace commun au sujet de l'énoncé et à son destinataire, si le discours de l'exemplaire est indissociable du discours historique qui le soutient et lui confère sa légitimité, la distance temporelle de l'« antiquité » n'efface pas l'écart fondateur de l'énonciation pastorale. Elle permet d'y apercevoir ce qu'il en est d'une condition politique de l'auteur dans le présent. C'est donc cet écart qu'il faut faire réapparaître pour voir ce qui, dans les textes de la pastorale littéraire, actualise la politique « comme une affaire de bergerie ».

Dans l'Antiquité, la parole arcadienne avait d'emblée figuré un jeu culturel à travers lequel les Grecs, puis les Latins pouvaient penser les « origines mythiques de l'humanité », une « culture du territoire » élaborée par « des intellectuels professionnels cultivant "l'affectation de naturel" » [1]. En d'autres termes, la question de la nature aurait été immédiatement ressaisie en termes de discours politique, dans une sorte de fécond recouvrement entre « naturel » et « origine ». C'est cette même superposition qui est diversement à l'œuvre dans les discours que les XVIe et XVIIe siècles tiennent sur la tradition pastorale – sur le sens de l'énonciation du berger, sur la figure politique du bon pasteur. Cette confusion sert de cadre à cette

1. F. Dupont, « Introduction » des *Bucoliques*, *op. cit.*, p. 10-11.

élaboration d'une pensée de l'histoire dont la tradition pastorale est un maillon essentiel aux XVIe et XVIIe siècles. Mais pas plus que l'on ne doit confondre avec ce qui serait une origine de l'allégorisme pastoral dans une nature passée et dès lors fantasmée la façon dont, dans les arts poétiques, la référence à Théocrite et à Virgile construit alors une historicité de l'énonciation du berger, il ne faut rabattre la « nature » comme « territoire » sur la nature comme origine perdue de la civilisation, sauf à faire en sorte que le discours critique se coule entièrement dans le discours des textes poétiques.

Sur la longue durée, du Moyen Âge à la fin du XVIIe siècle, on mesure l'épuisement du « berger des signes » et de son savoir sur le temps. La figure politico-religieuse du berger appartient plus nettement à un temps mythique, peu à peu distingué de l'histoire. Ce que l'on interroge dans cette figure à l'époque de l'absolutisme, ce n'est plus son historicité, c'est son statut même de modèle, sa valeur exemplaire. Et l'on peut mesurer par là sa puissance « négative » à dire la vérité du politique.

Il s'agit du devenir de l'exemplaire même, sans doute, qui lui permet de s'inscrire dans les espaces divers de la fiction politique – épopée pédagogique, fable, tableau de caractère. On peut interroger cette distance accrue de l'exemple pastoral du côté du développement du « pastorat », art de la direction des âmes et du pouvoir sur les conduites. On peut aussi l'envisager, et ce sera la perspective que la pastorale littéraire ouvrira dans les pages qui suivent, du côté de l'histoire des rapports entre le politique et le religieux pendant les guerres de Religion, puis la difficile paix du premier XVIIe siècle. C'est en resserrant l'analyse sur ce moment que l'on organisera la rencontre, à l'intérieur d'une politique de la bergerie, de deux questions qui ont suivi jusqu'ici des voies parallèles, celle du gouvernement pastoral et celle de l'énonciation poétique du berger.

CHAPITRE II

LA BERGERIE COMME TEXTE

LIEU PASTORAL ET DISTANCE UTOPIQUE AU DÉBUT DES GUERRES DE RELIGION

Si le schème national qui sous-tend l'histoire littéraire française[1] masque souvent la complexité des discours locaux dans les lettres pastorales de la Renaissance, que dire de la notion de culture de cour, souvent appliquée aux églogues allégoriques de la fin du XVᵉ siècle, plus tard à des églogues, représentées ou non, voire encore à des pastorales narratives. La bucolique est certes un genre de la poésie officielle à la cour du roi de France, qui voile le discours de l'événement sous un transparent allégorisme. Cela dit, simple jeu énonciatif, sans narrateur mais à deux ou plusieurs « entreparleurs », elle n'est pas le seul mode de réalisation de la parole politique des bergers. Dès la seconde moitié du XVIᵉ siècle, plusieurs textes mettent en scène cette parole de l'événement dans un cadre narratif qui spatialise l'énonciation des bergers et thématise à partir d'un lieu la distance pastorale. Plusieurs bergeries font de ce même lieu le cadre d'une énonciation réflexive, tournée vers le temps spéculaire de l'écriture, celui des plaisirs propres à l'exercice et à la contemplation des lettres. Qu'il y ait donc dans ces textes une portée éthique et politique, c'est la configuration du lieu pastoral dans son rapport à telle ou telle cour qui le rend sensible. C'est donc ce rapport qu'il convient d'abord de comprendre.

1. Ce schème, qui détermine l'orientation de la science historique depuis les années 1820-1830, innerve l'histoire littéraire, même pour les siècles antérieurs à la Révolution : M. Gauchet, « L'unification de la science historique », dans *Philosophie des sciences historiques. Le moment romantique*, Paris, Seuil, 2002, Introduction, p. 9-38.

La cour, le lieu, l'Arcadie

Posons donc que toutes les bergeries s'inscrivent dans un rapport critique et spatial à « la cour » – distance intérieure ou extériorité réelle – à partir d'un lieu. Cela signifie que la cour *n'est pas* le lieu pastoral et que le lieu pastoral *n'est pas* ou *n'est pas seulement* telle cour dans sa singularité, mais que c'est peut-être à partir de cette différence que peut s'élaborer un discours sur « la cour ». Or, rapporter les textes assez différents les uns des autres dont il va être question dans ce chapitre et dans le suivant à une « culture de cour », c'est subsumer d'emblée sous l'universel de « la cour » la singularité de telle ou telle cour, royale ou princière, française ou italienne, bourguignonne ou ferraraise. C'est confondre le discours du texte et le cadre de sa production, rater la distance qu'il construit ou efface avec son objet, manquer le passage *par le lieu* des textes que l'on analyse et, pour le dire vite, la question du rapport de l'exemple à ce dont il est l'exemple. Selon Jacques Revel, ce lieu de mémoire de l'Ancien Régime que fut « la cour » aurait toujours été conçu comme « la version décevante d'un passé irrémédiablement perdu », « toujours hanté par le souvenir de modèles dont elle n'[aurait] plus [su] retrouver la perfection »[1]. Le discours sur « la cour » aurait d'emblée porté une expérience temporelle spécifique ; il se serait ancré dans un présent d'autant plus déceptif que marquant une distance plus grande à sa référence éloignée – un passé dont rien ne dit comment il l'était, passé. C'est bien « la cour » qui apparaît comme l'envers du monde des signes simples propres au « bon temps » dans la fable de La Fontaine, quand il n'était encore question que de « palais » chez Lemaire de Belges. Et si elle peut être identifiée à celle que moquent les bergers de l'*Aminta* du Tasse représentée à Ferrare quelque cent ans plus tôt, puisque la « fable bocagère » propose la même orientation vers un « bon temps » que le personnage du Satyre appelle « âge d'or », elle ne se confond pas avec la cour où a été représentée l'*Aminta* et que le texte du Tasse réfléchit, laquelle ne peut être assimilée à la cour de Naples dans laquelle Jacques Sannazar a fait circuler les églogues de son *Arcadia*, bien avant l'édition du texte en 1504. Mais la cour mentionnée dans le *proemio* de l'*Arcadia* était déjà opposée à la nature du lieu pastoral, en vertu d'un égal degré de généralité critique.

Double erreur donc, que celle qui rabat une cour sur toute la société de cour et celle qui fait glisser de telle représentation de la cour à l'idée de « la cour », d'un exemple de cour à l'idée de cour, *a fortiori* l'idée de « la cour ».

1. J. Revel, « La Cour », dans P. Nora (dir.), *Les Lieux de mémoire*, II. 3, *La Nation*, Paris, Gallimard, 1986, p. 3143.

C'est notamment le rapport entre telle cour réelle, historique, et l'universel de « la cour » que manque l'idée de « culture de cour », parce qu'elle repose sur une assomption du lieu énonciatif (pastoral ou autre d'ailleurs) dans une généralité faussement homogène. Écrasant la spécificité et la dimension locale des propositions éthiques à l'intérieur de la référence curiale, elle désarticule l'énonciation pastorale d'un *ici* et *maintenant*. Elle écrase par là même la complexité de la politique des textes : dans le cas des bergers, la politique du lieu pastoral. Parce que cette idée porte en outre l'*a priori* d'une unité de la référence curiale, elle ne dit pas grand-chose non plus des modes de constitution et d'appropriation des savoirs et des représentations symboliques dans le lieu pastoral, ni des modalités de réception des textes étrangers et de la façon dont ils construisent une utilité singulière de ces représentations. Il en est ainsi du *Cortegiano* de Baldassare Castiglione, en lequel on aurait si vite reconnu une « grammaire de la vie curiale ». S'y affirme d'abord une équivalence entre le lieu discursif que construit le dialogue et le lieu réel, la cour d'Urbino dont l'auteur déclare faire le « portrait peint » au naturel, non pas en maître, comme Raphaël ou Michel-Ange, mais en « humble peintre » [1]. Que faut-il entendre par là ? Le principe de la seule ressemblance, garante d'une singularité d'abord close sur elle-même, l'identité exacte du lieu réel et du lieu représenté, ou quelque chose comme un passage à l'exemplaire formulé dans la référence picturale ?

Ce sont les éditions postérieures à Castiglione, celle de Lodovico Dolce notamment, qui ont fait du *Courtisan* un catalogue du comportement curial en agrémentant ses quatre parties de tables prescriptives [2]. Il n'est pas sûr que le goût de la France des XVIe et XVIIe siècles pour l'Italie et la lecture de textes produits dans des contextes spécifiques, qui ne sauraient donc être annexés les uns aux autres, aient absorbé singularités et particularismes dans ce qui aurait déjà été une culture de cour homogène, pour constituer en exemple cette société qu'avait évoquée Castiglione alors même qu'elle « s'apprêt[ait] à disparaître en un siècle de fer » [3]. Il n'est pas certain non plus que le discours amoureux, qui caractérise la pastorale pour la plupart des critiques modernes comme pour les poéticiens du temps, soit assimilable

1. « *Un ritratto di pittura della corte d'Urbino, non di manno di Rafaello o MichelAngelo, ma di pittor ignobile* », B. Castiglione, *Le Livre du courtisan*, éd. A. Pons, Paris, Flammarion, 1991, Dédidace, p. 9.

2. J.-M. Colard, « La conversation tempérée : devis et passions dans le *Courtisan* de Castiglione », dans *La Poétique des passions à la Renaissance. Mélanges offerts à Françoise Charpentier*, Paris, Champion, 2001, p. 111-123 (p. 122) et *cf.* C. Ossola, *Miroirs sans visage. Du courtisan à l'homme de la rue*, Paris, Seuil, 1997, p. 80 notamment.

3. J. Revel, « La Cour », art. cit., p. 3169.

sans reste à un discours curial. Dans sa perfection rêvée, la cour du XVIIe siècle se serait formée à partir des vertus civilisatrices de ces discours, vecteurs de politesse et d'une civilité ordonnée par les femmes[1]. L'imitation et la tradition servent là encore de points d'appui à l'analyse globale du sens de l'amour pastoral, en dépit de la grande complexité, reconnue pourtant, de ses sources – les bucoliques, la deuxième églogue de Virgile qui rapporte l'amour désespéré de Gallus, mais aussi la tradition courtoise, mais encore la culture néoplatonicienne de la Renaissance. L'amour des bergers se serait accompli dans la littérature précieuse et mondaine du XVIIe siècle, quitte à ce que soit perdue dans cet « aboutissement » la valeur politique de ce qui fondait son énonciation dans le contexte immédiat des pastorales renaissantes ; quitte à ce que la politique de la bergerie soit d'emblée absorbée dans les discours sur la civilité de cour. Car comment évaluer le sens contextuel de cet amour, quand il n'est plus immédiatement lisible comme discours sur le « bon pasteur », mais se déploie comme éthique néoplatonicienne ou comme érotique ?

L'idée de culture contribue enfin à l'indifférenciation des acteurs de la vie de cour, et plus largement des carrières d'auteurs courtisans, que l'on sait pourtant bien différentes les unes des autres. Comment assimiler la trajectoire poétique d'un Jacques Sannazar, poète et soldat au tournant du XVe siècle à Naples, qui donne au narrateur de l'*Arcadia* le pseudonyme de Sincero, à celle d'un Torquato Tasso, composant l'*Aminta* pour favoriser un improbable mariage destiné à donner une postérité à la famille d'Este et à empêcher la dévolution du duché de Ferrare, vers 1583[2] ? Celui-là se désigne dans son poème par un équivalent italianisé du nom d'Actus Syncerus qu'il porte à l'académie de son ami Pontano ; celui-ci construit sa figure de poète en service contre l'autorité des philosophes en vogue à la cour du duc Alphonse II[3]. Sur une périodisation plus serrée et dans une autre géographie, il n'y a pas vraiment de commune mesure non plus entre un Pierre de Ronsard, « prince des poètes » depuis plusieurs années quand il publie sa *Bergerie* en 1565, et un Nicolas de Montreux, ligueur de la

1. Voir par exemple les études rassemblées dans A. Montandon (dir.), *Du goût, de la conversation et des femmes*, Clermont-Ferrand, Association des publications de la Faculté des lettres et sciences humaines, 1994.

2. E. Graziosi, *Aminta 1573-1580. Amore e matrimonio a casa d'Este*, Pise, Maria Pacini Fazzi Editore, 2001.

3. L. Giavarini, « Quel homme de lettres fut Torquato Tasso à la cour de Ferrare ? Sur les enjeux des clés poétiques de l'*Aminta* (1573) », *Littératures classiques* n° 54, « Lectures à clés », M. Bombart et M. Escola (dir.), 2005, p. 207-220.

première et de la dernière heure, au service du duc de Mercœur depuis cinq ans quand paraît en 1592 le troisième livre des *Bergeries de Julliette*.

Ces remarques sur ce que les écrits de ces différents auteurs ont de forcément irréductible à des regroupements généralisants et au sens trop univoque de la « culture de cour » paraîtront évidentes, sans doute. Mais là où une réflexion ordonnée par les identités sociales des différents auteurs et par ce que les textes disent de leur contexte propose à l'analyse des cas singuliers, sinon chaque fois des *hapax*, l'histoire littéraire tend à se prendre au piège du discours de l'imitation, à la tradition mise en œuvre par le code bucolique reliant « nature » et « poésie », et qui peut toujours apparaître plus ou moins sans rupture et sans sujet puisque son objet est précisément d'offrir le modèle d'une production de la poésie comme transmission de la fonction poétique.

La notion de culture de cour permet ainsi de projeter sur les textes de la Renaissance la certitude d'une dépolitisation de la littérature pourtant construite bien plus tard, à partir des années 1630. Plus qu'une autre il est vrai, plus que la poésie lyrique qui peut s'inscrire, par la référence horatienne qu'elle promeut, dans une politique de l'éloge, la poésie bucolique, le « style arcadien »[1] souffre de l'*a priori* négatif affectant le discours critique sur l'écriture politique des poètes. Soit en effet on pointe la nature courtisane du poète, et alors la politique des textes ne semble pouvoir être que le miroir des idées qu'il sert, soit on souligne l'indépendance du poète au regard de sa condition, et ce que gagne la poésie dans cet écart semble perdu pour l'hypothèse de sa fonction politique, voire pour la saisie d'une réalité sociale de la situation de service. Timothy J. Reiss fait remarquer que l'idéalisation du poète à la fin du XVIe siècle se paie de sa distance par rapport à l'activité sociale et politique de son temps[2]. On comprend que les membres de la Pléiade, qui ont si fortement appuyé leur promotion de la poésie sur la figure du poète, aient été tout particulièrement pris dans le discours sur une autonomie apolitique de l'écriture poétique.

Le propos de ce chapitre, et plus encore du suivant, est d'essayer de lire le discours amoureux des bergers à partir du lieu où il s'énonce – il s'agit bien d'un *ici* qui se dit un *lieu* – et d'en mesurer alors, du point de vue de cette singularité, la valeur politique. Il ne s'agit pas pour autant de postuler

1. D. Ménager, *Ronsard. Le Roi, le Poète et les Hommes*, Genève, Droz, 1979, p. 343-353. Dans la *Bergerie* de Ronsard, la « vraie poésie » serait plus qu'ailleurs galvaudée par un discours de propagande, là où le poète aurait su jusqu'alors maintenir un prudent écart entre poésie et idéologie. Voir mes remarques *infra*.

2. T. J. Reiss, « A Poetics of Cultural Dismay », *Journal of the Institute of Romance Studies*, 1, 1992, p. 165-192 (p. 179).

un sens politique global de l'amour des bergers. Au contraire, si leur énonciation est déterminée par son lieu, il faut prendre en charge la dimension singulière, parfois définie en fonction d'une éthique, et parfois aussi on le verra d'une érotique, de celui-ci : l'écriture poétique s'y représente et s'y donne toujours comme activité productrice d'un plaisir. C'est donc le lieu *pastoral* qui détermine le sens politique des textes, un lieu clairement référencé parfois, un lieu qui n'a d'autres fois de réalité que dans le discours. À travers le lieu, rhétorique et/ou mimétique, topique et/ou ressemblant, s'élabore la distance qui qualifie l'action de l'écrit pastoral, précisément parce qu'il s'écrit toujours comme lieu de production d'un écrit. Ce lieu permet de saisir en retour les modalités politiques de la disposition du poème dans le monde.

Cette hypothèse d'une définition sociale du lieu en tant qu'il s'écrit n'est pas contradictoire avec sa dimension distanciée, mais elle est sans doute difficile à reconnaître quand la pastorale s'installe en Arcadie, patrie des poètes déjà mythique dans l'Antiquité et que Jacques Sannazar, le premier, remploie dans son *Arcadia* (1504), en la rapportant à des lieux spécifiques de la poésie antique – la forêt aux essences multiples, le tombeau, le bois sacré. En France, dès le milieu des années 1540, l'Arcadie s'incarne plus spécifiquement dans le *locus amoenus*, ce « lieu de plaisir » transmis au Moyen Âge par les savoirs d'amours des clercs et que la courtoisie s'était appropriée pour écrire les modalités de sa sociabilité propre [1]. Identifié au clos du jardin gardant la rose du roman de Guillaume de Lorris ou cadre d'une « consommation » socialement définie dans un fabliau où les différents ordres font des usages distincts, scatologique pour les « vilains », du *locus* [2], le « lieu de plaisir » permettait d'écrire la puissance des valeurs sociales attachées à la perception du corps. Toute récriture déterminait donc une définition sociale de son usage – de sa lecture. Repris dans le texte pastoral, le *topos* y inscrit encore la détermination sociale de l'écriture et de la réception du poème. C'est ainsi que l'on peut comprendre le déplacement opéré par le traducteur de l'*Arcadia* en 1544. L'histoire, écrit-il dans l'épître dédicatoire au cardinal de Lenoncourt dont il est le secrétaire patenté,

1. M. Gally, « Le huitième art. Les clercs du XIIIe siècle nouveaux maîtres du discours amoureux », *Poétique*, n° 75, septembre 1988, p. 279-295, ainsi que *L'Intelligence de l'amour d'Ovide à Dante. Arts d'aimer et poésie au Moyen Âge*, Paris, CNRS, 2005.

2. *Fabliaux et contes des poètes français*, Paris, Barbazan, 1756, t. I, p. 45 et J. Batany, « L'apologue social des strates libidinales : "dui chevalier vont chevauchant …" », dans D. Buschinger (dir.) *Le Récit bref au Moyen Âge*, Paris, Champion, 1979, p. 129-152.

> [...] ne traicte guerres, bataille, bruslemens, ruines de pays, ou telles cruaultez enormes, dont le recit cause a toutes gens horreur, compassion, & melancholie, reservé aux ministres de Mars, qui ne se delectent qu'en fer, feu, rapines & subversions de loix divines & humaines. Tel subject, a la verité, n'est conforme a ceste Arcadie, car elle ne represente que Nymphes gracieuses, & jolyes bergeres, pour l'amour desquelles jeunes pasteurs soubz le fraiz umbrage des petits arbrisseaux et entre les murmures des fontaines chantent plusieurs belles chansons [1].

L'épître exhibe le temps préservé du *locus amœnus* dans lequel s'inscrit cette Arcadie, quitte à masquer la mélancolie qui caractérisait le parcours de Sincero dans le prosimètre italien de 1504. La traduction française accentue les effets de retrait de l'original, lequel formalisait déjà une distance entretenue avec le monde des actions, s'identifiant à tous les lieux de la poésie latine et rendant perceptible par là sa propre production à l'écart de l'espace courtisan napolitain. Dans le proème de son livre, Jacques Sannazar insistait sur l'opposition entre la nature pastorale et la cour, sur les vertus de la retraite dans le monde mythique de la poésie antique, dans cette Arcadie qui ne laisserait paraître qu'à la toute fin du voyage du narrateur, au fil des deux dernières proses, les lieux réels de Naples[2]. Avec insistance, son traducteur Jean Martin rapporte au seul mot de « lieu » la variété des expressions désignant l'inscription de la parole de Sincero, le berger conducteur du poème, dans un paysage, une forêt, auprès d'un tombeau ou d'une écorce gravée. Cette façon de mettre en relief le « lieu pastoral » devant la multiplicité des espaces mythiques et poétiques que traverse le berger est indissociable de l'affirmation initiale que l'*Arcadie* est un texte de plaisir. Elle prévient et unifie les modes de réception du texte.

UNE SÉQUENCE TEMPORELLE (1565-1566) TROIS LIEUX POUR LA BERGERIE

Les deux années 1565 et 1566 constitueront un premier cadre descriptif des réalisations françaises du lieu pastoral, en même temps que de la diversité des positions d'auteurs qui s'y définissent, quoique tous aient partie liée avec cette efficace représentation de la condition de poète que promeut la Pléiade. Après la difficile paix d'Amboise en 1563, le roi de France, Charles IX, entreprend un « tour de France » qui va durer deux ans et vise à

1. *L'Arcadie de Messire Jaques Sannazar*, Paris, M. Vascosan, 1544, rééd. présentée par J.-Cl. Ternaux, Presses universitaires de Reims, 2003, p. 20-21.
2. *Ibid.*, p. 124 *sq.*

rassembler autour de lui les peuples de son royaume déchiré. Catherine de Médicis a l'initiative de ce voyage – « une forme de gouvernement et une modalité du politique »[1]. Trois textes pastoraux, parus autour de l'année 1565, permettent de définir trois types de distance différents avec cet événement. Le premier, un prosimètre mêlé de vers et de prose[2], est introduit par Pierre de Ronsard dans ses *Élégies* de 1565, puis maintenu en 1584 dans le *Bocage royal*. Le deuxième, publié en 1566 par Nicolas Filleul, comprend une série d'églogues représentées au mois de septembre de cette année au château de Gaillon, à l'occasion de la venue de Charles. Le troisième ouvrage est *La Bergerie* de Rémi Belleau, prosimètre considéré comme la première imitation de l'*Arcadia* de Sannazar et publié sous la forme d'une « journée » en 1565, puis augmenté d'une seconde « journée » en 1572, ni l'une ni l'autre n'ayant jamais été représentées.

Trois discours sur la « bergerie », trois inscriptions différentes des auteurs dans leur texte, trois politiques distinctes du lieu où s'incarne et se circonscrit la bergerie, trois distances au pouvoir auquel ces textes s'adressent. Même s'il s'agit dans les trois cas d'une poésie écrite en service, il n'y a guère de commune mesure entre Nicolas Filleul, auteur d'*Achille* – une tragédie jouée au collège d'Harcourt en 1563 et publiée sous son nom de « Nicolas Filleul Normant » – et d'un *Discours* constitué de sonnets moraux et didactiques qui s'organisent autour des noms ou des diminutifs de poètes ou d'amis réels et fictifs[3], et Rémi Belleau, embarqué avec les autres membres de la « Brigade » vers les Îles Fortunées, dédiant sa *Bergerie* au marquis d'Elbeuf qui a fait de lui deux ans plus tôt le précepteur de son fils. Il y en a peut-être moins encore entre Nicolas Filleul et celui qu'on appelle depuis plusieurs années déjà le « prince des poètes » : non seulement Ronsard a fait en 1560 un premier bilan de ses œuvres en publiant une édition en quatre volumes pour laquelle il a obtenu de François II un exceptionnel privilège personnel et général, mais il est aussi

1. J. Boutier, A. Dewerpe, D. Nordman, *Un Tour de France royal. Le voyage de Charles IX (1564-1566)*, Paris, Aubier, 1984, p. 8.

2. Sur cette forme médiévale, voir I. de Smet : « Vers, prose et prosimètre dans les satires néo-latines et françaises du XVIIe siècle : polarité, hybridisme ou symbiose fortunée ? », *Littératures classiques*, n° 24, « La satyre en vers au XVIIe siècle », printemps 1995, p. 65-81 et N. Dauvois, *De la Satura à la Bergerie. Le prosimètre pastoral en France à la Renaissance et ses modèles*, Paris, Champion, 1998.

3. *Discours de Nicolas Filleul, Normant*, Rouen, Martin le Mesgissie, 1560. Ce système d'adresses rappelle beaucoup les sonnets d'éloge qui font la troisième « partie » (considérée comme telle par la critique) des *Regrets* de Du Bellay. Parmi eux, « Ronsart » dont Filleul regrette de n'avoir la « douceur » du vers pour « chanter au parfait des plus belles l'élite ».

désormais le poète du prince, devenu aumônier du roi depuis 1559, à la suite de Mellin de Saint-Gelais, son ancien ennemi.

Dispositif éditorial et dispositif énonciatif de La Bergerie *de Ronsard (1565)*

On ne se demande plus si *La Bergerie* a été ou non représentée à Fontainebleau, pendant les six semaines, de janvier à février 1564, que le tout jeune roi Charles IX passa dans son château pour inaugurer un tour de France entrepris dans le but de restaurer l'obéissance de ses sujets autour de chacune de ses apparitions. Comme l'a souligné Alice Hulubei, le voyage de France et la participation des poètes aux fêtes qui le jalonnent sont suffisamment documentés pour que l'on prenne acte du silence concernant *La Bergerie*. On sait par exemple qu'une *Mascarade* écrite par Ronsard a été représentée à Bar-le-Duc : la première journée de *La Bergerie* de Rémi Belleau en garde mémoire[1]. Sans doute, quelques vers d'un des bergers royaux signalent-ils clairement, dans le poème de Ronsard, la circonstance de ce voyage – « O grand Pasteur Carlin [...] Katherine ta mère à ta main dextre assise/D'un voyage si beau conduira l'entreprise,/Et te fera passer par tes villes, ainsi/Que passe par le Ciel un bel Astre éclairci » (v. 618 et 618-621). Le lecteur dispose en outre de la liste initiale des personnages par ordre de prise de parole, ainsi que de didascalies assez précises pour organiser jusqu'à la disposition en scène des groupes – tel le « chœur des bergères, composé de douze, assises dedans un Antre, six d'une part, et six de l'autre. La première partie du côté dextre commence en chantant », ou le « Chœur des Nymphes toutes ensembles se prend par la main et dit ceste Chanson en dansant : puis se retirent en l'Antre d'où elles étaient sorties ».

Pourtant, tel qu'il nous a été transmis, le texte n'apparaît que dans le volume qui le publie en 1565, *Élégies, Mascarade et Bergerie*. Si celui-ci est formellement hétérogène, il est aussi clairement unifié par la destination que lui donne le poète. C'est cette publication et non une hypothétique représentation de *La Bergerie* qui permet d'aborder la question de sa portée politique. Peut-être faut-il penser à une théâtralisation de l'énonciation qui aurait eu d'autres fins que la scène à proprement parler et viserait à mettre en scène la parole des bergers comme parole politique pour un public... de lecteurs. De fait, le lieu de *La Bergerie* est celui d'une énonciation poétique, il fait exister la France dans un discours.

1. Je rejoins sur ce point les remarques d'A. Hulubei, *L'Églogue en France*, *op. cit.*, p. 490.

En 1565, les *Elégies, Mascarades et bergerie* sont dédiées à la « majesté de la Royne d'Angleterre », avec qui la France a signé le 12 avril 1564 le traité de Troyes qui lui rend la ville de Calais contre la somme de 12 000 couronnes[1]. L'organisation des pièces dans le volume qui comprend *La Bergerie* se donne comme un présent qui entend témoigner « de cette prudente Gynécocratie, sous laquelle l'état public est vertueusement policé » – Ronsard désignant ainsi la paix obtenue par les deux reines, la mère du roi de France et Élisabeth Ier. De fait, le volume regroupe deux sections, et d'abord une série d'élégies, toutes orientées par la question des relations entre la France et l'Angleterre. C'est dans celle-ci que s'insère *La Bergerie*, entre la deuxième pièce adressée à Milord Robert Dudley, comte de Leicester et favori de la dédicataire, et la troisième « à la majesté du roy son maître ». Elle est suivie de plusieurs autres élégies qui prolongent cette constitution textuelle d'un entourage anglais jusqu'à des personnes moins élevées que la reine. L'autre partie est constituée par les *Mascarades* qui rapportent ce qui a eu lieu à Paris et au carnaval de Fontainebleau.

Contrairement à ce que le titre du recueil pourrait laisser penser, *La Bergerie* doit être lue dans l'ensemble des élégies – c'est là, en quelque sorte, son « lieu ». Elle participe à la construction du message global de la série, conçu à travers l'ordre concerté des différentes adresses, et cela d'autant mieux qu'elle-même est dédiée « à la majesté de la reine d'Écosse », Marie Stuart, qui a quitté la France depuis peu. La mise en scène de l'énonciation qu'elle supporte sert d'introduction à l'élégie qui suit immédiatement le poème pastoral et s'adresse au roi Charles IX. Un passage du proème souligne d'ailleurs la destination royale du texte :

> *[...] je me promets que le chant solitaire*
> *Des sauvages Pasteurs doit d'avantage plaire*
> *(D'autant qu'il est naïf, sans art et sans façon)*
> *Qu'une plus curieuse et superbe chanson*
> *De ces maistres enflez d'une Muse hardie,*
> *Qui font trembler le ciel sous une tragedie,*
> *Et d'un vers ampoullé d'une effroyable vois*
> *Redoublent le malheur des Princes et des Rois.*

Topos du plaisir pastoral, sans doute, ici inscrit dans la mise en balance de deux genres du chant poétique – le chant tragique *versus* le chant

1. Or, l'Angleterre est une des nations que le prince de Condé a appelées à l'aide pendant la première guerre de Religion, celle dont il a obtenu une somme importante de 100 000 couronnes.

bucolique –, tous deux rapportés à la condition des rois. La tragédie exagèrerait leurs malheurs, les « redouble[rait] », là où le « chant solitaire » des pasteurs se propose une consolation efficace et véritable – répondant ainsi à la volonté de la reine qui, dès 1562, en Italienne soucieuse des vertus apaisantes du spectacle et de la poésie, s'applique à commander des formes poétiques iréniques aux partis en conflit.

Le poème se présente comme un dialogue entre bergers, développé en cinq étapes : 1) un prologue dit par « le premier joueur de lyre » qui sert d'entrée formelle dans la représentation (v. 1-34) ; 2) le premier chœur de bergères consacré à l'éloge de Catherine (v. 35-89) ; 3) un dialogue entre les pasteurs enfants royaux, dans l'ordre « Orléantin », « Angelot », « Navarrin », « Guisin » et « Margot » : c'est l'échange de gages annoncé par une longue didascalie, « Les quatre bergers et la bergère se présentent ensemble sortant d'un Antre à part » (v. 90-325) ; 4) le second dialogue intitulé « *Les Chansons des pasteurs* », reprenant les mêmes dans le même ordre, et prolongé par le propos de deux pasteurs voyageurs, l'un en Espagne, l'autre en Italie (v. 326-961) ; 5) ces deux pasteurs, annoncés au début de la « pièce » comme les représentants l'un de « la Reine, l'autre [de] Marguerite, Duchesse de Savoie » rapportent donc la leçon de « l'une mère du Roi, l'autre du Roi la tante » à travers une série de quatrains moraux alternés développant une sorte d'« institution du prince » (v. 986-1105). Les sections 4 et 5 sont séparées par un chœur de bergères (v. 962-985), et l'ensemble est fermé par un second chœur de « conclusion » (v. 1106-1121).

Si l'on en croit le chœur des bergères à la fin du poème, « Le Poète ici ne garde/L'art de l'églogue parfait ». Le premier joueur de lyre expliquait que les pasteurs ne sont pas « d'une maison champêtre [...] »,

> *Mais de haute famille et de race d'ayeux :*
> *Qui portant en la main le Sceptre en divers lieux*
> *Ont défendu l'Europe, et en toute assurance*
> *Engressé leurs troupeaux par les herbes de France.*

Dans une note de son édition du texte, Paul Laumonier a proposé des clés pour les noms pastoraux des enfants, sans préciser d'ailleurs qu'elles avaient été établies, dès 1623, dans les commentaires donnés par Pierre de Marcassus, à l'intérieur de l'édition en deux gros *in folio* des *Œuvres de Pierre de Ronsard* qu'il publiait alors avec Claude Binet, Richelet et Garnier. Orléantin était Henri d'Orléans, frère de Charles IX ; Angelot, son frère plus jeune François, le duc d'Anjou ; Navarrin, le futur Henri IV ;

Guisin, Henri, le duc de Guise ; et Margot Marguerite de Valois, l'épouse future d'Henri IV [1].

La Bergerie de Ronsard met dans la bouche des enfants royaux la tradition de l'échange bucolique. Si elle joue sur le code et sur l'âge des bergers (entre dix et quinze ans), elle inverse le système de destination du discours pastoral. Ici, ce sont les futurs acteurs de la politique royale française qui empruntent l'énonciation pastorale, orientée de manière caractéristique vers la production d'un bien-être général et vers la reproduction, dans le futur, d'un âge d'or politique toujours perdu et toujours à revenir. On pourrait dire qu'en donnant la parole aux futurs acteurs de la politique de la France, Ronsard active cette « affaire » qu'est la bergerie, et que le texte de sa *Bergerie* est le moyen de cette activation. Mais du même coup, la pastoralité du roi n'est plus un postulat de poète, comme c'est le cas dans les églogues de la première moitié du siècle ou celles qui sont immédiatement contemporaines du texte. Elle est énoncée par ceux qui sont les plus proches, par l'âge et par les liens familiaux, du roi. La bergerie devient une affaire familiale, comme la politique royale du temps. La jeunesse du monarque est son affaire propre, puisqu'elle est dite par son représentant pastoral dans le poème et par ses « pairs ».

Les quatrains moraux énoncés par les deux reines inscrivent plus nettement cette affaire familiale dans la « prudente gynécocratie » mentionnée dans la dédicace à la reine d'Angleterre, *La Bergerie* ne faisant, semble-t-il, que traduire en vers la réalité pratique d'une pédagogie royale alors exercée par les femmes, comme le montre par exemple telle lettre de Catherine de Médicis à son fils en septembre 1563 [2]. La même dédicace précisait que,

> l'esprit naturel, sens acquis, longue expérience, pratique de l'une et l'autre fortune, soit aux guerres, soit aux affaires domestiques, ont fait tellement honte de beaucoup de Rois que j'assurerai volontiers qu'il serait quelquefois plus profitable à la République qu'une Princesse de gentil et accort esprit régnât ou commandât, qu'un Roi paresseux et fainéant, qui n'a rien en lui de magnanime ni de Prince que le nom.

1. Non que le code pastoral de la représentation n'ait pas été parfaitement lisible en son temps. Ce n'est que dans le cadre de production de l'œuvre comme objet culturel historicisé qu'il doit être décrypté. Marcassus est déjà, en 1623, l'auteur d'une traduction des *Bucoliques* de Virgile, pouvant justifier de sa compétence d'annotateur des pièces pastorales de Ronsard dans l'édition de ses œuvres.

2. « Au roy Monsieur mon fils », dans *Lettres de Catherine de Médicis*, éd. Hector de la Ferrière, 1563-1566, Paris, Imprimerie Nationale, 1885, t. II.

Cela dit, s'il y a propagande dans le texte de *La Bergerie*, la singularité énonciative du poème fait qu'elle ne peut être imputable qu'aux « entre-parleurs » et aux bergères – les enfants royaux, les reines. Ce sont eux qui viennent présenter devant la reine d'Angleterre l'image de la France comme une « bergerie », un clos ordonné par une paix perpétuelle, aimé de ses alliés italiens et espagnols. Ce sont eux également les sujets de ce que Foucault appelle le « thème pastoral ». Il s'agit là, bien entendu, d'un dispositif, car le retrait énonciatif du poète dans les différentes sections de *La Bergerie* creuse un écart entre le sujet des énoncés et le sujet qui active le sens poético-politique du poème. Mais ce retrait, ou cette distance, n'est nullement une absence : en témoigne le don du poème à Marie Stuart, absente du groupe des jeunes bergers royaux mais ramenée dans leur cercle par l'affection de Ronsard. C'est plutôt un déplacement qui ouvre le texte de *La Bergerie* au travail d'une réflexion sur les actions poétiques de Ronsard et leur sens politique. Pour le dire autrement, ce déplacement invite à distinguer d'un côté le ou les sujets du discours pastoral sur les événements et la politique du roi à venir et, de l'autre, un travail de désignation de la pastorale en tant qu'elle est porteuse d'énoncés politiques et d'activation des effets du discours.

De fait, le texte de *La Bergerie* apparaît comme une compilation de situations énonciatives conventionnelles intégrant hors de la topique pastorale proprement dite l'échange de gages caractéristique de la bucolique antique ou le modèle de l'institution du prince, ici énoncé par les deux reines, mais tout à fait similaire à *L'Institution pour l'adolescence du roy tres-chrestien Charles IXe de ce nom* que Ronsard avait fait paraître en plaquette en 1562. Si les bergers proposent la représentation d'une bergerie française en paix, la disposition de morceaux hétérogènes affiche son caractère concerté et le système stylistique du poème tend à le désigner comme un recueil d'énoncés à la fois ordonné par sa destination royale, par l'affirmation d'une France pacifiée, meilleure que l'Arcadie, aimée de l'Espagne comme de l'Italie, et par le retrait apparent de la voix du poète qui ne prend en charge que la tâche de l'ordonnancement poétique – le seul registre de la *dispositio*.

La voix du poète, apparemment absente de l'énonciation pastorale, revient pourtant avec force, quand elle le veut, dans les deux élégies qui succèdent à *La Bergerie* et posent le point de vue du poète sur la jeunesse de Charles IX présentée par les quatrains moraux comme une promesse. La première élégie s'adresse au roi :

Si les souhaits des hommes avaient lieu,
Et si les miens étaient ouïs de Dieu,
Je lui ferais une requête, Sire,

De vous donner, non un meilleur Empire,
Non plus de grâce ou plus grande beauté,
Non plus de force ou plus de Royauté,
Ou plus d'honneur pour illustrer votre âge,
Mais vous donner six bons ans d'avantage.

Et de déplorer que les « Rois de la terre » mettent « en croissant si long temps à venir ». On ne saurait mieux prendre le relais pour poser un autre regard sur la situation réelle du roi, sur la fragilité de la bergerie. L'élégie suivante dédiée à la reine représente la France attendant « comme une mère » le retour des deux frères, Charles IX et Henri d'Orléans, partis connaître « leurs provinces » à travers le tour de France.

La dédicace à la reine d'Angleterre ne laisse aucun doute, enfin, sur la maîtrise énonciative du poète dans le geste qui lui fait imiter par le don du poème la façon dont « le Roi [son] maître et la Reine sa mère ne vous visitent seulement par lettres et messages, ains honorent votre Majesté de nouveaux et rares présents ». À qui l'accuserait de consacrer son œuvre à des princesses d'autres nations, Ronsard répond qu'il ne l'a fait « tant pour envoyer (selon [sa] petite puissance) les honneurs des Français aux peuples voisins que pour faire connaître [son] nom aux Royaumes étrangers ». On aurait tort de voir dans cette altière affirmation la revanche un peu dérisoire de qui chercherait des compensations symboliques – rien de plus investi de symbolique que le nom – à sa servitude : c'est bien au contraire, et la disposition concertée du poème comme son dispositif énonciatif complexe en témoignent avec éclat, affirmation positive de son intérêt et conscience aiguë de sa valeur dans l'espace d'une négociation politique.

Les Théâtres de Gaillon *de Nicolas Filleul (1566)*

À la différence du poème de Ronsard, la représentation des *Théâtres de Gaillon* au château du cardinal Charles de Bourbon, pendant le mois de septembre 1566, quelques mois après la fin du « tour de France royal », est assez bien documentée. Si *La Bergerie* trouve son lieu véritable dans la série énonciative des élégies, *Les Théâtres de Gaillon* s'installent dans un lieu réel, précisément référencé. En septembre 1566, alors que les troubles ont repris avec la sédition de Pamiers (en juin), le cardinal de Bourbon offre au roi de France et à sa mère quatre jours de fête dans sa belle demeure de Gaillon, construite par le cardinal Georges Ier d'Amboise. On connaît les pièces et l'ordre de leur représentation par leur édition, précédée d'un poème dédicatoire adressé à la reine et suivi de la mention suivante : « Les eglogues furent representées en l'Ile heureuse devant les majestés du Roi et de la Reine, le 26. La Lucrèce, et les Ombres, au château le 29. jour de septembre 1566 ». L'ensemble qu'on appelle ainsi *Les Théâtres de Gaillon* est composé d'églogues, d'une tragédie et de ce qui est généralement considéré comme la pastorale du lot, *Les Ombres*.

Le déroulement des festivités apparaît très ordonné : le 26 septembre, quatre églogues sont récitées dans la Maison Blanche, un pavillon Renaissance situé près d'un canal du parc de Gaillon, parmi les ornements mythologiques, les guirlandes de fruits et les fleurs. Dans l'ordre, donc : *Les Naïades ou Naissance du Roi*, *Charlot églogue*, *Thetys églogue. Représentée près la statue de Francus, des Césars et Rois de France*, enfin *Francine églogue A tresillustre Prince Monseigneur le Révérendissime Cardinal de Bourbon*, dédicace mise en relief dans l'édition par l'insertion d'un poème latin, *Lauris*, à la gloire du cardinal de Bourbon, l'ordonnateur de ces représentations. La première églogue célèbre l'amour pour le roi tandis que tombe le soir ; dans la deuxième sont rapportés les malheurs de la « bergerie France » ; la troisième brosse un panégyrique de Charles IX, la quatrième enfin confie à Francine le soin de réciter une nouvelle fois les maux de la bergerie, la France, et de célébrer les victoires de Thyrsis, prince de Condé. L'ombre de Daphnis fait alors venir sur la scène le défunt Antoine de Bourbon, tué au siège de Rouen en 1562, mais Tityre – le cardinal de Bourbon – à qui revient la charge de protéger la « bergerie » promet le retour de l'âge d'or. Le 29 septembre, deux pièces sont représentées dans une salle du château : une tragédie, *Lucrèce*, puis une pastorale, *Les Ombres*, qui représente le pouvoir d'Amour sur les dryades qui lui résistent.

Loin que les spectacles soient un « refuge dans l'imaginaire, où les grands s'efforcent d'oublier les malheurs du pays », comme le suggère leur éditeur moderne [1], loin que l'auteur ait « purgé ses quatre églogues de tout ce qui touche à la politique », comme l'écrit plus curieusement encore Alice Hulubei [2], ils travaillent à donner forme et sens à l'événement d'une visite, à mettre en relief la puissance des Bourbons et à structurer le rapport politique de l'avenir au passé. La figuration du royaume comme bergerie et le discours du gouvernement traversent l'ensemble de ces textes, les églogues notamment, que ce soit dans la déploration d'une dévastation assurée –

O tropeaux desastrez, mill" et mille malheurs
Viennent tousjours tromper le soin de vos pasteurs :
Car maintenant le chaut, maintenant la froidure,

1. F. Joukovsky, « Introduction » à N. Filleul, *Les Théâtres de Gaillon*, *op. cit.*, p. XXXI.
2. A. Hulubei, *L'Églogue en France*, *op. cit.*, p. 502.

Et maintenant l'auton flestrit vostre pasture,
Et (ce qu'on craint plus fort) maintenant la rancœur
D'un sorcier envieux emprisonne la fleur,
Qui au lieu de nourrir ensorcelle vos veines,
Et hurlant, qui est pis, des paroles non vaines,
Chasse d'icy les Dieux d'un forcené courroux.
Les Dieux, qui ont souci des bergers et de vous !
[*Charlot*, v. 31-40]

– ou pour promettre le retour à l'ordre et à la protection, lorsque les morts viennent rassurer les vivants. L'Ombre affirme qu'elle a repoussé le malheur, qu'elle va secourir la France :

Je ne suis moins encor alaigre ny habille
A secourir Francine et la trope gentille
Des pasteurs menagers qui ont d'elle le soin,
Et qu'elle a esprouvé peres à son besoin.
Laissant doncques la plaine et heureuse et obscure
Que l'oublieux Lethé comm'un serpent emmure,
Je viens encore icy Ombre les assurer
De ce bon-heur qu'en bref ils doivent esperer.
[*Francine*, v. 112-119]

L'ensemble des pièces représentées et publiées s'agence donc en deux volets : dans la première série (les églogues), domine l'allégorie des malheurs de la France ; dans la seconde en revanche (*Lucrèce* et *Les Ombres*), le rapport à l'actualité est mis à distance et les deux pièces, plus longues, semblent davantage autonomes. Elles soulignent le travail de montage important de l'ensemble, sensible dans chacune des deux séries. Le passage par *Lucrèce* met en scène l'articulation de la pastorale à la tragédie, présente chez Ronsard sur le mode de l'opposition entre les formes de l'implication royale, et qui permet de rappeler que le *locus* de l'amour des bergers s'oppose à la violence des guerres et de la tragédie. Le montage de Gaillon formalise cette opposition à l'intérieur d'une dynamique qui mène de la violence et de la mort à la victoire de Cupidon. La tragédie devient ainsi porteuse d'une charge négative qui semble ouvrir le temps à son envers – la promesse de l'amour.

Comme le souligne le titre de l'ouvrage de Nicolas Filleul, l'insistance sur la grandeur du cardinal de Bourbon, la représentation et l'ouvrage sont offerts au roi de France, mais ils publient d'abord la générosité du patron du poète et commanditaire de ses œuvres. *Les Théâtres de Gaillon* relèvent de ces spectacles que favorise l'emploi d'artistes italiens dans les cours de la France des premières années du XVIe siècle et qui s'inscrivent dans une politique de fêtes ponctuelles, ici liées à l'événement politique d'une visite, tandis que le roi s'arrête sur les terres où s'enracine la puissance d'un grand. Comme l'*Aminta* du Tasse le sera quelque huit ans plus tard à Ferrare, ils ont été représentés dans un pavillon, construit sur une île à proximité du château de Gaillon où Charles de Bourbon exerce son épiscopat. Le cadre de la représentation souligne le rapport sémantique de l'ensemble des églogues à l'utopie : il construit la visibilité et la pertinence non pas tant de la construction utopique, au sens moderne du terme, que de la structure d'un texte. Le livre de Thomas More, traduit en français en 1550 sous le titre évocateur de *La Description de l'Isle d'Utopie où est comprins le miroer des republicques du monde, & l'exemplaire de vie heureuse*, construisait son « aptitude à parler du monde réel » sur une coupure spatiale inaugurant l'entrée du lecteur dans le monde du discours[1]. L'île qui abrite la Maison Blanche circonscrit également la dimension discursive des églogues. Elle rend possible l'entrée des spectateurs dans le monde de la parole poétique, à distance du réel, mais qui peut pour cette raison même s'adosser à la « négativité » de celui-ci et postuler la victoire de l'amour.

Le discours sur les malheurs de la « bergerie France » ne s'oppose pas à la célébration du lieu de la représentation qu'est l'« Isle Heureuse », comme on nomme à l'époque le site de la Maison Blanche, face à un pays déchiré. Il est proprement inclus dans l'île, enclos dans la distance que celle-ci formalise avec le monde des conflits. Il faut prendre la mesure de l'écart que constitue la retraite spatiale de la représentation, doublement à distance des troubles par l'allégorisme qui donne à Antoine de Bourbon, tué au siège de Rouen, le nom de Daphnis, celui de Thyrsis au prince de Condé, son frère, celui de Francine à la France, etc. C'est la distance d'une synthèse temporelle, nécessaire à la définition d'un « moment », d'une circonstance qui tente de postuler pour l'avenir la paix civile dont les différents textes disent en même temps qu'elle est alors mise à mal. C'est la distance nécessaire à une rencontre très politique entre le roi et le cardinal. L'îlot de paix particulier que désigne la publication de Filleul, poète normand au service d'un cardinal de Bourbon, ne saurait donc nullement, en 1565, se fondre dans une politique nationale: il définit plutôt une politique locale du discours pastoral sur la « bergerie France ». Et c'est ce même lieu particulier que Filleul publie plus tard à Rouen, avec une dédicace à la Reine de France où s'affiche alors le caractère officiel de son écriture.

1. L. Marin, « Discours utopique et récit des origines. De l'*Utopia* de More à la *Scandza* de Cassiodore-Jordanès », dans *De la représentation*, Paris, Gallimard-Seuil, 1994, p. 102 et 107.

La première journée de La Bergerie *de Rémi Belleau (1565)*

Cet ancrage local de la représentation pastorale apparaît plus marqué encore dans le cas de *La Bergerie* de Belleau. Et pour cause : c'est un prosimètre qui, dans le jeu savant où alternent prose et vers, construit avec précision la place du sujet poétique de l'énonciation à l'intérieur de l'évocation du lieu qui l'a produite. C'est un des aspects de sa singularité, souvent remarquée par la critique qui en a fait un *hapax* dans la tradition pastorale, quoiqu'elle y reconnaisse la lecture bien visible de l'*Arcadia* de Sannazar[1]. Tout comme le traducteur du poème de Sannazar, Belleau souligne dans la dédicace au marquis d'Elbeuf qu'il ne va pas chercher gloire dans la veine guerrière. Il présente son « petit ouvrage, fait & recousu de telles pieces, & de telle estoffe » comme une composition associée au temps de son service auprès du marquis en tant que précepteur de son fils, un « avancoureur de quelque meilleure suitte », et une nouveauté en « nostre France [...] pour la diversité & meslange des inventions rustiques, & nouvelle façon d'escrire ». Le « je » poétique se met en scène dès les premières lignes du prosimètre :

> lors que la Fortune, & le destin, qui de long tems avoient conjuré mon malheur, m'ayant fait sentir combien leur contrainte forcee a de pouvoir sur les hommes, lassez & recreus de me tourmenter, me presterent tant de faveur, qu'ils me conduisirent en *un lieu*, où je croy que l'honneur, & la vertu, les amours, & les graces, avoient deliberé de suborner mes sens, enyvrer ma raison, & peu à peu me dérober l'ame [...][2]. [je souligne]

Ce « lieu » est le château de Joinville, propriété des Guises située non loin de Bar-le-Duc où est passé le tour de France du roi Charles IX, sans s'inviter pour autant dans la demeure des Lorraine. Il s'offre au narrateur de *La Bergerie* en une vision à la fois détaillée – « c'estoit une crouppe de montagne moyennement haute, toutesfois d'assez difficile acces » –, et ouverte sur ce qui pourrait être n'importe quelle galerie de tableaux. Aucun nom ne précise quel est ce lieu qui n'existe d'abord que pour le sujet de la parole et pour son lecteur averti. Plus loin dans le poème, le château est de nouveau évoqué lorsqu'un « vieillard détaille aux bergères [...] le tableau de la chasteté et leur explique que pour se protéger du chasseur-Désir qui la poursuit », celle-ci

1. L. Monga, *Le Genre pastoral au XVIe siècle : Sannazar et Belleau*, Paris, Éditions Universitaires, 1974, p. 24.

2. R. Belleau, *La Bergerie*, dans *Œuvres poétiques II*, G. Demerson (dir.), Paris, Champion, 2001, p. 5-6.

> s'estoit rendue en ce chasteau de Joinville, & de fait il monstroit avec une petite verge blanche les terrasses, les galleries, les salles, les chambres, antichambres, les cours, les offices, le jeu de paume, l'Église, les vignes, les bois, les routes, les montagnes, les vallons, les rivieres, les prez, la ville basse[1].

La valeur politique du texte est indissociable du lieu qu'il célèbre à travers la voix d'un narrateur omniprésent mais qui ne cesse de déléguer la parole aux figures pastorales peuplant le château et les tapisseries ou tableaux de ses murs : c'est la cour à peine allégorisée d'Antoinette de Bourbon, mère des Guises, et de René de Lorraine, duc d'Elbeuf et dédicataire de l'ouvrage.

La composition inscrit ainsi une temporalité historique et familiale dans la bergerie, depuis l'évocation des malheurs de la France jusqu'à l'affirmation des plaisirs et des baisers que favorise le « lieu ». Trois tableaux ouvrent la déambulation du narrateur, qui donnent lieu à trois pièces en vers inscrivant dans la bergerie cette extériorité qui la menace mais dont elle se protège par la clôture et l'affirmation de sa perfection. Ainsi, l'évocation des misères de la France dans la première églogue est-elle le fait de Francin (François de Guise, mort depuis deux ans en 1565) et de Charlot (le cardinal de Lorraine son frère, archevêque de Reims alors vivant). Le premier tableau déplore « la mauvaise main [qui] a dérobé l'honneur,/Le repos, & la paix, la gloire & la vaillance,/l'héritage sacré de nostre douce France » (p. 9). Le deuxième montre une troupe de bergers agenouillés, dont le narrateur nous précise qu'ils disent une prière intitulée « Ode à la paix » dans laquelle ils demandent à Astrée de revenir faire son séjour en France :

> *Sois donq Seigneur la defance,*
> *Et le rampart de la France,*
> *Nourrissant nostre bon Roy,*
> *En ta Loy.* [p. 16]

Le troisième tableau représente les sièges des villes de « Mets, de Calais, & de Theonville » d'un côté et, de l'autre, « le voyage d'une jeunesse Françoise en Italie, sous la conduitte de ce vaillant Chevalier » (p. 16), François de Guise encore. Ce n'est qu'un peu plus loin dans le prosimètre que figure « L'Epitaphe de François de Lorraine, duc de Guyse & pair de France », apposée à son tombeau, « magnifique sepulture » célèbre en son temps.

1. *Ibid.*, p. 33.

D'autres pièces, insérées dans la description des lieux et la célébration des saisons (« Les Vendanges », « L'Esté ») et des amours liées au château de Joinville, inscrivent d'autres événements dans ce réceptacle qu'est la bergerie : épithalame de Charles, duc de Lorraine, et de Claude de France, fille du roi, chant d'allégresse sur la naissance d'Henri de Lorraine, marquis du Pont-à-Mousson, bientôt baptisé à Bar-le-Duc pendant le séjour de Charles IX (mai 1564), texte même de la mascarade donnée dans cette ville par Ronsard et fidèlement reproduit par Belleau [1]. Chaque fois, la récitation de l'événement et sa célébration sont déléguées à des voix que le narrateur met en scène au cours de sa singulière promenade auprès de la « venerable dame » qui ordonne les activités civiles de la bergerie. Celle-ci porte donc l'histoire de la famille des Guises, civilisée par la présence d'une mère bienveillante. Car si, à travers l'allégorisme pastoral et les situations énonciatives multiples, la bergerie met à distance le temps des événements familiaux, l'espace de publication n'est pas moins le moyen de célébrer l'unité et l'histoire d'une maison puissante. Or, la reine n'a pas voulu arrêter le « tour de France » du roi, alors même qu'il est passé à côté d'elle, à un moment où les Guises réclamaient vengeance pour la mort de François. Marie-Madeleine Fontaine a fait ainsi l'hypothèse que la publication de *La Bergerie* avait pu être destinée à offrir l'« affirmation d'une cour princière – Joinville – où le roi ne sera pas passé » à la famille des Guises : « une image virtuelle des mascarades et bergeries qu'on n'y aura pas données, une célébration tragique, quoique retenue de l'idéal de paix armée de cette famille, de ses mœurs chrétiennes et de ses fastes honnêtes » [2]. Un *de consolatione* en quelque sorte [3], qui vaudrait de manière réflexive pour le milieu qui l'a produit, mais l'ouvrirait à d'autres lecteurs, en le célébrant à la fois par l'allégorisation des plaisirs collectifs et par le discours très politique tenu dans les pièces insérées. Ainsi l'épitaphe de François de Lorraine fait-elle de lui le « rampart de notre Roy », « le secours de l'Église. La peur de l'estranger, de France le bonheur », vaillant « belliqueur » :

Couvrant de son pavois, & de son bras vainqueur,
De courage, de cueur, de teste, & de poitrine,
De Charles nostre Roy la jeunesse orfeline [...] [p. 29]

1. R. Belleau, *La Bergerie*, p. 98 *sq.*, notes p. 184 et *cf.* M. Simonin, « Ronsard à Bar-le-Duc : notes sur le texte primitif et la représentation des "mascarades" (7 mai 1564) », *Revue d'histoire littéraire de la France*, janv.-fév. 1987, p. 99 *sq.*

2. M.-M. Fontaine, « Postface » à l'édition cit. de *La Bergerie*, p. 206.

3. *Cf.* N. Dauvois, *De la Satura à la Bergerie*, *op. cit.*, chap. 2 sur le rapport entre prosimètre et *consolatio*.

Ce rempart, le roi a évité de l'approcher de trop près lors de son voyage. C'est bien néanmoins avec lui que la famille des Guises est présentée ici en vertu d'un discours encomiastique, lequel ne fait d'ailleurs que reprendre le propos des nombreux textes parus à la mort de François de Lorraine. C'est à partir de ce lieu que s'énonce le désir de paix de la France qui traverse tout le poème.

De fait, la politique de la bergerie confère une place singulière à la figure du roi. Centrale dans *La Bergerie* de Ronsard, mais saisie au cœur d'un réseau de liens et de propos qui avouent la fragilité de sa figure, elle apparaît comme figée dans *Les Théâtres de Gaillon*, référence immobile à l'intérieur des discours qui redisent l'inquiétude pesant sur la France et célèbrent d'abord l'hospitalité du cardinal de Bourbon. *La Bergerie* de Belleau est celle qui met le plus nettement à distance la figure royale, ressaisie à partir de ses seuls rapports avec une grande famille de nobles, à la fois distante et centrale par rapport à l'unité que postule le tour de France de Charles IX. Effet du rapprochement de textes très différents sans doute, les variations du lieu écrit par la bergerie dans le même contexte d'une crise politique montrent bien ce qu'il en est de l'unité d'un royaume qui s'incarne dans la successivité de ces lieux et ne se rassemble vraiment que dans les discours qui la célèbrent. Corps politique aussi fragile, aléatoire pourrait-on dire, que le corps de son prince. À la « stratégie centripète » du voyage royal[1] semble répondre le décentrement de la politique des bergeries – sans qu'il faille y voir le seul effet de l'éclatement des publications, et de leur réunion dans ces pages.

Clausule

À ce titre, on ne saurait assimiler l'action réelle des textes à la proposition politique qu'ils formulent. Quand, en 1584, Ronsard remanie l'ensemble des élégies de 1565, il retire la dédicace à la reine d'Angleterre, insère *La Bergerie* dans le volume des *Eglogues et mascarades* et compose pour l'ensemble une nouvelle dédicace au « prince François de France, duc d'Anjou, fils et frère de roi ». Ce choix est tout aussi concerté que l'étaient les précédents : la première partie du *Bocage royal* est dédiée au roi de France, Henri III, la deuxième à la reine-mère Catherine de Médicis. Logiquement donc, le troisième ensemble l'est au frère du roi, le plus proche héritier d'une couronne désormais plus fragile. Dans cette dédicace en vers assez brève, le sens du geste poétique se construit à l'intérieur d'un

1. J. Boutier, A. Dewerpe, D. Nordman, *Un Tour de France royal*, *op. cit.*, p. 237 *sq.*

parallèle étonnant entre l'activité guerrière du prince que « la vaillance [...] /pousse à regagner l'ancien héritage/Des Princes [ses] ayeuls », qui marque « plus avant les bornes des Français », et la retraite du poète à Paris d'où « par l'impression/[Il] envoie [ses] enfants en toute nation/Conçus de [son] esprit par une ardente verve,/Ainsi que Jupiter du sien conçut Minerve ». Le voyage métaphorique de la poésie autorise la promesse d'un retentissement sans fin du « beau renom » du prince. C'est alors que Ronsard développe le parallèle topique des rois et des pasteurs qui ont « même métier de vivre », ainsi que les exemples de David et Moïse, dans la lignée desquels il fait enfin venir le duc d'Anjou qui n'est pas encore roi, car « rien n'est si conforme aux grandes seigneuries,/Que l'état des Bergers et de leurs Bergeries ». Le mot de « seigneuries » souligne la fonction du *topos* pastoral : créer dans le discours un espace irénique où réaliser ce qu'en réalité ce discours postule – l'identité d'état des « seigneuries » et du royaume.

La Bergerie peut donc encore servir, pour un autre destinataire que la reine d'Angleterre et pour peu qu'un texte nouveau vienne activer la portée du *topos* du gouvernement pastoral. Comme s'il ne pouvait plus suffire que le « thème pastoral » fût dit par des bergers princiers, que la pédagogie royale fût ensuite portée par la voix de reines dont l'une est la mère du dédicataire ; comme s'il ne suffisait pas non plus que celui-ci pût se reconnaître sous le nom d'Angelot, celui qui gage son « grand Bouc, qui par mont et par plaine/Conduit seul un troupeau comme un grand Capitaine » ; il faut encore rappeler au prince que Moïse, « d'un bergerot devint Legislateur, /Devint grand Capitaine, et comme un grand pasteur/Guida par les déserts ses troupes vagabondes ». Si la référence à Moïse met en avant la légitimité divine et non héréditaire du duc d'Anjou, elle sert aussi à construire une continuité avec le texte de *La Bergerie*, à activer un de ses lieux pour proposer à l'héritier de la couronne un programme dans lequel, de « grand capitaine » habitué à combattre les huguenots dans « la sueur, la poudre et la prouesse », il saurait se faire législateur et guide, capable de conduire son troupeau hors de la servitude des passions, à travers le désert et la mer rouge de sang des troubles religieux.

Lue depuis le XXIe siècle, cette dédicace à François, publiée l'année même de sa mort et de la constitution de la Ligue, a quelque chose de pathétique, qui fait surgir, au moment même où s'affirme l'idée de paix, la violence réelle que refoule le discours du pastorat. Mais l'exercice ronsardien de la dédicace constitue pour cette raison même une réponse forte, quoique ici détournée, à l'hypothèse du « crime d'amour » formulée par Denis Crouzet dans *La Nuit de la Saint-Barthélemy*, selon laquelle ce serait un projet politique de règne par l'amour, nourrie de textes néoplatoniciens, qui aurait débouché sur la violence de la fin du règne des Valois[1]. Le monde des textes ne se reverse jamais directement dans la réalité. Aucune affirmation d'amour ne saurait s'y convertir instantanément en violence, pas plus d'ailleurs qu'en effectivité de la paix. Le monde des textes a au contraire toujours à construire son rapport avec l'histoire et la réalité, et l'historien peut ne pas s'identifier aux ambiguïtés de l'imaginaire, aux incertitudes qu'il rencontre[2]. Tel est bien ce que mettent en évidence les actions d'écriture de Ronsard – dédicaces, recomposition des volumes, récritures[3]. Les déplacements qui activent la portée politique des textes ne se dissocient jamais de l'affirmation en acte d'une pratique poétique. Le geste qui recompose un volume de pièces en rassemblant tous ceux qui ressortissent à la veine pastorale, comme c'est le cas de ces *Eglogues et mascarades* dans lesquelles n'apparaît plus le titre de *La Bergerie*, ramenée par conséquent, et contre ce qu'affirment les bergères, à l'art de l'églogue – ce geste est indissociable de celui qui active le sens des textes en les offrant à un nouveau destinataire, dans ce qu'il veut désigner comme une histoire nouvelle.

LE DISCOURS DES IMAGES, OU LE LIEU DU POÈTE

La mise en série de ces trois textes, qui ont fort peu à voir sur le plan formel et sont rapprochés ici dans une séquence temporelle cohérente, montre que la politique de la bergerie, comme construction d'un rapport plus ou moins proche avec la monarchie, est indissociable de la circonstance et de l'énonciation qui la mettent en œuvre. Il y a sans doute moins d'*ethos* poétique dans *Les Théâtres de Gaillon* de Filleul que dans *La Bergerie* de Belleau, et moins encore, semble-t-il, dans celle de Ronsard. Dans les trois cas néanmoins, la parole du poète est avant tout déléguée, en particulier dans l'énoncé des postulats moraux et politiques – la paix, la

1. D. Crouzet, *La Nuit de la Saint-Barthélemy. Un rêve perdu de la Renaissance*, Paris, Fayard, 1994 et *Le Haut Cœur de Catherine de Médicis. Une raison politique aux temps de la Saint-Barthélemy*, Paris, Albin Michel, 2005, chap. 29 (« Un rêve perdu de la Renaissance »).

2. Le dernier livre d'A. Jouanna formule le problème ainsi : « en se situant délibérément sur le terrain des représentations, [D. Crouzet] pose en principe l'impossibilité de retrouver une logique sûre dans la succession des faits; elle s'affirme ainsi résolument comme une "chronique de l'incertitude" » (*La Saint-Barthélemy. Les mystères d'un crime d'État*, Paris, Gallimard, 2007, p. 18). L'auteure choisit pour sa part « d'assumer le risque d'insérer [la Saint-Barthélemy] dans une trame d'intelligibilité, malgré le caractère fragmentaire et partiel des sources » (p. 24).

3. L. Terreaux, *Ronsard, correcteur de ses œuvres. Les variantes des "Odes" et des deux premiers livres des "Amours"*, Genève, Droz, 1968.

concorde, la prudence et la vertu royale – ou lors du constat des désastres – les misères de la France, les assassinats, les deuils. Rien d'étonnant à cela dans le cas des *Théâtres de Gaillon*, puisque l'on n'attend aucun narrateur dans une représentation théâtrale. Cela dit, même les deux *Bergeries* ont à leur manière quelque chose de cette absence du poète à son chant, caractéristique de l'énonciation bucolique dans l'Antiquité[1], sans que cela signifie pour autant absence au poème, comme le souligne le texte de Belleau, dans lequel le narrateur soumet la description des lieux et les *ekphraseis* à sa voix propre. L'insistance sur le lieu est précisément ce qui permet au poète d'inscrire cette voix à l'intérieur de la pastorale : c'est bien cette voix que met paradoxalement en relief le montage formel qui caractérise le prosimètre pastoral et en fait une forme remarquable de l'expression de la condition poétique à la Renaissance[2].

La difficulté est d'articuler cette expressivité formelle avec l'inflation autoréférentielle qui caractérise ces textes, au point que la critique s'est souvent prise au recensement des nombreuses sources qui font de ces bergeries des cadres de publication et de republication de textes poétiques, voire de véritables anthologies. L'hyper-référentialité poétique des textes pastoraux à la Renaissance est un élément essentiel de leur réception critique. Michele Scherillo, auteur d'une édition savante de l'*Arcadia* de Sannazar parue en 1888, ne peut qu'enregistrer la masse des textes exploités, récrits par le poète napolitain, pour conclure à la fin au manque d'originalité de celui-ci[3]. Pourtant la richesse intertextuelle de la bergerie est un trait décisif de sa portée politique, ne serait-ce que parce qu'elle montre que c'est la poésie comme monde distant qui se construit ainsi. Elle met en scène l'écriture poétique comme pratique sociale et comme dialogue avec la tradition. Dans *Les Théâtres de Gaillon*, les références virgiliennes et françaises affichées par l'onomastique allégorique et la quantité d'emprunts et de récritures publient tout autant le savoir de Nicolas Filleul, sa compétence de poète désormais lié aux auteurs de la Pléiade, que l'hospitalité de Charles de Bourbon. Dans *La Bergerie* de Ronsard et dans celle de Belleau, le rapport à la tradition est supporté par l'exhibition d'un discours sur l'art du poète, sur le caractère second de la bergerie en tant

1. F. Dupont, « Introduction » des *Bucoliques*, *op. cit.*, p. 11.

2. N. Dauvois, *De la Satura à la Bergerie*, *op. cit.*, p. 287-289.

3. *Arcadia, di Jacobo Sannazaro, secondo i manoscritti e le prime stampe*, éd. M. Scherillo, Turin, Loescher, 1888, Introduction, chap. VII et VIII en particulier, qui fait de l'*Arcadia* quasiment une œuvre de Boccace. Sur l'imitation dans le prosimètre, voir aussi l'introduction de G. Marino à sa traduction de l'*Arcadia*, Paris, Les Belles Lettres, 2004, p. XXXIX *sq*.

qu'espace de publication. Le discours sur la poésie passe par une exhibition de la nature artistique du texte. De fait, les poètes de la Pléiade utilisaient les grottes et les verdures comme cadres « maniéristes » de l'énonciation bucolique. Le discours d'une nature artistiquement travaillée leur permettait de désigner la nature comme source d'un chant sur la naissance de tel enfant royal ou princier, ou de mettre en scène les pouvoirs de la parole poétique comme art rivalisant avec la nature, voire la surmontant[1].

La Bergerie *de Ronsard, un texte sophistique*

Ce caractère essentiellement verbal du lieu politique où s'incarne *La Bergerie* de Ronsard se dit et se lit dans le prologue du texte, très évidemment imité du *proemio* de l'*Arcadia* de Sannazar :

Les chesnes ombrageux, que sans art la Nature
Par les hautes forests nourrist à l'avanture,
Sont plus doux aux troupeaux, et plus frais aux Bergers
Que les arbres entez d'artifice és vergers :
Des libres oiselets plus doux est le ramage
Que n'est le chant contraint du Rossignol en cage,
Et la source d'une eau saillante d'un rocher
Est plus douce au passant pour sa soif estancher,
(Quand sans art elle coule en sa rive rustique)
Que n'est une fontaine en marbre magnifique,
Jaillissant par effort en un tuyau doré
Au milieu de la court d'un Palais honoré.
Plus belle est une Nymphe en sa cotte agrafée,
Aux coudes demy-nuds, qu'une Dame coifée
D'artifices soigneux, toute peinte de fard :
Car tousjours la nature est meilleure que l'art[2].

1. G. Castor, *La Poétique de la Pléiade. Étude sur la pensée et la terminologie du* XVIe *siècle*, Paris, Champion, 1998, chap. 3.

2. *Cf. L'Arcadia de Jaques Sannazar*, *op. cit.*, p. 22-23 : « Les grands & spacieus arbres produictz par nature sus les haultes montagnes, ordinairement se rendent plus agreables a la veue des regardans, que les plantes songneusement entretenues en vergiers delicieux par jardiniers bien experimentez. Aussi le chant ramage des oyseaux qui par les forestz se degoysent sus branches verdes, faid autant de plaisir a qui les escoute, que le jargon de ceulx qui sont nomez es bonnes villes, et apres en cages mignottes. Ce qui me fait estimer que certaines chansons rurales trassees sus raboteuses escorces d'arbres, ne contentent aucunes fois moins les lecteurs, que plusieurs poemes laborieusement composez, & escripts en beaux characteres sus feuilletz de livres dorez. D'advantage que aucuns chalumeaux de pasteurs accouplez avec de la cire, rendent parmy les vallees, des armonies (paravanture) autant aymables, que les ressources d'aucuns instrumens civilz, tournez de buys tant estimé, encores

Dans cette ouverture en forme de *captatio benevolentiae*, la nature pastorale où naît la parole des bergers ne se donne pas pour elle-même, mais par le biais d'une rivalité descriptive. Elle dessine la perspective d'un bien, plutôt d'un mieux, au sein de l'opposition topique entre art et nature, entre cour et monde pastoral.

Il faut envisager de manière globale la façon dont le poème pastoral exerce son action dans le cadre de la politique de Catherine de Médicis et de son fils. Le texte du proème fonctionne ainsi en deux sens : comme texte délibératif, fragment de rhétorique essentiellement orienté par la question du bonheur, il désigne la modalité pastorale du discours politique en tant qu'elle serait préférable à un autre type d'énonciation adressée aux grands ; il implique des enjeux plus élevés que ce qu'annoncent le style bucolique et la décision de s'inscrire dans la nature. Le bonheur interrogé par le genre délibératif est bien le plaisir collectif promis par cette décision d'ordre pédagogique, actualisée par la parole des bergers. En même temps, c'est un texte qui se vend, offert par la « muse publicitaire » assez prolixe de Ronsard[1]. L'imitation très explicite de Sannazar rappelle enfin que cette rhétorique délibérative procède d'un métadiscours sur la parole en service du poète : dans le cas de l'*Arcadia*, le *proemio* avait été ajouté au terme des vingt ans de composition d'un poème dont les églogues avaient d'abord circulé à la cour de Naples, avant que Sannazar n'écrivît les proses qui les encadrent et mettent en scène l'énonciation des bergers[2]. Le *proemio* était en quelque sorte le commentaire sannazarien du déplacement qui avait fait sortir la parole des bergers des académies bucoliques – où les poètes ne s'adressent qu'à des poètes – pour l'adresser à un public de cour. C'est ainsi qu'il décrivait la nature pastorale – et l'imitation ronsardienne est exemplaire sur ce point –, non comme naturelle, ni comme mimétique, mais comme monde produit, procédant par là de ce que Barbara Cassin appelle la « logologie », soit le monde des lieux communs et du discours opposé à celui de la ressemblance mimétique, à ce qui serait une « régulation aristo-

que l'on s'en delecte en salles et chambres pompeuses. Pareillement une fontaine bien bordee d'herbes verdoyantes, et qui naturellement sort de roche vive, se presente aussi gaye a la veue que les artificielles diaprees de marbre de toutes couleurs. »

1. Selon l'expression de T. Cave : « La muse publicitaire dans les *Odes* de 1550 », dans Y. Bellenger, J. Céard, D. Ménager, M. Simonin (dir.), *Ronsard en son IVe anniversaire. Ronsard hier et aujourd'hui*, Genève, Droz, 1988, p. 9-16.

2. D. Boillet, « Paradis perdus et retrouvés dans l'*Arcadie* de Sannazaro », dans A. Rochon (dir.), *Ville et campagne dans la littérature italienne de la Renaissance*, II. *Le courtisan travesti*, Université de la Sorbonne nouvelle, 1977, p. 13-29. Ce dossier reprend et approfondit l'article de M. Corti, « Le tre redazioni dell'Arcadia », *Giornale storico della letteratura italiana*, CXXXI, 1954, p. 305-351.

télicienne de l'art ». Ce monde non sensible des textes, propre à la seconde sophistique, aurait accompagné selon elle l'émergence d'un discours de la fiction, exemplairement de l'*ekphrasis* avec laquelle « les choses mêmes, la nature ne sont que les effets des mots », au sens où les mots ne se réfèrent pas à une nature existante ou à des choses du monde, mais ne renvoient qu'à la parole même. Ce sont ces lieux communs qui font le caractère pharmacologique du texte sophistique – non pas objet de connaissance, mais instrument d'une cure ou d'une pédagogie[1].

Appliquée à *La Bergerie* et à d'autres imitations françaises de l'*Arcadia* de Sannazar, la notion de logologie permet de saisir tout ensemble le caractère fictionnel de la pastorale, sa portée pédagogique et sa dimension politique. Le caractère sophistique du proème inscrit l'art du poète au cœur du texte, tout comme l'échange de gages entre les jeunes pasteurs royaux, occasion de ces *ekphraseis* qui sont la quintessence de l'écriture sophistique[2]. Ainsi chaque berger rivalise-t-il avec les autres en vue d'une récompense qui n'arrivera pas, probablement parce que seul le poète mériterait vraiment de l'emporter, lui qui montre son habileté dans ces descriptions d'objets qui font passer de la nature à la culture, ou qui récrivent visiblement des textes plus anciens. Orléantin propose un cerf apprivoisé, d'autant plus « apprivoisé » en un sens qu'il reproduit celui qu'on lit dans l'*Arcadia* de Sannazar, Angelot un grand bouc, Navarrin un vaisseau « fait au tour », Guisin une houlette solide, enfin Margot un merle dressé. Autant de figures d'une nature surmontée : le cerf se laisse enfourcher par une jeune fille, le bouc sait conduire un troupeau « comme un grand Capitaine », le vaisseau montre une saynète érotique peinte, la houlette une nymphe sculptée et un garçon tressant une cage à cigales, le merle oublie sa « rustique chanson » pour celles que lui apprend Margot. Le privilège de la nature qui se disait dans le proème se déploie désormais en manifestations de l'art. Ces morceaux de *logos* de culture offrent l'évidence d'un sens moral – apprivoiser l'animal, dresser, repousser le satyre, tresser un panier d'osier, apprendre à un merle à chanter, c'est civiliser la pulsion. Ils sont par là comme le cadre réservé à une littéralité du corps qui s'identifie curieusement, en sa fragilité même, à l'espace politique postulé pour le royaume de France. L'érotisme figé en tableautins des deux scènes représentées sur le vaisseau et la houlette est dit par des voix entrées dans l'âge où *eros* s'assimile à la violence de la pulsion. Le seul corps dont il peut

1. B. Cassin, *L'Effet sophistique*, Paris, Gallimard, 1995, p. 514.

2. M. Fumaroli, *L'Âge de l'éloquence. Rhétorique et* res literaria *de la Renaissance au seuil de l'époque classique*, Genève, Droz, 2002 [1980], p. 261 ; B. Cassin, *ibid.*

s'agir ici est soit celui du trop jeune roi de France, déclaré majeur dans sa quatorzième année – à treize ans et un mois – en charge d'une descendance encore improbable, soit celui de la France, les bergers ayant mission de convoquer autour de lui la mémoire, les anciens, tout leur savoir politique.

Alice Hulubei s'est étonnée de ne pas trouver dans *La Bergerie* ce discours de l'amour indispensable à la topique de la bergerie, indissociable de celle-ci. Elle a proposé de voir dans cette absence le souci de ne pas choquer la prude Angleterre à laquelle est adressé l'ensemble du volume des élégies [1]. Faisons l'hypothèse différente que les quelques saynètes érotiques qui, du proème jusqu'aux gages, traversent le texte de *La Bergerie*, remplacent cette topique de l'amour pastoral, avec le double avantage de la déplacer dans un registre érotique suggestif et de proposer un effet de signature du poète, par ailleurs auteur des *Folastreries*. Ce faisant, Ronsard insérerait curieusement sa *Bergerie* dans une lignée distincte du discours pédagogique des quatrains moraux, plutôt dans la filiation de la *païdeïa* érotique fondée sur une nature cultivée que figure à l'époque le roman pastoral de Longus, traduit en 1559 par Jacques Amyot[2], et qui corrélait l'*ekphrasis* inaugurale à un apprentissage du mariage et de la procréation. N'est-ce pas en effet du côté de cette brève fiction, véritable manuel érotique orienté vers l'apprentissage de la nature, que regardent les saynètes égrillardes et cultivées de *La Bergerie*? Ne désignent-elles pas par là la nécessité de former le roi à l'amour du corps autant ou plus qu'au thème pastoral, éthique et politique, de l'amour du roi et des bergers?

En faisant des jeunes « entreparleurs » royaux les sujets de la topique des gages, Ronsard défait à tout le moins le recouvrement de l'énonciation et de la publication impliqué dans le dispositif d'oralité de la poésie pastorale. Dans *La Bergerie*, il y a ceux qui prennent la parole pastoralement, et il y a en quelque sorte la publication du caractère sophistique de la parole poétique. *La Bergerie* est le cadre formel où le poète adopte moins une position politique de commande qu'il ne désigne la nature de la parole poétique mise en œuvre dans l'écriture de la bergerie, texte et modèle symbolique tout à la fois. Loin que Ronsard ait été gêné par le sens politique de l'activité poétique, comme d'ailleurs par sa valeur économique, il se permet de ne pas prendre en charge l'énonciation du thème pastoral et de désigner le caractère sophistique de *La Bergerie* indispensable à la

1. A. Hulubei, *L'Églogue en France*, *op. cit.*, p. 490.

2. *Les Amours pastorales de Daphnis et Chloé escriptes premierement en Grec par Longus, & puis traduictes en François*, Paris, V. Sertenas, 1559.

construction imaginaire qu'elle propose, à l'image unitaire qu'elle entend donner de la France.

Représentation et nomologie. La Bergerie *de Belleau*

Il est à la fois plus évident d'apercevoir le caractère culturel de *La Bergerie* de Rémi Belleau et plus difficile d'en prendre la mesure, tant il est concurrencé par ce qui peut être lu comme une intention imitative, du fait de l'ancrage du texte dans un lieu spécifique – le château de Joinville. Ainsi, les très nombreuses *ekphraseis* – une coupe de bois de cornouiller, un miroir, un bâton de berger, un astrolabe notamment [1] – ont-elles pu être rapportées à des objets réels, et la démarche descriptive du poète incluse dans un programme encomiastique. Quand il s'affiche cultivé, le poème de Belleau l'est en référence à la cour particulière des Guises et, bien plus que celui de Ronsard, c'est le « sentiment de l'art » propre à son auteur qu'il semble manifester de la sorte [2].

À qui s'adresse donc le texte ? Difficile de ne pas apercevoir le caractère motivé de la dédicace au marquis d'Elbeuf. Elle place *La Bergerie* dans une perspective binaire où l'on peut sans doute reconnaître une interprétation du genre délibératif qui servait de fond au *proemio* de l'*Arcadia* de Sannazar et à celui de *La Bergerie* de Ronsard.

> Monseigneur, si la meilleure part de France porte aujourd'hui plus de faveur à la calomnie, qu'au bien dire, au mensonge qu'à la verité, au vice qu'à la vertu, & qu'on ne remarque par escrit, par memoire, ny par exemple des anciens, siecle, ny province, où le faux ne soit mieux deguysé en aparance de vray, que la saison, & le pays où nous sommes : Si celuy qui monstre l'ongle, & la dent, pour mordre & offenser, est trop mieux receu, que celuy qui porte le miel pour desalterer le malade de cette fievre : qui est celuy qui ne s'employast en si beau suget ?

Et pourtant, tel n'est pas le sujet qui fait *La Bergerie*, parce qu'il ne servirait « qu'à nous faire savourer plus aigrement le mal, que doucement le bien ». Toute la dialectique binaire développée sur l'ensemble du poème souligne la perspective qui justifie l'adresse à un grand, la proposition de paix, relayée par la douceur stylistique, contre le modèle agonistique porté par la polémique.

1. Rémi Belleau, *La Bergerie*, *op. cit.*, p. 108 et 110.

2. D. Delacourcelle, *Le Sentiment de l'art dans la* Bergerie *de Rémi Belleau*, Oxford, Blackwell, 1945.

C'est à cette place que se glisse le « petit ouvrage » que Belleau présente comme un projet engagé

> depuis que j'ay receu tant d'honneur, que d'estre voué à vous faire treshumble service, en la conduitte de Monsieur vostre fils, & guide de son naturel magnanime & genereux, lequel à l'exemple de celuy d'Alexandre, doit estre plustost manié de bouche, que de main, & de bride que d'éperon [1].

La « douceur » formelle propre à *La Bergerie* se donne comme la correspondance de ce « miel » qui dépassionnerait les mœurs trop aigres du temps. Elle s'affirme en même temps motivée par l'accueil que le marquis a fait au poète souffrant. Le poème peut apparaître ainsi à la fois comme le miroir idéalisant d'une cour prestigieuse, quoique le roi ne lui ait pas fait l'honneur de l'accueillir, miroir présenté à son hôte en guise de tableau historié des mœurs familiales, et comme une proposition offerte à cet hôte et à sa famille de s'y reconnaître, de ressembler à l'image que renvoie le miroir, autrement dit d'entrer dans les mœurs de ce « bien dire », de cette « verité », de cette « vertu ».

De ce point de vue, la question de la vérité référentielle des œuvres d'art présentes dans *La Bergerie* n'est qu'un aspect du problème mis en relief dans la dédicace. C'est un château réel qui est ici parcouru et l'on y découvre des œuvres réelles [2]. *La Bergerie* n'en est pas moins une *ekphrasis* d'*ekphraseis*, témoignant par là, comme le faisait à un autre niveau *La Bergerie* de Ronsard, de son caractère sophistique. Elle se désigne comme un présent fait à ceux qui ont reçu et protégé le poète, le lieu présenté comme désirable l'étant essentiellement à travers le « je » qui motive l'apparition des descriptions et des vers. Les œuvres d'art décrites sont à ce titre un trait de la signature du poète dans son texte.

Tout dans *La Bergerie* est donné de manière seconde, les œuvres d'art décrites et les textes poétiques qui disent la politique des Guises dans la France de la première guerre de Religion, mais aussi les treize *Baisers* insérés dans la seconde moitié du poème et chantés par les bergers qui accordent les quatre flûtes supportant la tige du bâton de berger [3], ou encore la chanson érotique donnée par une des nymphes dansant à la lune, seins et gorges nus comme ses compagnes, « dedans la prairie sur les bors de la Marne » :

1. R. Belleau, *La Bergerie*, *op. cit.*, p. 3-4.

2. Comme l'a montré D. Delacourcelle, *Le Sentiment de l'art*, *op. cit.* Voir aussi sur cette question très discutée, M. Jeanneret, « Les œuvres d'art dans la *Bergerie* de Belleau », *Revue d'histoire littéraire de la France*, LXX, 1, 1970, p. 1-13.

3. R. Belleau, *La Bergerie*, *op. cit.*, p. 111-118.

> Or pour clorre & pour seeler ce beau jour & d'une marque memorable à jamais, je vy dedans la prairie sur les bors de la marne une troupe de Nymfes portant le crespe d'or de leur cheveleure, flotant & ondoyant sur leurs épaules, coordonné seulement d'un petit ruban de couleur, & serré d'une couronne de parvanche [...]
> Elles monstroient l'une à l'autre en toute privauté (car elles ne me pouvoient apercevoir) leurs gorges, leurs greves & leurs seins. Entre autres, j'en vy un large blanchissant, rehaussé de deux montagnettes soupirantes d'un doux & mignard tremblement [...]
> Or ayant donné contentement à mes yeux de si doux & si gratieux apas, il failloit bien que l'oreille receut quelque plaisir, & pour ne la laisser malcontente une de troupe commance une chanson [...]
> Cette chanson finie je demeure tout éperdu tant pour la douceur de la voix laronnesse de mon ame, que pour les parolles passionnees de l'amour. [...]
> Or de peur d'estre découvert j'eus patience derriere un Saule creux où je m'étois tapi, ou de frayeur voyant tant de divinitez ensemble, ou de peur d'interrompre leur plaisir, ou sous l'esperance d'en entendre davantage : mais je ne demeuray gueres que soudain je ne les visse toutes au plonge, fandre l'eau à cous de bras, puis soudain s'évanouir & se derober de mes yeux. Enyvré de tant de plaisir, environ les dix heures je me retire en ma chambre pour prendre mon repos. [p. 119-125]

Le narrateur de Belleau réagit sensuellement aux spectacles que lui offre l'*ekphrasis* de la bergerie, et qui ne sauraient être simplement rapportés à la seule sollicitation esthétique, sauf à considérer que l'esthétique serait ici le développement autorisé du plaisir érotique. Sur le plan thématique, le bal des nymphes vient redoubler les plaisirs de la journée d'une vision sensuelle inégalée. Il prolonge le travail de republication que permet le lieu idéal par le don d'*eros* fait au poète, *topos* de la poésie de la Pléiade[1] dont le caractère réflexif est encore souligné par un sommeil « plaisant & doux ». L'érotisme de *La Bergerie* de Belleau, bien plus développé que dans celle de Ronsard, culmine avec le plaisir sensuel que lui donne le dormir :

> Car si tost que le sommeil eust couvert de ses aelles humides la lasse & paresseuse paupiere de mes yeux, l'anchanteresse & chermeresse memoire de ce que j'avois veu & entendu ce beau jour, acompagné d'Amour, de plaisir, & possible de quelque passion, tous ensemble viennent suborner mes sens, faisant nouvelles recharge & nouvelle escarmouche à mes apprehensions. Car non seulement il me sembloit voir ce que j'avois veu,

1. F. Joukovsky, *Poésie et mythologie au XVIe siècle. Quelques mythes de l'inspiration chez les poètes de la Renaissance*, Paris, Nizet, 1969, p. 110 *sq.*

> ouir ce que j'avois ouy, entendre ce que j'avois entendu, admirer ce que j'avois admiré, mais je pensois veritablement avoir cet heur que de continuer le plaisir de ce beau jour. [p. 125-126]

Il est plus difficile de donner sens au thème érotique dans cette *Bergerie* que dans celle de Ronsard, parce qu'il semble mis en balance avec le travail de la ressemblance, avec la portée éthique de la représentation de Joinville, et parce que Belleau insiste en même temps sur le trouble de la perception suscité par les spectacles plaisants offerts dans la bergerie. Le moment érotique est celui où la dimension éthique de la bergerie s'accomplit dans la consommation sensuelle d'un spectacle, alors que le « je » qui décrit s'objective comme destinataire de ce spectacle et s'éprouve à travers le plaisir qu'il dit ressentir.

Certes, l'incipit du récit tend à faire de tout le texte une *ekphrasis*, pareille à celle du tableau inaugural de *Daphnis et Chloé*, un des modèles exhibés de Sannazar et de Ronsard, sans doute aussi un intertexte de *La Bergerie* de Belleau, certes il révèle le caractère culturel de tout le texte, mais il n'en a pas moins, de fait, une dimension « phénoménale » proprement singulière. L'imitation est plus référentielle, transitive si l'on veut, que le modèle du texte. Ce déplacement, soutenu par le « je » du narrateur, porte le discours éthique de cette bergerie. Mais il implique aussi le retournement du spectacle éthique vers celui qui le produit comme tel. Par là, tout le poème devient cette fête que figure, de manière peut-être référentielle encore, la fin du texte – comme si Belleau donnait à voir dans le texte la circonstance (imaginaire ou pas) du poème, exactement à l'inverse de ce que fait Ronsard dans sa propre *Bergerie*, qui ne renvoie au fond qu'à la condition sophistique de la parole poétique.

Difficile à ce titre de lire dans *La Bergerie* cette « célébration tragique » qu'y voit Marie-Madeleine Fontaine, à moins que l'on adhère encore au XXIe siècle à la « déception » qui aurait été celle des Guises en voyant le roi de France passer au large de Joinville. Il est patent que le texte se donne comme l'*analogon* d'une représentation sensuelle, artiste, qu'il célèbre en Joinville un lieu aimé des muses et des artistes qui ont signé pour lui nombre d'objets d'art, au même titre que la bergerie est signée par un poète. Abandonnant avec Richard Sayce et John Shearman, et à leur suite Guy Demerson, l'éditeur moderne du texte, toute pensée mimétique du poème, on peut ainsi comparer le prosimètre à un *studiolo* maniériste comme celui que Vasari a réalisé au Palazzo Vecchio des Médicis[1]. À moins que, figuration de Joinville comme fête, ainsi que le suggère Josiane Rieu en

1. G. Demerson, Préface du t. II, p. XXXVI.

référence aux « architectures éphémères » du temps[1], le poème n'entende tenir la place de ce qui n'a pas eu lieu[2].

Car il faut sans doute lire dans la distance qui fait de Joinville une bergerie, c'est-à-dire un texte – de même que l'utopie ne peut être à cette époque qu'un texte –, le mode de représentation singulier d'un monde réel et postulé tout à la fois, cette cour qui n'existe d'abord que sous le regard d'un narrateur inaugurant le récit à partir de sa venue en ce lieu. Postulé jusque dans les configurations érotiques qui en organisent la consommation sensuelle. Chez Belleau, il y a reprise de discours sur l'amour, *ekphraseis* d'œuvres d'art qui disent le monde artiste emplissant la bergerie, présentation même de la bergerie comme une longue *ekphrasis*, un texte évidemment culturel, un lieu où le poète ressaisit son écriture dans un travail de republication concertée. Mais il y a aussi accomplissement de cette réflexivité dans l'affirmation d'un plaisir d'ordre sensuel, lié à la perception de spectacles visuels et auditifs, comme l'image au clair de lune de la danse des nymphes et de leur chanson[3] en laquelle culmine le poème pastoral. Cette tension entre un texte qui se donne comme espace de republication et une perspective sensible souligne la façon dont la dimension éthique du poème se soutient de chaque image et se rassemble finalement dans une image, un tableau. La représentation visuelle, en d'autres termes le spectacle sensible, est ce vers quoi tend le discours de la pastorale présenté comme un discours éthique.

Risquant l'anachronisme d'un rapprochement, je lirai la politique de cette *Bergerie* dans un rapport entre ce que, dans un texte sur Mallarmé, Jacques Rancière appelle « le poème, comme disposition de la pensée dans un espace matériel et symbolique déterminé » et « la politique comme l'idée de la disposition matérielle et symbolique des corps en communauté », comme « nomologie »[4]. Car il y a là comme la description du rapport qui fonde le texte utopique[5]. Politique, le poème de Belleau le serait alors en ce qu'il constitue un « mode de spatialisation de la pensée » susceptible d'entrer en rapport avec la politique du temps, en ce qu'il promeut une « certaine topographie de la communauté qui y distribue, à leur place, les

1. J. Rieu, « La Bergerie de Rémi Belleau : une fête poétique à la gloire des Guises », dans Y. Bellenger (dir.), *Le Mécénat et l'influence des Guises*, *op. cit.*, p. 251-277 : p. 252.

2. Je rejoins sur ce point M.-M. Fontaine, « Les Guises et les bergers », art. cit., p. 92, et sa postface à la *Bergerie*, *op. cit.*, p. 225-229.

3. R. Belleau, *La Bergerie*, *op. cit.*, p. 121.

4. J. Rancière, « La rime et le conflit. La politique du poème », dans B. Marchal et J.-L. Steinmetz (dir.), *Mallarmé ou l'obscurité lumineuse*, Paris, Hermann, 1999, p. 115-142 (p. 114).

5. Et même si Rancière ne décrit nullement l'espace nomologique comme utopique.

manières d'être, les manières de faire et les manières de dire et donne ainsi au séjour commun une loi qui n'est pas seulement juridique, une loi qui est un ton partagé, la respiration commune d'un certain air »[1]. Parler de nomologie pour *La Bergerie* serait ainsi une façon de désigner son discours éthique et sa construction utopique, de manière plus marquée que *Les Théâtres de Gaillon*, dans un rapport pensé, parce que fondé sur une distance subie autant que volontaire, avec la politique du temps – qui ne peut être alors qu'un rapport entre une famille de grands et le roi de France. Ce rapport est fortement médiatisé ici par l'énonciation d'un narrateur spectateur de la représentation qu'il produit. En tant que nomologie, *La Bergerie* ne serait donc jamais réductible au simple reflet de rapports existant tels quels, jamais assimilable à un principe de ressemblance (des objets du monde comme des liens entre les personnes). Mais elle ne l'est pas non plus au seul montage logologique des discours, à la différence *La Bergerie* de Ronsard. Elle constitue une proposition politique exemplaire d'où le conflit est absent et qui, pour être dite et entendue, aurait à être contemplée par le sujet poétique. En tant que telle, elle est indissociable d'une érotique dont le poète se dit le destinataire, sans qu'on puisse absolument affirmer l'unité de lecture d'un ouvrage qui, à la fin, se retourne, en un mouvement involutif, vers sa propre consommation.

1. J. Rancière, « La rime et le conflit. La politique du poème », art. cit., p. 117. Cet article ne se situe pas dans la perspective d'une description du « régime » des arts. D'où, peut-être, le fait que Rancière attribue au poème mallarméen des traits relevant de ce qu'il désigne ailleurs comme « régime représentatif des arts », alors qu'il fait de Mallarmé l'incarnation du « régime esthétique des arts ».

CHAPITRE III

L'EXPÉRIENCE MÉLANCOLIQUE

LA BERGERIE AU CŒUR DES TROUBLES

Pour qui n'attend du monde des bergers que les plaisirs de l'*otium* lettré, la présence insistante de la mélancolie dans la pastorale a quelque chose de saisissant. Toujours repoussée dans les textes qui la publient – pièces liminaires, épîtres dédicatoires, avis au lecteur –, la mélancolie est pourtant là déjà dans l'*Arcadia* de Sannazar, qui accompagne le deuil de la poésie antique et du latin, la perte de la mère et les tombeaux de poètes, qui suit la promenade du narrateur Sincero à travers les lieux mythiques, loin de sa patrie napolitaine. Elle est là encore dans les églogues de Garcilaso de la Vega[1], dans la *Diana* de Montemayor (1558), ouverte sur les larmes ariostesques du berger Sireine, dans la proposition utopique de *La Bergerie* de Rémi Belleau en 1565, dans la seconde journée du poème parue en 1572, dans les pastorales de François de Belleforest (1569-1571), celles de Nicolas de Montreux (1585-1598), celle d'Honoré d'Urfé (1607) on le verra. Sur ce point comme sur d'autres motifs tissés par tous ces textes, on pourrait suivre le fil de l'imitation et de la transmission qui permet de lire la pastorale comme un vaste texte, toujours repris par des poètes successifs. La distance de la représentation des bergers laisse ainsi paraître le rapport historique qui la fonde, foncièrement lié à ce retrait de l'action qu'analyse Timothy J. Reiss dans l'écriture de poètes-soldats comme Sannazar ou Philip Sidney, l'auteur de *The Countess of Pembrokes Arcadia* (1590)[2], et qu'il trouve encore chez Honoré d'Urfé. Il y aurait selon lui une mélancolie

1. Publication posthume, en 1543, dans *las Obras de Boscan y algunas de Garcilaso de la Vega*.
2. T. J. Reiss, « A Poetics of Cultural Dismay », art. cit., p. 165-167.

propre à la condition sociale de ces auteurs nobles, expliquant le relief qu'ils donnent au motif de la transmission poétique et ce rapport au passé propre à l'imitation pastorale.

Si l'on s'attend davantage à rencontrer les noirceurs humorales dans les écrits pastoraux des guerres de Religion, leur excès surprend encore. Pourtant, on ne s'est jamais vraiment étonné de rencontrer le *pathos* mélancolique dans la pastorale des bergers : quel sens politique donner aux désespoirs amoureux de ces bergers qui tentent de se libérer par le fer, de se précipiter, de perdre le corps qui les abandonne – à cette topique de l'humeur noire dans l'utopie pastorale ?

C'est précisément par le corps que la mélancolie place la bergerie au cœur de ce que les contemporains ont appelé les « troubles ». S'il est vrai que la crise mélancolique est alors conçue comme une perturbation du sang, un « partrouble » écrira Jacques Ferrand dans *De la mélancolie érotique*, ouvrage paru à Toulouse en 1610 et aussitôt interdit, elle introduit le trouble au cœur de la distance qui fonde la parole des bergers. Elle fait du corps le lieu où se saisit le rapport de la bergerie au politique, au sens où le corps est, dans la seconde moitié du XVIe siècle, la métaphore principale de la communauté politique. En d'autres termes – c'est l'hypothèse de ce chapitre –, la question mélancolique interroge la « politique considérée comme une affaire de bergerie » en donnant à voir le corps malade, le corps déchiré du berger de passions.

Cette singulière visibilité de la maladie politique présente deux dimensions : d'une part, en montrant ce qu'il en est des effets des passions, de l'amour en particulier, le berger mélancolique offre une pensée de la maladie du politique comme corps, soit autour de la figure du « bon pasteur », soit dans l'organisation de la communauté des bergers. Cette représentation est particulièrement forte pendant les guerres de Religion. D'autre part, et c'est ce qui soutient l'analogie d'une dimension supérieure, narrative et critique, le berger mélancolique interroge le corps politique en ce qu'il s'en exclut ou en est exclu, dès lors qu'il se retire dans les bois de sa tristesse. Il récuse par là l'unité de la bergerie – il fonctionne ainsi à la fois comme symptôme et comme métonymie de la maladie du politique.

Cette approche de la mélancolie pastorale peut trouver des antécédents dans la pensée machiavélienne de la conflictualité du politique. L'auteur des *Discours sur la première Décade de Tite-Live* s'était attaché à combiner théorie du mélange humoral et théorie des formes de gouvernement, le modèle humoral étant notamment utile chez lui pour penser les modalités de tissage de la conflictualité entre les individus, soit la pensée de la singularité et du différend[1]. La question humorale constituait en ce sens un dispositif descriptif disponible, et à tout le moins utilisé en tant que tel, pour penser le rapport du gouvernement politique aux particuliers d'une part, à l'instabilité du politique d'autre part. Ce modèle est présent dans la France des troubles, dans les discours, les représentations, mais aussi dans la réflexion sur la participation des formes poétiques à la politique. Le désordre humoral y est à la fois explication et manifestation du trouble politique. Il est encore, et d'abord, dans la pastorale du moins, figuration du trouble : la première journée de *La Bergerie* de Belleau montrait déjà les corps pâles et douloureux des paysans abattus par les guerres civiles. Les textes de François de Belleforest que l'on va lire proposent une articulation entre désordre passionnel et recomposition d'un corps dans le temps de l'histoire. Ceux de Nicolas de Montreux vantent l'éthique d'un grand chef de parti, et tentent d'apaiser les douleurs ligueuses.

Il ne s'agit donc pas de poser, d'un côté, une littéralité du corps politique et, de l'autre, des textes qui en seraient la métaphore. La pensée du corps participe de la réflexion de la seconde moitié du XVIe siècle français sur les conflits religieux, elle nourrit les discours qui servent à définir les rapports entre l'Église et l'État, les modalités de cette unité conflictuelle à laquelle réfléchissent, en des termes à la fois proches et antagonistes, les ligueurs et les politiques[2]. Elle procède ainsi d'une réflexion sur les troubles religieux et la paix à construire, ainsi que sur la forme à donner à celle-ci. En ce sens, si les textes de la pastorale ne jouent aucun rôle dans la discussion juridique et théo-logique sur le corps mystique du royaume, ils appartiennent pourtant, au même titre que les pamphlets et les traités, mais à partir de la distance qui fonde l'énonciation des bergers, aux formes de la discussion politique. Ils interrogent l'unité et la paix de la bergerie, non pas toujours en identifiant celle-ci au royaume, mais en faisant du corps le lieu d'un dérèglement passionnel qui met en péril l'unité comme corps. Il faut donc tenter de donner pleinement sens à ce qui se joue sur le plan textuel et symbolique autour du corps mélancolique, à ce que la distance pastorale permet de comprendre des enjeux contextuels de ce qui est véritablement un *lieu* des textes pastoraux du temps.

On ne proposera pas une formule unique, non historique, du rapport entre pastorale et mélancolie, quelle que soit l'évidence du rapport d'imitation qu'entretiennent ces textes les uns avec les autres, ou avec d'autres

1. G. Sfez, « Machiavel, la raison des humeurs », dans *Rue Descartes. Passions et politique*, Paris, Albin Michel, 1995, p. 11-37.

2. M.-Fr. Renoux-Zagamé, *Du droit de Dieu au droit de l'homme*, Paris, PUF, 2003, p. 270 *sq.*

textes pastoraux, français ou étrangers. Parce que l'inflation du discours mélancolique pastoral est bien contemporaine, en France, des troubles de religion, elle conduit à essayer de penser la mélancolie en termes d'« expérience », notion permettant de nommer l'inscription dans ces textes, à distance du monde historique, d'un lieu où cette perception du monde trouverait soudain à se lire. Parce qu'elle réduit la distance entre le texte pastoral et le monde, parce qu'elle fait apparaître le trouble en tension avec cette distance, la crise mélancolique donne un point d'accroche essentiel pour penser le discours poétique et éthique sur l'amour à l'intérieur de la réflexion politique. Cela ne va pas sans difficultés, comme le soulignent les travaux de Denis Crouzet ou ceux de Joël Cornette qui ont cherché, le premier à établir l'influence du néoplatonisme dans la symbolique politique des derniers Valois, le second à établir le lien entre les « pétitions d'amour » (au roi, à ses sujets, à d'autres encore) et la politique[1]. Qu'est-ce que le discours amoureux, en tant qu'il est toujours socialement produit et représenté comme discours poétique et éthique, dit en effet de la participation des poètes à la politique du temps ?

Ce que ces réflexions pourraient avoir de trop synthétique, ce que le contexte historique choisi tend également à unifier sera modulé par l'hétérogénéité des textes étudiés dans ce chapitre. Une fois encore, je ne m'attache pas ici à une unité générique mais à des réalisations singulières de l'écriture pastorale, le but étant de montrer que son caractère fortement topique n'est pas synonyme d'un contenu de sens stable, mais qu'il contraint à interroger le contenu même du *lieu*.

LIEUX AFFECTÉS, HISTOIRE ET TOMBEAUX
LES PASTORALES DE BELLEFOREST (1569-1572)

Premier exemple, celui de François de Belleforest, auteur de plusieurs textes ressortissant à la veine pastorale : en 1559, un *Chant pastoral* sur les noces de Philippe d'Autriche, « roy des Espaignes » et de « Madame Elisabeth, fille ainée du Roy Treschestien », et de « Philibert Emmanuel, Duc de Savoye, & Prince de Piémont, avec Madame Marguerite de France », sœur d'Henri II ; une *Pastorale amoureuse* en 1569, peu considérée par la critique parce qu'elle imite de près la seconde églogue de Lope de Vega ; enfin la *Pyrénée*, parue en 1571 et parfois considérée comme le

1. D. Crouzet, *La Nuit de la Saint-Barthélemy*, *op. cit.*, et J. Cornette, *La Mélancolie du pouvoir : Omer Talon et le procès de la raison d'État*, Paris, Fayard, 1998, chap. V en particulier, p. 160.

premier roman français[1], sans avoir jamais rencontré la célébrité de *L'Astrée*. Quand Michel Simonin retrace le parcours de cet écrivain polygraphe qui, à la différence des auteurs de la Pléiade, a dû écrire pour « vivre de sa plume », il ne sait trop que faire de ces deux derniers textes, enfermés dans leur mystère et difficilement réductible à une lecture biographique comme à une lecture politique et religieuse qui s'impose pourtant[2]. Dans la carrière d'un homme à qui « l'étude a tenu lieu de patrimoine »[3], ce sont la traduction et la continuation des *Histoires tragiques* de Boaistuau (à partir de 1559), puis la *Cosmographie universelle* (1572), qui ont véritablement joué une fonction rémunératrice en termes de reconnaissance intellectuelle et sociale. De la traduction à l'historiographie – le parcours de Belleforest est analogue à celui de Gabriel Chappuis selon Michel Simonin –, on se demande bien alors à quoi ont pu servir ces bergeries, si différentes l'une de l'autre qui plus est, sinon peut-être, pour la seconde, à construire « le livre de la cohérence d'une vie ».

La Pastorale amoureuse *(1569) : le « lieu affecté »*

De manière très visible, les deux pastorales de Belleforest sont traversées par un propos historique, curieusement associé au discours amoureux. Elles fondent l'énoncé de ce propos sur la mise en relief d'un lieu différent, chaque fois étroitement lié à la famille de Tournon dans laquelle Belleforest a probablement été introduit par son ami, le médecin Jean Willemin, précepteur de Just-Louis de Tournon – lui-même étant sans doute le pédagogue de l'enfant et du jeune homme pendant plusieurs années. La mère de Just-Louis était Claude de la Tour Turenne, à qui Belleforest avait dédié en 1570 *L'Histoire universelle du monde*, en même temps qu'il offrait à sa sœur, Antoinette, ses *Discours mémorables de plusieurs histoires tragiques*, cinquième volume des histoires tragiques. *La Pastorale amoureuse, contenant plusieurs discours non moins proufitables que recreatifs* est offerte, elle, à « tresnoble, illustre et genereux seigneur, Monsieur Loys de Tournon, Seigneur d'Arlan », c'est-à-dire Just-Louis encore enfant : en termes très platoniciens, Belleforest fait dans cette dédicace l'éloge de la « majesté de visage », cette « figure de preud'homie, & excellence future » qui est l'indice de la « generosité qui

1. *Cf.* M. Collins Weitz, « François de Belleforest's *La Pyrenée* : The First French Pastoral Novel », *Renaissance Quaterly*, XXXI, 1978/3, p. 322-330.

2. M. Simonin, *Vivre de sa plume au XVIe siècle ou la carrière de François de Belleforest*, Genève, Droz, 1992, p. 118 *sq.*

3. P. Bayle, *Dictionnaire philosophique*, s.v. « Belleforest ».

reluit » en lui, des « rayons de perfection qui commencent estinceller en [son] ame ». Le texte de *La Pastorale amoureuse* se donne donc comme un éloge de la « vertu » et de la « chasteté » :

> Lequel lisant, vous verrez un esguillon pour vous pousser à l'imitation de vos ancêtres, non si vif, & bien dressé que les saintes impressions que le seigneur Willemin vostre precepteur, tres-digne de telle charge engrave & burine en vostre ame [1].

Le texte de *La Pastorale amoureuse* se charge de solliciter l'émulation de Just-Louis au regard de son lignage; Belleforest se déclare en cela concurrent de Willemin, à la fois parce que celui-ci est le précepteur du jeune homme et parce qu'il est l'auteur, cette même année 1569, d'un texte en latin qui célèbre l'opposition de Claude de Touraine à l'assaut des huguenots contre la ville de Tournon en 1567 – le *Discours de la brave resistance faite aux rebelles l'an 1567 par madame de Tournon*[2].

La première section du texte est entièrement consacrée à la plainte mélancolique du berger Sylvie. Dans la seconde, précise la dédicace,

> cerchant transformer un amoureux transporté, je me transporte moy-mesme vers le lieu plus affecté, & pour lequel parvenir ce dessein est tracé des le commencement de l'œuvre.

Quel est ce « lieu plus affecté » où se « transporte » Belleforest, qui se sert ici d'une antanaclase pour mettre en relation un mouvement passionnel et un déplacement spatial? L'expression joue semble-t-il sur la notion galienne de « *locus adfectus* »[3], et fait référence à la crise mélancolique du berger Sylvie rapportée à la fin de la première partie du poème en vers lorsque, après le récit d'enfance, celui de la dispute avec sa bergère, il devient proprement hors de lui :

> *Recoy a ce coup ce corps qui est de terre,*
> *Lequel il faut chasser pour eviter la guerre*
> *Que je sens tout en moy : ce sera donc ma main*
> *Qui me fera en moy, & sur moi inhumain :*
> *Elle en fera l'office, & si aucun ne resiste*

1. *Epistre*, dans *La Pastorale amoureuse, contenant plusieurs discours non moins proufitables que recreatifs. Avec des descriptions de Paisages*, par F. de Belleforest Comingeois, Paris, J. Hulpeau, 1569, fac-similé par M. Gaume, Université de Saint-Étienne, 1980, p. 36.

2. *Discours de la brave resistance faite aux rebelles l'an 1567 par madame de Tournon [...] escrit premierement en vers latins par Jean Willemin, et depuis traduit en vers françois par ledit Belleforest*, Paris, J. Hulpeau, 1569.

3. Cf. *De locis affectis*, traduit du grec en latin et souvent réédité au XVIe siècle – Galeni, *De locorum affectorum notitia libri sex* (par exemple, Paris, Henri Estienne, 1513).

Il sentira l'effort d'un homme mort, & triste :
Et quoy ? ne puis-je aller esprit & sans nul corps
Deça & puis dela, & dedans, & dehors ?
[...] Mais qui a pris ce corps que je portoy naguere ?
Seroit-il point caché dedans quelque bruyere
Tandis que je m'amusoy à cercher mon meilleur ?
J'ay veu icy dormir une palisante fleur
Servi-ce pas mon corps, non non c'est autre chose
Plus belle, & mieux flairant, c'est une fresche rose.

C'est à ce corps troublé, inscrit dans la topique pastorale du récit d'enfance et de la perte de l'objet d'amour, c'est à ce « lieu affecté » que la seconde partie du texte va substituer la grotte du mage Syderé[1]. Le berger Turne, dont le nom évoque le héros mythique qui relie la famille de Tournon au Turnus troyen, décrit alors ce lieu et rapporte les visions que le mage y fait naître. Dans un antre tout platonicien, Syderé le bien nommé anime d'un bâton mercurial des ombres formées en tableaux qui rapportent l'histoire de la famille de Tournon : origines troyennes, comme le réclame alors tout lignage honorable[2], évocation de la lignée de Just I, puis long éloge de François, cardinal de Tournon, qui sollicite tout particulièrement le thème pastoral, et jusqu'à la mère de Just-Louis, jusqu'à son fils lui-même, promesse de bonheur pastoral qui « emplira de sa vertu & droit/Les troupeaux ses voisins, comme un beau champ reçoit/Arrouse de la nuit la pluye saisonnée/Qui cause le bon-heur & les fruitz à l'année ».

D'une tout autre manière que les églogues et bergeries de Filleul, de Ronsard, de Belleau même, *La Pastorale amoureuse* lie étroitement le discours amoureux, objet de la première section du poème, et le discours encomiastique qui se déploie ensuite. Cette structure en diptyque établit un lien entre les passions du berger et la bonne politique pastorale des Tournon : il s'agit bien, par l'éloge des vertus du bon pasteur Turne, de réintégrer le corps critique du berger malade d'amour dans le corps de la bergerie. La consolation de la mélancolie amoureuse passe par une mise en représentation de l'histoire du lignage, la cure nécessitant de rendre visible l'histoire. Les tableaux de la famille de Tournon rappellent en cela la fonction mémorielle des tapisseries dans les palais de Lemaire de Belges. Mais la réécriture du mythe de la caverne superpose ici un lieu

1. *Ibid.* La première section du poème va jusqu'à la p. 90 [52 dans l'édition originale reproduite], la seconde de la p. 90 à la page 112 [52-74].

2. *Ibid.*, p. 92. Voir *supra*, dans le chapitre premier, les pages sur *Les Illustrations de Troye et Singularitez de Gaule*.

corporel et psychologique, celui de la mélancolie d'amour, et un lieu historiographique, curateur du premier.

Ce faisant, Belleforest reprend de manière très précise la structure, que lui fournit la seconde églogue de Garcilaso de la Vega, d'une articulation entre mélancolie et narration historique. La récriture est si exacte qu'il serait assez vain de chercher à lire dans cette « imitation » – comme écrivent alors les contemporains – la part d'une quelconque originalité. Belleforest exploite la structure associant passion et *encomium*, mais il la vide de ses énoncés contextuels et remplace l'histoire de la famille d'Albe par celle des Tournon. Ce qui change ainsi, du modèle à sa récriture, ce sont les lieux : la pastorale s'ancre dans le « pays » de l'auteur Belleforest, le Béarn, tandis que l'intermède historique prend place dans la région des Tournon. En ce sens, non seulement Belleforest adapte un dispositif poétique à ses « patrons », mais il exhibe aussi sa patrie comme le lieu qu'il faut quitter pour quitter la mélancolie : de cette manière, il affirme la nécessité de l'exil, inscrivant sans doute dans ce déplacement nécessaire à l'éloge des Tournon un discours sur sa propre condition de polygraphe au service d'une grande famille.

La Pyrénée *(1571) : néoplatonisme et tombeaux*

Cette inscription du propos encomiastique dans un lieu aux vertus pharmacologiques se construit d'une manière plus curieuse encore dans *La Pyrénée*, parue deux ans après *La Pastorale amoureuse* et souvent lue comme le texte précurseur de *L'Astrée* d'Honoré d'Urfé, notamment parce que les bergers y développent longuement une casuistique néoplatonicienne. La description du lieu éponyme est entièrement motivée par le lien que l'auteur de *La Pyrénée* entretient avec lui. L'incipit du texte célèbre en effet ce « mont Pyrenéen » qui est « celuy qui a nourri [son] enfance »[1], traversé par la rivière de Sabe dont l'évocation place Belleforest, de façon explicite, dans la filiation de Sannazar, du Mantouan, de Ronsard :

> A cause que ceste cy est la nourrice de plusieurs bergers & grands pasteurs, lesquelz ont servy de lustre & jadis & en ce temps à toutes les Gaules : & de laquelle (comme son nourrisson) je ne puis moins parler que le grand Mantouan de son Mince, ou Arne, & que le Pindare Limosin de sa Vienne,

1. *La Pyrenee, et pastorale amoureuse, contenant divers accidens amoureux, descriptions de païsages, histoires, fables & occurrences des choses, advenues de nostre temps, servant comme l'avant-coureur de l'Adolescence : divisée en deux livres*, par François de Belleforest Comingeois, Gervais Mallot, 1571, fac-similé par M. Gaume, Université de Saint-Étienne, 1980, p. 137.

> & Homere vendomois de son Loir qu'il rend glorieux par sa memoire, entant que doucement elle m'a eslevé, mignardement chery, songneusement enseigné, & hautement honoré avec le los qui me faict cognoistre par toute France [1].

La référence à des modèles sert ici à souligner le caractère auto-référentiel du texte pastoral – dire que la *Pyrénée* se situe dans la filiation de l'*Arcadia* ou des églogues du Mantouan, c'est explicitement imiter une énonciation en tant qu'elle s'inscrit dans le lieu de naissance de l'auteur et le célèbre. Quel sens y a-t-il alors à célébrer les plaisirs, les « gays passetemps » d'un pays qui sera ensuite traversé par les plaintes amoureuses du berger Philarète, en qui l'on reconnaît généralement la figure de Belleforest lui-même ? Il s'agit de fêter le pays qui a « élevé » l'auteur du poème. L'épître dédicatoire à Villevault, procureur au Parlement de Paris et ami de longue date de Belleforest, souligne le rapport entre la pureté d'un « parler » et celle d'un pays :

> Vous sçavez qu'il y a longtemps que je bastissois un mont Pyrenéen, pour estre celuy qui a nourry mon enfance, & que traitant l'amour en iceluy, je fais Cupidon si chaste, que Venus rougiroit de honte d'approcher d'une chose si modeste. Car quelque jeune que j'aye esté, & qu'encor la neige ne soit sur mes montagnes, si ay-je aymé la purité, modestie, & honesteté de parolle, mesmement ez escrits, qui doivent courir en veue de tout le monde, afin de ne servir de sujet de vice en lieu de monstrer à la jeunesse la voye de vertu si peu deffrichée, & par laquelle peu d'hommes passent, sinon tout ainsi que par maniere d'aquit, pour seulement dire, qu'ilz la sçavent [2].

Si *La Pastorale amoureuse* décalque la structure de la seconde églogue de Garcilaso de la Vega, *La Pyrenée* adapte à son Béarn et à l'éloge des princes et guerriers du temps les peines du Sireine et des ducs du Leon, rapportées dans la *Diana* de Montemayor que Belleforest connaît bien avant sa traduction française en 1578 [3].

La seconde partie du texte voit les bergers visiter un temple et s'arrêter devant un ensemble funéraire très complexe, l'« assiette du lieu » appelant la dévotion de « ceux mesme qui ne tiennent guere grand compte des choses sacrees, & sainctes ». Les bergers marquent d'abord leur dévotion aux apôtres, à l'épitaphe de François de Guise, assassiné en 1563 [4], avant de

1. *Ibid.*, p. 147 [3].
2. « A mon bon seigneur et amy, le seig. Jean de Villevault, Enquesteur pour le Roy, & la royne Mere, en la Seneschaussée de Clermont, & Procureur en la court de Parlement à Paris » : *ibid.*, p. 136-137.
3. N. Dauvois, *De la Satura à la Bergerie*, *op. cit.*, p. 186 *sq.*
4. *La Pyrenée*, *op. cit.*, p. 298-299 et p. 301.

passer dans « ceste maison champestre qui est le vray image des choses faites, & partie de celles qui sont à venir en ce royaume », soit un grand palais où se trouve une voûte cartographiant le ciel. Leur dévotion est tout à la fois religieuse et historique, qui leur permet de revenir sur le passé récent du début des troubles, réintégré dans l'histoire du christianisme. Une quinzaine de poèmes, six quatrains, deux huitains, deux sonnets et un long fragment de cinquante-quatre vers jalonnent leur cheminement. À chaque tombeau correspond un dispositif singulier, composé d'une image du mort (statue, lame ou hauts-reliefs) et d'un ou de plusieurs textes qui vantent ses qualités et lui donnent parfois la parole. Dans tous les cas, sauf ceux de Pierre d'Aussun et de Symphorien Durfort, le nom est absent[1], ce qui met en évidence le processus d'identification complexe auquel sont contraints les bergers qui déchiffrent les inscriptions. Reconnaître un mort célèbre en son image et lire sa parole sont deux opérations disjointes. Dans la plupart des cas, l'inscription sans le nom fait trace d'une histoire, que le temps du deuil commémore.

Ce dispositif souligne la façon dont le texte de Belleforest élabore la cohésion du groupe en dévotion. Entrant dans le « sainct pourpris », « chacun des autres print celle des bergeres qui premiere luy vint en main », puis tous font leurs offrandes et déchiffrent une première inscription latine sur un autel, instaurant d'emblée un « nous » : « Au Dieu des bergers tutelaire [...] Avons consacré cest autel ». Ce n'est qu'ensuite que le « nous » se divise en « chacun », lecteur pour les autres bergers d'une tombe ou d'une nouvelle inscription. Ergasto comprend la référence d'un tabernacle en forme de pyramide en trouvant l'épitaphe « en Lettres Françoises » à François de Guise, « celuy qui vif faisoit vivre la France »[2], Amato voit une « table d'attente d'Ebene le plus fin [...] sur laquelle estoient gravez en lettres d'or » trois quatrains évoquant les exploits du berger ainsi honoré ; tous contemplent « sa haute représentation & pourtrait fait au naturel », discutent de la signification des initiales « F & L »,

> les uns disans que cela signifioit liberté françoise, d'autres luy donnant autre signifiance, & se referans au nom dudit seigneur (François de Lorraine). [p. 301]

Pas une des écritures, pas un des poèmes qui n'ait sa graphie particulière : « vers gravez fort subtilement & en liaison l'une lettre enlacee dans l'autre en forme de chiffre », « mots escrits en lettres de plomb &

1. *La Pyrenée*, *op. cit.*, p. 322. Mais précisé dans les notes de l'édition moderne.
2. *Ibid.*, p. 298-300.

formees à l'italienne», «rollet entortillé escrit en lettres d'or»[1]. Et c'est sans compter les pyramides, pierres précieuses, piédestaux servant de support à des représentations symboliques ou réalistes des morts. On lira ainsi dans *La Pyrenée* un manuel de deuil, à la manière dont l'*Arcadia* a été lue comme un « manuel du sacrifice »[2] : si le prosimètre de Sannazar fournit nombre de détails sur les sacrifices pastoraux, sur les formes d'une dévotion païenne et chrétienne, le roman de Belleforest décrit avec précision l'architecture des tombeaux, le lettrage savant des inscriptions et des supports de l'écriture funéraire.

L'insistance du texte sur l'écriture construit la distance avec la mort qui définit le rapport des bergers à ce qui leur est donné comme l'histoire des grands hommes de Bigorre et des « monts pyrénéens » : Jean III, époux de Catherine de Navarre, tuteur d'Henri II d'Albret, roi de Navarre, Anne de Montmorency, ancien gouverneur du Languedoc, mort en 1567, Paul de la Barthe, seigneur de Thermes attaché aux Guises, gouverneur de Paris, puis destitué pour «cause de modération» peu avant sa mort en 1562, Antoine de Bourbon, père du futur Henri IV, qui appelait François de Guise «mon frère», celui dont l'ombre traversait déjà la quatrième églogue des *Théâtres de Gaillon*, Fulvie Pic de la Mirandole, l'épouse «toute eschevelée» de Charles de La Rochefoucault tombé au siège de Rouen en septembre 1562, Pierre d'Aussun, né en Bigorre à la fin du xve siècle et compagnon du duc de Guise à Dreux en 1562, mort de chagrin cette même année, Symphorien de Durfort, seigneur de Duras, chef des protestants en Guyenne, tué à Orléans le 12 mars 1563[3]. Toutes ces figures, à l'exception peut-être du connétable Anne de Montmorency, ramènent les bergers aux tout débuts de la première des guerres de Religion, à l'année du massacre de Wassy notamment – comme le faisaient aussi, on s'en souvient, certaines pièces de Nicolas Filleul. Le temple porte la mémoire des morts du Béarn, catholiques et protestants, il les inscrit dans l'histoire du royaume mais en mettant en relief le caractère « local » du lieu où ils reposent. Les bergers en dévotion de Belleforest sont, à cet égard, bien différents de ceux de Jean Lemaire de Belges, qui déposaient leurs écritures négatives sur le Temple d'honneur et de vertus. Loin d'être pris dans l'achronie d'un bord de la mort, ils sont entrés dans l'histoire. Pour eux, lire les épitaphes, identifier

1. *Ibid.*, p. 310-311 et p. 317.

2. F. Joukovsky, « Tombeaux et offrandes rustiques chez les poètes français et latins au seizième siècle », *Bibliothèque d'humanisme et Renaissance*, XXVII, 1965, p. 226-247.

3. Informations empruntées à M. Simonin, *Vivre de sa plume au XVIe siècle*, *op. cit.*, M. Gaume, *La Pyrénée*, éd. cit., et A. Jouanna *et alii*, *Histoire et dictionnaire des guerres de Religion*, Paris, Robert Laffont, 1998.

les portraits sur les tombeaux, c'est entrer dans la distance de cette histoire, se constituer en collectivité dévote à partir de cette place définie pour des morts que les écritures du deuil historiographient[1].

Si l'histoire que recèle le temple de *La Pyrénée* appartient au royaume de France, elle ne cesse jamais de s'ancrer dans un lieu spécifique, béarnais, identifiable à la jeunesse de son auteur par l'intermédiaire de la figure de Philarethe, et d'ailleurs marqué à plusieurs reprises par un discours politique et historique qui fait signe vers les destinataires de l'ouvrage et la condition de plume de son auteur. La distance pastorale passe ici par la distance même de l'écrit, par la nécessité d'un déchiffrement qui mime dans le texte le rapport du lecteur à ce que lui rapporte Belleforest. Il n'y a sans doute pas de transparence totale du message historique, pas de parfaite lisibilité – il y a de l'histoire à lire, c'est autre chose.

ÉTHIQUE DES DESTINATAIRES, POLITIQUE DES AUTEURS

Faut-il maintenant, à partir de la politique locale des textes de Belleforest et des relations que plusieurs des morts priés par les bergers y entretiennent avec les Guises, postuler un lien intrinsèque entre la représentation pastorale et une éthique catholique, voire déjà ligueuse, plus et mieux sensible dans d'autres textes que dans *La Pyrénée*, mais qui serait tout de même déjà perceptible à travers la dévotion des bergers devant ce qui rappelle le rôle de la famille de Lorraine dans l'histoire du royaume de France ? Marie-Madeleine Fontaine a proposé une reconstitution des liens attachant la production pastorale du milieu du XVIe siècle aux membres de cette famille, au cardinal Jean de Lorraine en particulier[2]. Elle rappelle que la première traduction de la *Diana* de Montemayor, importante du point de vue des usages aristocratiques de la représentation pastorale, est dédiée par Nicolas Colin à Louis de Lorraine, archevêque de Reims, en 1578[3]. Elle souligne en outre l'intérêt des Guises pour le « déguisement rustique ». Loin que les divertis-sements pastoraux aient été une pure production intérieure à la poésie, ils auraient été suggérés aux poètes par les membres d'une famille animée par le « besoin fondamental [...] de se déguiser », par un goût « pour l'artifice des genres rustiques », le souci « d'exister sur un autre mode – artificiellement naturel et simple par complexité »[4].

1. Sur les stratégies de l'écriture et la « politique de la mort », A. Petrucci, *Le scritture ultime*, Turin, Einaudi, 1995.

2. M.-M. Fontaine, « Postface » à l'édition citée de *La Bergerie*, p. XXX.

3. M.-M. Fontaine, « Les Guises et les bergers », art. cit., p. 103 *sq.*

4. *Ibid.*, p. 86.

Cette analyse nécessite deux précisions : la première touche aux conditions d'une spécialisation confessionnelle de la pastorale. D'une part, il y a à l'époque des usages protestants de la bergerie. Qu'un Louis Des Masures puisse composer en 1566 une *Bergerie spirituelle* en forme de « moralité » allégorique pour répondre à celle de Belleau, puis une *Eglogue spirituelle* pour le fils de Charles de Lorraine et Claude de France [1] montre encore l'importance de la production pastorale dans la famille de Lorraine [2]. Mais cela fait également apparaître le fait que l'écriture pastorale est l'enjeu d'appropriations concurrentes, et une des manières pour les auteurs de publier et de construire leurs relations avec leurs protecteurs. Lorsque les conflits s'exacerbent, la concurrence se fait plus âpre : en 1592, l'éditeur Jamet Mettayer offre au duc de Montpensier présenté sur la page de titre comme « Lieutenant pour sa Majesté au païs de Normandie », le *Troisième livre des Bergeries de Julliette* de Nicolas de Montreux, un auteur aussi ligueur que prolixe dans le registre pastoral. L'épisode est d'autant plus frappant que, dans la tourmente qui avait suivi l'assassinat des Guises, Montreux était devenu en 1591 le bibliothécaire de l'ennemi juré de Montpensier, le duc de Mercœur, qui lui avait offert un refuge à la cour de Nantes, et qu'il reviendra dès 1595 sur cette dédicace pour s'en désolidariser. Il est probable que Mettayer, qui est de famille protestante, a voulu empêcher une spécialisation ultra-catholique de la bergerie et de la vertu toute romaine qui en fait le centre, voire l'attribuer au parti des royaux alors liés aux protestants. Cela tend à prouver que le message dont la bergerie est porteuse peut n'être pas identifié d'emblée au radicalisme des ligueurs, d'autant moins sans doute qu'elle se confond avec une Arcadie plus poétique, plus langagière que référentielle. Mais que le discours des mœurs au cœur de l'éthique de la pastorale ait été l'objet de manipulations idéologiques et/ou politiques montre en outre que cette dimension éthique ne se pense pas en dehors des actions de publication qui la rendent lisible, la difficulté d'une lecture complexe étant alors de déprendre ces manipulations de leur présentation éthique précisément [3].

1. *Eclogue spirituelle sur l'enfance de Monseigneur Henri, Marquis du Pont, fils premier-nay de Monseigneur Charles, Duc de Lorraine*, par Louis Des-Masures Tournisien, Genève, F. Perrin, 1566.

2. Je renvoie à la bibliographie de l'« inspiration rustique » chez les Guises à la fin de l'article cité de M.-M. Fontaine : « Les Guises et les bergers », p. 110-112 (de 1518 à 1584).

3. Pour un développement plus complet sur les dédicaces des cinq livres des *Bergeries de Julliette* et l'affaire du détournement de la IIIe partie par Jamet Mettayer, voir L. Giavarini, « Écrire la vertu du chef ligueur. Les *Bergeries de Julliette* de Nicolas de Montreux et le duc de Mercœur (1585-1598) », dans E. Buron et Br. Meniel (dir.), *Le duc de Mercœur. Les armes et les lettres (1558-1602)*, Presses universitaires de Rennes, 2009, p. 219-236.

Pour ce qui concerne la maison des Guises – c'est la seconde précision –, il faut distinguer entre des pratiques d'écriture qui nouent dans le différend les acteurs de la vie curiale et ce qui serait une éthique immédiatement interprétable en termes politiques de la pastorale. Le code pastoral construit la cohésion par les lettres d'une famille qui n'est pas la maison de France, mais qui a fourni d'importants cardinaux au royaume ; il se soutient du thème religieux porté par la figure du berger pour dire la puissance politico-religieuse des Guises. Il joue sans doute un rôle important dans une concurrence politique entre une grande famille et la famille royale. Cette concurrence, placée sur un plan éthique et lettré, repose en la circonstance sur la volonté de dire l'alliance, chez les Guises, entre identité religieuse et grandeur politique, le thème pastoral leur permettant peut-être ainsi de s'approprier un caractère « originaire » du catholicisme. Ce qui est certain, c'est que si l'on va dans ce sens d'une désignation de la puissance politique et religieuse d'une maison, loin d'apparaître comme un déguisement, le code pastoral renvoie plutôt à l'exhibition d'une identité du lignage, d'une vérité éthique de la maison[1]. Ce qui n'interdit nullement les investissements politiques concurrents de ce code, bien au contraire ; ce qui n'interdit pas non plus que les auteurs utilisent la formule éthique de l'énonciation pastorale pour publier leur rapport particulier à leurs protecteurs et patrons, tout en offrant une image lettrée de ceux-ci.

La seconde journée de La Bergerie *de Belleau (1572)*

L'ajout d'une seconde journée à *La Bergerie* de Belleau en 1572 en est la preuve, tout comme le sont les remaniements de la première et la réorganisation des motifs à l'intérieur du poème.

Est-ce parce que la conflictualité du monde a franchi la distance et la clôture qui fondent la bergerie comme texte ? La seconde journée de *La Bergerie* réduit considérablement la part du visible et celle de la représentation sensible. En revanche, elle met l'accent sur la question religieuse et présente d'emblée un narrateur en « *Prières* », « suivant l'heureuse memoire de complainctes et doleances de ce bon Job »[2], celui qui écoute et entend une série de pièces marquées par l'inquiétude. L'ensemble est

1. Pour un essai d'histoire culturelle et sociale de l'écrit dans la famille d'Este, et une réflexion plus circonstanciée sur la représentation d'une « souveraineté-*soft* » propre au duché, distincte du modèle guerrier alors proposé par la cour de Florence, je renvoie à E. Graziosi, *Aminta 1573-1580*, *op. cit.*

2. R. Belleau, *La Seconde Journée de la Bergerie*, dans *Œuvres poétiques*, *op. cit.*, t. IV, p. 149.

construit en fonction d'un parcours moins sensible que méditatif, et avoue ne jamais former un tout homogène. Prolongement de la première journée sans doute, en sa clôture même, la seconde journée offre

> un livre ramassé de pieces rapportées, chose que n'a membre, ny figure qui puisse former un corps entier et parfaict,

malgré les efforts du poète pour « recoudre ces inventions mal cousues, mal polies et mal agencées ». C'est le montage hasardeux d'un « sonnet », d'une

> complainte, une églogue, une description, et ne sçay quelles fictions poétiques, selon l'occasion qui lors se presentoit, avec une infinité de tels vains et petis arguments [1].

De même que, dans la première journée, Belleau reprisait des pièces anciennes mises à neuf qui faisaient « tirer » la trame d'ensemble[2], il montre dans la seconde journée sa pratique de poète, publiant des pièces plus anciennes, comme celles qui ont chanté la mort du marquis d'Elbeuf et de son épouse – « Larmes sur le trespas du marquis d'Elbeuf », « Tombeau de madame Louyse de Rieux », son épouse –, en retirant parfois les références précises – comme pour les deux morceaux qui rapportent l'affaire du prince de Condé en 1563 : « L'Innocence prisonnière, à Monseigneur le Prince de Condé » est ainsi devenu une « Complainte » ; « L'Innocence triomphante » un « Chant de Triomphe »[3]. Ce retrait du nom rend-il les deux pièces et leur place dans le prosimètre moins lisibles ? Ce n'est pas sûr. Il met à distance le discours politique du poème dans une formule d'apaisement. La présence de cette « Complainte » et de ce « Chant de triomphe » excluent l'hypothèse d'une position catholique dure de la part de Belleau, en 1572. Le motif biblique de la plainte et des « doleances du bon Job » qui ouvre ce second temps du volume, le thème du jardin où le narrateur rencontre l'ami qui l'accompagne avant la « Complainte de Prométhée » (à Ronsard) marquent en outre sa volonté d'introduire dans la bergerie des figures et des thèmes protestants. La piété qui anime la déambulation du narrateur dans cette section rend sensible cette intégration de questions contextuelles, la menace que celles-ci font peser sur l'équilibre pastoral et le recours à la prière comme réponse individuelle à cette menace, distance par rapport aux affrontements politiques et religieux du temps. Le travail de republication qu'autorise le prosimètre tente en outre de ressaisir les

1. R. Belleau, « A Monseigneur Loys Monsieur de Lorraine », *La Seconde Journée de la Bergerie*, *op. cit.*, t. IV, p. 147.

2. G. Demerson, Introduction à la *Premiere Journée*, *op. cit.*, t. IV, p. 29.

3. R. Belleau, *La Seconde Journée de la Bergerie*, *op. cit.*, t. IV, p. 174.

différents moments d'une histoire politico-religieuse dans la temporalité plus large, non historique, des saisons, d'éloigner dans une mémoire conciliatrice les affects d'une histoire où les pertes ont touché les deux camps. Pour être au service des Guises, Belleau n'en affiche pas moins ainsi une attitude inassimilable à l'extrémisme catholique de ses patrons.

Cela dit, ce travail de lecture et de synthèse est surtout dévolu au lecteur. Le narrateur de *La Bergerie* s'est effacé, qui ne jouit plus sensuellement du jardin pourtant édénique dans lequel il se promène. La bergerie est toujours un espace de republication poétique, mais le récit ne formalise plus la condition poétique comme mode de production d'un lieu éthique. Elle n'est plus qu'un texte « transi de culture »[1], qui dit son rapport inquiet à l'histoire, s'arrête sur les excès des hommes, les passions, les modalités de leur explication et de leur guérison. La signification historique du poème dans son ensemble – ce qu'il faut entendre « sous la peau de ceste fable »[2] – et de certains des textes qu'il contient renvoie sans cesse au contexte, sans que l'on puisse lire le prosimètre comme un tout harmo-nieux, susceptible d'être ressaisi en une image irénique, en une contre-proposition utopique aux malheurs du temps. L'insistance du poète sur le caractère hasardeux du montage n'est pas une réticence un peu précieuse à la publication : elle dit les aléas de la conciliation que tente le montage poétique, exhibe le corps en morceaux de *La Bergerie*.

On lit ainsi dans certaines bergeries, et de manière plus sensible d'ailleurs chez Belleforest que chez Belleau dont la démarche est présentée comme strictement particulière au narrateur et à son ami, des textes qui construisent comme mémoire et comme dévotion le rapport de leurs lecteurs à l'histoire des troubles. Tous les poèmes ne définissent pas le même type de distance au trouble politique. Le tombeau, par exemple, approfondit la distance pastorale en y inscrivant une disparition, un corps absent que remplace une image ou une inscription. En recourant à la trace de l'écriture, il apaise la douleur que provoque la disparition du corps, à moins qu'il ne fige ce corps dans l'image sculptée d'un gisant. Une histoire s'ouvre, qui relève d'un autre rapport à la présence et à l'image que la visibilité d'une lignée aux parois d'un antre platonicien (dans *La Pastorale amoureuse*), qui se décline à travers les énonciations de tristesse et de joie ponctuant la déambulation du narrateur (dans la seconde journée de *La Bergerie* de Belleau).

1. Selon la belle expression de B. Cassin, *L'Effet sophistique*, *op. cit.*, p. 502.

2. R. Belleau, *La Seconde Journée de la Bergerie*, voir les lignes qui introduisent la « complainte de Promethee au seigneur P. De Ronsard », *op. cit.*, p. 157.

Le discours historique est essentiel au message éthique de la représentation des bergers, à l'apaisement qu'elle sollicite ou qu'elle promet. Même dans une pièce aussi « chaude », aussi inscrite dans l'actualité la plus immédiate que la *Pastourelle* de Loys Papon, représentée en 1587 à l'occasion de la victoire des troupes ligueuses sur les reîtres à Vimery et Auneau, le décor choisi pour le spectacle montre la volonté de donner une profondeur historique à l'événement de la célébration. Ce sont des enfants qui interprètent les bergers, des adolescents les trois figures allégoriques de Mercure, Cérès et Renommée. Dans la grande salle du cloître de Notre-Dame, on a installé une estrade, et les quarante-six portraits ovales, carrés ou rectangulaires, des rois et reines de France depuis François 1er, des papes depuis Pie II, des grands du royaume, du roi d'Espagne, du Grand Maître de Malte et des foréziens illustres gardent les murs [1].

LES BERGERIES DE JULLIETTE DE NICOLAS DE MONTREUX (1585-1598) UN THÉÂTRE DE MÉMOIRE DE L'AMOUR

Entre 1585 et 1598 paraissent cinq livres intitulés *Bergeries de Julliette*, dont l'auteur, Nicolas de Montreux, poète et chanoine, utilise le pseudonyme anagrammatique d'Ollenix de Montsacré [2]. Les dates en témoignent, cette publication coïncide assez exactement avec la durée d'existence de la Ligue, entre la proclamation du manifeste ligueur à Péronne, en mars 1585, et l'édit de Nantes en 1598, année de la soumission du duc de Mercœur à Henri IV et de son renoncement au gouvernement de Bretagne. Pourtant, l'avis « Au lecteur » du premier livre des *Bergeries* insiste sur sa distance par rapport à « la force & les armes ». C'est que

> les lettres & les loix, ne sont tant necessaires en aucune saison qu'en celle de la guerre, d'autant que la discipline militaire, de son naturel licentieuse, & prompte à toute meschanceté, si elle n'estoit contrainte & reprimee, par la juste rigueur de la loy, [il] seroit impossible de vivre durant la guerre, ny mesmes aux chefs & capitaines de conduire & commander à leurs soldats.

1. L. Papon, *Pastorelle sur la victoire obtenue contre les Alemands, Reytres, Lansquents, Souysses et Françoys rebelles à Dieu et au Roy treschretien l'an 1587*, à Montbrison, Representée le vingtseptiesme jour de Fevrier 1588, éd. Cl. Longeon, Saint-Étienne, Centre d'études foréziennes, 1976, « Discours », p. 149-152.

2. Notice biographique du *Dictionnaire des lettres françaises*, éd. M. Simonin, Paris, La Pochothèque, 2001, et l'ouvrage de R.-M. Daele, *Nicolas de Montreux. Arbiter of European Literary Vogues of the Late Renaissance*, New York, The Moretus Press, 1946, le plus complet qui lui soit consacré.

Et de rappeler les mœurs guerrières des anciens, plus justes, plus mesurées à « la loy », précisément, comme le prouve « une mer d'exemples », parmi lesquels celui de Tamerlan qui fit ouvrir le ventre d'un soldat pour prouver qu'il avait bu le lait d'une vieille dame. À distance de la guerre, *Les Bergeries de Julliette* le sont sans doute, mais pour mieux se faire le contrepoint lettré des armes, le cadre où doivent être repris des exemples anciens fameux, aptes à montrer cette loi de la guerre que le présent aurait oublié. La perspective néostoïcienne dessinée par le livre est inséparable de la tradition de l'*exemplum* qu'il véhicule, encadrant l'offre de l'ouvrage et définissant l'efficacité du projet évidemment politique de Montreux.

L'élaboration référentielle et les passions

Les deux premiers livres mettent en place le modèle académique informant la représentation de la production poétique. Dans une Arcadie désertée, le portrait de deux bergers, frère et sœur, réalise une sorte d'interprétation idéale de la conjonction des armes et des lettres, et pose les conditions narratives d'une utopie héroïque non passionnelle[1]. Autour de Phillis et Julliette, huit autres bergers soumis à leur empire, formant une sorte de petite académie poétique organisée selon une convention narrative imitée du *Décameron*[2]. Quatre hommes et quatre femmes – Arcas, Fortunio, Belair, Rustic; Magdelis, Cliomène, Isabelle, Dellye – dont la relation est organisée par une « chaîne d'amour » (A aime B qui aime C, etc.), en vertu d'une formule qui applique une physique du sentiment à l'organisation narrative de la communauté des bergers, motivant en

1. *Le Premier Livre des Bergeries de Julliette* [...], Paris, Gilles Beys, 1985, f. 1v, « Ce Berger se nommoit Phillis, qui avoit une sœur un peu de moindre taille que luy, mais en recompense, la premiere en beauté & en gentillesse de toutes les nymphes de son temps [...] La nymphe s'appelloit Julliette, & à cause de la cognoissance des arts & sciences où elle estoit parfaicte, souvent nommee Charitte. Car il n'y avoit nature, ny du ciel, ny de la terre, ny de la mer, dont elle ne discourust profondement, vertu d'herbes qu'elle ne sceut, ny secrets de nature qu'elle n'entendist, & si elle estoit parfaicte en ces disciplines là, elle n'estoit moins accomplie de generosité & de hardiesse, ny moins d'une entiere intelligence de la musique & de tous instruments. Plusieurs bergers assez dignes d'estre aimez, luy feirent l'amour & la supplierent de les aimer, mais en vain, car elle demeura tousjours chaste & inviolable, en la garde de sa liberté comme la premiere Cassandre, bien qu'elle cogneust leur affection vraye, & leur amitié certaine. »

2. *Ibid.*, f. 3v-4 : « En ceste pree, il fut ordonné par un commun accord de tous les bergers & bergeres, que tous les jours chacun d'eux seroit tenu de s'y trouver afin de passer le temps en gardant leurs troupeaux, tant à chanter & dancer qu'à raconter chacun à son tour & en son rang une belle histoire. »

quelque sorte l'échange de parole et la distribution des matières par l'articulation de l'ordre des lettres au désordre amoureux.

Ce modèle de l'organisation des personnages et du discours apparaît académique plus qu'héroïque[1]. Pourtant, le désordre du monde initié par le désordre fécond de l'amour est à rapprocher, du point de vue des modèles qu'il mobilise, des ballets de cour figurant ou tentant de créer par la « conjonction » des arts – danse, musique, peinture, poésie –, et par « une action magique » une harmonie politique difficile, sinon impossible, dans la réalité[2]. Elle organise d'ailleurs toutes les pièces pastorales dramatiques de Nicolas de Montreux, *L'Athlette* de 1585 comme *La Diane* de 1594, comme *L'Arimène* de 1597, autant d'occasions d'organiser en dialogues des énoncés topiques, néostoïciens notamment, concernant la vertu, l'honneur, l'économie de l'amour. En l'espèce, la structure de la « pastourelle », comme celle de la bergerie dont elle constitue une des pièces au même titre que les énigmes, les histoires tragiques, les dialogues qui la ponctuent[3], fonde la production poétique sur l'insatisfaction amoureuse. Le désordre du monde pastoral se construit explicitement sur l'impossibilité de la réciprocité. Poèmes, énigmes sexuelles, plaintes, histoires tragiques, jeux – la circulation de la parole s'organise en cinq journées symétriques, pareillement structurées, qui font de chacun des volumes des bergeries de véritables « théâtres de mémoire de l'amour ». L'ensemble interroge l'amour érotique et la violence passionnelle, comparant par exemple la chasse à l'amour dans la perspective de cette guérison aristocratique des passions qui traverse tout le texte : la chasse ne permet-elle pas de canaliser ces passions auxquelles l'amour lâche la bride[4] ?

1. Voir la distinction établie par Fr. Lavocat à propos du roman pastoral : *Arcadies malheureuses*, *op. cit.*, p. 23.

2. D. Crouzet, *Le Haut Cœur de Catherine de Médicis*, *op. cit.*, p. 430 et *cf.* Frances A. Yates sur le *Ballet comique de la Reine* donné pour le mariage du duc de Joyeuse en 1583 dans *Astrée*, *op. cit.*, p. 260 *sq.*

3. Les titres en témoignent. Par exemple : *Le Premier Livre des Bergeries de Julliette. Auquel par les amours des Bergers & Bergeres, l'on void les effects differents de l'amour, avec cinq histoires Comiques, racontées en cinq Journées, par cinq Bergères, & plusieurs Echoz, Enigmes, Chansons, Sonnets, Elegies & Stances. Ensemble une Pastorale en vers François, à l'imitation des Italiens*, Paris, Gilles Beys, 1585 et voir la bibliographie de cet ouvrage, p. 327.

4. *Le Second Livre des Bergeries de Julliette*, Tours, Jamet Mettayer, 1592 [1re éd. 1587], f. 2v : « [...] pour eviter à ce malheur [le vice], la chasse est tousjours estimée un souverain remede : car en chassant les yeux de l'ame & du corps, sont non seulement employez, de sorte qu'ilz ne peuvent veoir, ou penser à autre chose : mais aussi toutes les parties du corps en general : Ainsi les hommes sont assez empeschez à poursuyvre leur chasse, sans songer à autre chose, de plus maling & pervers, car tel exercice les occupe du tout. »

Avec le livre III de 1592, la violence passionnelle envahit la bergerie. Les histoires tragiques plus nombreuses sont ponctuées de plaintes amoureuses et s'achèvent dans des précipitations qui peuvent se lire comme autant d'exemples de ces *imagines agentes* dont parlent les arts de mémoire, comme s'il s'agissait désormais de conserver dans le livre les « effets de l'amour », notamment les morts violentes auxquelles il conduit. De fait, la pulsion érotique des bergers, identifiée à la crise mélancolique, prend sens dans la rencontre de l'amour « vulgaire » du néoplatonisme, envers de l'amour honnête que connaissent bien les lecteurs du *Discours de l'honneste amour sur le Banquet de Platon* de Marsile Ficin, traduit dès le début du siècle en français, et plus récemment en 1578, par Guy Le Fèvre de la Boderie, et du modèle de l'*eros* mélancolique. Nombre d'histoires tragiques ont ensuite développé, dans la culture catholique du temps, le sens de cette pulsion mortifère.

Le texte de Montreux insère donc son propos néostoïcien sur les effets néfastes de la passion à l'intérieur d'une mise en scène sénéquienne de l'imagination, marquée chaque fois par une autopsie de la mort d'amour, au sens médical du mot « autopsie »[1] : longues plaintes épousant le processus d'un souffle qui se raréfie, descriptions infinies et répétées de corps expirant[2]. Ce dispositif de l'imagination mélancolique a pour corollaire une défense de la chasteté, condition de la floraison des « lettres » poétiques qui font la matière surabondante du texte et équivalent chrétien de la vertu romaine. Comme l'indique une citation de Tertullien présente dans l'*Exhortation à la chasteté* du livre III : « renonçons aux choses de la chair, pour faire fructifier un jour celles de l'esprit » (X, 1). Le chanoine Nicolas de Montreux articule ainsi la possibilité d'un *ethos* aristocratique non guerrier à un contrôle de l'*eros*. Une telle exaltation de la chasteté suggère un rapprochement des *Bergeries de Julliette* avec *La Bergerie* de Rémi Belleau. Dans la première journée de celle-ci, un tableau allégorique, représentant Chasteté poursuivie par la fureur érotique, offrait une représentation de la petite cour de Joinville surgie au détour de la déambulation

1. Sur l'autopsie comme « souvenir de choses vues fréquemment et de la même manière » (Galien, *Sur les sectes, aux étudiants*), voir B. Cassin, « L'histoire chez Sextus Empiricus », dans A.-J. Vœlke (dir.), *Le Scepticisme antique. Perspectives historiques et systématiques*, *Cahiers de la revue de théologie et de philosophie*, n° 15, 1990, p. 132.

2. Par exemple, dans *Le Troisiesme Livre des Bergeries de Julliette*, Tours, Jamet Mettayer, 1594, f. 65 v° : « Sors mon ame, & va bien-heureux vivre en l'eternelle gloire avec ton espoux. [...] Sus donc, mon ame, va t'en, & toy mon corps finy ta force, mes yeux vostre lumiere, & mes sens vostre vigueur. C'est fay. Je la voy, je la sens, & sans aucun sentiment je demeure. Alors la belle & plus chaste damoiselle croisa doucement ses bras sur sa fidele poitrine. »

dans le texte-château[1]. Il participait de la construction d'une sorte d'image vertueuse de la cour du marquis d'Elbeuf, de la production d'un *ethos* dépassionné et consolant[2].

Il est assurément plus difficile de rapporter à un lieu spécifique le discours de la chasteté des *Bergeries de Julliette*. Elles n'ont, dans les premiers livres caractérisés par cette organisation académique mentionnée plus haut, rien de référentiel. Tout au moins peut-on relier ce discours à la figure de Julliette dont les « *Œuvres poeticques [...], Pour un affectionné zelateur de la vertu* » sont éditées à l'intérieur du troisième volume, celui que Mettayer offre à Montpensier et que Montreux dira ensuite avoir destiné à Mercœur. Le discours de la chasteté y prend la forme d'une devise exaltant l'éthique sévère et irréductible de la bergère. De manière générale, l'insistance sur la chasteté amoureuse est contemporaine du service de Montreux auprès du duc, ce qui tend à confirmer l'entreprise de valorisation éthique à laquelle il se livre[3]. C'est *L'Œuvre de la Chasteté*, imitée d'Héliodore et parue en trois parties entre 1595 et 1599, c'est la tragédie de *Cléopâtre* en 1594, c'est encore la comédie de *Joseph le Chaste* en 1598. Dans le registre chrétien de la conduite des mœurs corporelles, la chasteté est l'équivalent de la vertu – énergie morale et résistance stoïcienne. Sur ce point, sa présence insistante dans *Les Bergeries de Julliette* comme dans *La Bergerie* de Belleau (1565) thématise un élément de l'idéologie catholique que la famille des Guises doit incarner pour apparaître à distance des passions aiguës.

Mais le sens de la vertu ne se réalise vraiment que dans les trois derniers livres des *Bergeries de Julliette*, où la rhétorique de l'exemplarité qui

1. R. Belleau, *La Bergerie*, *op. cit.*, p. 199-282.

2. *Ibid.*, p. 33 : « Or pour interpreter ce que c'estoit il y avoit en la compagnie de ces bergeres un bon vieillart, qui leur servait de maistre d'hostel, & disoit à ses filles que c'estoit la Chasteté, & que ce chasseur qui la poursuivoit estoit le Desir : mais que pour se mettre en sauvegarde & en lieu de surté elle s'estoit rendue en ce chasteau de Joinville, & de fait il monstroit avec une petite verge blanche les terrasses, les galleries, les salles, les chambres, antichambres, les cours, les offices, le jeu de paume, l'Église, les vignes, les bois, les routes, les montagnes, les vallons, les rivieres, les prez, la ville basse, bref il disoit que la chasteté avoit fait sa retraite en ceste noble maison, & à la verité si jamais elle fut honoree & reveree en lieu de nostre France, je croy que ç'a esté en ce chasteau, où cette venerable dame l'a traittee uniquement donnant exemple de fait & de parolle à toutes les dames vertueuses qui furent & qui seront jamais de se façonner à son mirouer & de vivre chastement & heureusement, & avec telle constance qu'elle en ses plusque cruelles & plusque miserables fortunes sur la mort de ces grands chevaliers ses enfans. »

3. R.-M. Daele soutient d'ailleurs que compte tenu de la dédicace à d'Épernon, Montreux ne peut avoir été ligueur au moment de la parution du second livre des *Bergeries* : un sonnet sur le cancer de d'Épernon avait en effet circulé en 1587... : *Nicolas de Montreux*, *op. cit.*, p. 52.

soutient le projet des bergeries se spécifie en deux sens : d'une part, une écriture plus nettement référencée à des événements et des figures historiques, même si elle garde une certaine distance idéalisante ; d'autre part, l'envahissement des larmes, qui motive un discours pesamment néostoïcien. L'adresse idéalisée au duc de Mercœur n'est pas séparable de l'expression d'une dévotion ligueuse et d'un discours doloriste sur l'amour. Il est probable que Montreux tente ici plusieurs effets. Tout d'abord produire un texte à destination de la cour de Nantes : celle-ci est représentée à l'articulation descriptive entre le prosimètre et *Diane pastourelle*, pastorale dramatique qui clôt le troisième volume, comme une représentation à laquelle assistent les bergers [1]. La bergerie représente donc la vertu de cette cour aux lecteurs des *Bergeries*. Mais elle publie aussi dans la France déchirée la « *virtus* » de l'homme de guerre lettré qu'est Mercœur, alors que celui-ci commence à voir s'effondrer tout ce pour quoi il combat : entrée d'Henri de Navarre à Paris en 1594 après son abjuration à Saint-Denis à la fin de l'année 1593, ralliements de villes et de grands nobles, dont le duc de Mayenne à la fin du mois d'octobre 1595, ainsi que le duc de Joyeuse, absolution pontificale pour Henri, ralliement encore de certaines places de Bretagne en 1597 – tous événements qui l'amènent, pendant l'année 1598, à renoncer au gouvernement de Bretagne en faveur de César de Vendôme, devenu l'époux de sa fille Françoise de Lorraine. Ainsi dans les livres IV et V des *Bergeries*, la pragmatique de l'exemple ne fonctionne-t-elle plus du tout dans le sens d'une modélisation du destinataire – comme on pouvait le lire dans les premiers –, elle vise l'édification des lecteurs, témoins d'une débâcle dont il faut préserver au premier chef celui qui la subit, celui dont la bergerie entend sceller la statue pieuse et vertueuse.

C'est ainsi que, dans le livre IV paru en 1595, l'origine du livre est figurée par la mise en scène de sa réception. On y voit un héros arriver de la mer, laisser son navire chargé d'armes et assister au « devis » des bergers. C'est un prince dont le narrateur fait le portrait, qui vient de gagner une bataille contre les Maures et retourne en sa province. Il met pied à terre dans la pauvre Arcadie, pays de la poésie pastorale « où Jupiter sejourna parfois, où pour l'heure l'honneur hostelloit, la pudique honte, la vertu, l'Amour chaste, & la gloire » [2]. Julliette et les autres bergers qui viennent le saluer font l'éloge de sa vertu :

1. *Le Troisième Livre des Bergeries de Juliette [...] Ensemble la Diane, Pastourelle ou Fable Boscagere*, *op. cit.*

2. *Le Quatriesme Livre des Bergeries de Julliette*, Paris, A. Saugrain & G. des Rues, 1595, p. 74.

> Le genereux Prince recevant courtoisement ces vers, d'un visage doux, & qui ne sentoit plus son guerrier, ains un vray nourrisson des arts, en remerciant la bergere, luy dit.

Suit un éloge de la poésie qui rappelle celui que l'on trouve dans les deux dédicaces des premières *Bergeries de Julliette*. Présentation des vers au prince, chants, danses ; Julliette rapporte une « Histoire » ; une énigme vient clore la journée, et ainsi de suite, conformément à la composition en journées de l'ouvrage. Alors que la fin du livre ramène le prince victorieux à son navire, les bergers proposent de lui réciter une tragédie pour désennuyer son esprit. Ils empruntent des vêtements à ses serviteurs, mettent des tapisseries sur le théâtre : et « voicy donc la triste Tragedie qu'ils reciterent, fort aggreable au grand Prince, & pareillement à tous ceux qui l'entendirent ». C'est *Isabelle*, inspirée du *Roland furieux* de l'Arioste, ce monument épique de la culture aristocratique des passions, au XVIIe siècle encore.

Le passage que l'on vient de résumer met en relief le spectacle de la réception du texte, la fonction mémorielle de la poésie, mais aussi bien sûr l'*exemplum* accompli du chef de guerre lettré. Si le texte de la bergerie est l'expression de sa *virtus*, celle-ci ne peut s'exposer et se réaliser que par le jeu d'une représentation offerte en abyme dans l'ouvrage. C'est à cette condition en quelque sorte référentielle que le texte peut dire la conduite éthique d'un prince amoureux des lettres, capable de passer des armes à la poésie, et justifié dans sa cause par sa *virtus*. Comme *La Bergerie* de Rémi Belleau, celle de Montreux intègre progressivement un principe de ressemblance à la fabrication de son message politique. Ce principe va jusqu'à donner au berger l'affect de désespoir qui est sans doute, en 1597, celui des catholiques ligueurs : c'est *L'Arimène, ou le berger désespéré*, pastorale dramatique de Montreux la mieux documentée. Ce spectacle somptueux représenté en 1596 est ponctué d'intermèdes mythologiques que l'avis au lecteur de l'édition nantaise, à usage local, décrit avec précision, tandis que le berger restitue au prince, le duc de Mercœur, qui « commande [cette terre] », les vers qui viennent de lui[1].

1. La dédicace au duc de Mercœur reprend la topique d'une vertu nourricière des lettres qui le célèbrent : « Prenez donc, en recevant cest œuvre, ce qui est vostre, Monseigneur, & comme vostre liberalité l'a faict marcher en ces plus riches ornements sur le Theatre, que vostre vertu le guide au rais de sa lumiere à l'immortalité. Je vous le rends comme les nourrices aux meres, apres les avoir allaictez : il est à vous, & justement, puis qu'il vit par vous, & par vous celuy qui l'a formé. » (*L'Arimène ou le berger désespéré*, A. Saugrain & G. des Rues, 1597).

Consolation et recomposition finale. Le livre V (1598)

Le livre V des *Bergeries* propose une autre formule. La structure décaméronesque des précédents volumes de la bergerie laisse place à une longue conversation[1] entre le berger Arcas et un vieillard à qui il raconte son passé amoureux, rejetant l'académie des bergers dans une mémoire nostalgique, un passé révolu. L'Arcadie est dévastée par les troubles, abandonnée par ses pasteurs partis en exil[2]. Le débat entre le vieillard et Arcas aborde la plupart des points en question au moment de la débâcle de la Ligue – la question de la « foy », celle de l'exil notamment. Il reprend les idées catholiques sur l'Église « arche des croyants » et sur le ministère inattaquable de ses représentants, quels qu'ils soient[3]. Il organise donc le temps de la défaite.

La morale stoïcienne énoncée par le vieillard ne laisse aucun doute sur le choix à faire concernant la question, alors cruciale pour les ligueurs, de l'exil. Il faut rentrer en Arcadie, il faut partager le malheur de la patrie :

> [...] Le temps ne permet donc pas que tu reposes à ceste heure, Pasteur, il faut revenir en ton Pays affligé, courir sa fortune, prendre part en sa misere, & voguer en son bateau. Car ceux sont recognus vrays amis qui servent en la necessité, d'autant qu'ils sont sans esperance de salaire. Change donc d'advis, & comme un Camille reviens de ton exil, pour rendre à ton pays tes derniers devoirs, & ne prives point ta patrie de tes os, estant plus pieux que

1. Conversation plutôt que dialogue, selon Fr. Greiner, qui rappelle l'origine italienne du mot et son développement en rapport avec le procès de civilisation : « Conversation et éthique amoureuse dans le roman pastoral : de Sannazar à Frénicle (1504-1634) », dans B. Méniel (dir.), *Éthiques et formes littéraires à la Renaissance*, *op. cit.*, p. 115.

2. *Le Cinquiesme Livre des Bergeries de Julliette*, Paris, A. Saugrain & G. des Rues, 1598, p. 2 : « Là sejournoyent ces solitaires, tristes & fascheux vieillards, qui par leurs nocturnes charmes forçoyent les esprits terrestres de servir à leur volonté ; là se trouvoyent les hyboux, corbeaux & tous autres nocturnes oiseaux dont le plumage, la nature, & le cry servent de gauches presages aux miserables au prix des joyeux deserts d'Arcadie, premiers tesmoins des chastes Amours du Berger, ô miserable & triste demeure ! mais heureuse pour le Pasteur, puisque privé de tout espoir, il cherchoit par mille divers lugubres accidens, la fin de sa vie. Ceste belle trouppe de Bergers & de Bergeres, qui l'assistoyent jadis estoit ravie piteusement à ses yeux. Là ne se trouvoit sa docte Julliette, là son cher Phillis ni les autres, qui le trouverent chantre de leurs tristes amours. »

3. *Ibid.*, p. 374 : « Car si le bon & fidele espoux ne peut aimer, ni mesme souffrir vivre les mortels ennemis de sa femme legitime, qui cherchent les moyens de l'opprimer & perdre : de mesme, Dieu ne portera jamais faveur à ceux qui voudront ruiner & perdre l'Église sa saincte & legitime espouse. [...] C'est un maigre argument de s'estre retirez de l'Église, que le despit de voir ses ministres mal faire, estre abondans de crimes, & degenerans à leurs peres. Car Dieu seul s'est reservé la separation & division des bons & des mauvais, qu'il divisera lors de son eternel Jugement : d'autant que de mesme que sa robbe ne fust point divisée, ains conservée entiere, aussi l'Église par elle figurée ne peut estre my-partie. »

> le grand Affriquain, afin ou qu'ensevely dans les ruines d'icelle tu laisses une belle gloire de toy, quand tu seras mort, ou que luy servant tu l'obliges, bien que tous les services que nous pouvons rendre à nostre pays ne puissent nous l'obliger, pour luy estre trop redevables [1].

Le service du pays commande l'interprétation vertueuse de la piété. Une discussion sur la « foy » rappelle longuement la centralité de la notion dans cette éthique du conflit dont l'avis au « Lecteur » du premier livre déplorait la disparition :

> ceux que le discord & defaut d'Amour arment les uns contre les autres, ne doivent toutefois manquer de foy, d'autant que la foy mesme est requise en l'ennemy, & que sans elle aucune guerre juste se peut faire, car il est permis de hayr son ennemy, de le poursuyvre le glaive dans la main mais non de le tromper sur sa foy, d'autant que rien ne peut alterer la foy que la seule meschanceté de l'homme, où les torts receus luy peuvent engendrer la hayne contre son ennemy [2].

Le vieillard cite des cas de foi conductrice, interprétant à travers plusieurs exemples romains une des questions clé de l'idéologie ligueuse – la foi –, qui avait fonctionné comme un mot d'ordre :

> Avec quelle foy les anciens fils de Rome feirent-ils la guerre à Phines, lequel ils advertirent du poison que son medecin luy vouloit donner à boire ? Combien fidele fust Marc Regule, qui par le prix de son sang conserve sa foy saine entiere & juste ? [3]

Retrouvant la première destination du genre prosimétrique depuis la *Consolation de la philosophie* de Boèce, la longue *consolatio* qu'est le livre V des *Bergeries de Julliette* développe les implications de la vertu comme éthique nobiliaire de la fidélité et de ce que le vieillard appelle aussi l'« amitié », éthique que le lecteur contemporain ne peut pas ne pas rapporter au parcours de Mercœur à partir de 1594, à sa figure de vaincu dont il s'agit désormais de souligner la fidélité à la patrie et à la foi. Que fait-on de l'amour après la violence des guerres ? L'ensemble du propos du vieillard, s'il maintient les bases catholiques d'une fidélité à l'Église, promeut aussi une fidélité au principe d'amitié qui exclut de renoncer à l'amour – ce serait renoncer à la « nature » même –, affirmant une morale peu compatible avec les désespoirs et les excès du catholicisme zélé. Sans doute cette réinter-

1. *Le Cinquiesme Livre des Bergeries de Julliette*, *op. cit.*, p. 109. La vie de Camille est rapportée par Plutarque (*Vie des hommes illustres*).

2. *Ibid.*, p. 75.

3. *Ibid.*, p. 75-76. L'histoire de Marcus Regulus est rapportée par Tite-Live (*Ab Urbe condita libri*) et mentionnée par Cicéron (*De officiis*).

prétation de la vertu qui traverse l'ensemble des *Bergeries de Julliette* et construit le rapport du texte à ses destinataires est-elle là le point le plus aigu d'une proposition offerte à ceux qui sont déjà des vaincus.

On le voit, la virtualité éthique propre à une bergerie qui se donne comme la production d'un cercle poétique mu par un sentiment de piété a trouvé à se réaliser en élaborant la figure du duc de Mercœur. Le contenu du prosimètre pastoral se transforme dès lors que Nicolas de Montreux entre au service du chef ligueur, et qu'il tente de donner, à l'intérieur du texte même, une représentation de la cour de Nantes, de la vertu et de la générosité même de son patron. Il faut prendre en compte en effet, dans cette évolution, l'intégration de la mémoire textuelle de la figure de Mercœur, telle qu'elle s'élaborait déjà dans l'épître dédicatoire de la traduction de *La Conjonction des armes et des lettres* de Nicolas Boucher, en 1579. Jacques Tigeou, chanoine de la cathédrale de Reims, célébrait en Mercœur, le « vray heritier des Armes de Françoys vostre oncle »[1], recueillant avec son propre frère, Charles de Lorraine-Vaudemont devenu cardinal en 1578, une année auparavant, le double héritage des deux Guises cousins de leur père : le duc, mort en 1563, et le cardinal de Lorraine, disparu en 1574[2]. Le long développement qui ouvrait l'épître portait sur la nécessité de récompenser la vertu, quoiqu'elle « [fût] louable de soy-mesme, & qu'elle [portât] son honneur quant & soy, & qu'elle mesme [fût] le loier & remuneration de soy-mesme ».

C'est en reprenant le fil de ce discours sur la vertu de l'héritier des Guises, tout autant qu'en affirmant la valeur éthique de certains aspects décisifs de la dévotion zélée, que les derniers livres des *Bergeries de Julliette* se constituent comme des textes de la mémoire ligueuse, une mémoire qui entend traiter de la dimension morale des passions bien plus que des idées du catholicisme radical. L'échec de la Ligue explique sans doute que le public de Montreux se soit soudain resserré : alors que le premier livre avait été réédité en 1587, 1588 et 1592, le second en 1592 et 1593 (à Lyon), il n'y a pas de réédition des livres III, IV et V, et pas non plus pour les premiers livres, pas d'édition globale après 1598.

Ce qui frappe, par rapport à l'ensemble des *Bergeries de Julliette*, c'est que, dans ce livre V, la consolation a pris la forme d'une vanité textuelle, d'un centon d'exemples, de sentences, de lieux communs. S'il constitue

1. *La Conjonction des armes et des lettres des deux tres illustres princes Lorrains Charles Cardinal de Lorraine, Archevesque & Duc de Rheims, & Françoys Duc de Guise, Freres* [...], Reims, J. de Foigny, 1579.

2. Nicolas de Vaudémont, père du duc de Mercœur et de Charles de Lorraine-Vaudémont, est le cousin des Guises.

sans doute un témoignage significatif de la façon dont un message moral pouvait se constituer dans une sorte de congruence textuelle entre une topique chrétienne de la chasteté et une éthique héroïque et romaine de la vertu, ce volume est aussi à ce titre un témoignage intéressant de la mémoire des passions ligueuses, cette mémoire qui, selon Robert Descimon et José Javier Ruiz Ibáñez, manque à l'historiographie de la Ligue, au XVIIe siècle comme aujourd'hui. Parce qu'il devient un véritable empilement de lieux communs et d'*exempla* bien souvent réduits au seul nom d'un héros célèbre, le livre V des *Bergeries de Julliette* perd l'efficacité supposée de leur sollicitation. Il apparaît plutôt comme l'espace d'une déploration et d'une méditation. L'hypothèse d'un ordre du monde fondé sur l'ordre des lettres poétiques est devenu simple enregistrement d'une culture catholique, romaine, néostoïcienne, construisant le monument de ce « non-lieu de mémoire » que sont les douleurs des catholiques zélés dans l'historiographie des troubles [1].

On saisit ici toute l'ambiguïté de la distance pastorale. La parole de consolation vient se loger dans la défaite, au cœur des passions. Elle donne forme à des affects saisis dans ce que nous appellerions aujourd'hui l'« histoire immédiate », qu'elle n'écrit pas néanmoins. Mais elle entend aussi s'énoncer à partir d'un recul temporel dont témoigne cette dernière dédicace à Mercœur. Car Montreux y met en avant l'ancienneté du projet de ce livre V, « plus pieux que les précédents » :

> A vous donc sacré defenseur de l'Honneur du pauvre Mont-Sacré, Mont-Sacré presente cest œuvre, plus pieux que les precedens, mais non si riche d'inventions & de Poësie. Aussi fut-il enfanté de ma plus tendre jeunesse, & devant le trois & quart du mesme œuvre, mis en ordre neanmoins apres eux, pour estre plus propre à la conclusion de l'ouvrage.

N'est-ce pas là, au moment où la Ligue est défaite et Mercœur prêt de reconnaître Henri IV, alors que le prosimètre résonne si fortement par rapport à l'actualité la plus proche des questions ligueuses, une façon de faire sortir l'ouvrage de son inscription dans le temps brûlant de l'histoire, de prendre de la distance pour rassembler la totalité des *Bergeries* dans une mémoire unique ? Il y a, dans le même mouvement, construction d'une cohérence rapportée à des temps plus anciens que le ralliement de Montreux à la Ligue et à Mercœur, et affirmation d'une piété antérieure

1. R. Descimon, J. J. Ruiz Ibáñez, *Les Ligueurs de l'exil. Le refuge catholique français après 1594*, Paris, Champ Vallon, 2005, p. 8.

à ce même ralliement, volontairement décontextualisée des événements politiques immédiats – soit de l'échec ligueur.

La distance n'a rien, on le voit, d'un fait. Elle ne relève pas de la nature en soi du texte pastoral : elle est l'objet d'une construction que l'énonciation des bergers autorise et rend pertinente mais qui se formalise en plusieurs passages du texte. Le travail d'une présentation éthique de la bergerie pendant le service de Montreux auprès du duc de Mercœur ne peut s'envisager en dehors de son auctorialité élaborée à travers la forme prosimétrique qui définit *Les Bergeries de Julliette*, mais aussi à l'intérieur des épîtres dédicatoires. En d'autres termes, l'éthique du destinataire que le texte de la bergerie construit est indissociable de l'élaboration par Montreux de sa figure d'auteur. Celui-ci ne sépare pas – c'est très clair dans la dernière dédicace – son parcours personnel de croyant de son service auprès de son destinataire privilégié. Il inscrit sa dernière publication dans une piété qui a trouvé une forme d'accomplissement au service de Mercœur, mais qui déborde les contingences de l'histoire : une piété originaire, immuable, non sans rapport avec celle que revendiquent les catholiques « ultras » du temps. La récusation ligueuse de toute réforme religieuse trouve peut-être ainsi dans la bergerie une forme propre à dire la pureté d'une foi qui se veut elle-même hors de l'histoire.

CLAUSULE

Ce premier parcours à travers quelques bergeries, quelques pastorales françaises du XVIe siècle, conduit à plusieurs remarques. On observera d'abord que la politique de ces textes doit s'appréhender en termes d'usages bien plus qu'en fonction d'un contenu éthique constant susceptible de se prolonger directement dans un sens politique stable : usages des savoirs du temps, usages des lettres poétiques, usages des mœurs, usages du récit, des généalogies, des filiations et des exemples, usages de la dédicace et de la publication enfin. Le discours sur les mœurs n'est pas en soi politique. Si la dimension éthique de la bergerie semble investie de contenus catholiques spécifiques, ceux-ci sont différemment modulés, différemment mis en œuvre dans des actions d'écriture extérieures ou intérieures au texte. Il faut donc interroger à plusieurs niveaux le rapport entre éthique et politique – mœurs des bergers et politique du texte, *ethos* du destinataire ou du protecteur et politique auctoriale, *ethos* de l'auteur et politique de l'écrit en service. Si, comme le montrent *Les Bergeries* de Montreux, il n'y a pas en soi d'éthique ligueuse de la bergerie, il y a bien en revanche des usages politiques, ligueurs, du message catholique et de l'éthique de la vertu romaine propres à certaines réalisations de la bergerie. Encore celle-ci passe-t-elle à la fois par un travail interne de représentation d'un sujet moral, le duc de Mercœur – c'est toujours une *image* qui vient soutenir la lisibilité éthique de la pastorale –, et par un travail externe de construction auctoriale. Loin que l'élaboration d'un sujet de l'écrit pastoral entretienne la clôture poétique de l'écrit sur lui-même, elle est décisive du point de vue des usages politiques qu'il en fait.

Il faut y insister : non seulement la dimension éthique de la bergerie n'est pas d'emblée assimilable à une signification politique stable, mais seule l'analyse des usages politiques du texte permet de spécifier le sens de la présentation éthique de ses contenus. Avec l'avantage, on le voit, de pouvoir impliquer dans la question de la représentation des bergers les enjeux de la distance, de l'imitation, de la ressemblance. Dire que la bergerie est un texte éthique signifie certes que le propos des bergers s'inscrit dans une réflexion sur les mœurs et que la justesse de cette réflexion se réalise dans une image. Mais comprendre les usages politiques du texte implique d'analyser les formes différentes de la représentation, qui jouent à plusieurs niveaux de l'allégorisme des bergers, des modes de la référentialité ou de la transitivité. À travers les images qu'ils produisent, les auteurs travaillent la question même de la distance pastorale – en dehors de tout cadre aristotélicien de réflexion jusqu'ici, il faut le préciser – et se découvrent dans une histoire.

Un effet du parcours proposé est de ce point de vue de faire apparaître la question du corps comme progressivement plus aiguë, plus décisive et plus littérale dans les textes. Il s'agit bien là d'un effet propre à une description volontairement chronologique – la question mélancolique semble cristalliser la tension du « *et in Arcadia ego* », telle que l'a expliquée Panofsky à propos du tableau de Poussin, en retournant à celui du Guerchin : « même en Arcadie, moi [la Mort], je suis ». Cette question, présente dans les écritures des bergers du *Temple d'honneur et de vertus* de Jean Lemaire de Belges, se serait ainsi accentuée de Lemaire à Ronsard, du Rémi Belleau de 1565 à celui de 1572, et de François de Belleforest à Nicolas de Montreux. Elle serait devenue, si l'on veut, pathologique. J'ai nettement contextualisé cet effet d'accentuation par ce qui est désormais un objet d'histoire – la violence corporelle des guerres de Religion. En ce sens, les bergeries se situent d'autant mieux sur le plan des mœurs qu'elles intègrent dans la représentation un *pathos* corporel, un lieu de l'histoire, au cœur de la distance pastorale, envers et support de sa postulation éthique.

Le relief donné au *pathos* corporel dans la bergerie montre que le corps est devenu à la fin du XVIe siècle une question politique aiguë : celle de l'unité politico-religieuse du royaume, reliée à la perte du corps mystique du catholicisme. C'est pour les catholiques que la métaphore corporelle intervient de manière décisive dans la pensée du rapport entre l'Église et l'État. Pour les plus « zélés » d'entre eux, à l'inverse des « politiques », le corps de l'Église ne saurait être compris dans l'État. On comprend alors que le lien du politique et du religieux porté par la figure du berger ait été plus souvent mobilisé par les auteurs catholiques. On comprend aussi que la mélancolie du berger soit si souvent représentée dans les écrits pastoraux. Le corps souffrant, pathétique qui ponctue les histoires tragiques dans *Les Bergeries de Julliette* après 1592 en relation avec les usages très idéologiques que fait Montreux de leur publication, est peut-être celui du catholicisme même, davantage que le corps souffrant, central dans la représentation du Dieu fait homme, si cette distinction a un sens. C'est à tout le moins parce qu'il est saisi dans un écrit dont un auteur (ou un éditeur) fait jouer fortement les implications, que le corps représenté, le corps « littéral » des bergers, apparaît comme un lieu politique permettant d'analyser le rapport de la bergerie à la politique du temps. Mais cela ne signifie pas que ce rapport soit le même pour tous les textes : le « lieu affecté » du berger de *La Pyrénée* de Belleforest n'est pas celui de l'Arimène désespéré de Montreux, et n'est pas non plus celui du roi. Pas plus que la chasteté en vigueur au château de Joinville ou les plaisirs sensuels offerts au narrateur de *La Bergerie* de Belleau ne valent par rapport au corps du roi Charles IX enfant dans *La Bergerie* de Ronsard.

Une autre conséquence du parcours proposé est qu'il offre une sorte d'histoire du glissement de la métaphore que l'on a trouvée présente dans de très nombreux textes – la métaphore pastorale du gouvernement, objet du premier chapitre – vers des textes que j'ai en quelque sorte décrits comme des arts de gouverner « en acte », ou des utopies consolatrices qui se préoccupent d'élaborer le sens politique de leur distance propre avec l'histoire et ses acteurs. Par cette description, le poids politique du savoir des auteurs sur leur pratique apparaît plus nettement, toujours mesurable à partir de cette distance qui définit la dimension éthique de la pastorale.

Dans les chapitres suivants, je n'essaierai pas de corriger ce que ces effets ont d'éventuellement incertain du point de vue d'une totalité générique que je ne m'emploie pas à ressaisir. Mais je parierai sur la pertinence historique de l'analyse de chaque écrit comme un cas [1], en m'appuyant sur la chronologie et en interrogeant tout d'abord à l'intérieur d'un long « passage » la place centrale de *L'Astrée* dans l'histoire littéraire du tournant du XVIe siècle. Avec le roman d'Honoré d'Urfé, il s'agit bien du passage des troubles de la Renaissance à la supposée paix de l'âge classique, pour les contemporains comme pour les lecteurs du XXIe siècle. Je chercherai les enjeux des usages politiques de la pastorale du côté d'une pensée de l'action ou des actions – des actions d'écriture ressaisies dans la pensée noble de l'action guerrière. Je tenterai de lire les tensions qui traversent ces écrits et l'histoire même de leur publication à l'aune des questions politiques du temps, notamment dans le cadre du devenir du

1. Voir J. Revel et J.-Cl. Passeron, *Penser par cas*, Paris, Éditions de l'EHESS, 2008 et L. Giavarini, *Construire l'exemplarité. Pratiques littéraires et discours historiens (XVIe-XVIIIe siècles)*, Dijon, EUD, 2006, « Étranges exemplarités », p. 1-25.

catholicisme zélé. On verra comment la question de la distance est devenue celle de la représentation du corps : non seulement de ce « tout ensemble » dont le corps est la métaphore, politique et poétique, mais aussi celle du corps propre, singulier, et de sa problématique visibilité au cœur du politique.

PASSAGE

L'ÉVÉNEMENT *ASTRÉE*

PRÉAMBULE

Répondant à une lettre Honoré d'Urfé qui s'excuse à l'été 1607 de ne pas lui avoir porté en mains propres son livre, gêné par ses trop nombreux défauts, l'historien Étienne Pasquier rapporte qu'en « lisant une infinité de beaux & riches traits sur la description de [son] Forest », il a été saisi d'« une telle honte » qu'il a voulu se condamner lui-même à se « blottir » au fond des forêts, et pousser ses livres à « mener une vie solitaire, comme Hermites, pour n'estre veus » :

> Mes enfans, leur ay-je dit, il est meshuy temps que sonnions la retraite, nous sommes d'un autre monde : ce je ne sçay quoy qui donne la vie aux livres est terny dedans ma vieillesse : Et à peu dire, le temps qui court maintenant est revestu de tout autre pareure que le nostre [1].

Un livre paraît, et l'auteur des *Recherches de la France* déclare se retirer dans la contemplation mélancolique d'un passé soudain devenu poussiéreux. Éxilés avec lui les livres de son temps, les livres dont il est lui-même l'auteur – périmés, inutiles. Avec sa paradoxale virtuosité, l'éloge dit l'événement que constitue une expérience temporelle singulière, cet instant où surgit dans le temps vécu un partage éclatant entre passé et présent. Un simple livre suffirait à brusquement constituer le présent en passé, à imposer l'image vraie du futur.

La distance temporelle aurait donc été d'emblée inscrite au cœur de la lecture de *L'Astrée*, ce monument. C'est là d'abord ce qui fait événement : la lecture du roman dans une pensée de la rupture, alors même que l'on souligne aujourd'hui la part qui y est due à l'imitation littéraire et aux savoirs du siècle précédent, alors que l'on en fait le garant que la tradition

1. *Les Lettres d'Estienne Pasquier Conseiller & Advocat general du Roy à Paris, contenans plusieurs belles matieres & discours sur les affaires d'Estat de France, & touchant les guerres civiles, tome second*, Paris, Laurent Sonius, 1619, p. 418-419.

renaissante aurait bien été communiquée au siècle classique par les hommes du tournant du siècle. Cette pensée de la rupture, je la lirai d'abord dans les pages qui suivent comme la surprise, devant une autre façon d'écrire l'histoire, de celui qui avait engagé dès les années 1560 une nouvelle méthode historiographique[1].

1. Sur Pasquier historien et la méthode des *Recherches de la France*, G. Huppert, « Naissance de l'histoire en France : les *Recherches de la France* d'Étienne Pasquier », dans *L'Idée de l'histoire parfaite* [1970], Paris, Flammarion, 1972, p. 31-76.

CHAPITRE IV

LE ROMAN D'UN NOBLE AU PARNASSE

EN QUOI LA PARUTION DE *L'ASTRÉE* FAIT-ELLE ÉVÉNEMENT ?

Culture, tradition, patrimoine : L'Astrée *et le siècle classique*

À bien des égards, la place que *L'Astrée* occupe dans la construction du siècle classique par l'histoire littéraire prolonge le cri du cœur d'Étienne Pasquier : espace d'élaboration d'une « esthétique nouvelle », cadre d'une modélisation de la « politesse mondaine », voire texte de « préparation à l'action » pour une noblesse réformée par un usage aristocratique de la « *païdeia* humaniste » – ces lectures ne se contredisant nullement les unes les autres[1]. *L'Astrée*, c'est le roman qui ouvre le XVIIe siècle et liquide la Renaissance et ses passions, transformant par une opération de synthèse intellectuelle et éditoriale considérable la formation et l'éducation d'un gentilhomme provincial en une fiction porteuse du siècle classique comme idéal national : correction des mœurs et clarté de la langue au premier chef, rendues sensibles dans la conversation ininterrompue des bergers[2]. Né dans la seconde moitié du siècle précédent, en 1568, vers la fin de la deuxième guerre de Religion, grandi pendant les troubles, tôt engagé dans les actions guerrières de la Ligue, trente ans au moment de l'édit de Nantes,

1. A. Sancier-Château, *Une Esthétique nouvelle. Honoré d'Urfé correcteur de « L'Astrée » (1607-1625)*, Genève, Droz, 1995 ; M. Magendie, *La Politesse mondaine et les théories de l'honnêteté en France au XVIIe siècle de 1600 à 1660*, Genève, Slatkine, 1970 [1925], 2 vol., p. 243, E. Bury, « Les deux cultures d'Honoré d'Urfé dans *L'Astrée* : entre idéologie nobiliaire et *païdeia* humaniste », *XVIIe siècle*, n° 235, 2007, p. 315-323 (p. 322).

2. Les actes du colloque *Lire L'Astrée* développent les aspects artistiques et culturels de cet « idéal » (D. Denis (dir.), Paris, Presses Universitaires de Paris Sorbonne, 2008).

nommé en 1601 « gentilhomme ordinaire de la chambre du roi », Honoré d'Urfé aurait rejeté avec *L'Astrée* les noirceurs de l'« automne de la Renaissance » – tel Étienne Pasquier se disant soudain reclus au fond des bois du XVIe siècle.

Cette écriture d'une histoire qui se confondrait de manière déjà classique avec l'histoire de la langue française, cette affirmation des pouvoirs de la littérature à une époque où il n'y a pourtant pas de littérature en tant que telle, tout comme cette absorption de positions religieuses antagonistes dans une pensée anachronique, pour 1607, de l'unicité du catholicisme, posent tout autrement que pour les textes renaissants le problème de la lecture politique du texte pastoral. Elles coïncident assez exactement avec la façon dont l'âge classique s'est construit comme siècle à partir d'un discours sur la langue et sur la civilité. « Enfin d'Urfé serait venu » pour reprendre de l'intérieur, par un lent et continu processus d'autocorrection de ses œuvres, la tâche engagée par Malherbe avec la poésie de Desportes, et construire un type de civilité dans la langue[1]. Il n'y a là rien qui contredise la vraisemblance : Honoré d'Urfé est un contemporain de Malherbe, qu'il a rencontré lors de ses séjours parisiens au cours des premières années du siècle ; il ne cesse d'amender le texte de son roman, comme en témoignent les rééditions des trois premières parties, entre 1607 et 1625, année de sa mort. Son travail de polissage et de correction, sinon sa construction d'une « esthétique nouvelle », est à bien des égards la marque de son intégration, dès 1601, dans le monde des lettres parisiennes du règne d'Henri IV, puis de la régence[2].

La modernité linguistique de *L'Astrée*, déjà caduque dans les années 1630, confère un statut bien particulier au caractère historien et savant de l'ouvrage dans l'histoire littéraire du XVIIe siècle. Elle permet de penser l'articulation d'un siècle à l'autre comme la transformation en culture nationale des savoirs que le roman propose – sur le néoplatonisme, sur l'histoire de France, sur la religion surtout –, sans que l'on sache très bien comment se fait une telle opération, ni surtout comment cette culture

1. Construction toute politique de fait, qui institue la centralité de la cour jusque dans la langue. K. Wine souligne ce parallèle entre H. d'Urfé et Malherbe, tous deux hommes de la Renaissance : *Forgotten Virgo. Humanism and Absolutism in Honoré d'Urfé's "L'Astrée"*, Genève, Droz, 2000, p. 16. Plus anciennement, H. Bochet, *L'Astrée, ses origines, son importance dans la formation de la littérature classique*, Genève, Slatkine Reprints, 1967, chap. III, « *L'Astrée* dans la formation de la doctrine classique ». L'auteur renvoie notamment à A. Albalat, *Le Travail du style enseigné par les corrections manuscrites des grands écrivains*, Paris, Armand Colin, 1903, p. 225 sur *L'Astrée*.

2. A. Sancier-Château, *Une Esthétique nouvelle*, *op. cit.*, p. 17-19.

s'est trouvée d'emblée avoir une dimension nationale. Comment ce qu'Honoré d'Urfé avait appris au collège de Tournon, comment les lectures nombreuses empruntées à la riche bibliothèque de La Bastie, la fréquentation des hommes de lettres foréziens qui forment au XVIe siècle de véritables cercles lettrés[1] – tout ce que Maxime Gaume a étudié comme « les inspirations et les sources » d'Honoré d'Urfé et dont il considère que le roman est la somme – a-t-il permis de constituer les objets de savoir qu'on trouve dans *L'Astrée*, sa prose et ses vers, ce discours amoureux, en une « haute culture »[2] française ? Comment la reprise des « antiquaires » dans les histoires insérées à l'intérieur de la trame narrative principale produit-elle le rapport du roman à ses sources en « tradition », littéraire et nationale ? Comment, enfin, celle-ci travaille-t-elle avec le passé ligueur d'Honoré d'Urfé, avec son présent de noble pacifié mais qui continue à faire la guerre, et meurt à la bataille de la Valteline, en 1625 ? Comment est-elle venue enfin consoler « une génération qui recherchait son équilibre intellectuel, moral et sentimental »[3], si elle l'a fait ?

Le roman d'un noble au Parnasse

La réaction d'Étienne Pasquier mentionnée plus haut semble pouvoir servir de preuve à cette histoire littéraire fondée sur le paradigme national et qui consolide sans cesse le monument *Astrée*. Elle est de fait une contribution à la fabrication du monument. Reste à comprendre ce qu'il y a de nouveau pour l'auteur des *Recherches de la France* dans le livre d'Honoré d'Urfé. Quand il s'essaie à l'interpréter, il fait ainsi observer que celui-ci s'est « proposé de celebrer sous noms couverts plusieurs Seigneurs, Dames, & anciennes familles de [son] païs de Forest » et qu'il veut croire

> que cette belle Astree dont vous estiez enamouré, sont les belles Conceptions par vous empruntees des Astres pour lesquelles representer, avez beu des eaux non de vostre Lignon, ains du Parnasse transformé en Lignon. Qui a esté cause, que non pas une Galatee, ains la France, anciennement appelée Gaule, & les habitants, tantost Gaulois, tantost Galates, vous cherit, embrasse, & honore uniquement. [*Lettres*, *op. cit.*, p. 420]

1. Cl. Longeon, *Une Province française à la Renaissance. La vie intellectuelle en Forez au XVIe siècle*, Saint-Étienne, Centre d'études foréziennes, 1975.

2. M. Fumaroli, « Le retour d'Astrée », dans J. Mesnard (dir.), *Précis de littérature française du XVIIe siècle*, Paris, PUF, 1990, p. 62 *sq*.

3. M. Gaume, *Les Inspirations et les sources d'Honoré d'Urfé*, Saint-Étienne, Centre d'études foréziennes, 1977, p. 654.

Tant qu'Honoré d'Urfé sera amoureux de ses « belles Conceptions », ajoute-t-il, la France sera durablement « amoureuse de lui ». La figure de correction (« non de vostre Lignon, mais ») est ici décisive, indice du déplacement herméneutique que sollicite le texte selon Pasquier : le Parnasse, lieu mythique de la poésie et des arts, plutôt que le Lignon ; la France plutôt qu'« une » trop ancienne Galathée, celle dont la nymphe du même nom rapporte, dans la première partie de *L'Astrée* précisément, qu'elle aurait donné son nom aux Gaulois auparavant appelés Celtes. En s'arrêtant sur cette question d'étymologie et d'histoire, déjà présente chez Lemaire de Belges et Claude Fauchet, Pasquier fait très politiquement entrer *L'Astrée* dans l'histoire des lettres françaises. C'est parce que le passé où s'ancre l'histoire des bergers réinscrit les origines mythiques de la poésie – le Parnasse – en Gaule que la France honore d'Urfé. Dans les *Recherches de la France*, Pasquier lui-même s'était employé à en finir avec les mythes fondateurs du royaume de France, le mythe troyen notamment[1]. En soulignant la fonction unifiante du Parnasse dans l'histoire des lettres françaises, il mobilise la valeur de ce mythe pour que *cette histoire-là* puisse bel et bien être celle de *L'Astrée*.

On imagine bien qu'en envoyant son roman à Étienne Pasquier, d'Urfé entendait lui soumettre la question historique qui le traverse. Mais si l'on voit en quoi le sens de la lecture qu'il reçoit en retour – au demeurant succincte – concerne les « recherches » de la France de son destinataire, on ne sait toujours pas pourquoi Pasquier trouve aussitôt périmés ses propres ouvrages, et en quoi sa lecture rencontre le « projet » d'Honoré d'Urfé. Comment en particulier s'articulent pour lui l'idée de l'allégorie « locale » (« plusieurs Seigneurs, Dames, & anciennes familles de [son] païs de Forez ») et celle du Parnasse français ?

Ce rapport entre le statut fictionnel du roman et l'identité sociale de son auteur a été peu interrogé. Un siècle plus tard, en 1711, Pierre-Daniel Huet publie une lettre à Mlle de Scudéry, datée de 1699, dans laquelle il accompagne son éloge personnel de développements empruntés à « une Généalogie de la maison d'Urfé » que lui aurait donnée « le dernier Marquis d'Urfé, père de celui qui reste aujourd'hui », ainsi que d'un résumé de la vie d'Honoré, de ses écrits et de ses amours avec sa belle-sœur, Diane de Châteaumorand. Il développe une clé qui fictionnalise le rapport du texte à l'histoire de son auteur : *L'Astrée* serait un roman autobiographique mettant en scène Anne d'Urfé, frère aîné d'Honoré, et Diane, très tôt aimée

1. G. Huppert, « Naissance de l'histoire en France : les "Recherches" d'Étienne Pasquier », art. cit., p. 72 *sq*.

de l'auteur de *L'Astrée*, puis son épouse. Cette clé reprend pour partie celle de l'avocat et académicien Olivier Patru, probablement composée vers 1660, qui lisait déjà le texte à l'aune d'un « roman d'amour » entre Honoré d'Urfé et sa belle-sœur[1], déclarant que l'auteur de *L'Astrée* avait « romancé » (*sic*) les histoires qu'il rapportait[2].

Au XVIIe siècle, on a donc lu *L'Astrée* comme le livre d'un noble lettré, en tirant l'interprétation du roman du côté du « romanesque » et en dépolitisant à cet effet toute référence à la vie de son auteur quand on en lisait une. Ce n'est pas un hasard en ce sens si la « Clé » de Patru paraît après la Fronde, à un moment où fleurissent les écrits nobles sur le mode des mémoires, si Huet donne une généalogie de la maison d'Urfé à côté de ses considérations sur les amours d'Honoré. L'un et l'autre conservent au livre le caractère aristocratique de son auteur tout en évacuant de leur lecture l'inscription du livre dans l'histoire politique troublée de son temps. À leur manière, ils font encore jouer la « sage oubliance » décrétée par Henri IV à la suite des guerres civiles et qui était à ce point conçue comme l'instrument de la paix qu'elle figure dès le premier article de l'édit de Nantes[3]. Le lien entre le roman pastoral et l'histoire familiale de son auteur a ainsi été construit comme une fiction plutôt que comme une clé érudite du type de celle que Gilles Ménage utilise à la même époque pour lire l'*Aminta* du Tasse par exemple[4]. Qu'Olivier Patru ne précise pas le rapport entre la fiction narrative et l'histoire du temps dans lequel elle s'inscrit pourtant selon lui montre qu'il ne veut pas ou qu'il a du mal à penser une pratique

1. La lettre de P.-D. Huet a paru dans l'édition 1711 du *Traité de l'origine des romans* : « Lettre à Melle de Scudéry touchant Honoré d'Urfé et Diane de Châteaumorand », dans *Poétiques du roman. Scudéry, Huet, Du Plaisir et autres textes théoriques et critiques du XVIIe siècle sur le genre romanesque*, éd. C. Esmein, Paris, Champion, 2004, p. 846-859, O. Patru, « Éclaircissemens sur l'histoire de *L'Astrée* », dans *Playdoyers et œuvres diverses de Monsieur Patru de l'Academie Françoise*, Paris, S. Mabre-Cramoisy, 1681. *Cf.* F. Lavocat, « Lectures à clés de *l'Arcadia* de Sannazar et de *L'Astrée* d'Honoré d'Urfé. Allégorie et fiction dans le roman pastoral », *Lectures à clés*, *op. cit.*, p. 36 *sq.*

2. O. Patru, « Éclaircissemens sur l'histoire de *L'Astrée* », *op. cit.*, p. XX.

3. M. Greengrass, « Amnistie et oubliance : un discours politique autour des édits de pacification pendant les guerres de Religion », dans P. Mironneau et I. Pébay-Clottes (dir.), *Paix des armes, paix des âmes*, Paris, Imprimerie Nationale, 2000, p. 113-123. L'auteur mentionne l'inscription qui figure sur le frontispice des discours imprimés d'Antoine de Loisel, avocat du roi de la chambre de justice en Guyenne entre 1582 et 1584 : « *Optima belli civilis defensio, oblivio est* » (p. 116). R. Descimon et J. J. Ruiz Ibanez citent la requête de Louis Dorléans pour le sieur de Rosieux (1605) : « Ne regardez point, s'il vous plaît, ce qui s'est passé, puisque la science d'humanité s'acquiert par oubliance » (*Les Ligueurs de l'exil*, *op. cit.*, p. 222).

4. L. Giavarini, « Torquato Tasso à la cour de Ferrare », art. cit., p. 208-212.

nobiliaire des lettres à l'intérieur d'une réflexion historique, sans même parler de la construction lettrée d'une identité nobiliaire dans l'histoire.

Les modernes ne sont pas allés beaucoup plus loin : le rapport entre la noblesse d'Honoré d'Urfé et son usage des lettres est resté largement impensé, tout enveloppé qu'il est dans un discours sur le caractère aristocratique de la littérature française qui classicise le roman pastoral en absorbant la qualité sociale de son auteur. Certes, il y a quelque chose d'idéal à ce que l'on doive les prémices de la pureté du grand siècle au roman d'un noble de très vieille famille, autrefois révolté et qui, jetant bas les armes, communiquerait aux lettres encore rugueuses de la Renaissance un certain *ethos* aristocratique purgé de la violence guerrière. Mais l'imaginaire de la nature qui soutient ce type de discours – nature dans les lettres, nature de l'écriture, nature de la noblesse et jusqu'à l'affirmation d'une nature du monde social[1] – qui peut constituer alors le roman en monument de « la mémoire culturelle française »[2] – n'en prouve pas moins que l'on n'est pas là dans le fait.

Des nobles révoltés, puis vaincus, sinon pacifiés, il y en eut beaucoup au tournant du XVIe siècle, qui n'ont pas tous écrit une *Astrée*. Des nobles guerriers, il y en eut qui écrivirent des mémoires – c'est le cas de Blaise de Monluc dont les *Commentaires* ont paru de manière posthume en 1592, tout pleins de l'affirmation de son incompétence à écrire. Le geste d'Honoré d'Urfé tout autant que son livre apparaissent singuliers dans les pratiques sociales de la noblesse, et plus précisément au regard des usages nobles de l'écriture, dans les dernières années du XVIe siècle du moins. Car l'hypothèse de Jonathan Dewald selon laquelle l'écriture aurait été constitutive de l'« expérience aristocratique » ne vaut, et il le souligne clairement, que dans le contexte sociopolitique précis du règne de Louis XIV qui n'a pas grand-chose à voir avec les années où Honoré d'Urfé écrit et publie[3]. L'expérience aristocratique de celui-ci n'est en rien assimilable à celle d'un La Rochefoucauld ou d'une Madame de la Fayette, pas plus qu'à celle d'un cardinal de Retz.

Les raccourcis historiques que porte, non sans désinvolture, l'idéologie de la tradition masquent ainsi les acteurs de l'histoire. Si la tradition permet de postuler la constitution d'une mémoire collective, nationale, d'emblée

1. *Cf.* L. Kaufmann et J. Guilhaumou (dir.), *L'Invention de la société. Nominalisme politique et science sociale au XVIIIe siècle*, Paris, Éditions de l'EHESS, 2003, Introduction.

2. E. Bury, « Les deux cultures d'Honoré d'Urfé », art. cit., p. 322.

3. J. Dewald, *Aristocratic Experience and the Origins of Modern Culture. France 1570-1715*, Berkeley, University of California Press, 1993.

conçue comme patrimoniale à travers *L'Astrée*, c'est aussi que la stature du grand écrivain autorise à considérer qu'il écrit *pour* le siècle classique, comme si le classicisme n'avait pas été une construction politique inscrite dans la durée et dans des actions spécifiques. L'historiographie du XVIIe siècle par les modernes tend ainsi à écraser les temporalités hétérogènes et les tensions qui ont traversé la fabrication de *L'Astrée d'Honoré d'Urfé* sur près de vingt ans, soit ses contextes spécifiques et ses résistances à une insertion immédiate dans le nouveau monde d'un âge classique qui n'est d'ailleurs pas encore constitué, en 1607, comme construction politique.

Réflexions historiennes sur la pastorale comme résistance : la lecture de Norbert Elias

Il n'est pas indifférent à ce titre que l'on doive à un sociologue et historien l'interrogation la plus aiguë sur le sens historique de l'écriture de *L'Astrée*, ni que cette interrogation fasse très fortement revenir le problème de l'articulation entre l'écriture de la fiction et son sens politique et social, entre le passé ligueur d'Honoré d'Urfé et le statut politique du roman – et ce, même si elle ne le règle finalement pas.

Dans le dernier chapitre de *La Société de cour*, consacré au processus de curialisation de la noblesse d'Ancien Régime, Norbert Elias fait de *L'Astrée* l'exemple même des contradictions de ce processus. Selon lui, le roman de l'ancien ligueur poursuit la lutte contre le roi, ou contre « l'accroissement de la puissance royale », avec les « armes de l'esprit » [1]. Lecture d'autant plus forte et paradoxale que, tout en affirmant le sens politique d'une écriture fondée sur la revendication d'une condition choisie « pour vivre librement et sans contraintes » (« L'Autheur à la bergère Astrée »), et tout en soulignant le paradoxe interne à cette fiction (cet *ethos* de l'amour est de fait bien contraignant), elle fait l'hypothèse d'une sorte d'« inconscient » de la fiction : l'auteur de *L'Astrée* s'introduit « par la porte de derrière dans [son] monde mimétique », écrit le sociologue allemand [2]. Cet inconscient supposé porte selon lui le sens historique du roman pastoral : le substrat psychologique de la représentation des bergers, ce serait l'histoire de la curialisation de la noblesse d'Ancien Régime, son arrachement à ses terres, à sa « province », et aussi l'intériorisation partielle de la contrainte.

1. N. Elias, *La Société de cour*, *op. cit.*, chap. VI, p. 292.
2. *Ibid.*, p. 282.

La notion tout à fait anachronique de « romantisme aristocratique » permet à Norbert Elias de désigner le rapport de la représentation pastorale à cette nature originaire, une nature vécue. Et même s'il ne mentionne pas cette dimension sociale et anthropologique de la célébration noble du « pays », il n'en assume pas moins la valeur référencée de la nature pastorale, la rapportant en outre à une tradition littéraire de célébration du pays qui va du « petit Lyré » de Du Bellay aux vitupérations contre les dévoiements de la nature à la cour chez Saint-Simon. Il prend en charge ainsi la question de la nature comme le problème historique d'une structure psychologique[1] propre à un groupe social dont Honoré d'Urfé devient pour lui l'exemple privilégié, en tant que représentant de ce qu'il appelle la « petite noblesse de province ».

Or, il est frappant que, en 1671, lorsqu'il situe *L'Astrée* à l'intérieur de la tradition pastorale, Charles Sorel qui n'oublie jamais la question des identités sociales quand il parle des auteurs et des livres reconnaît à son tour dans la nature pastorale le passé des grands seigneurs :

> Nous dirons pour [la] defense [des fables pastorales], que si les personnes qu'on y introduit y sont depeintes avec plus de politesse que celles qui demeurent aux champs en ce temps-cy ; c'est qu'autrefois le revenu des plus grands seigneurs estoit dans l'Agriculture & dans les pasturages, de telle maniere que leurs enfans mesmes prenoient plaisir à l'Office de Bergers : en ce cas là on ne sçauroit trouver estrange si ayant supposé que ce sont des personnes bien nées, on les fait parler avec jugement & subtilité d'esprit[2].

La lecture de Norbert Elias résonne singulièrement au regard des préoccupations mises en relief par Charles Sorel, en ce qu'elle reconnaît dans le berger la transposition éthique du noble de province face à la haute noblesse de cour représentée dans le roman par les nymphes, sans au demeurant impliquer la dimension économique de la pastorale sorélienne qui fait apercevoir l'existence d'une lecture sociologique, au XVIIe siècle même, du roman. Mais cette résonance met aussi en évidence un déplacement dans la démonstration de Norbert Elias : *L'Astrée* est devenue à ses yeux la trace ponctuelle et significative d'une résistance inscrite dans un processus long (l'histoire de la noblesse d'Ancien Régime), bien plus finalement qu'une réponse intelligible dans un contexte étroit (la période

1. Voir les réflexions de R. Chartier dans l'introduction de *La Société de cour*, éd. cit., p. XXIII.

2. C. Sorel, *De la connoissance des bons livres ou examen de plusieurs autheurs*, Paris, A. Pralard, 1671, p. 153.

qui suit l'échec de la Ligue), comme le laissait penser sa contextualisation initiale de l'écriture d'Honoré d'Urfé dans le conflit de la noblesse avec le roi.

Séquences temporelles et acteurs de la publication

Il n'est de fait pas facile de contextualiser avec précision la parution de *L'Astrée*. Le temps de l'événement écrase ce moment, qui n'est pas celui que délimite la parution de la première partie en 1607, mais s'étend plus largement à cette période de près de vingt ans pendant laquelle *L'Astrée* est au cœur d'une série d'actions qui concernent toutes l'écrit qu'est le roman : que ce soit pour publier un texte intitulé *Les douze premiers livres de l'Astrée d'Honoré d'Urfé*, mettre en débat l'authenticité de certaines de ses parties, produire de la fiction et des fictions de réception de la fiction – telle celle que reprendra Tallemant des Réaux plusieurs décennies plus tard et qui raconte comment les courtisans lecteurs de *L'Astrée* se sont précipités dans le Forez pour imiter les bergers sur les lieux mêmes de leurs aventures [1], telle celle que Gomberville, un des continuateurs d'Honoré d'Urfé sous le pseudonyme de Borstel de Goubertin, place en 1628 dans le péritexte de la *Cinquième partie* pour rapporter l'impatience d'un groupe de ses lecteurs et admirateurs allemands réunis en une académie dite des « parfaits amants ».

Trois séquences temporelles sont identifiables dans l'événement éditorial que fut *L'Astrée*. La première correspond à la publication imprimée des trois premières parties du roman – 1607, 1610, 1619 –, les seules dont on est sûr qu'elles ont été publiées avec le consentement de leur auteur. Une deuxième séquence englobe ce qu'on a coutume d'appeler l'« affaire de la IVe partie » qui commence en 1624, quand la nièce d'Urfé publie un manuscrit inachevé, et se poursuit au-delà de la mort d'Honoré d'Urfé, le 1er mai 1625, avec le problème des suites, c'est-à-dire en fait celui de l'improbable clôture du roman : cette deuxième séquence s'étend donc de 1619 environ à 1627. On considérera enfin que l'événement est constitué comme tel à la fin de la troisième séquence, en 1633, lorsque paraît une *Astrée* en cinq parties et sept volumes comportant des planches gravées, chez un groupe d'éditeurs – Toussaint du Bray, Augustin Courbé, Antoine de Sommaville – qui achève de faire du texte une « œuvre », authentifiée par le seul nom d'Honoré d'Urfé, même si celui-ci n'a pas

1. Tallemant des Réaux, *Historiettes*, éd. A. Adam, Paris, Gallimard, 1960, t. II, p. 305 et t. I, p. 312-313.

écrit ce qui figure donc désormais comme cinquième partie de *L'Astrée d'Honoré d'Urfé*.

L'examen de cette histoire éditoriale extrêmement complexe et embrouillée[1] fait apparaître la multiplicité des acteurs qui ont fabriqué l'événementialité du roman et ont constitué ainsi sa publication en question d'histoire : Honoré d'Urfé certes, mais aussi sa nièce Gabrielle, deuxième fille de Jacques II d'Urfé et de Marie de Neuville, mais encore son secrétaire, Balthazar Baro, auteur d'une quatrième partie publiée en 1627 sous le titre de *La Vraye Astrée* et dédiée à la reine dont il dit attendre sa seule « protection », puis d'une cinquième partie parue en 1628, soit la *Conclusion et derniere partie d'Astrée* « d'après les vrais Memoires de feu Messire Honoré d'Urfé » ; ainsi qu'un autre écrivain, Marin le Roy de Gomberville, auteur des quatre livres achevant la sixième partie du roman présentée par Borstel de Goubertin. Il y a encore les éditeurs : Toussaint du Bray, à qui Honoré d'Urfé cède le privilège de la première partie pour dix ans le 18 août 1607, puis qui partage avec Jean Micard celui de la seconde partie, donné en 1610 pour six ans, et obtient le 25 mai 1616, avec Olivier de Varennes, un nouveau privilège de dix ans pour les trois parties du roman ; François Pomeray, à qui Gabrielle d'Urfé remet le manuscrit d'une quatrième partie à la fin de l'année 1623, et qui obtient le privilège pour la parution de celle-ci malgré le désaveu d'Honoré d'Urfé, qui participe encore à la publication des deux suites mises en forme et écrites par Baro parce que celui-ci lui a cédé ses droits en juillet 1627 ; Robert Fouet qui, à la mort d'Honoré d'Urfé en juin 1625, n'a pas de privilège pour la quatrième partie authentifiée devant notaire par l'auteur et qui lui a été remise par l'intermédiaire de son « valet de chambre », Balthazar Dessay[2], et fait donc successivement paraître en 1625 et 1626 une *Cinquième partie* et une *Sixiesme partie* : la première comprend le manuscrit de la quatrième partie donné par Honoré d'Urfé, mais sans tout ce qui a déjà été publié par Pomeray – lequel garde donc le privilège du titre et du contenu de la « quatrième partie » –, la seconde présente les deux livres restant de la quatrième partie voulue par

1. A. Sancier-Chateau, *Une Esthétique nouvelle*, *op. cit.*, p. 37-42. Voir *infra*, chap. VI. Pour la bibliographie des éditions anciennes, le site *Le Règne d'Astrée* : http://astree.paris-sorbonne.fr

2. Selon P. Koch, « Du nouveau sur *l'Astrée* », *Revue d'histoire littéraire de la France*, 1972/3, p. 385-399 (p. 387 et p. 390 sur la cession par d'Urfé à Dessay de la tâche de s'occuper en son nom de la publication de la quatrième partie de *L'Astrée*, et de *La Sylvanire*). L'auteure s'appuie sur un document daté du 7 avril 1625 (Archives nationales, Minutier central, étude II, liasse 115).

d'Urfé, ainsi que les quatre derniers livres composés par Gomberville, avec les épîtres dédicatoires.

On pourrait d'ailleurs compter, au nombre de ces acteurs de l'événement *Astrée*, les éditeurs provinciaux, ainsi que les lecteurs du cercle des « parfaits amants » mis en scène par le dit Borstel dans deux épîtres dédicatoires ; mais encore la reine Marie de Médicis dont *La vraye Astrée* de 1627 se recommande par l'intermédiaire de la dédicace de Balthazar Baro.

On compte donc à la fin trois « *Quatrième partie* » de *L'Astrée d'Honoré d'Urfé* – celle de Pomeray désavouée par d'Urfé en 1624, celle de Baro parue en 1627 et qui s'intitule donc *Vraye Astrée*, celle que Fouet divise en *Cinquiesme partie* (en 1625) et *Sixiesme partie* (en 1626). Et il y a en outre deux « *Dernière partie* », l'une donnée comme *Conclusion de l'Astrée d'Honoré d'Urfé* (celle de Baro), l'autre comme *Sixiesme partie* (celle qui est laissée inachevée par Gomberville).

À l'événement *Astrée* appartiennent encore les imitations, les transpositions, les adaptations au théâtre, toutes les écritures qui participent à la constitution du texte comme événement du Parnasse français et durent bien au-delà de la vie d'Honoré d'Urfé : ce sont *Madonte* de Pierre Cottignies, sieur de La Charnays (1623), *La Sylvanire* d'Honoré d'Urfé (1627) et *La Silvanire* de Jean Mairet (1631), Les *Amours d'Astrée et de Céladon* de Rayssiguier (1630), *Palinice, Circene et Florice* du même (1632), *Oronte* de Georges de Scudéry (1632 encore), *Célidée* de Rayssiguier (1633), *Le Trompeur puni* de Scudéry (1633), *L'Inconstance d'Hylas* d'André Mareschal (1635) – autant de tragicomédies, pas toujours pastorales ; mais aussi des romans comme *La Bellaure triomphante*, de Du Broquart (1630), comme La *Fille d'Astrée* du même (1633), *La Nouvelle Amarante* du sieur de La Haye ou *Le Mélante* de Louis Videl (1633) qui montrent comment le roman d'Honoré d'Urfé a servi de foyer à un univers fictionnel, que d'autres personnages viennent rejoindre ensuite, constituant un *continuum* narratif qui aurait pour épicentre le Forez de *L'Astrée*[1].

Dans cette fabrication collective d'un événement poétique et éditorial à laquelle participe un membre de la famille d'Urfé, l'année 1627 apparaît décisive, qui voit à la fois la publication imprimée de la sixième partie de Gomberville et celle de *La Sylvanire*, « *fable bocagère* » d'Honoré d'Urfé, dont l'épître dédicatoire à Marie de Médicis souligne qu'elle a fait l'objet

1. M.T. Anacleto, « De la médiation poétique comme extravagance de l'écriture : les réécritures *dans* et *de L'Astrée* », dans D. Denis (dir.), *Lire L'Astrée*, *op. cit.*, p. 113-123.

d'une commande de la reine. Elle a sans doute été composée en 1624 et 1625 puisque le privilège date du 12 avril 1625. Le retard éditorial de cette pièce, dont on ne connaît pas de représentation, fait apparaître que l'événement *Astrée* comprend d'autres productions d'Honoré d'Urfé, même si l'histoire littéraire tend à masquer les variétés de son activité de plume, parce que le roman pastoral joue un rôle à la fois centripète – tout y revient – et centrifuge – tout en vient, jusqu'à certaines des épîtres des bergers que l'on ajoute en 1619 à la troisième édition des *Épîtres morales* de l'auteur[1].

La mort d'Urfé en 1625 joue d'ailleurs un rôle décisif dans les interventions des éditeurs. La parution de *La Sylvanire* en 1627 est un coup éditorial qui vise vraisemblablement à compenser pour Robert Fouet la perte de l'affaire qu'aurait dû représenter la sortie de la quatrième partie de *L'Astrée*. Donner un autre texte de l'auteur du roman prouve ses relations avec celui-ci, ce dont il témoignait deux ans plus tôt, en 1625, lorsqu'il adressait à Diane de Châteaumorand, veuve d'Honoré d'Urfé, la dédicace d'une traduction de *The Arcady of the Coumtess of Pembroke* de Philip Sidney, dans laquelle il marquait son émotion de la mort de l'auteur de *L'Astrée*. Offrant le texte d'un noble homme de lettres et auteur d'une pastorale à la veuve d'un autre noble lettré, il publiait l'étendue de ses liens avec la société noble[2]. En 1627 encore, Charles Sorel fait paraître *Le Berger extravagant*, critique des productions narratives et poétiques de son temps à partir de la satire du déguisement pastoral. Certes, ce texte n'est pas directement lié à *L'Astrée* – le personnage de Lysis se prendrait plutôt pour le héros du *Pastor fido* –, mais il est un commentaire de la mode pastorale du point de vue de ses investissements fictionnels et sociaux. Sorel moque brillamment les courtisans qui vont faire les bergers en Brie et s'identifient à la fiction pastorale comme fiction noble, fût-elle déjà dénaturée par ses usages théâtraux. Son livre appartient bien en ce sens au contexte du roman d'Honoré d'Urfé, mieux, à ses contextes[3] si l'on prend en compte la deuxième version que Sorel en donne en 1633, année de la parution de l'édition en cinq parties de *L'Astrée d'Honoré d'Urfé* : il lui confère cette fois le titre d'*Anti-Roman* et prend le pseudonyme de « Jean de la Lande,

1. *Les Épîtres morales et amoureuses de messire Honoré d'Urfé, marquis de Verome, comte de Chasteauneuf, Baron de Chasteau Morand, Chevalier de l'ordre de Savoye, reveu, corrigé & augmenté en ceste derniere edition*, G. Robinot, 1619, Genève, Slatkine Reprints, 1973, p. 493 *sq.* : « Lettres amoureuses tirees des Astrees par le sieur d'Urfé ».

2. Voir *infra*, chap. VIII.

3. A.-E. Spica montre d'ailleurs en quoi *L'Astrée* est un intertexte du *Berger extravagant*, dans D. Denis (dir.), *Lire L'Astrée*, *op. cit.*, p. 287-298.

poitevin »[1], affichant par là un usage délibérément fictif du nom noble et de son lien avec une terre – ici une lande infertile, « vaine & vague, mal propre au labour, & qui ne produi[t] que des genests, des bruyères, des brossailles », dont la racine allemande lui permet d'ironiser sur le mythe des origines germaniques de la noblesse française[2].

En tout état de cause, la façon dont on publie la fiction pastorale dans les années 1624-1627 est directement liée aux enjeux sociaux de l'écriture et des formes poétiques – à la construction également très sociale du Parnasse français. Le roman d'Honoré d'Urfé joue un rôle essentiel dans cette construction, même s'il est difficle d'expliquer aujourd'hui toutes les actions mises en œuvre autour de *L'Astrée*. On ne sait pas grand-chose qui permette de comprendre la publication anticipée de la quatrième partie par sa nièce, en 1624. Seule la date et le fait que cette quatrième partie ait connu des versions vraiment différentes invitent à imaginer un enjeu politique de sa publication. La complexité de l'histoire éditoriale du roman montre au moins qu'il a été l'objet de formes d'appropriations concurrentes, pas forcément conciliables, et qu'il n'a été que progressivement et de manière en partie conflictuelle constitué en *Astrée d'Honoré d'Urfé*, pris dans une clôture qui n'avait pas forcément été prévue comme telle par son auteur. Le nom d'Honoré d'Urfé joue d'ailleurs un rôle essentiel dans l'authentification finale de l'ensemble comme « œuvre » : il sert à fabriquer l'unité d'un texte qui, du point de vue de sa production, n'en a pas vraiment et même, on le verra, pour ce qui concerne les trois parties publiées de son vivant. Il signe la monumentalisation du texte comme texte savant, humaniste, catholique et noble – une opération mise en œuvre très tôt dans le siècle. En achevant d'absorber l'écrit d'Honoré d'Urfé dans le Parnasse français, il connote fortement le caractère aristocratique de la pastorale comme fiction sociale des lettres françaises.

1. *L'Anti-Roman, où l'Histoire du berger Lysis accompagnée de ses remarques, par Jean de la Lande, poitevin*, Paris, T. du Bray, 1633-1634. Pour É. Roy (*La Vie et les œuvres de Charles Sorel, sieur de Souvigny (1602-1674)*, Paris, Hachette, 1891, p. 408), ce pseudonyme est emprunté « à un auteur, cité par Sorel, Jean de la Lande, breton, qui a traduit en 1556 *La Guerre de Troie* de Dictys de Crète ».

2. A. Furetière, *Dictionnaire universel*, s.v. « Landes ». Et pour le mythe des origines germaniques de la noblesse française, A. Devyver, *Le Sang épuré. La naissance du sentiment et de l'idée de « race » chez les gentilhommes français de l'ancien régime (1560-1720)*, Bruxelles, Éditions de l'Université, 1973, et R. Chartier, « La noblesse et les États de 1614 : une réaction aristocratique », dans R. Chartier et D. Richet (dir.), *Représentation et vouloir politiques. Autour des états généraux de 1614*, Paris, Éditions de l'EHESS, 1982, p. 112-126 (p. 122).

Cependant, parce que l'on ne peut rabattre cette construction collective et singulière du roman sur la publication de sa première partie en 1607, parce que les temporalités de l'écriture et de la publication ne sont pas homologues de celles que construit la réception, fût-ce sa réception quasi immédiate, j'ai voulu revenir ici à la première séquence temporelle de l'événement *Astrée*, en définissant pour cela deux modes distincts de contextualisation : le premier situe les écrits d'Honoré d'Urfé à l'intérieur des pratiques lettrées et de l'engagement religieux et guerrier de sa famille, de deux de ses frères essentiellement ; le second tente de prendre la mesure de l'écriture pastorale parmi les autres publications du seul auteur de la famille d'Urfé qu'a retenu l'histoire littéraire, et que distingue d'abord son prénom d'« Honoré ».

LES TEMPORALITÉS DE L'ÉCRITURE D'HONORÉ D'URFÉ

L'hypothèse des pages qui suivent est que l'écriture est pour Honoré d'Urfé une pratique sociale qui ne prend sens qu'en relation avec ses autres pratiques[1], telles qu'elles définissent sa position dans son lignage ; que le temps de l'écriture noble est tout entier saisi dans la temporalité discontinue de son action politique et guerrière, inscrite dans le réseau de ses fidélités amicales et lignagères ; et qu'il participe pleinement de sa condition en tant qu'elle est investie et scandée par ces événements d'action qui font l'expérience noble du temps[2]. Il faut en croire ce qu'en 1592, dans un dialogue allégorique offert au duc de Nemours, son parent par les Savoie et son chef militaire puisque gouverneur ligueur de Lyon[3], le plus jeune frère d'Honoré, Antoine, voué par sa mère à la carrière ecclésiastique, affirme avec véhémence :

> Aussi bien est-il impossible d'acquerir maintenant par les lettres aucune reputation; car l'esprit des grands, entierement occupé à la force et violence, n'a ny le vouloir ny le loisir de songer à nos muses. Parquoy il

1. R. Descimon, « La réconciliation des Hotman protestants et catholiques (des années 1580 aux années 1630) », dans T. Wanegffelen (dir.), *De Michel de L'Hospital à l'édit de Nantes. Politique et religion face aux Églises*, Clermont-Ferrand, Presses universitaires Blaise-Pascal, 2002, p. 529-562.

2. R. Descimon et Ch. Jouhaud, *La France du premier* XVII*e siècle, 1594-1661*, Paris, Belin Sup, 1996, chap. III, « Ordre et désordre ».

3. Le duc de Nemours est le demi-frère des Guises et de Mayenne, gouverneur de Lyon après avoir participé à la défense de Paris en 1590 : J.-H. Mariéjol, *Charles-Emmanuel de Savoie, duc de Nemours, gouverneur du Lyonnais, Beaujolais et Forez (1567-1595)*, Paris, Hachette, 1938.

vaut mieux fuir de ces tenebres et se constituer en un estat où nos actions reluisent devant tout le monde, comme est celuy de la guerre [1].

Avec cet appel à l'action qu'est le dialogue de *L'Honneur*, le très jeune prieur de Montverdun qu'est déjà alors Antoine d'Urfé, si soucieux de sa réputation de noble, suggère qu'il n'y a pas tant pour lui des temporalités distinctes de l'action et de l'écriture, que le seul temps long et fragile de la réputation, modulé par les temporalités hétérogènes de types d'action différents. C'est là, on le voit, une réponse assez radicale au *topos* des armes et des lettres constamment mis en avant dans les adresses des lettrés aux nobles guerriers, pendant la seconde moitié du XVIe siècle, et qui balançait le temps des combats par celui, nécessaire à leur formation, du retrait dans les lettres.

Une famille lettrée et ligueuse en Forez

Pour peu que l'on accepte de desserrer la figure du grand écrivain, on observera qu'Honoré d'Urfé n'est pas le seul de sa famille à écrire, ni à s'être engagé dans la Ligue, ni même à avoir engagé l'écriture dans ses actions politiques, sociales et religieuses. Dans la seconde moitié du XVIe siècle, la famille d'Urfé participe d'une activité lettrée importante en Forez, inscrite dans la tradition familiale depuis 1532 et l'acquisition d'une bibliothèque par le mariage de son grand-père, Claude d'Urfé, avec Jeanne de Balsac – une collection de manuscrits et de livres célèbre à l'époque [2]. Claude Longeon souligne aussi la richesse des cercles académiques foréziens, notamment de ce qu'il appelle le « groupe de Montbrison », petite académie de poètes contemporaine de la Pléiade, rassemblée autour de Loys Papon et d'où sortira ensuite la génération des Urfé [3]. Ces hommes de lettres sont engagés dans la Ligue, leurs écrits largement pris dans l'action ligueuse. Pour ne donner que l'exemple le plus frappant, Loys Papon, poète et prieur de Marcilly, ce bourg si présent dans les histoires

1. *L'Honneur, premier Dialogue du Polemophile. Avec deux Epistres appartenantes à ce traicté : l'une de la preference des Platoniciens aux autres Philosophes : l'autre des degrez de perfection*, Lyon, J. Roussin, 43 p., p. 1-2. Un sonnet du « chevalier d'Urfé » fait partie des pièces liminaires qui célèbrent Antoine dans ce dialogue.

2. M. Gaume, *Les Inspirations et les sources*, *op. cit.*, p. 40.

3. Cl. Longeon, *Les Écrivains foréziens du XVIe siècle. Répertoire bio-bibliographique*, Saint-Étienne, Centre d'études foréziennes, 1970. Sur le « groupe de Montbrison », IIe partie, chap. 1, p. 34-123 ; sur la génération des guerres civiles, IIIe partie, chap. premier, p. 174-331. Ce répertoire s'appuie sur la *Bibliothèque des Écrivains foréziens* du chanoine Reure, *Mémoires et Documents de la Diana*, t. XIII-XV (1913-1914), tiré à part 1919.

enchâssées de *L'Astrée* que le cardinal de Retz écrira s'en être souvenu au moment du siège de Paris pendant la Fronde[1], est l'auteur de la *Pastourelle* représentée en 1588, à Montbrison, au début de la huitième guerre de Religion, pour célébrer la victoire des troupes ligueuses sur les reîtres à Vimory et d'Auneau.

C'est peut-être une relation composée par Honoré d'Urfé en 1583, alors qu'il a seize ans, à la demande des pères jésuites du collège de Tournon, qui donne l'image la plus précise de la fratrie dans les lettres – le frère aîné, Anne, excepté, et cette exception est significative de la place que celui-ci occupe dans la famille. *La Triomphante entrée* célèbre l'entrée de l'épouse de Just-Louis de Tournon, Madeleine de la Rochefoucauld dans la ville de son seigneur, celui dont François de Belleforest avait été le précepteur. Le collège qui porte le nom de sa famille avait été fondé par son oncle François en 1536, pour asseoir la foi catholique lors des premiers conflits avec les réformés. La relation nomme tous les gentilshommes du collège de Tournon participant aux cinq jours d'une célébration qui recourt à plusieurs scènes symboliques. Honoré d'Urfé s'y met en scène dans un combat allégorique, avec ses deux frères, Christophe et Antoine[2]. La question religieuse est fortement présente dans les écrits que publie ce texte de 1583, lequel s'achève sur une « Ode » non signée célébrant Jésus. Parmi les pièces qui sont rassemblées à la fin du récit, une anagramme d'Antoine d'Urfé affirme la constance catholique de la dame que l'on fête : « Quoy qu'on die : le dol des songes de Calvin/N'ha, Madame, deçeu la foy qu'avez apprise, /Par la grace de Dieu, au sein de son Église;/Tesmoin de vostre nom l'Anagrame divin ». Son auteur est alors âgé de douze ans.

Tel que le rapporte le chanoine Reure, biographe d'Honoré et de ses frères après Jean-Baptiste de La Mure, lui-même chanoine de l'église royale de Montbrison[3], le parcours d'Honoré dans la Ligue et dans sa famille l'aurait mené d'une position de cadet voué à l'ordre de Malte par sa mère à une rivalité véritablement singulière avec un aîné que l'histoire présente comme défaillant dans ses devoirs guerriers et conjugaux. Pour sa part, Jacqueline Boucher a raconté plus précisément les divisions qui affectèrent le « militantisme pro-savoyard » des ligueurs du Lyonnais et des

1. Cardinal de Retz, *Mémoires*, éd. S. Bertière, Paris, La Pochothèque, 1998, p. 400-401.

2. *La triomphante entrée de tres illustre dame madame Magdeleine de la Rochefoucauld, espouse de hault et puissant seigneur messire Just-Lois de Tournon, seigneur et baron dudict lieu, comte de Roussillon, etc., faicte en la ville et université de Tournon, le dimenche vingtquatriesme du moys d'avril 1583*, Lyon, J. Pillehotte, 1583.

3. Dans A. Bernard, *Les D'Urfé. Souvenirs historiques et littéraires du Forez au XVIe et XVIIe siècles*, Paris, Imprimerie nationale, 1839, p. 4.

frères d'Urfé en particulier[1]. En septembre 1594, Charles-Emmanuel de Nemours que la *Satyre Ménippée* comparera à Picrochole, le malade qui tient les rênes du pouvoir dans *Gargantua*[2], nomma Honoré lieutenant-général de la Ligue en Forez sans même qu'Anne, qui occupait cette fonction depuis 1589 et qui était par ailleurs bailli du Forez depuis 1574, fût destitué ou eût démissionné – ce qu'il fit quelque peu contraint en 1592, avant de passer clairement au roi un an plus tard[3]. Honoré maintint en revanche son engagement dans la Ligue bien après son frère, puisqu'il continua à batailler après 1593 et fut fait prisonnier à deux reprises, la première en 1595 à Feurs, lors d'un conseil auquel il assistait en qualité de lieutenant du duc de Nemours, puis de nouveau à Montbrison, la même année, après avoir été libéré. Aucun texte ne dit comment cet engagement prolongé dans la Ligue a joué dans les relations d'Honoré avec Anne, mais il est évident que les liens de fidélité qui attachent le premier à Nemours se nouent à une conviction religieuse et politique – comme chez son frère Antoine, qui dédiait en 1592 son dialogue de *L'Honneur* au même duc de Nemours.

La suite est étonnante. Le 12 juillet 1596, Anne d'Urfé remet les biens de la maison d'Urfé au second des frères, Jacques, avec la charge d'acquitter les dettes, de pourvoir aux légats et apanages de ses frères et sœurs, de lui assurer une somme d'argent et un état honorable, ainsi que l'usufruit de ses terres. Il refuse le collier de l'ordre du Saint-Esprit que lui envoie le roi et est ordonné prêtre en 1599. Ce qui ressemble à l'abandon d'une place d'aîné se conclut par l'annulation en janvier 1598 d'un mariage de vingt-quatre années avec Diane de Châteaumorand, pour « impuissance et frigidité » (*impotentiam et frigiditatem*), l'incapacité d'« avoir lignée » ayant été déclarée. Les vœux d'Honoré auprès de Malte sont également annulés le 28 juin de l'année 1599 au terme d'une procédure engagée depuis plusieurs années[4], et il reçoit de la part de son frère Jacques, devenu bailli

1. J. Boucher, « Les Urfé et le militantisme ligueur pro-savoyard », dans J. Bayon, *Les Urfé en Forez. Une famille, des destins*, Université de Saint-Étienne, 2004, p. 121-140.

2. *Satyre Menippee de la Vertu du Catholicon d'Espagne et de la tenue des Estats de Paris*, éd. M. Martin, Paris, Champion, 2007, p. 66 : « Je ne parleray point icy de Monsieur de Nemours vostre frere uterin (les politiques disent adulterin) cestuy-là a faict caca en nos paniers : il a ses desseings à part, et ressemble Picrocole, qui par discours bien raisonnez se faict monarque du monde pied à pied [...] » [f. 44v° de l'édition 1595].

3. A. Bernard, *Les D'Urfé*, *op. cit.*, p. 100-101.

4. Selon du moins l'abbé B. Martin, « Honoré d'Urfé chevalier de Malte », dans J. Bayon, *Les Urfé en Forez*, *op. cit.*, p. 75. L'auteur cite l'annulation des vœux dans la version qu'en donnent le chanoine Reure (*La Vie et les œuvres...*, *op. cit.*, p. 96-97) et M. Gaume (*L'Inspiration et les sources*, *op. cit.*, p. 153-154).

du Forez en remplacement d'Anne – la fonction était maintenue dans la famille depuis plusieurs générations –, le comté de Châteauneuf en Bresse qui comprend la terre et le château de Virieu-le-Grand[1]. Puis il épouse son ancienne belle-sœur, un fait probablement moins romanesque qu'économique, dès lors qu'a été reconnue l'impuissance d'Anne d'Urfé : une manière pour sa famille de conserver les biens qu'avait apportés Diane à son premier époux, et de maintenir le bénéfice économique et pacificateur d'une alliance entre deux familles – celle de Diane était protestante, et la jeune femme s'était convertie au catholicisme pour ses noces. En épousant l'ancienne femme de son frère aîné, immédiatement après la défaite de la Ligue et la signature de l'édit de Nantes, Honoré tentait de préserver une certaine stabilité de sa maison.

L'activité lettrée d'Anne d'Urfé après sa retraite témoigne de la façon dont il pense le rôle de l'écriture dans son nouvel engagement religieux : en 1588 déjà, il avait été à l'initiative de la représentation de la *Grande Pastourelle*, chargeant Loys Papon de préparer le temps où la Ligue s'opposerait plus fortement au roi qu'au moment de cette victoire, tentant peut-être aussi de renforcer par là son influence déjà chancelante de bailli dans le Forez[2]. Après 1598, il compose lui-même des sonnets dits de l'« honneste amour », des hymnes publiés en 1608, à Lyon, sous le titre d'*Hymnes spirituels*, dédiés au cardinal de Joyeuse, avec l'affirmation qu'écriture et action guerrière procèdent du même geste de la même main – et donc de la même foi :

> J'ay prins la plume en la main (où j'ay porté l'espée vingt-cinq ans pour mesme sujet), taschant, par les meilleures raisons que j'ay peu, repousser les coups que les ennemis de l'eglise catholique, apostolique et romaine taschent d'enfoncer contre ce sainct sacrement de l'autel[3].

Se dire, en 1608, le défenseur de l'église « catholique, apostolique et romaine », faire de celle-ci la protectrice du sacrement de l'Eucharistie, c'est assurément tenter d'établir un fil continu de l'engagement ligueur à la reconnaissance du pouvoir pontifical. Au regard du soupçon qu'Anne d'Urfé serait passé très tôt au roi – mais Jacqueline Boucher évoque plutôt la constance d'un militantisme pro-savoyard –, ces écrits entendent affirmer la continuité d'un même engagement et d'une même foi, mais aussi le

1. Pour la plupart de ces informations, A. Bernard, *Les D'Urfé*, *op. cit.*, p. 104 et 148.

2. Cl. Longeon, « Introduction », dans Loys Papon, *Pastorelle sur la victoire obtenue contre les Alemands*, *op. cit.*, p. XX.

3. Cité par A. Bernard, *Les D'Urfé*, *op. cit.*, p. 109.

reclassement de cet engagement et de cette foi dans le catholicisme royal – ce qui est loin d'aller de soi, surtout aussi tôt. Il faut d'ailleurs à Anne d'Urfé plusieurs dédicaces – l'« Hymne du saint sacrement » est offert au cardinal de Joyeuse, celui de l'« honneste amour » au roi, celui des anges à la reine, celui de la vertu au dauphin, celui de sainte Suzanne à Marguerite de Valois – pour construire le sens politique de cette attitude religieuse dans laquelle il engage à l'évidence sa condition de noble et la tradition familiale qui porte les Urfé à exercer, pendant plusieurs siècles, un pouvoir ecclésiastique[1]. Il n'abandonne pas entièrement la position qui le destinait à exercer l'autorité des Urfé sur le Forez. Il continue ainsi de mener le train d'un gentilhomme ecclésiastique jusqu'à sa mort, en 1621, soucieux d'affirmer encore la grandeur de son pays et de son lignage – comme le montrent, selon le manuscrit de la *Bibliothèque royale* (*Supplément français* 183) et l'épître au roi qu'il contient, une traduction de *La Jérusalem délivrée* du Tasse, une *Généalogie de l'illustre maison d'Urfé* dictée à son secrétaire en 1613, une *Description du Pais de Forez* encore.

Écrire pour le duc de Savoie

Or, on voit son cadet le concurrencer sur tous ces registres, tant dans la forme donnée aux différents genres traités que dans les usages politiques qu'il fait de ses écrits. Anne d'Urfé s'était occupé de la grandeur des siens, intervenant notamment pour installer Antoine dans l'abbaye de la Chaise-Dieu, sans qu'il eût jamais reçu les bulles indispensables[2]. Honoré d'Urfé inscrit toutes ses publications dans la perspective de la dignité lignagère, jusqu'à *L'Astrée* comprise, et même si un déplacement sensible marque la publication du roman pastoral. Mais tel est bien là le second contexte signifiant de ses écrits : le lignage – un contexte qu'il fait jouer tout autrement que son frère aîné[3]. Ses publications sont entièrement placées en effet sous le signe du lien de parenté et de fidélité avec le duc de Savoie, Charles-Emmanuel Ier. Les érudits du XIXe siècle rapportent d'ailleurs que c'est sa mère, Renée de Savoie, qui avait fait prononcer à Honoré les vœux de l'ordre de Malte – dont François de Sales rappelle qu'il fut fondé par Bérard

1. Sur ce point, P. Castagnetti, « L'épiscopat des Urfé. Éléments de pratique pastorale », dans J. Bayon, *Les Urfé en Forez*, *op. cit.*, p. 189-221.

2. J. Boucher, « Les Urfé et le militantisme ligueur pro-savoyard », *ibid.*, p. 134.

3. J'utilise ce mot dans le sens défini par J. Goody (*L'Évolution de la famille et du mariage en Europe*, Paris, Armand Colin, 1985, p. 230) : « une maison noble dont la pérennité est assurée par un domaine foncier, la prétention à une dignité, à un titre ou à d'autres droits plus ou moins exclusifs ».

et que ses défenseurs « communiquent les armes de leur milieu à toute la maison de Savoye »[1]. Et pour cause : la branche qui relie Renée aux anciens souverains de Constantinople comporte au XVIe siècle de nombreux chevaliers de l'ordre de Malte[2]. En 1583, Honoré d'Urfé affichait son appartenance à l'ordre dans la dédicace de *La Triomphante entrée*. Et c'est encore le lien avec cette ascendance élevée que ses écrits publient, dès lors qu'il a été relevé de ses vœux.

Il en est ainsi des *Épîtres morales*, parues très peu de temps après la fin des combats ligueurs, en 1598. Composées pendant l'emprisonnement d'Honoré d'Urfé, elles sont encore toutes prises dans le temps de l'action. Dans l'épître à Charles-Emmanuel Ier de Savoie – cousin du duc de Nemours[3] –, Antoine Favre, « sénateur au souverain Sénat de Savoye & Président en genevois » depuis 1597 à la demande du duc de Nemours, fondateur avec François de Sales de l'académie Florimontane en 1606 et surtout connu aujourd'hui pour avoir été l'auteur de remarquables *Entretiens spirituels* (1601-1602)[4], explique qu'Honoré d'Urfé lui a fait « don » de ses écrits dans un moment où il était au plus mal, et qu'il entend respecter cette donation alors même que son ami se porte mieux, pour témoigner de ce qu'il est un meilleur Sénèque que son modèle, parce que les enseignements « qu'il donne de la vertu [n'ont d']autre moule que [...] sa propre vie »[5]. Ce témoignage est donc donné comme direct, même si l'auteur des lettres s'adresse à un ami prénommé Agathon. Dans l'avis au lecteur daté du 24 septembre 1595, Honoré rapporte que ses « coups ordinaires ont esté la mort de [ses] amis, que la guerre en plusieurs sortes [lui] a devorez : d'un frere qu'[il] avoi[t] tousjours particulierement tant aymé [...] et par conclusion de ce maistre »[6]. La chaleur de l'action toute proche

1. F. de Sales, « Oraison funèbre du duc de Mercœur », dans *Œuvres complètes* [...], Paris, Béthune, 1836, t. II, p. 401-414.

2. Abbé B. Martin, « Honoré d'Urfé chevalier de Malte », dans J. Bayon, *Les Urfé en Forez*, *op. cit.*, p. 75-76.

3. Philippe de Nemours, grand-père de Charles-Emmanuel, duc de Nemours (1567-1595) était le frère de Charles III, grand-père de Charles-Emmanuel Ier, duc de Savoie. Un demi-frère de Philippe et Charles, René de Savoie, dit le « grand bâtard de Savoie », était l'arrière-grand-père maternel d'H. d'Urfé.

4. T. Cave et M. Jeanneret publient une quinzaine de ses poèmes dans leur anthologie *Métamorphoses spirituelles (1570-1630)*, Paris, José Corti, 1972.

5. A. Favre, « Au lecteur », dans *Les Épîtres morales du seigneur d'Urfé, escuyer & chambellan de S.A. Colonel général de sa Cavalerie & infanterie françoise, & Capitaine de cent Chevaux legers de ses ordonnances, dédiées à son Altesse*, Lyon, Jacques Roussin, 1598, p. 11-12.

6. « Au lecteur », dans *Les Épîtres morales*, *op. cit.*, p. 20-21.

nourrit ainsi la méditation stoïcienne sur la fortune qui traverse l'ensemble des *Épîtres morales* dont la première édition prend entièrement sens par rapport au lien d'Honoré d'Urfé avec la maison de Savoie. Elle montre même ce que l'engagement ligueur doit à ce lien : Antoine Favre rappelle que par cette édition, il continue le don que son auteur a fait à Charles-Emmanuel de Savoie « de tout temps de tout ce qu'il est & de tout ce qu'il a », tandis que l'épître IX relate la mort chrétienne du duc de Nemours, la demande que celui-ci fait alors à ses amis de ne jamais « s'éloigner de l'Église Catholique », d'imiter « les Exemples de Vertu » de leurs ancêtres, et son refus enfin de recevoir un médecin huguenot, parce que « les huguenots sont ennemis du Dieu qu'[il] sert » [1].

Non seulement Honoré d'Urfé n'abandonne pas ses liens avec la maison de Savoie après la défaite de la Ligue, mais il les publie en mettant ses qualités d'homme de lettres au service du duc. En 1599, il dédie le *Sireine* à Charles-Emmanuel Ier, puis dans un autre exemplaire de 1600 à Marguerite, la fille de celui-ci, présentant ainsi son service de plume :

> Ces vers que j'ose vous présenter procedent de l'heureux repos que la prudence de S.A. nous a donné. Car durant ce temps j'ay choisy ces honnestes loisirs pour moins perdus que tous les autres desquels la paix est trop feconde nourrice. Si cest essay vous est agreable, ce sera bien m'obliger à quelque chose de plus [2].

Imitation de Montemayor, le poème pastoral du *Sireine* se répartit nettement entre le « départ », l'« absence », et le « retour » du berger qui chante sa douleur d'amour. Ces trois situations sont liées les unes aux autres, suscitant trois énonciations pathétiques. Ainsi, rien ne rattache directement cet ensemble à une situation politique définie. *Le Sireine* délimite une situation pastorale topique et les passions qui lui sont attachées, de la même façon qu'on extrait, à peu près à la même date, deux énonciations lyriques et pathétiques du *Pastor fido* de Guarini – des « soupirs » et des « regrets » [3] –, tout comme Malherbe avait donné à ses contemporains des « larmes » pour pleurer leur histoire [4]. Le poème du *Sireine* n'est que cela si l'on peut dire :

1. H. d'Urfé, *Épîtres morales*, *op. cit.*, p. 146-153.

2. Cité par G. Bosco, « L'epico d'Urfé, cortigiano sabaudo », dans M. Masoero, S. Mamino et Cl. Rosso (dir.), *Politicà e cultura nell'età di Carlo Emanuele I*, Turin-Paris-Madrid, Leo S. Olschki, 1999, p. 263-273 (p. 266).

3. *Les Souspirs de Myrtil et les regrets de Corisque*, Lyon, Jacques Roussin, 1597 (trad. anonyme).

4. *Les larmes de Saint-Pierre, imitées du Tansille*, P. Ramier, 1587. À partir de 1598 et jusqu'à la fin des années 1620, le poème est constamment republié dans des recueils collectifs.

une production d'affects où les passions des « ligueurs de l'exil » – ceux qui après 1594 quittent la France, et que le vieillard de la cinquième des *Bergeries de Julliette* exhortait à rester en Arcadie – sont énoncées sans autre référent historique que celui que posent le contexte et la dédicace. Mais le « retour » de Sireine est bien lisible comme ce retour au pays rendu possible par une paix que le duc Charles-Emmanuel de Savoie, bien plus que le roi de France, aurait voulue.

À travers la geste du héros Bérolde de Sassonie, père d'Umberto, premier duc de Savoie, l'épopée de *La Savoysiade* à laquelle fait allusion la fin de la dédicace à Marguerite rapporte l'histoire de la famille de Savoie, galerie de portraits illustres dans laquelle, au prix de quelques téles-copages chronologiques, Honoré d'Urfé intègre ses propres ascendants maternels. Au livre VI, il est ainsi question d'Anne de Lascaris, épouse de René de Savoie et grand-mère de Renée de Savoie-Tende, descendante des souverains de Trébizonde et de Constantinople, ici transportée à l'époque de Bérolde, soit les IXe et Xe siècles [1]. L'épopée, pour laquelle Honoré reçoit une pension de deux mille ducats par an, n'est donc pas seulement service rendu à la politique culturelle du duc. L'adresse de ses compétences d'homme de lettres est inséparable chez Urfé d'une forme de célébration de son lignage, qui s'alimente à une tradition savoyarde de représentations exaltées et féodales de la noblesse guerrière. Dans *Les gestes ensemble la vie du preux chevalier Bayard* de Symphorien Champier (Lyon, 1525), l'auteur des *Grandes chroniques [...] des très-excellens catholiques illustres [...] princes des pays de Savoye* en 1515, quelques lignes étaient ainsi consacrées au courage de François d'Orose, compagnon de Bayard et « filz de noble palliar d'Urfé, qui estoit jeusne de l'eaige de vingt cinq ans, beau et fort gentilhomme [...] moult beau et fort chevalier », neveu du grand écuyer de France, Pierre d'Urfé, le grand ancêtre, le premier à avoir changé le nom d'Ulphé en Urfé [2] et « qui chassa les turcz, du temps du roy Loys unziesme, de Otrante au royaume de Naples et de là ala en egypte où il fust honoré du grant Souldan d'egypte » [3]. Pour un catholique zélé de la fin du XVIe siècle, un ancêtre croisé n'appartient pas vraiment au passé.

La Savoysiade est composée entre 1599 et la fin de l'année 1606; Honoré laisse le poème inachevé, alors que Charles-Emmanuel Ier engage

1. Pour plus de précisions sur la méthode « tassienne » d'Urfé, G. Bosco, « L'epico d'Urfé », art. cit., p. 268.

2. Selon A. Bernard, *Les D'Urfé*, *op. cit.*, p. 33, qui reprend, semble-t-il, P.-D. Huet.

3. Symphorien Champier, *Les gestes ensemble la vie du preulx Chevalier Bayard*, éd. D. Crouzet, Paris, Imprimerie Nationale, 1992, livre III, chap. II, p. 146 et 149.

un rapprochement de la Savoie avec Henri IV, rapprochement qui prend une forme spectaculaire, au début de l'année 1608, avec la décapitation d'Albigny, gouverneur de Savoie, ancien ligueur et beau-frère du duc [1]. Par ailleurs, en 1606 encore, le *Sireine* trouve une publication imprimée, à Lyon, à une date apparemment tardive au regard de sa destination spécifique, et alors qu'Honoré semble se rapprocher de la France. De même, *La Savoysiade* a trouvé un cadre d'impression en 1609, après la parution des *Douze livres de la première partie de L'Astrée* donc, dans le *Nouveau recueil des plus beaux vers de ce temps*, puis de nouveau en 1615 dans les *Délices de la poésie française* rassemblés par François de Rosset [2]. Ces décalages de la publication imprimée par rapport au temps de la composition, la coïncidence entre les dates de l'impression et l'histoire accidentée des rapports entre la Savoie et le royaume de France sous le règne de Charles-Emmanuel Ier soulignent l'implication de ces écrits dans la politique du temps.

Pour Honoré d'Urfé, le service de plume se comprend comme l'exercice d'une fidélité à Charles-Emmanuel Ier. La dédicace présente dans les versions manuscrites du poème épique le souligne :

> Que vostre Altesse ne s'estonne point s'il luy plaist de me voir le premier des françois entreprandre si hardimant une œuvre qui est demeurée jusques icy intantée et sans que personne y ait encore osé mettre la main [...] Homere raconte qu'Achille revenant des combatz et retiré dans les vaisseaux prenoit la lyre et passoit son temps d'unir la douceur des divers sons avec la mesme main dont il venoit de mettre les Troyens en fuitte et en confusion. Cet exemple m'a donné courage aprez la guerre de caresser les Muses et par leur conversation appaiser les mouvemants de mon ame. Je sçay que Vostre Altesse a cette coustume aussy, mais plust à Dieu que je fusse assez heureux pour avoir faict en cecy chose qui meritat d'entretenir durant la Paix un moment l'esprit de Vostre Altesse [3].

Ce qui frappe dans ce passage, tout autant que la revendication d'écrire en tant que Français et la reprise du lieu commun renaissant du rapport d'Achille avec les belles-lettres, c'est l'affirmation que celles-ci maintiennent pendant la paix un lien dont on comprend qu'il a son creuset

1. S. Gal, *Lesdiguières. Prince des Alpes et connétable de France*, Presses universitaires de Grenoble, 2007, p. 185 *sq*. Sur la progressive soumission dynastique des Savoie à l'égard de la France, A. Merlotti, « Politique dynastique et alliances matrimoniales de la Maison de Savoie au XVIIe siècle », *XVIIe siècle*, n° 243, 2009/2, p. 239-255.

2. G. Bosco, « L'epico d'Urfé », art. cit., p. 266.

3. Cité par G. Bosco, *ibid.*, p. 267.

dans un cadre guerrier. La geste héroïque de la maison de Savoie, nourrie d'un imaginaire chevaleresque, peut apparaître en ce sens comme le volet mythique de cette culture de la « militarité » à travers laquelle le duc établit des liens étroits, socialement régulateurs, avec les membres de sa noblesse[1]. À cette culture, Honoré d'Urfé participait encore en 1597, quand il écrivait au duc une lettre où il réclamait de l'argent pour lever une compagnie. Son frère Jacques y a également contribué, si l'on en croit les lettres militaires qu'il envoie au duc pendant l'année 1625, et jusqu'à celle où il annonce le décès de son « frère de Chateaumorand », se disant triste et heureux à la fois de ce qu'il est « mort apres avoir pris tous ses sacrements & en fort bon catholique, & au service de VA où nous sommes tous voues, comme je crois des le jour de nostre naissance »[2]. Pour être, en 1625, l'auteur célébré de *L'Astrée*, Honoré d'Urfé n'en était pas moins aux yeux de son frère toujours lié par la parenté au duc de Savoie, et toujours au service de celui-ci.

Publier ses titres de noblesse

C'est dans cette perspective d'une fidélité lignagère qu'Honoré d'Urfé fait un usage politique de l'écriture très différent de celui de son frère Anne, quoiqu'il vienne sur les mêmes terrains de l'épopée et de la poésie. Distingué une première fois par les pères du collège de Tournon, il investit très tôt le registre de l'écriture lyrique et historiographique, plus à distance de l'action religieuse que ses frères. Il n'y a dès lors guère de sens à parler d'une conversion à la politique d'Henri IV à partir de 1601, sur le simple fait du titre de « gentilhomme ordinaire de la chambre du roi » donné par celui-ci à l'ancien ligueur, probablement en vertu de cette politique de conciliation et de rassemblement qu'il mène auprès des anciens nobles révoltés. Dans les années qui suivent l'échec de la Ligue et précèdent la parution de la première partie de *L'Astrée*, Honoré d'Urfé ne cesse jamais de désigner, dans ses actes de publication, ses titres de noblesse, qui augmentent avec son mariage et ses actions diplomatiques et guerrières : « Escuyer & Chambellan ordinaire de S.A. Colonel general de sa Cavalerie & Capitaine de cent Chevaux legers de ses ordonnances » sur la page de titre des *Épîtres morales* de 1598 ; « Capitaine de cinquante hommes

1. W. Barberis, *Traditions militaires des Savoie. Aristocraties sociales et cultures de la guerre du XVIe au XIXe siècle*, thèse EHESS, Paris, 1988, Introduction, p. XIV-XV et p. XVIII.

2. Cette lettre datée du 1er mai 1625 se trouve avec d'autres, dont quelques-unes d'H. d'Urfé, aux Archives d'État de Turin : *Lettere particolari. Urf-Uzz. Mazza 2.*

d'armes, Comte de Chasteauneuf et Baron de Chasteaumorand » sur celle de l'édition de 1603, augmentée d'un second livre, et qui ne fait donc plus paraître le service du duc de Savoie, non plus que celui du roi de France; « Gentilhomme ordinaire de la garde du roy, capitaine de cinquante hommes d'armes, Comte de Chasteauneuf et Baron de Chasteaumorand » pour l'édition parisienne du *Sireine* en 1604, comme pour *Les douze livres de la première partie de L'Astrée* de 1607. En 1627, feu « Messire Honoré d'Urfé » est encore « Marquis de Bagé et Verromé, Comte de Chasteauneuf et Baron de Chasteaumorand & chevalier de l'ordre de Savoye ».

Les actes de publication de ce qui fait l'élévation de leur auteur – possession de terres, dignités militaires – investissent peu à peu l'espace parisien des lettres, alors même que les textes qu'ils introduisent n'ont pas d'abord été destinés à cet espace. En 1603 – Honoré d'Urfé est encore dans la rédaction de *La Savoysiade* –, *Les Épîtres morales* paraissent à Paris, chez Jean Micard, augmentées d'un second livre, puis d'un troisième en 1608, chez le même éditeur. Le discours éthique se publie désormais hors de son contexte immédiatement affectif et local, tandis que le propos philosophique des épîtres est mieux mis en relief, Urfé capitalisant d'une publication à l'autre les bénéfices de la précédente : ainsi, dans l'édition parisienne de Robinot, en 1619, *Les Épîtres morales et amoureuses du marquis d'Urfé* sont augmentées de lettres tirées de *L'Astrée*. L'ancien ligueur est à cette date l'auteur du roman pastoral, et donc de compositions poétiques sur l'amour que l'on ne voit nul inconvénient à publier auprès d'autres textes au propos ouvertement stoïcien et suscités, eux, par une circonstance politique bien particulière. Le genre de l'épître autorise sans doute un tel rapprochement : il permet de publier la valeur du noble lettré converti à la casuistique amoureuse – non une activité mineure, mais bien une dépolitisation de l'action passionnelle acceptable par le pouvoir monarchique.

De ces pratiques d'écriture et d'édition à travers lesquelles Honoré d'Urfé ne cesse jamais de publier sa condition de noble, l'on ne saurait en tous les cas conclure à sa conversion univoque à une politique royale qui n'a rien d'unifié, *a fortiori* à l'idée d'une politique royale à qui il adresserait sa compétence de noble lettré. En 1616 encore – la France est alors plongée dans les troubles de la régence –, alors qu'il compose la troisième partie de *L'Astrée*, il envoie au duc de Savoie, à sa demande, un « Jugement » sur la continuation de *La Savoysiade* donnée par un poète savoyard, Gabriello Chiabrera, qui montre sa connaissance des poétiques italiennes et son attention aux raisons politiques de l'écriture épique [1]. Et quand *La Sylvanire* paraît en 1627, la dédicace de l'auteur à la reine modélise son adhésion au roi, en montrant que le texte répond à une commande faite en des temps, vers 1623-1625, où il fallait sans doute prouver, avec l'adaptibilité des lettres italiennes aux contraintes françaises, celle de Marie de Médicis au nouveau pouvoir de son fils.

En définitive, *L'Astrée* de 1607 est le premier ouvrage d'Honoré d'Urfé que celui-ci n'adresse pas au duc de Savoie, mais aussi le seul de ses écrits qui n'ait pas de dédicataire. Quel est le sens sociohistorique, politique, mais aussi personnel, d'une telle différence, alors que les publications de l'auteur montrent qu'il continue de cultiver la fidélité savoyarde bien après cette date, et que c'est à partir de cette même fidélité qu'il élabore l'image de noble lettré qui participe de la lisibilité de son roman pastoral pour ses contemporains ?

1. « Jugement sur *L'Amédéide*, poème du seigneur Gabriel Chiabrera », *Giornale ligustico di archeologia, storia e letteratura*, Genève, janv.-fév. 1896, p. 150-183.

CHAPITRE V

LA DISTANCE ET L'ACTION

POLITIQUES DE L'ÉCRITURE PASTORALE

La lecture qui suit ne prétend pas embrasser la totalité d'un ouvrage qui n'existe comme totalité que de manière aléatoire. *L'Astrée* est un monde, certes, mais cela ne signifie nullement que la totalité aurait été conçue comme telle. Analyser ce que son amplitude a à voir avec le romanesque, voire avec le pastoral, n'est pas ici mon propos, sans que je veuille m'en tenir pour autant à la simple constatation que la pastorale, bien souvent, est très longue. Je partirai plutôt de la façon dont Honoré d'Urfé construit sa position auctoriale dans ce premier volume de *L'Astrée* pour interroger le geste de cette publication sans destinataire déclaré. Car si l'on veut interpréter le silence de la destination comme l'indice d'un ralliement contraint à la politique du roi, il faut pour le moins en mesurer alors le caractère ambivalent. Il faut rendre compte de la distance de cet écrit avec le geste même qui le donne à lire, et de la manière biaisée dont il porte les implications politiques de son message éthique.

AUCTORIALITÉ ÉLÉGIAQUE, DISTANCE HISTORIENNE DE LA REPRÉSENTATION : *L'ASTRÉE*, 1607

Ce qu'en dit « l'Autheur à la bergère Astrée » (1607) : de la publication comme représentation

Dans l'épître de « l'Autheur à la bergère Astrée » qui ouvre *Les douze livres de la première partie de L'Astrée d'Honoré d'Urfé*, en 1607, l'auteur imagine les obstacles que va rencontrer sa « fille » au cours du long voyage de la publication. S'il reprend le fil virgilien de la célébration du « pays », comme s'y employait Belleforest dans *La Pyrénée*, il le fait en soulignant la valeur du Forez, modeste « théâtre » de sa pastorale :

> Que si quelqu'un me blâme de t'avoir choisi un Theatre si peu renommé en l'Europe, t'ayant esleu le Forests, petite contrée & peu conneuë parmy les Gaules, responds leur, ma Bergere, que c'est le lieu de ta naissance. Que ce nom de Forests sonne je ne sçay quoy de champestre, & que le pays est tellement composé, & mesme le long de la riviere de Lignon, qu'il semble qu'il convie chacun à y vouloir passer une vie semblable. Mais qu'outre toutes ces considerations encor j'ay jugé qu'il valoit mieux que j'honorasse ce pays où ceux dont je suis descendu, depuis leur sortie de Suobe, ont vescu si honorablement par tant de siecles : que non point une Arcadie comme le Sannazare. Car n'eust esté Hesiode, Homere, Pindare & ces autres grands personnages de la Grece, le mont de Parnasse, ny l'eau d'Hypocrene ne seroient pas plus estimez maintenant que nostre Mont d'Isoure, ou l'onde de Lignon. Nous devons cela au lieu de nostre naissance & de nostre demeure, de le rendre le plus honoré & renommé qu'il nous est possible [1].

La dernière phrase de ce passage y insiste : c'est une tradition locale qu'il s'agit de célébrer avec le Forez, celle où s'ancre le lignage – « il valoit mieux que j'honorasse ce pays où ceux dont je suis descendu [...] ont vescu si honorablement » –, une « naissance », une « demeure », dont il convient à un noble d'Ancien Régime qu'il en illustre le renom et l'honneur, avec son propre nom. Cette tâche qu'assumait le précepteur des Guises en faisant le tableau du château de Joinville – aussi pour vanter l'asile qu'il y trouvait –, c'est le onzième enfant de la famille d'Urfé qui s'y engage avec *L'Astrée*. Pour cela, il exemplarise son prénom à travers la dérivation « honorasse »/ « honoré »/« honorablement » qui rappelle les jeux de motivation onomastique des poètes de la Renaissance[2], mais rend également hommage à Honorat, gouverneur de Provence et frère de sa mère Renée, ou au jeune oncle de celle-ci, de même prénom. C'est un Honorat, dont le nom le liait de toute façon à une branche bâtarde de la maison de Savoie, qui avait tenu Honoré sur les fonts baptismaux.

Un peu plus bas, l'auteur de l'épître à la bergère Astrée s'attache à souligner l'erreur que ce serait de chercher dans le roman de trop simples référents :

1. En attendant l'édition de *L'Astrée* à paraître chez Champion sous la direction de D. Denis, je cite le texte dans le « montage » éditorial donné par Hugues Vaganay en 1925, Lyon, Papire Masson, 1925-1928, réed. Genève, Slatkine Reprints, 1966, Ire partie, « L'Autheur à la bergère Astrée », p. 67.

2. Voir notamment Du Bellay, dans les sonnets d'éloge des *Regrets*.

> Si tu te trouves parmi ceux qui font profession d'interpréter les songes, et découvrir les pensées les plus secrètes d'autrui, & qu'ils assurent que Céladon c'est un tel homme, et Astrée une telle femme, ne réponds rien à eux [...] mais supplie ceux qui pourraient être abusés de leurs fictions, de considérer que si ces choses ne m'importaient point, je n'eusse pas pris la peine de les cacher si diligemment, et si elles m'importent, j'aurais eu bien peu d'esprit de les avoir voulu dissimuler et ne l'avoir su faire. [I re partie, *op. cit.*, p. 6]

Dans la lettre déjà mentionnée à Étienne Pasquier, Honoré d'Urfé affirmait pourtant: « ceste Bergere [...] n'est veritablement que l'histoire de ma jeunesse, sous la personne de laquelle j'ai representé les diverses passions, ou follies, qui m'ont tourmenté l'espace de cinq ou six ans »[1]. Il semblait inviter pour le coup à une lecture biographique tout en renvoyant à bien d'autres enjeux que la référence cryptée, ces passions « diverses » évoquant un espace de temps à peu près équivalent à la durée de l'engagement ligueur. Si l'on respecte la perspective biographique formulée par l'auteur, il faut renverser alors le problème posé par *L'Astrée*. La question n'est pas de savoir si Honoré d'Urfé représente sa vie et ses actions dans sa pastorale ou s'il y a un message autobiographique dans celle-ci. Elle serait plutôt de comprendre pourquoi, s'il s'agit de rapporter sa jeunesse, ses années passées dans l'action guerrière, Honoré d'Urfé a écrit une fiction de bergers plutôt que des mémoires ainsi que le font la plupart des nobles lettrés, tel Monluc ou son contemporain Bassompierre ou, plus tard, les frondeurs vaincus. C'est sur la réponse à une telle question que le déni des clés attire l'attention dans l'épître de « l'Autheur à la bergère Astrée »; récusant une lecture myope, il force à prendre en compte le sens même de la représentation pastorale.

Honoré d'Urfé donne des éléments de réflexion en mettant l'accent sur le vêtement des bergers, et la sophistication de leur langage:

> Que si l'on te reproche que tu ne parles pas le langage des villageois, & que toy ny ta trouppe ne sentez guere les brebis ny les chevres: responds leur, ma Bergere que pour peu qu'ils ayent connoissance de toy, ils sçauront que tu n'es pas, ny celles aussi qui te suivent, de ces Bergeres necessiteuses qui pour gaigner leur vie conduisent les trouppeaux aux pasturages. Que si vos conceptions & paroles estoient veritablement telles que celles des Bergeres ordinaires, ils auroient aussi peu de plaisir de vous escouter, que vous auriez beaucoup de honte à les redire. [I re partie, *op. cit.*, p. 7]

1. *Lettres* d'É. Pasquier, *op. cit.*, p. 417.

Non seulement cette pastorale n'est pas villageoise, ni arcadienne, mais elle cherche son référent dans le modèle théâtral de la représentation des bergers. En témoigne la citation du prologue de l'*Aminta*, un spectacle italien alors vieux de plus de trente ans, qui s'ouvrait sur l'affirmation du langage « à part » des bergers :

> [...] la pluspart de ta trouppe est remplie d'Amour, qui dans l'Aminte fait bien paroistre qu'il change & le langage & les conceptions, quand il dit
>
> *Queste selve hoggi raggionar d'Amore*
> *S'udranno in nova guisa, è ben paresse*
> *Che la mia deità sia qui presente*
> *In se medesma, non ne suoi ministri*
> *Spirerò nobil senzi à rozi petti*
> *Radolcirò de le lor lingue il suono* [1].

Et l'auteur d'expliciter le sens social de la représentation :

> Mais qui m'a fortifié davantage en l'opinion que j'ay que mes Bergers et Bergères pouvaient parler de cette sorte sans sortir de la bienséance des Bergers, a été que j'ai vu ceux qui en représentent sur les Théâtres ne leur faire pas porter des habits de bureau, des Sabots, ni des accoutrements malfaits [...] s'il leur est permis de déguiser ainsi leur personnage, eux qui particulièrement font profession de représenter chaque chose le plus au naturel, que faire se peut, pourquoi ne m'en sera-t-il pas permis autant, puis que je ne représente rien à l'œil, mais à l'ouïe seulement, qui n'est pas un sens qui touche si vivement l'âme. [I re partie, *op. cit.*, p. 7]

La pastorale se justifie ici du sens théâtral de l'idée de représentation, soit d'un écart entre le texte et un référent qu'une clé ne saurait ouvrir, puisque c'est le langage qui construit le caractère « fictionnel » des personnages. La référence à l'*Aminta* notamment fait signe vers les usages poétiques d'une société de nobles lettrés du dernier quart du XVIe siècle : par tout un travail de reflets et de citations, le texte du Tasse renvoyait aux spectateurs de la cour de Ferrare – courtisans, poètes, membres de la famille ducale – et à leurs propres usages sociaux, politiques et personnels, de la poésie.

1. Le sieur de La Brosse traduit ainsi ces vers : « Aujourd'hui l'on oyra ces forests discourir d'amour d'une façon nouvelle, et feray bien sçavoir que ma deité y sera presente en personne. J'inspireray de nobles conceptions dans les cœurs plus grossiers, et r'addouciray le son de leur langage. » (*Aminte pastorale de Torquato Tasso*, traduite en prose française par le sieur de la Brosse, Tours, Jamet Mettayer, 1591, rééd. Lyon, Benoist Rigaud, 1593 et 1597, Paris, Ressouvenances, 1983, v. 76-81).

Mais l'insistance sur le plaisir comme critère du caractère social du parler des bergers du Forez (« que vous auriez de plaisir à les redire ») résonne fortement encore avec le projet poétique et lyrique que Giambattista Guarini avait mis en exergue de sa défense du *Pastor fido*, lui-même une réponse critique à l'*Aminta* parue en 1590. L'expression de son poème, écrivait-il, est « pure sans être pauvre, littérale sans vulgarité, figurée sans énigme, gracieuse sans affectation, soutenue sans enflure, tendre sans être languissante, telle enfin, pour conclure en un mot, que si elle n'est pas éloignée de la façon de parler ordinaire, elle n'est pas pour autant proche de celle du peuple »[1]. De manière toute stratégique, Guarini rapportait la « noblesse » (*nobiltà*) du parler de ses bergers à Aristote et à la tradition des Arcadiens. L'argument historique lui servait à poser que les mœurs pouvaient être produites dans la langue – ce qu'il soutenait en inscrivant son poème dans l'histoire de la lyrique italienne. Il défendait ainsi sa légitimité à créer une forme poétique nouvelle, productrice du monde social[2], visant sans doute moins un public existant comme tel[3] qu'à construire l'image de lecteurs avertis et raffinés – les lecteurs des cours dans lesquelles circulait déjà son poème – comme groupe éthiquement et socialement cohérent, comme public.

Cette question de la destination propre à la représentation pastorale, que Giambattista Guarini avait inscrite dans un rapport conflictuel entre son poème et la querelle académique qui l'avait « publié », Honoré d'Urfé, qui connaît à la fois le *Pastor fido* et les textes de la querelle, tout au moins le *Compendio* de 1601[4], l'élabore à travers une réflexion sur le caractère éthique de la représentation des bergers. Insistant à la fois sur leur déguisement et sur leurs « conceptions », il reformule la notion de « *costumi* » – ces « mœurs » que le vêtement pastoral sert à réaliser et que la langue intellectuelle et formelle des « conceptions » vient habiller. Mais son analyse de la représentation vaut aussi pour le livre même. La bergère que l'auteur appelle sa « fille » – exactement comme Étienne Pasquier s'adresse à ses livres comme à des enfants – va le représenter en son absence, pour des lecteurs qu'il ne connaît pas encore et des lectures qui seront forcément en

1. *Il Compendio della poesia tragicomica* [*De la poésie tragi-comique*] 1601, trad. cit., p. 259 [p. 31 du texte original], et pour ce qui suit, mon introduction à ce texte.

2. Sur ces questions, voir aussi L. Giavarini, « Une poétique du mélange dans *L'Astrée*? Honoré d'Urfé lecteur de Guarini », dans D. Denis (dir.), *Lire l'Astrée*, *op. cit.*, p. 31-42.

3. D. Blocker : « *Costumi, virtù e onestà* : la question des "mœurs" dans *le Pastor fido* et sa querelle », dans *Éthiques et formes littéraires*, *op. cit.*, p. 137-156.

4. Il les connaît au moins par le relais savoyard, puisque Guarini dédie une édition du *Pastor fido*, en 1590, au duc de Savoie.

défaut par rapport à une intention tout ensemble impliquée et déniée. L'adresse très affective (p. 5) – « Il n'y a donc rien, ma Bergère, qui te puisse plus longuement arrêter près de moi ? » – et le repli de l'auteur sur un texte qui ne mentionne la possibilité d'une lecture que pour s'en inquiéter mettent en scène le risque que présente pour lui la publication : inquiétude d'une destination, incertitude de l'interprétation, doute sur la compréhension. Soit l'incertitude que porte la représentation elle-même, à la fois parce qu'elle implique l'absence du représenté et parce que, dans ce cas précis, elle ouvre la lecture aux « fictions » des lecteurs.

Cette épître singulière qui amplifie le *topos* horatien de l'enfant-livre résonne par rapport à la stérilité tôt avérée du mariage d'Honoré avec Diane de Châteaumorand – comme si le livre venait, à l'encontre des affirmations d'Antoine qui doutait que les lettres pussent construire la réputation, tenter d'honorer le lignage noble qu'aucun enfant réel ne viendra illustrer. Avec *L'Astrée*, mieux qu'avec aucun de ses écrits précédents, Honoré d'Urfé impliquerait dans l'écriture ce que l'action ligueuse n'avait pas fait, ce que le mariage de son frère avait échoué à réaliser : illustrer son lignage, célébrer son patrimoine, dire le lieu où il s'inscrit, et déplier dans cette action les enjeux d'autres engagements politiques. Ne peut-on comprendre ainsi cette épître qui tente de déprogrammer la lecture, toutes les lectures du roman même, en affirmant son scepticisme à l'égard de tel ou tel sens de la représentation ? Au moment de publier, l'auteur des *Douze livres de la première partie de L'Astrée* clôt son adresse en affirmant réserver le secret de la conception du livre, ce « sujet qui [l]'a fait naître » et dont il confie au Ciel le soin qu'il lui survive en « [l]'accompagnant au cercueil » (p. 8).

Il y a dans cette déclaration une posture auctoriale toute pleine de cette subjectivité déjà mise en œuvre dans la réflexion éthique des *Épîtres morales*, en 1598. Un *ego* – dissimulateur peut-être – apparaît au lieu d'un repli élégiaque sur le secret[1]. Mais celui-ci attire l'attention sur le sens politique de la clôture herméneutique du roman. Celle-ci se lit comme la marque donnée au déplacement, dans l'écrit, d'ambitions politiques et religieuses qui viennent d'échouer. S'il est vrai que le secret est déjà, à l'époque, un des aspects remarquables de la Contre-Réforme[2], le choix d'une épître adressée « à son livre » autorise une effusion mesurée, un mouvement de publication et de réserve qui inscrit l'énonciation élégiaque

1. Sur le rapport entre élégie et dissimulation, *cf.*, P. Veyne, *L'Élégie érotique romaine. L'amour, la poésie, l'Occident*, Paris, Seuil, 2003 [1983].

2. A. Dupront, *Dictionnaire de spiritualité ascétique et mystique*, Paris, Beauchesne, 1953, article « Congrégations secrètes », p. 1504.

dans l'écart propre à la représentation : distance entre le représenté et son *analogon* pastoral, distance entre l'auteur et son livre parti pour un long voyage, distance temporelle enfin entre l'auteur et le pays qu'il s'emploie, en publiant son nom, à honorer. Soutenu par les métaphores qui disent les dangers de la publication[1], le discours de la représentation construit la distance éthique entre l'auteur de *L'Astrée* et le passé qu'il a inscrit dans le seul lieu où il peut désormais le saisir, celui de l'idéal.

Le pays comme un « lieu » (I, 1) : distance historique et retour de l'origine

La description de ce lieu ouvre, on le sait, le roman :

> Aupres de l'ancienne ville de Lyon, du costé du Soleil couchant, il y a un pays nommé Forests, qui en sa petitesse contient ce qui est de plus rare au reste des Gaules : Car estant divisé en plaines & en montaignes, les unes & les autres sont si fertiles, & situées en un air si temperé, que la terre y est capable de tout ce que peut desirer le laboureur. Au cœur du pays est le plus beau de la plaine, ceinte comme d'une forte muraille des monts assez voisins, & arrousée du fleuve de Loyre, qui prenant sa source assez prés de là, passe presque par le milieu, non point encore trop enflé ny orgueilleux, mais doux & paisible. Plusieurs autres ruisseaux en divers lieux la vont baignant de leurs claires ondes : mais l'un des plus beaux est Lignon, qui vagabond en son cours, aussi bien que douteux en sa source, va serpentant par ceste plaine depuis les hautes montaignes de Cervieres & de Chalmasel, jusques à Feurs, où Loyre le recevant, & luy faisant perdre son nom propre, l'emporte pour tribut à l'Ocean. [I re partie, *op. cit.*, p. 9]

Pour peu que l'on confronte ce texte à la *Description du païs du Forez* par Anne d'Urfé, on reconnaîtra les mêmes qualités d'abondance, de fertilité, de suffisance de ce pays :

> Je serois trop prolixe, si je voullois vous raconter touttes les bonnes rivieres de se païs, pour y en avoir tant, que je ne les puis conserver en ma memoire. Mais je concluray par ce mot : que je tiens se païs, le prenant en general, accommodé à suffisance pour luy de tout ce qui est necessaire à l'homme, et le tout fort bon ; car si les bons vins se suffisent à la plaine, vous pourrez estre secouru du costé de Rouanois, auquel ils sont en cantité et très-bons,

1. *L'Astrée*, I re partie, *op. cit.*, p. 5 : « Si tu sçavois quelles sont les peines & difficultez qui se rencontrent le long du chemin que tu entreprens, Quels monstres horribles y vont attendants les passants pour les devorer, & combien il y en a eu peu qui ayent rapporté du contentement de semblable voyage, peut-estre t'arresterois-tu sagement, où tu as esté si longuement & doucement cherie. »

mesmemant à Renaison, ou de ses mandemants que j'ay nommez aupres du Rosne, où il y en a d'excellants [1].

Mais le projet de référentialité engagé dans *L'Astrée*, puisqu'il y a travail descriptif et emploi de toponymes, se mesure aussi à la récriture du *locus amœnus* qui lui sert de matrice[2]. Honoré d'Urfé situe la description du lieu dans une tradition d'énonciation poétique, montrant par là que c'est la reprise du lieu décrit qui produit la tradition comme telle. Il définit donc pour la description du Forez une autre fonction que la version du « païs » selon Anne d'Urfé. La matrice fait non seulement l'éloge d'une perfection géographique et des richesses réelles que contient le pays du père, mais elle célèbre dans le Forez une terre porteuse d'abondance poétique, susceptible de recevoir et de présenter des savoirs lettrés, productrice d'histoire(s) et non pas seulement objet d'histoire[3].

La tradition célébrée par *L'Astrée* n'est donc pas la tradition française. C'est le Forez en tant qu'il est le lieu d'où s'énoncent ces savoirs, ces histoires et cette histoire, le lieu à partir duquel se développent la prose et les vers de *L'Astrée*, le parler des bergers, le pays où prend sens la dimension sociale de cette pratique de la langue, de cette histoire, de ces savoirs. Rappelons la forte connotation sociale du « lieu de plaisir » introduit par les clercs médiévaux dans le monde de la courtoisie[4] : son emploi par Honoré d'Urfé montre à quel point l'écriture surdétermine ici la référence à la noblesse du lieu, fût-elle mise à bonne distance d'un passé lointain – *a fortiori* parce qu'elle porte cette « antiquité » du passé. L'amplification rhétorique du *locus amœnus* définit la dimension d'abord locale et sociale de l'histoire – ramifiée en nombre d'histoires, on le verra – que porte le texte. Elle porte en outre sa dimension familiale. Tel est en définitive le sens de la motivation de l'éloge du pays par le prénom « Honoré » qui se lit dans l'épître de « l'Autheur à la bergère Astrée » : il justifie la distance poétique

1. A. d'Urfé, *Description du païs du Forez*, dans A. Bernard, *Les D'Urfé*, *op. cit.*, p. 447.

2. Le texte d'Honoré entre dans une série qui comprendrait non seulement des textes d'éloge du pays à des fins historiques et politiques, comme *La Galliade* de G. Le Fèvre de la Boderie, des textes géographiques comme [Belleforest], mais aussi des œuvres poétiques ou narratives développées à partir d'un *locus amœnus*, rapidement décrit dans le *Décameron* et l'*Heptaméron* (un simple « pré »), nettement référencé dans *La Bergerie* de R. Belleau, très peu dans *Les Bergeries de Julliette* de N. de Montreux ou même la *Diana* de Montemayor, célébration des ducs de Léon que Colin, son traducteur français, ramène à la topique la plus conventionnelle.

3. Sur la *copia*, T. Cave, *Cornucopia. Figures de l'abondance au* XVI*e siècle : Érasme, Rabelais, Ronsard, Montaigne* [1979], Paris, Macula, 1997.

4. Voir *supra*, chap. 2.

de la représentation, en ce que seule la poésie peut véritablement « honorer » son sujet; seule elle illustrera ici le lieu dans lequel elle s'origine et qui est susceptible, par sa richesse, de contenir la geste de glorieux ancêtres.

En même temps, il y a moins de « sujet » dans la version de la description du Forez que donne Honoré que dans celle d'Anne. Le « je » de l'auteur de *L'Astrée* se réserve dans l'épître de « l'Autheur à la bergère Astrée », tandis qu'il livre le paysage qui ouvre le récit pastoral à sa pure force d'apparition. Il y a moins de sujet, mais plus de phénomène donc, plus d'événementialité de l'image du lieu, plus d'exemplarité de celui-ci en outre. La topique du *locus amoenus* qui aurait pu tirer le texte de la description du Forez vers la production logologique d'un texte disant la culture, pour reprendre la catégorie déjà empruntée à Barbara Cassin, permet ici d'élaborer la référentialité spatiale comme distance temporelle. Toute la force propre du texte d'Honoré d'Urfé tient dans cette énergie scripturaire qui fait image, qui fait surgir le paysage comme une apparition, l'évocation d'un lointain – un fantasme qui ne se saisit pas hors du sentiment de perte qui l'a fait surgir, et ne permet pas de distinguer quel *ego* fait apercevoir ce paysage.

Ce lointain saisit le lieu comme un passé. De manière singulière, le texte de *L'Astrée* approfondit le caractère topique de la distance pastorale en situant l'histoire dans la Gaule du Vᵉ siècle après Jésus-Christ, au cœur des préoccupations originaires rendues sensibles par les conflits idéologiques des troubles de Religion. Ce point est, on le sait, central dans l'interprétation du roman. Claude-Gilbert Dubois y a vu une cause de l'enfièvrement suscité par sa publication, une façon pour Honoré d'Urfé d'entrer dans le « psychodrame » d'une histoire des Gaulois dont les éléments n'avaient cessé d'être rassemblés tout au long du XVIᵉ siècle[1]. La distance pastorale devenait chaude de l'actualité des « recherches de la France » –, la plupart des récits de *L'Astrée* s'ancrant ainsi dans les mêmes années 450 qui avaient vu l'invasion de la Gaule par les barbares, les alliances gauloises et romaines, mais aussi le baptême chrétien des premiers rois de France, dans ce moment « où se rencontrent un empire étranger en déclin (les Romains), un peuple aux destinées neuves qui renoue avec un passé atavique (les Francs), et un peuple déclinant, aux vieilles destinées, renouant avec son antique grandeur »[2].

1. Cl.-G. Dubois, *Celtes et Gaulois au XVIᵉ siècle. Le développement littéraire d'un mythe nationaliste*, Paris, Vrin, 1972, p. 19.

2. *Ibid.*, p. 16.

De fait, la description du monde de ces bergers qui n'ont pris le vêtement pastoral que « pour vivre doucement et sans contrainte », comme l'affirme l'épître de « l'Autheur à la bergère Astrée », soutenue par le rappel dans le texte de l'ancienne liberté des Gaulois maintenue par leurs envahisseurs francs [1], permet de lire dans le roman la description fantasmée du retour à un ordre ancien.

Bien plus, en plaçant dans la Gaule du ve siècle les idéaux chevaleresques et courtois des bergers du Forez, *L'Astrée* opère un montage de questions historiques et politiques brûlantes, entièrement orienté par ce rêve d'un retour à un temps à la fois postulé comme commencement, notamment par les savoirs « antiquaires » qu'il mobilise, et pourvu du caractère d'une origine immémoriale de par la distance de la représentation pastorale. Le passé proche peut fonctionner comme une clé du passé ancien, les prémices des guerres de Religion sont l'histoire véritable racontée à travers l'évocation des rois carolingiens. Toute la première partie du roman qui rapporte l'histoire des parents de Céladon et Astrée est lisible comme appartenant à l'histoire, rejetée dans le lointain de la pastorale, du règne d'Henri II – reconnaissable sous la figure de Mérovée –, de même qu'on reconnaîtra plus tard, dans la troisième partie, Henri III à travers la figure de Childéric [2]. Le mode d'historicisation qu'autorise la clé ne vaut pas, on le voit, pour les seules figures proches de l'auteur : il concerne aussi les personnages qui portent des noms historiques, comme Mérovée et Childeric, son fils. Du même coup, la présentation positive de la figure de Mérovée dans cette première partie, à l'encontre de l'image qu'en dessinent certaines des lectures avérées d'Honoré d'Urfé, Du Haillan et Fauchet notamment, devient compréhensible : ce serait le roi persécuteur des protestants, le roi intransigeant et cultivé que le roman célèbre à travers lui [3].

On comprend aussi le développement des questions contemporaines que ressaisit le roman, notamment les interrogations sur les modes de constitution de la communauté politique et les origines du catholicisme – toutes deux rassemblées et cristallisées par la figure royale dans les débats

1. Voir la lecture des « franchises » par J.-M. Chatelain dans « Entre pensée constitutionnelle et institution civile. Une politique de l'Astrée ? », dans D. Denis (dir.), *Lire L'Astrée*, *op. cit.*, p. 189-200.

2. J.-M. Constant, *La Noblesse en liberté. XVIe-XVIIe siècles*, Presses universitaires de Rennes, 2004, chap. X, p. 164 *sq*.

3. En 1575, un texte des Malcontents faisait aussi de Mérovée le roi positif des « nobles et genereux Françons de Germanie » : *Brève remontrance à la noblesse de France sur le fait de la Déclaration de monseigneur le Duc d'Alençon*, 1575, p. 57-58.

politiques au tournant du XVIe siècle. Jean-Marc Chatelain le souligne, cette figure est très lointaine dans *L'Astrée* de 1607 [1], tandis que la société pastorale se répartit entre bergers, chevaliers et druides. Mais la communauté des bergers mobilise plus précisément le modèle social et féodal d'un lien de personne à personne qu'active très fortement le développement, dans le registre de l'amour, des thèmes de l'engagement, de la fidélité, de la constance. L'importance de l'intertextualité des romans médiévaux dans *L'Astrée* va dans le même sens [2]. Le modèle éthique de la communauté politique n'a donc rien d'un dégagement par rapport à l'histoire, comme le suggère une lecture qui fait de l'éthique ce qui subsume les questions politiques présentes dans le roman [3] : il est absolument politique parce qu'absolument ancré dans un discours historique et fortement porté par un modèle social qui tente de dépassionner, on va le voir, le corps des bergers du Forez. Il n'y a aucun doute qu'il faille reconnaître dans le traitement éthique et affectif de ces questions, soutenu par la distance conférée à la figure du monarque, un peu plus que la trace d'un imaginaire nobiliaire, éventuellement ligueur, du lien politique.

Le trouble, ou le « schème d'origine » du roman (les « peintures esclattantes », I, 2)

On est d'autant plus conduit à une telle lecture que le développement de la communauté pastorale trouve son origine dans le trouble du lieu, sa nature de « lieu affecté » – si l'on accepte de reprendre et d'extrapoler l'expression utilisée par Belleforest – par le dieu Amour. Voici les lignes qui suivent immédiatement la description inaugurale du Forez :

> Or sur les bords de ces delectables rivieres on a veu de tout temps quantité de Bergers, qui pour la bonté de l'air, la fertilité du rivage, & leur douceur naturelle, vivent avec autant de bonne fortune, qu'ils recognoissent peu la fortune. Et croy qu'ils n'eussent deu envier le contentement du premier siecle ; si Amour leur eust aussi bien permis de conserver leur felicité, que le Ciel leur en avoit esté veritablement prodigue. Mais endormis en leur

1. J.-M. Chatelain, « Entre pensée constitutionnelle et institution civile », art. cit.

2. *Silence*, roman d'Heldris de Cornouailles (XIIIe siècle), le *Roman de Ham* (XIIIe siècle), celui du *Castelain de Couci et de la Dame de Fayel* (fin XIIIe), *Ponthus et Sidoine*, roman anonyme du XVe siècle constamment réédité à la Renaissance, sont quelques exemples des textes médiévaux auxquels emprunte, de manière plus ou moins visible, *L'Astrée*. Je dois ces références aux travaux d'annotation de la première partie de *L'Astrée* à paraître chez Champion (équipe éditoriale sous la direction de D. Denis).

3. J.-M. Chatelain, « Entre pensée constitutionnelle et institution civile », art. cit., p. 200.

> repos ils se sousmirent à ce flatteur, qui tost apres changea son authorité en tyrannie. [Ire partie, *op. cit.*, p. 9]

Ce récit est décisif, qui fonde le caractère « historien » du roman sur la fin d'un équilibre. Il énonce le lien entre le propos historique et le fait de raconter une histoire – une « chute » – pourvue d'une dimension philosophique : la perte du bonheur va faire connaître aux bergers la dimension éthique de leur existence. Ce récit construit donc de manière particulièrement étroite l'articulation du commencement de l'histoire – au double sens du mot – à une origine du récit en tant que celui-ci pose, « dans son contenu de sens et dans la forme de sa narration, la question de son objet référentiel »[1]. Le commencement de l'histoire figure la « récitation d'une origine ». Cette forte articulation de la narration à un « schème d'origine »[2] contraint le lecteur à prendre au sérieux la valeur explicative et interprétative de l'éloignement temporel de l'histoire. Mais elle souligne aussi la façon dont une question historique, politique et médicale – celle du trouble – est ici mise en récit.

Le récit urféen obéit dès lors à deux types de scansion : le passage d'un livre à l'autre qui développe l'histoire-cadre d'Astrée et de Céladon, et l'insertion d'histoires enchâssées dans chaque livre, décrivant les aventures passées de certains bergers du Forez ou celles de leurs ascendants. Tandis que la réflexion sur l'amour s'alimente aux cas rapportés dans les histoires enchâssées, aussi bien qu'à la discussion doctrinale des bergers nourris de néoplatonisme, le temps de l'histoire s'approfondit dans les ramifications narratives et géographiques du texte. La construction formelle permet ainsi au récit de prendre en charge les questions de la mélancolie et du trouble, des images pathétiques et des discours éthiques du corps, l'analyse du passé dans le présent de la pastorale – ces questions que posaient aussi les bergeries renaissantes.

Ainsi le trouble apporté par le petit dieu dans le *locus amœnus* décrit aux premières lignes du roman cause-t-il la mésentente des amants, Astrée et Céladon, au point que le berger se précipite dans la rivière, le Lignon, et se laisse emporter sur plusieurs kilomètres vers l'autre rive. C'est là que le découvrent trois nymphes, venues en ce lieu de manière tout à fait

1. Pour L. Marin, que je cite ici, ce type de récit-fondement, dont la « venue des femmes au tombeau » serait un paradigme, vise en outre « à communiquer, sous forme narrative, la forme pure de la communication en général », la « question même du "parler-de-quelque-chose-à-quelqu'un" » : « Du corps au texte », *De la représentation*, *op. cit.*, p. 125.

2. L'expression, de L. Marin encore, se trouve dans « Discours utopique et récit des origines », art. cit., p. 98.

volontaire, sûres d'y trouver quelque chose puisqu'un « artificier », Climanthe, l'a promis et désigné à la principale d'entre elles, Galathée, comme le lieu où elle verrait son futur époux (l'histoire est rapportée au livre 5). Ainsi résumée, la surdétermination du récit par la question de l'erreur a quelque chose de saisissant, qui embrasse à la fois une condamnation morale de la divination et des usages dévoyés de l'image, un discours éthique et poétique sur la fortune et des considérations sociales sur l'alliance par le mariage. Autant d'éléments de réflexion portés par le récit d'une crise mélancolique : une déchirure dans le corps de la bergerie.

Celle-ci s'ouvre alors à l'ailleurs d'une société plus élevée. Recueilli dans l'entre-deux-eaux du Lignon par les nymphes d'Isoure – de l'autre côté du monde des bergers –, Céladon reprend conscience dans une chambre étrangère. D'abord évanoui, il retrouve ses sens une première fois, puis s'endort. Son sommeil coïncide avec un pli dans la narration : les nymphes l'observent endormi, puis Galathée descend au jardin de la fontaine de Vérité d'Amour, contrepoint allégorique du motif romanesque de l'opacité des sentiments, garante par là de leurs infinis développements narratifs. C'est en effet la clôture de cette Fontaine très ficinienne –

> par la force des enchantements, l'Amant qui s'y regardoit voyoit celle qu'il aymoit : que s'il estoit aimé d'elle il s'y voyoit aupres, que si de fortune elle en aimoit un autre, l'autre y estoit representé & non pas luy [1] –

qui interdit aux bergers d'accéder à la vérité des sentiments d'autrui et les plonge dans ce réseau de signes à interpréter que dispose le récit. En plaçant ainsi un visible inaccessible en son centre, le roman ouvre la temporalité narrative au déchiffrement, à une recréation du passé comme fantasme et à une production de l'avenir comme clôture impossible – une véritable stratégie narrative d'actualisation de l'irréel. Ne (re)commence-t-il pas là où finissait, on s'en souvient, *La Bergerie* de Belleau, en 1565 ?

Cet irréel offre un caractère éminemment social. Pendant que Céladon dort, Galathée croit qu'elle pourra aimer le berger et être aimée de lui en dépit de la différence de leurs conditions que lui rappelle pourtant la nymphe Léonide. Vient alors, dans l'ordre du récit, le réveil du berger devant une représentation du dieu Saturne dévorant ses enfants – les « peintures esclattantes » devant lesquelles il se demande s'il est éveillé ou

1. *L'Astrée*, *op. cit.*, Ire partie, livre II, p. 37. *Cf.* Églal Henein, *La Fontaine de la vérité d'amour ou les promesses de bonheur dans* L'Astrée *d'Honoré d'Urfé*, Paris, Klincksieck, 1999.

entre les morts, interprétation du « songé-je ou si je veille ? » [1] dont on a fait le *topos* même de l'âge baroque. La description d'une image peinte apparaît donc au lieu « affecté » du corps mélancolique. Et c'est justement un corps démembré que représente à Céladon ce tableau « si bien représenté, que le berger ne le pouvoit discerner pour contrefait » :

> d'un costé il voyoit Saturne appuyé sur sa faux, avec les cheveux longs, le front ridé, les yeux chassieux, le nez aquilin, et la bouche degouttante de sang, et pleine encore d'un morceau de ses enfans, dont il en avoit un demy mangé en la main gauche, auquel par l'ouverture qu'il luy avoit fait au costé avec les dents, on voyoit comme panteler les poulmons, et trembler le cœur. Veue à la verité pleine de cruauté, car ce petit enfant avoit la teste renversée sur les espaules, les bras penchans par devant, et les jambes eslargies d'un costé et d'autre, toutes rougissantes du sang qui sortoit de la blessure que ce vieillard luy avoit faite, de qui la barbe longue et chenue en maints lieux se voyoit tachée des gouttes de sang qui tomboit du morceau qu'il taschoit d'avaller. [I re partie, livre II, p. 41]

Pourquoi à ce moment du récit (c'est le tout début du deuxième livre), ces « peintures esclattantes » ? Pourquoi cette insistance sur l'éclat de l'image ? L'expression de « peintures esclattantes » traduit assez exactement l'*enargeia* grecque qui dit la force visuelle du tableau, ou ses équivalents latins, *illustratio*, *evidentia* [2], comme si le tableau, à moins qu'il ne s'agisse d'une tapisserie, avait absorbé la brillance de l'humeur mélancolique [3] et la réfléchissait devant le spectateur. L'*ekphrasis* de Saturne marque un déplacement du *pathos* mélancolique dans une image de la mélancolie. Mais elle constitue aussi le point de passage entre l'espace

1. *Ibid.*, p. 41 : « et parce que le soleil par les vitres donnoit à plein sur son lict, à l'ouverture de ses yeux, il demeura tellement esblouy, que confus en une clarté si grande, il ne sçavoit où il estoit. Le travail du jour passé l'avoit estourdy, mais à l'heure il ne luy en restoit plus aucune douleur, si bien que se ressouvenant de sa cheute dans Lignon, et de l'opinion qu'il avoit eue peu auparavant d'estre mort, se voyant maintenant dans cette confuse lumiere, il ne sçavoit que juger, sinon qu'Amour l'eust ravy au ciel, pour recompense de sa fidelité. Et ce qui l'abusa d'avantage en ceste opinion, fut que quand sa veue commença de se renforcer, il ne veid autour de luy, que des enrichissures d'or, et des peintures esclattantes, dont la chambre estoit toute parée, et que son œil foible encore ne pouvoit recognoistre pour contrefaites. »

2. T. Cave, *Cornucopia*, *op. cit.*, p. 55 *sq.*

3. Sur le brillant de la mélancolie, M. Ficin, *De Vita libri tres*, chap. IV (par quels moyens la bile noire favorise le génie) : « À quoi tendent tant de discours sur l'humeur de la bile noire ? À ce que nous nous souvenions combien l'atrabile, ou plutôt la bile de cette catégorie qui est d'un brillant éclatant, doit être recherchée et entretenue comme ce qu'il y a de meilleur, autant que celle qui lui est contraire, comme nous l'avons dit, doit être fuie comme ce qu'il y a de pire. » (trad. E. Naya, dans *Rabelais. Une anthropologie humaniste des passions*, « Philosophies », Paris, PUF, 1998, p. 121).

pastoral (d'où vient Céladon, et où il est « mort ») et un monde social plus élevé (où il « renaît » devant la peinture). C'est un lieu commun de la « bergerie » depuis la Renaissance que la mention des tapisseries occupant les palais dont s'écarte le monde des bergers : on se souvient du texte de Lemaire de Belges et, dans *Le Berger extravagant*, Charles Sorel contribuera à fixer le *topos*[1]. Mais l'image sert également à dire la distance entre le monde des bergers et le monde social réel. Peinte ou tissée, elle figure, au lieu même qu'elle représente, le partage entre modèle et réalité qui traverse ce lieu. Elle fait ainsi le lien entre des lieux sociaux différents et les personnages que le récit distingue avec soin – ici le château des nymphes et la société des bergers. Elle est en outre porteuse d'une valeur morale en ce qu'elle s'oppose à la fausseté de l'image fabriquée du lieu – une toile peinte, des fumées, un « cerne » – grâce à laquelle la tromperie du faux druide, Climanthe (I, 5), a amené les nymphes à la rivière où reposait Céladon, permettant alors à Galathée de tomber amoureuse d'un « simple » berger. Car il y a dans *L'Astrée* des images vraies et des images manipulées, des images qui interprètent le trouble et d'autres qui le créent – différence qui ouvre à une lecture éthique les deux problématiques, centrales dans le roman, de l'imagination et de l'écriture de l'histoire.

De manière tout à fait frappante, l'image des « peintures esclattantes » semble thématiser dans le récit ce trouble « phénoménologique » dont Norbert Elias fait une étape significative, inscrite dans l'expérience noble, du procès de civilisation. Le trouble, qu'il est au demeurant le premier et le seul à reconnaître comme une question dans *L'Astrée*, correspondrait selon lui à ce moment intermédiaire où les mœurs ne sont pas encore tout à fait « passées » dans le corps, dans les manières de faire, de parler, dans les pratiques et les usages qui déterminent une identité sociale dans le monde et constituent un *habitus*. Autrement dit, le trouble est le point où le processus historique est lisible *dans le corps* d'un individu. L'affirmation ne va pas de soi et, de fait, Elias ne la formule pas exactement ainsi. Elle découle plutôt de son analyse. L'écriture du trouble lui apparaît d'abord comme le symptôme d'une question sociohistorique et politique, non son élaboration romanesque pensée comme telle et inscrite dans un projet « éthique » (un discours et une représentation idéalisés des mœurs) – ce qui est parfaitement cohérent avec son affirmation que la noblesse du temps (et donc Honoré d'Urfé) « ignorait le sentiment de [sa] propre historicité »[2].

1. C. Sorel, *Le Berger extravagant*, *op. cit.*, livre I, p. 24-25.
2. N. Elias, *La Société de cour*, *op. cit.*, p. 253.

Si Norbert Elias construit avec force le problème du trouble comme une question d'histoire, il ne va pas pour autant jusqu'à considérer qu'il est constitué comme tel à l'époque dont il s'occupe, que le trouble est l'objet d'une élaboration poétique et narrative, qu'il est bien dans *L'Astrée* ce « lieu affecté » où se lit l'incorporation du politique dans un problème humoral. Ce lieu à l'articulation de la vie et de la mort, de la douleur et du plaisir, Montaigne l'« essayait » pourtant déjà dans le passage fameux où il relatait sa chute de cheval – expérience survenue « pendant nos troisièmes troubles, ou deuxiesmes (il ne [lui] souvient pas bien de cela) », alors qu'il était allé se promener « dans le moiau de tout le trouble des guerres civiles »[1]. Ce texte faisait l'expérience corporelle et particulière du trouble, prenant en charge, dans le récit de l'aventure d'un corps singulier, l'histoire des soubresauts du corps politique[2].

Dans sa dimension mythique propre, l'*ekphrasis* de Saturne fait également écho pour les lecteurs du temps à l'imaginaire du cannibalisme qui était venu, au cœur des guerres civiles, fixer de manière critique un terme aigu de l'affrontement religieux. On sait les accusations de cannibalisme adressées par les protestants à la transsubstantiation des catholiques, leur écho paradoxal dans les cas d'anthropophagie qu'avaient suscités les famines, lors du siège de Paris de 1590 notamment. En mettant en scène le problème de l'Eucharistie dans le lointain brésilien, le protestant Jean de Léry avait élaboré cette question, comme fantasme précisément, dans un passage de son *Histoire d'un voyage faict en la terre du Brésil* où, débarqué sur le continent après s'être séparé de Villegagnon sur l'île de Coligny, il rapportait son séjour en territoire cannibale[3].

Herméneutique pastorale et significations politiques

Autrement dit, des textes qui précèdent l'élaboration des questions d'histoire – ici la question de la violence corporelle pendant les troubles, celle de l'unité du corps politique –, n'en prennent pas moins en charge avec leurs moyens propres ces objets que nos disciplines nous amènent à construire à l'intérieur du grand récit, repris par tous, de l'avènement de la conscience historique. D'où l'emploi dans ces pages, à propos de *L'Astrée*,

1. *Les Essais*, II, 6, éd. P. Villey, Paris, PUF, 1978 [1924], t. 1, p. 373 *sq.*

2. T. Cave, *Pré-histoires I. Textes troublés au seuil de la modernité*, Genève, Droz, 1999, p. 184. Et aussi L. Marin, *La Voix excommuniée. Essai de mémoire*, Paris, Galilée, 1981, « Tombeau de Montaigne », p. 133-156.

3. J. de Léry, *Histoire d'un voyage faict en la terre du Brésil* [1580], éd. Fr. Lestringant, Paris, Librairie générale française, 1994, chap. XV.

de l'adjectif « historien », lequel n'entend pas faire d'Honoré d'Urfé un historien, ni au sens moderne, ni au sens « antiquaire » du terme, mais permet de formuler le rapport de son roman à l'histoire qu'il fait en racontant des histoires. Ce rapport est très fortement saisi par les modalités diversifiées de la signification dans le texte, allégorisme et ésotérisme entretenus par un culte du mystère qui enveloppe, on l'a vu, jusqu'à la posture auctoriale affirmée dans l'épître de « l'Autheur à la bergère Astrée ».

Pour Céladon arrêté devant les « peintures esclattantes », la fragmentation du mythe de Saturne en signes à lire thématise la crise qui l'a mené devant le tableau. Le passage par un mythe mobilisé comme structure de déchiffrement, plutôt que comme récit, ouvre le lecteur aux modalités propres de la signification à l'intérieur du roman pastoral. Quels que soient les modèles poétiques et savants qu'on lui trouve, dans de simples manuels du druidisme comme dans cette « épopée du savoir » que fut *La Galliade* de Lefèvre de la Boderie (1578)[1], ces « inspirations » et ces « sources » ne rendent pas compte du fait que, dans *L'Astrée*, les savoirs sont moins objets d'un cryptage savant que d'usages discursifs et sociaux, d'une distanciation à l'intérieur de l'expérience, très souvent visuelle, mais aussi écrite et verbale, des bergers. Les significations politiques et symboliques, néoplatoniciennes notamment, sont intégrées au plan narratif des pratiques amoureuses et dévotionnelles des bergers – souvent équivalentes dans leur forme, d'ailleurs : Céladon érige un temple à Astrée, les bergers rendent grâce à l'Amour comme aux dieux. Il faut certes reconnaître dans le nom de la bergère Astrée la divinité de l'âge d'or du premier siècle, celle dont un vers de la IVe *Bucolique* de Virgile dit qu'avec elle reviennent la paix et l'harmonie, celle à qui renvoient nombre de références dans la pensée impériale du règne d'Élisabeth d'Angleterre et celui d'Henri IV[2]. Mais peut-on annexer les usages urféens du mythe d'Astrée à la politique d'Henri IV sans y voir, en 1607, la promesse d'un retour à une origine de la dévotion religieuse articulées aux divisions confessionnelles de la France des années 1600 ? Il n'est pas sûr en outre que les significations politiques exposées en différents moments du récit, par la nymphe Galathée, par le druide Adamas ou par tel narrateur ponctuel, soient à proprement parler structurantes, ou englobantes dans un texte qui fait de la bergère Astrée un

1. Cl.-G. Dubois, *Celtes et Gaulois au XVIe siècle*, *op. cit.*, p. 84.

2. Fr. A. Yates, *Astrée : le symbolisme impérial au XVIe siècle*, *op. cit.* Contrairement à C. Vivanti qui ne me paraît pas construire entièrement cette lecture (*Guerre civile et paix religieuse dans la France d'Henri IV* [1963], Paris, Desjonquères, 2006), je reste sceptique concernant l'utilisation *globale* de ce symbolisme dans *L'Astrée*. Voir aussi les remarques de K. Wine, *Forgotten Virgo*, *op. cit.*, p. 84-87.

personnage de caprice et de larmes autant que l'objet du culte amoureux de Céladon. Et si l'on veut reconnaître la trinité du christianisme dans la triade des dieux gaulois adorés par les bergers, suivant la deuxième partie de 1610, il faut alors observer aussi la récriture pastorale du mythe de Pâris et des trois déesses – Céladon devant trois bergères nues, dont Astrée (Ire partie, livre 4, « Histoire d'Astrée et de Phillis ») –, et de toutes les formes d'interprétation trinitaire dans le roman. L'allégorisme ponctuel d'un passage, les jeux avec les significations ésotériques, l'éloignement même du mythe n'épuisent pas la structure de sens du roman, cette fiction qui permet aux bergers de développer sur un plan amoureux les motifs de la perte et du retour et d'interroger les thèmes les plus chauds de l'affrontement politique et idéologique de la seconde moitié du XVIe siècle, jusqu'au présent immédiat : rapport entre la noblesse et le roi, interprétations des notions de liberté et de loi, fondements de la religion, immémorialité des modèles.

Par rapport aux lectures kabbalistes, allégoriques, ésotériques que le lecteur reconnaît ou postule au fil du récit, et qu'il peine à ressaisir dans une totalité, *L'Astrée* apparaît comme un texte moins hermétique que jouant de la fécondité du repli hermétique[1]. La singulière narrativité du « manteau de fables » qu'il déploie, si l'on accepte de déplacer ainsi la formule ronsardienne de l'allégorisme poétique, renvoie tous ses savoirs à une expérimentation des origines sous toutes leurs formes, au point d'en faire le roman forézien d'une sorte de religion des origines. Et cela au double sens du terme : catholicisme mythifié et archaïque sans doute, mais dévotion même à l'égard de ce qui serait originaire – histoires de la chevalerie féodale, amours « à la vieille Gauloise », lois de courtoisie oubliées. L'histoire des « anciennes familles du Forez » – les parents de Céladon, Alcippe en qui l'on a reconnu Pierre d'Urfé, le grand-père d'Honoré, et Amarillis, ceux d'Astrée, Alcé et Hippolyte (Ire partie, livre 2) –, est elle-même rejetée dans la distance de l'origine ; les motifs néoplatoniciens qui avaient servi la politique des Valois sont retraités par les développements romanesques sur la beauté de la bergère et la constance de son amoureux ; les savoirs druidiques déjoués dans les manipulations du faux mage Climanthe (Ire partie, livres 2 et 5), puis réactivés par la science du druide Adamas.

Ces usages pastoraux d'une histoire mythifiée se fondent sur l'excentricité foncière qui distingue *L'Astrée* des ouvrages des antiquaires auxquels le roman doit nombre d'informations sur Mérovée, Alaric ou

1. Voir la lecture que Cl.-G. Dubois fait de la figure du cercle dans *La Galliade* de Guy Le Fèvre de la Boderie (*Celtes et Gaulois*, *op. cit.*, p. 85).

Attila – *Antiquitez gauloises* de Claude Fauchet, *Histoire de France* de Du Haillan – comme des *Recherches de la France* de Pasquier[1]. À ces textes, il faudrait en ajouter de moins « nobles », ou de plus anciens, tels la *Cosmographie universelle* de François de Belleforest, parue une première fois en 1575, *L'Histoire de l'estat et république des druides* de Noël Taillepied (1585), d'autres compilations de lieux communs encore. Son ancrage énonciatif dans un lointain distingue le discours historien de *L'Astrée* de ces ouvrages historiques et cosmographiques en ce qu'il saisit le passé sur le mode d'une *apparition* plutôt que d'un récit. Aussi cette ambition est-elle à prendre pleinement au sérieux, dans son inscription locale, sociale et politique. *L'Astrée d'Honoré d'Urfé*, c'est l'histoire d'un paléo-christianisme nobiliaire et gaulois inscrite dans le particulier d'une excentricité inaugurale, au cœur d'une distance temporelle décrite comme originaire, fût-elle produite par la mélancolie de l'auteur.

AMBIVALENCES DE LA RÉINTÉGRATION DÉVOTE ET POLITIQUES DE L'ÉCRITURE : *L'ASTRÉE*, 1610-1619

Est-ce le schème d'origine de la narration qui a ouvert *L'Astrée* au risque de l'inachèvement ? Les quelque trois mille pages du texte – 1607, 1610, 1619 – posent au lecteur la question du changement de dimensions de l'écrit et celle de l'évolution du statut de l'auteur d'un volume à l'autre. Interpréter *L'Astrée* du point de vue politique interdit de postuler une action d'écriture unique de la part d'Honoré d'Urfé, de rabattre le texte de 1607 sur celui de 1610, ou celui de 1619, *a fortiori* de chercher le sens global du roman dans une des « sources » qui nourrissent tel ou tel passage.

*Le « coup » de la dédicace au roi (*L'Astrée, *IIe partie, 1610)*

C'est au regard de la difficulté d'assimiler le lieu où se déploie *L'Astrée* à cette centralité politique qui définit aujourd'hui pour nous la tradition littéraire nationale, dût-elle n'avoir été construite que quelque trente ans plus tard, avec l'Académie française, que l'on mesurera l'opération véritablement politique constituée par la dédicace « Au roy » de la deuxième partie publiée en 1610, trois ans après la première. Sans doute, cette épître dédicatoire a-t-elle été ensuite souvent reportée avant l'épître de « l'Autheur à la bergère Astrée » qui figurait seule dans l'édition de la

1. M. Gaume, *Les Inspirations et les sources*, *op. cit.*, et les notes de l'édition de *L'Astrée* à paraître chez Champion.

première partie de 1607. Mais le procédé est précisément significatif d'une volonté d'effacer les temporalités d'une soumission, si c'en est une, et d'annexer le texte d'Honoré d'Urfé à la globalité d'une politique royale pour en faire, fût-ce malgré lui, « un des plus admirables instruments de la monarchie »[1]. Pierre-Daniel Huet note ainsi en 1699 que « le premier Tome de son Astrée parut en 1610 et fut dédié à Henri IV » et que « ce present lui fut fort agreable, quoique l'Auteur ne le lui fût guère »[2] !

Dans cette épître, d'Urfé désigne en son destinataire le pacificateur, celui-là même qui a rendu possible, souligne-t-il, le roman qui paraît alors :

> Recevez-la donc (SIRE) non pas comme une simple Bergere : mais comme une œuvre de vos mains, car veritablement on vous en peut dire l'Autheur : puis que c'est un enfant que la paix a fait naistre, & que c'est à V.M. à qui toute l'Europe doit son repos, & sa tranquillité[3].

Faire du monarque le garant de la paix, et par là le véritable « père » de *L'Astrée*[4], c'est intervenir dans une question qui va moins de soi que ne le laisse croire l'historiographie française qui a fait de l'édit de Nantes « le terme des guerres de Religion » et d'Henri IV « un des seuls parmi les héros nationaux français à ne pas avoir connu une dévaluation radicale »[5], parce qu'il a encore arbitré la trêve entre l'Espagne et les Pays-Bas en 1609, en donnant à la France une place essentielle dans la construction de la paix[6]. Mais c'est tout autant énoncer une demande que reconnaître la victoire du roi[7]. Significativement, le texte « de paix » qu'est *L'Astrée* selon la

1. V. Du Bled, *La Société française du XVIe siècle au XXe siècle*, Paris, Perrin, 1903, t. 1, p. 137.

2. P.-D. Huet, « Lettre à Melle de Scudéry », dans C. Esmein (éd.), *Poétiques du roman*, *op. cit.*, p. 856. Le manuscrit de *La Savoysiade* qui se trouve à la bibliothèque de l'Arsenal (mss 2959) donne aussi cette date de 1610 pour la première parution du « *premier tome de son Astrée [...] dédié à Henri IV* ».

3. *La première partie d'Astrée*, Paris, Jean Micand, 1610, « Au Roy ».

4. Comme le « père » du *Sireine* de Charles-Emmanuel de Savoie ...

5. R. Descimon et J. J. Ruiz Ibáñez, *Les Ligueurs de l'exil*, *op. cit.*, p. 10 et 12. Et sur les attentes à l'égard d'Henri IV comme roi de paix dans ces mêmes années 1607-1610, le libelle de Guillaume Ribier en 1607, cité par Corrado Vivanti dans *Guerre civile et paix religieuse dans la France d'Henri IV*, *op. cit.*, p. 165 *sq*.

6. J.-M. Chatelain, « Pour une lecture politique de l'Astrée », art. cit., p. 192 (cite J.-P. Babelon, *Henri IV*, Paris, Fayard, 1982, p. 910-941).

7. Sur la reconnaissance de la victoire incluse dans celle d'Henri comme « roi de paix », et la difficile définition de la paix même, C. Desplat, « Henri IV "roi de paix", dans l'historiographie d'Ancien Régime », dans P. Mironneau et I. Pébay-Clottes (dir.), *Paix des armes, paix des âmes*, *op. cit.*, p. 405-425.

dédicace de 1610 a besoin, pour rencontrer son destinataire, de s'inscrire dans la durée irénique de l'immémoriale historicité de la monarchie :

> Ces Bergers oyant raconter tant de merveilles de vostre grandeur, n'eussent jamais eu la hardiesse de se presenter devant V.M. si je ne les eusse asseurez que ces grands Roys dont l'antiquité se vante le plus, ont esté Pasteurs qui ont porté la houlette & le Sceptre d'une mesme main.

La rencontre entre les bergers de *L'Astrée* et le monarque se fait donc dans ce lieu topique, dépassionné qu'est le passé pastoral des rois, dans l'antiquité du « pastorat ». Le passage accentue la référence paternelle : « soing paternel » du roi pour ses sujets, choix par « nos peres » du mot de « Sire » pour désigner leur monarque. Le gouvernement du roi est pensé dans une continuité historique qui justifie sa puissance [1], tandis que le tissu métaphorique de l'*encomium* sert à légitimer la pastorale, rappelant les usages que Giambattista Guarini faisait de cette même histoire immémoriale dans sa défense du *Pastor Fido*, à l'époque pas si lointaine (1586-1590) où les aristotéliciens padouans contestaient que des bergers pussent monter sur la scène [2]. La représentation pastorale doit toujours se prévaloir du lieu argumentatif qu'est l'historicité politique du berger. Inséré dans un propos élogieux, ce lieu a pour fonction de sortir le texte de *L'Astrée* de la conflictualité politique qu'implique sans doute encore, en 1610, l'inscription de la représentation dans du « local ». Il construit de manière seconde la destination politique de l'éthique pastorale, quitte à ce que cette destination ait pu ensuite être déclarée première.

Le caractère évidemment circonstanciel de la dédicace de 1610 n'est pas à tenir en dehors de l'interprétation que l'on fait du roman de 1607. Il invite au contraire à comprendre pourquoi, si celui-ci peut être offert au roi en 1610, il ne l'a pas été trois ans plus tôt, et quel est alors le rapport, du point de vue de la lecture que l'on peut en faire, entre la dédicace et le discours politique du roman.

Pourquoi donc en 1610, cette dédicace qui, *mutatis mutandis*, n'est pas sans évoquer la façon dont Montreux avait trouvé en Mercœur une destination privilégiée pour ses bergeries, bien après avoir publié les deux premiers volumes de celles-ci ? S'agit-il d'un remploi du matériau de la pastorale au sein du catholicisme royal et de la paix et, dans ce cas, quelle est sa signification ? Comment l'éthique chevaleresque des bergers, les

1. F. Cosandey et R. Descimon, *L'Absolutisme en France. Histoire et historiographie*, Paris, Seuil, 2002, p. 261 *sq.*

2. L. Giavarini, « Introduction » du *Compendio della poesia tragicomica*, *op. cit.*, p. 18-26.

usages de l'histoire qu'elle soutient dans une pratique socialisée des lettres se trouvent-ils soudain propres à participer au projet monarchique ? La publication en 1608 de *L'Institution de la vie dévote* de François de Sales, avec qui Honoré d'Urfé partageait le projet savant de l'académie florimontane à Annecy dès 1606, a pu lui fournir un exemple d'inscription des lettres dans la vie civile et politique. Mais la réintégration des anciens ligueurs dans la société, rendue possible par la dévotion affichée du roi et par leur propre conversion à un catholicisme dévot[1], autorise sans doute aussi cette présentation au roi de France d'une affirmation des origines féodales de l'éthique nobiliaire qu'est, pour partie, *L'Astrée*. La dédicace à Henri IV n'est pas plus en ce sens un geste de soumission que l'affirmation d'une position, et la revendication qu'un certain passé doit trouver son inscription dans le présent de la monarchie française.

Or, l'épître de l'auteur au berger Céladon accentue la posture élégiaque en affirmant, plus nettement encore que celle de 1607 à Astrée, le caractère démodé du lointain porté par ce roman :

> [...] en [ce siecle] où nous sommes on se rira plutost de ta peine qu'on ne voudra imiter ta fidelité [...] Ah Berger que l'aage où nous sommes est bien contraire à ton oppinion ! Car on dit maintenant qu'aymer comme toy, c'est aymer à la vieille Gauloise, ou comme faisaient les Chevaliers de la Table Ronde, ou le beau tenebreux ! [IIe partie, *op. cit.*, « L'Autheur au berger Celadon », p. 4]

Et de relier cette antique façon d'aimer aux pratiques religieuses archaïques qui la soutiennent : Céladon suit ses préceptes amoureux, comme « tout le reste de [ses] actions » ; il obéit à sa « religion » ; aux « Dieux qu'[il] adore » ; aux « sacrifices qu'[il] fait », à « [ses] mœurs et [sa] connaissance ». La foi religieuse et amoureuse de Céladon le met directement en relation avec un passé mythifié qu'elle seule rend désormais présent. Si Honoré d'Urfé garde ici la quintessence de l'idéologie ligueuse du mérite, il joue aussi de la distance pastorale pour creuser l'écart entre un lointain, dont il donne la mesure en s'adressant sur le mode de la déploration à Céladon, et la proximité des propositions politiques dont le texte montre qu'elles sont lisibles « au présent ». Les motifs de la publication et du secret s'amplifient ainsi réciproquement et le repli de l'auteur se marque jusque dans l'humeur même du berger Céladon, dissimulé à sa bergère – il en est séparé depuis le premier livre de la première partie – tandis qu'il se montre à « toute l'Europe » :

1. R. Descimon, J. J. Ruiz Ibáñez, *Les Ligueurs de l'exil*, *op. cit.*, Introduction, p. 31.

> C'est une estrange humeur que la tienne, Celadon, de te cacher avec tant de peine et d'opiniastreté à ta bergere, et de desirer avec tant de passion que toute l'Europe sçache où tu es, et ce que tu fais. [II e partie, *op. cit.*, p. 3]

*Corps sociopolitique et érotique du trouble (*L'Astrée, *II*[e] *partie, 1610)*

De fait, la réintégration politique dont témoigne cette deuxième partie ne s'opère pas sans ambivalence. À l'intérieur du texte, la question dévote trouve un développement important à travers l'accent mis sur les origines gauloises du catholicisme français. Elle est également lisible sur le mode d'un déplacement des investissements religieux dans le domaine de l'amour, que le dispositif de la représentation pastorale et sa référence chevaleresque et courtoise désignent comme le propre de la noblesse pastorale. Surtout, le discours amoureux permet de travailler l'intégration des passions au monde des bergers, et de ce fait la question d'une forme, ou plutôt d'une « réformation » du corps sociopolitique. Enfin, le marquage social des pratiques lettrées qui caractérise l'activité des bergers brouille les partages axiologiques entre monde pastoral et monde curial.

Alors que la première partie était centrée sur le séjour de Céladon à Isoure, la récitation des origines du Forez, celles des « grandes familles » d'Alcippe, de Galathée, et les aventures chevaleresques et courtoises de Guynemant et Lindamor, la deuxième réinterprète l'écart propre à l'amour « à la vieille Gauloise » entre « aymer & jouyr de la chose » (« l'Autheur au berger Celadon ») sur un mode nettement dévot. Elle commence alors que Céladon se trouve livré à la mélancolie, retiré dans la forêt loin d'Astrée. Au livre 8, le druide Adamas, qui est venu l'y rencontrer, lui expose l'histoire de la religion des druides. Il souligne le mélange né de la lecture romaine des divinités gauloises (f. 266 et 273 *sq.*), condamne le culte des images qui en est résulté (f. 278 *sq.*), et affirme l'existence d'une « pureté de cœur » gauloise, qui ne peut pas, en 1610, ne pas faire écho au refus gallican de recourir à l'autorité pontificale comme garant de la paix religieuse :

> Que si ce peuple que nous nommons Romain, s'est usurpé la domination des Gaulois, ce n'a point esté par les armes, mais plustost par chastiment de nos dissensions qui, estant pleines d'animosité entre nous, ont esté cause de nous le faire appeler et demander secours à ceux de qui l'ambition nous a depuis dévorez, nous apprenant, mais trop tard, qu'il ne faut jamais esperer que les estrangers nous affectionnent plus que nous nous aymons nous mesmes. Mais le grand Dieu que Samothes nous enseigna d'adorer en pureté de cœur, ne voulant estendre son ire à l'infini, nous ayant fait passer une demie lune de siecles sous cette domination estrangere, montre qu'il

> nous en veut retirer par les armes des Francs, qui se vantent d'être issus des anciens Gaulois. [IIe partie, *op. cit.*, livre 8, p. 322]

Se souvenant qu'Anne d'Urfé faisait de Rome le garant du sacrement de l'Eucharistie, on mesurera ce « vertige des reclassements religieux » dont parlent Robert Descimon et José Javier Ruiz Ibáñez à propos des ligueurs, pendant les premières années qui suivent l'édit de Nantes, et jusqu'à la régence de Marie de Médicis [1]. Proposition de paix, *L'Astrée* de 1610 en est une, certes, mais pour peu que l'on rassemble la France autour du seul lieu – désigné par le Forez – de cette pureté si socialement connotée, et que soit récusé tout recours à une aide politique extérieure.

Le propos éthique centré sur l'amour rend l'affirmation politique présentable. À la suite de son exposé, le druide Adamas convie Céladon à construire un Temple d'Amour dédié à Astrée, l'incitant par là à réinvestir dans l'amour pastoral l'engagement cultuel propre à cette religion originaire perdue et à intégrer sa valeur dans une dynamique dévote. L'amour pastoral, nourri de courtoisie et de mystique néoplatonicienne, serait donc la forme sublimée d'une religion perdue [2], une religion du simulacre [3] qui spiritualise le corps tout en l'aimant, le texte de 1610 explicitant nettement ce qui ne se formulait pas encore comme tel dans le livre de 1607.

Le roman élabore une sorte de narrativité du désordre amoureux qui lui permet de développer des images corporelles articulant les attitudes pathétiques et les attitudes éthiques des bergers. À la suite des « peintures esclattantes », tout un dispositif de représentation des passions élabore le sens d'une imagination que les premières pages semblaient avoir vouée au cannibalisme du fantasme, au trouble qui la suscite et qu'elle reconduit [4]. Cette hypothèse d'une construction éthique développée, dans le texte de *L'Astrée*, à travers les lieux du trouble offre sur la question des passions qu'Urfé mettait en avant pour Étienne Pasquier, une perspective différente de la discussion éthico-philosophique des bergers et des nombreuses sentences qu'elle présente. La question éthique n'apparaît pas seulement

1. R. Descimon, J. J. Ruiz Ibáñez, *Les Ligueurs de l'exil*, *op. cit.*, Introduction, p. 15 notamment.

2. *Ibid.*, p. 47.

3. Pour une analyse de la nature corporelle de la dévotion à l'image à la Renaissance, F. Lecercle, « L'infigurable. Le corps entre théologie des images et théorie de l'art », dans J. Céard, M.-M. Fontaine, J.-Cl. Margolin (dir.), *Le Corps à la Renaissance*, Paris, Aux Amateurs de Livre, 1987, p. 173-186 (p. 178 notamment).

4. Voir L. Giavarini, « Du fantasme à l'expérience. Plaisir et conversion de l'imagination mélancolique dans l'*Astrée* d'Honoré d'Urfé (1607-1619) », *Littératures classiques*, n° 45, « L'imagination au XVIIe siècle », printemps 2002, p. 157-177.

comme celle des contenus moraux (sentences, jugements, développements philosophiques) du livre, qu'il faudrait sans cesse articuler, interpréter, intégrer dans une cohérence d'ensemble. Elle se dégage du récit produit par la représentation des émotions pastorales dans des « lieux » narratifs comme le sommeil ou les larmes qui mettent en scène des corps de douleur saisis dans le moment d'un déplacement de l'acuité passionnelle. La différence entre attitudes pathétiques et attitudes éthiques n'est pas exactement la différence entre passions et bonnes mœurs : elle marque plutôt la proximité et la différence entre passions aiguës et passions modérées.

Voici un exemple d'un tel déplacement, que l'on peut rapporter aux réflexions des anciens sur l'*ethos*[1]. Au livre 8, Céladon rencontre Astrée, endormie avec les bergers dans la forêt :

> Elle avoit un mouchoir dessus les yeux qui luy cachoit une partie du visage, un bras sous la teste, et l'autre estendu le long de la cuisse, et le cotillon, un peu retroussé par mesgarde, ne cachoit pas entierement la beauté de la jambe. Et d'autant que son corps de juppe la serroit un peu, elle s'estoit deslassée, et n'avoit sur le sein qu'un mouchoir de reseul au travers duquel la blancheur de sa gorge paroissoit merveilleusement. Du bras qu'elle avoit sous la teste, on voyoit la manche avallée jusques sous le coude, permettant ainsi la veue d'un bras blanc et potelé, dont les veines, pour la delicatesse de la peau, par leur couleur bleue, descouvroyent leurs divers passages. Et quoy que de cette main elle tinst sa coiffure qui la nuict s'estoit destachée, si est-ce que pour la serrer trop negligemment, une partie de ses cheveux s'estoit esparse sur sa joue, et l'autre prise à quelques ronces qui estoient voisines.
>
> Ô quelle veue fut celle-cy pour Celadon ! [IIe partie, *op. cit.*, livre 8, p. 330]

Ce texte clairement informé par la référence picturale[2] peut être lu à l'intérieur d'un diptyque dont le premier volet serait la description du corps à demi noyé de Céladon, à la fin du livre I de la première partie. Pour lui que découvraient les nymphes, le texte développait l'apparence de la fausse mort :

1. Quintilien, *Institution Oratoire*, trad. J. Cousin, Paris, Les Belles Lettres, 1977, VI, 2 : « *Adfectus igitur hos concitatos, illos mites atque compositos esse dixerunt : in altero vehementes motus, in altero lenes* [...] » et J. Lecointe, *L'Idéal et la différence. La perception de la personnalité littéraire à la Renaissance*, Genève, Droz, 1993, p. 387 *sq*.

2. Sur ce point, et pour un développement plus ample des lignes qui suivent, L. Giavarini, « Exemples de corps : les lieux du sommeil dans *L'Astrée* ? », *Camenae*, n° 5, « Les visages contradictoires du sommeil de l'Antiquité au XVIIe siècle », éd. V. Leroux et C. Pigné, http://www.paris-sorbonne.fr/fr/spip.php?article 8615.

> [...] mais le voyant de plus pres, elle le creut mort, car il avoit encor les jambes en l'eau, le bras droit mollement estendu par dessus la teste, le gauche à demy tourné par derriere, et comme engagé sous le corps. Le col faisoit un ply en avant pour la pesanteur de la teste, qui se laissoit aller en arriere, la bouche à demy entr'ouverte, et presque pleine de sablon degouttoit encore de tous costez ; le visage en quelques lieux esgratigné et souillé, les yeux à moitié clos, et les cheveux qu'il portoit assez longs, si mouillez que l'eau en couloit comme de deux sources le long de ses joues, dont la vive couleur estoit si effacée qu'un mort ne l'a point d'autre sorte. Le milieu des reins estoit tellement avancé, qu'il sembloit rompu, et cela faisoit paroistre le ventre enflé plus, quoy que remply de tant d'eau il le fust assez de luy-mesme. [Ire partie, *op. cit.*, livre 1, p. 16]

Bras dessus ou bras dessous la tête – cette différence met bien les deux images en rapport dans une relation d'opposition formelle et temporelle. Le diptyque des deux corps abandonnés, l'un à la mort, l'autre au sommeil, modalise la relation à distance des amants – relation que le lecteur peut ainsi mémoriser grâce à l'image de ces corps placés chacun dans une partie du roman. La distance signifie donc à la fois séparation des amants et éloignement dans le récit, les images du corps gardant ici une trace technique des arts de mémoire médiévaux [1]. Mais l'énergie contenue dans l'image de mémoire se développe sur un plan érotique, produit de la conversion des affections, résultat d'un amuïssement et d'un réinvestissement du *pathos* amoureux dans une image. Le passage d'une image du corps à l'autre, d'une partie du roman à la suivante, autorise alors à lire la temporalité romanesque comme un processus de guérison du *pathos* mélancolique, la pastorale se décrivant ainsi de manière assez nette comme le lieu d'un endormissement des passions. La distance se raconte dans *L'Astrée* comme un *processus*, non un fait.

Le dispositif de la guérison mélancolique s'appréhende donc dans un autre registre que les discours du savoir qui font l'ordinaire de la conversation des bergers, proposant une interprétation originale de l'*otium*, de l'*utile dulci* que définit leur oisiveté très cultivée. Le sommeil met en évidence la surface du corps en son lieu, l'indication d'un effet comme informé par la tradition dévote du rapport aux simulacres [2]. On pourrait être tenté de parler de « phénoménisme sceptique » pour parler du moment de cette réflexion devant l'image du corps endormi, si l'expression n'avait

1. Fr. A. Yates, *L'Art de la mémoire* [1966], Paris, Gallimard, 1975. Les chapitres III et IV font le point sur les modifications de l'héritage antique au Moyen Âge.

2. F. Lecercle, « L'infigurable. Le corps entre théologie des images et théorie de l'art », art. cit.

l'inconvénient de nommer un système[1], là où l'on a plutôt affaire à une sorte de développement narratif et poétique autour du corps passionnel. Le mot de « phénoménologie » proposé par Norbert Elias pour nommer le trouble de la perception dans le roman d'Honoré d'Urfé, s'il est sans doute trop riche d'implications par rapport aux surgissements du phénomène dans *L'Astrée*, offre tout de même l'intérêt d'essayer de penser le corps des bergers comme un objet d'histoire. Le moment du phénomène, le brillant du sommeil, est en effet celui où un corps à part, un corps séparé, commence à être réintégré dans la communauté des bergers.

Il y a bien d'autres sommeils dans *L'Astrée*, qui constituent autant d'articulations entre pathétique et éthique : entre Céladon mélancolique et Astrée endormie, entre ces différentes images d'amuïssement des passions qui concernent aussi Silvandre et Diane notamment, le texte de *L'Astrée* instruit un procès des images corporelles, peintes ou non, mais toujours informées par le discours de la peinture et propres à la topique de l'imagination mélancolique. Une telle lecture met en évidence le rapport entre la guérison mélancolique, thème de l'histoire-cadre, l'instauration d'un nouveau régime des images du corps par le traitement narratif de l'imagination troublée, et le caractère éthique de l'existence des bergers. Ce régime d'ordonnancement des affections et de la chair *dans* et *par* l'image, à travers les lieux du corps disposés dans la narration, interroge en effet les modes de constitution de l'attitude éthique : en d'autres termes, les modalités de constitution d'un corps social incluant les corps particuliers des bergers. Car c'est bien une improbable recomposition du corps sociopolitique de la « bergerie » que racontent ces exemples de corps mis un instant à l'écart de la société pastorale, puis réintégrés dans celle-ci comme les parties d'un tout. Comme la maladie mélancolique, la guérison est une question politique que *L'Astrée* traite en donnant à voir des corps informés par les modèles picturaux et qui peuvent, pour cette raison même,

1. Dans son ensemble, la réduction du *pathos* amoureux à une énergie phénoménale semble en effet inviter à une lecture sceptique de *L'Astrée*. La pensée sceptique, transmise à la Renaissance par l'édition des *Hypotyposes pyrrhoniennes* de Sextus Empiricus par Robert Estienne, donne au phénomène une place centrale dans la question du jugement sur les apparences, soulignant la façon dont cette manifestation sensible nous affecte à travers un *pathos*. Et de fait, l'articulation sommeil-*pathos*-phénomène peut être reliée à cette ample discussion sur les apparences qui a été analysée par E. Henein, plutôt d'ailleurs en rapport avec un stoïcisme d'H. d'Urfé qu'avec un scepticisme qui obligerait à penser à un d'Urfé montaignien, en tous les cas différent de l'auteur des *Épîtres morales* (*Protée romancier. Les déguisements dans « L'Astrée » d'Honoré d'Urfé*, Paris, Nizet, 1996).

apparaître exemplaires d'une réintégration du corps dans un assemblage harmonieux de parties[1].

L'unité pastorale se reconduit ainsi dans la perte, dans une forme de déploration élégiaque sensible à travers les très nombreux poèmes d'amour insérés dans le récit, tandis que l'énergie mélancolique du deuil est convertie dans des conduites éthiques, socialement connotées, qui émanent de figures moins élevées que les nymphes. En abandonnant leur ancienne condition, les bergers se sont fait poètes, l'*ego* élégiaque a remplacé les valeurs militaires par la règle d'amour[2]. Ce que l'on considère comme une modalisation des conduites aristocratiques par des modèles de comportement dans *L'Astrée* n'est lisible que sous ces deux chefs : la narrativisation de ces conduites dans le récit, leur présentation toute politique sur le mode d'une excellence sociale, d'ailleurs susceptible de véritables reclassements, comme lorsque, dans cette même deuxième partie (livre 8), le druide Adamas rappelle à Léonide le lignage élevé de Céladon, alors que celui-ci n'était encore dans la première partie qu'un « simple berger ».

On le voit avec la description d'Astrée endormie – qui donne un caractère bien charnel au retour si politique de la divinité de l'âge d'or –, le réinvestissement du trouble à l'intérieur d'une conduite éthique est doté d'une dimension érotique singulière qui va bien au-delà de la simple mise en scène des spéculations amoureuses des bergers. Elle est plus nette dans cette partie de 1610 où la divinité Astrée devient un corps dénudé abandonné au sommeil, au regard voyeur de son amant ; plus nette encore dans la troisième partie, où Céladon se travestit en fille pour approcher Astrée. Une érotique du trouble se construit tout au long du développement de leurs amours, qui est peut-être le prix de la conversion des passions en distance éthique, peut-être une façon de garder, en la déplaçant, la séduction de l'énergie autrefois investie dans des actions guerrières, peut-être enfin la forme romanesque donnée à l'objectivation d'une pensée politique. Le jeu du roman sur Astrée, divinité et femme perdue par Céladon puis retrouvée dans le temps d'une contemplation troublée, offrirait une figuration de

1. Je pars de l'hypothèse que l'image du sommeil, l'image du corps endormi réalise la visibilité de l'exemple comme « tout ensemble » pensé à partir de la représentation du corps, précisément parce que le corps sert à penser aux XVIe et XVIIe siècles la question de l'unité, du tout – politique, pictural, textuel. J'exploite ici des réflexions menées dans le séminaire sur la « picturalité de l'exemple », en collaboration avec Mathieu Brunet et Marie-Pierre Gaviano (qui souligne l'importance pour Cicéron de la *compositio membrorum* : *De natura deorum*, I, 47).

2. *Cf.* l'analyse de P. Veyne : *L'Élégie érotique romaine*, *op. cit.*, chap. VII, « La pastorale en costume de ville ».

cette perte du corps mystique qui est alors au centre de la pensée catholique de l'unité politique.

Les premières parties du roman – les deuxième et troisième surtout – sont à tout le moins traversées par une jouissance du trouble qui n'a d'équivalent dans aucune pastorale narrative du temps, ni dans celles des années qui précèdent. Cette jouissance se lit comme le déplacement dans un registre recevable, décliné à travers toutes les modalités du déguisement et de la dissimulation qui garantissent une jouissance maximale, d'un problème à la fois politique, éthique et social. L'*ethos* pastoral de l'amour, fondé sur une constance à laquelle le récit concède autant de récompenses que de douleurs, du moins dans l'histoire-cadre d'Astrée et de Céladon, me paraît le corollaire dans le domaine moral de la pensée politique de l'immémorial et dans le domaine politique de la fidélité à un idéal. Le repli de l'engagement noble dans le registre amoureux, qui me semble un des indices de sa défaite politique autant qu'une forme de fixation d'une identité sociale ancrée dans les modèles médiévaux et renaissants d'une religion de l'amour, conserve ainsi quelque chose de l'énergie propre aux passions – une énergie dont l'âge classique ne se débarrassera pas si aisément.

Mais si l'*eros* est le produit d'une conversion des passions en attitude éthique, le reste phénoménal d'un déplacement du trouble, alors le processus même de production des mœurs pastorales suppose comme l'indéfini prolongement de cette érotique. Ainsi les retrouvailles d'Astrée et de Céladon sont-elles sans cesse reportées, et même à travers le trouble de la proximité autorisée de Céladon déguisé en Alexis avec sa bergère, dans la troisième partie du roman. La construction du temps pastoral comme temps de production d'une distance éthique ne peut être saisie que dans l'incomplétude, l'inachèvement d'un parcours indéfiniment ouvert sur le suspens du texte. Effet d'une réalité historique, sans doute : on dira que le roman ne pouvait être qu'inachevé, puisqu'il est resté tel. Singulièrement néanmoins, les fins ajoutées aux pages d'Honoré d'Urfé après 1624, si elles prolongent le discours amoureux des bergers, n'ont rien de cette étrange excitation qui déborde la discussion sur l'amour et la constance des bergers, figurant comme le produit de l'incertain déplacement de l'énergie passionnelle dans des conduites et des propos éthiques qui permettent à la société pastorale de faire corps.

Écriture et subjectivité : le modèle social de la construction éthique

Cette lecture d'une érotique du trouble, inscrite dans la disposition narrative des premières parties de *L'Astrée*, sollicite un rapprochement avec le modèle de l'histoire dévote qui lui est contemporaine et qui passe aussi par ces lieux du corps, véritable invite à une lecture « traversière »[1]. Jusqu'à quel point ce que l'abbé Bremond a appelé l'« humanisme dévot » – exercices d'une dévotion civile chez François de Sales, écriture des histoires dévotes chez Jean-Pierre Camus – est-il néanmoins un contexte pertinent pour cette écriture du trouble dans *L'Astrée*? La lecture que Sylvie Robic fait des romans de Jean-Pierre Camus, dans le cadre du pari de la dévotion civile porté par l'*Institution de la vie dévote* de François de Sales, a mis en relief le retrait de la subjectivité de l'auteur à l'intérieur d'une écriture qu'il avait voulue débarrassée de l'amour-propre. Cette réflexion permet de penser la position auctoriale d'Honoré d'Urfé, mais elle ne vaut pas pour ceux qui écrivent dans son roman : l'articulation narrative de l'*ethos* de l'amour au *pathos* n'y a rien d'une stratégie d'effacement de la subjectivité. Amuïssement de la violence pathétique sans doute, distance éthique : la distance des bergers se construit à travers des formes expressives multiples insérées dans le récit – poèmes, lettres, tirades quasi théâtrales –, où se lisent sans cesse des opinions et des affects.

De manière générale, les figurations de l'écriture, que l'on ne saurait omettre dans un discours critique sur ce qui se met en représentation dans le roman d'une identité sociale et d'un retrait politique, sont un des moyens de construction de l'éthique pastorale. Les bergers du Forez ne cessent d'écrire des vers, des épîtres ; ils déchiffrent des inscriptions, écoutent des lectures d'*ekphraseis*, apprennent à la fois à déchiffrer les métaphores amoureuses et à reconnaître l'auteur de tel poème à la façon dont il a tracé les lettres sur un rouleau. Certains épisodes, comme l'entrée des bergers au Temple d'Amour construit par Céladon pour sa bergère qu'il croit perdue et qu'il vient adorer en lui consacrant un portrait et des vers (II, 10), concentrent ce travail de représentation de l'écrit et de ses effets – ce repli, dont je parlais plus haut, de la question politique et religieuse sur l'affect amoureux rassemblé dans une image. On reconnaît dans l'épisode du temple notamment l'intimité de la fiction pastorale avec l'écriture comme pratique de supports (rouleaux, parchemins, écorces, tablettes), comme expérience du deuil (de Céladon par Astrée, d'Astrée par Céladon), comme technique cynégétique (qui est l'auteur de ces "C" entrelacés ?)[2] – tout ce

1. S. Robic-De Baecque citant L. Marin dans *Le Salut par l'excès. Jean-Pierre Camus (1584-1652), la poétique d'un évêque romancier*, Paris, Champion, 1999, p. 13.

2. *L'Astrée*, IIe partie, éd. Vaganay, livre 5, p. 187 : « et plus elle regardoit l'escriture, et plus il luy sembloit que c'estoit celle de Celadon ; de sorte qu'apres un long combat en elle-mesme, il luy fust impossible de retenir ses larmes, et pour les cacher, elle fust contrainte de tourner le visage vers l'autre autel. »

qu'on a lu dans la traversée du Temple par les bergers de *La Pyrénée* de Belleforest. Cette expérience est décrite comme subjective, plus précisément formatrice d'une subjectivité : en se reconnaissant dans le portrait du Temple, en se reconnaissant aimée de Céladon qu'elle croyait un traître, et qu'elle croyait mort surtout, regardant l'écriture de son berger comme si celle-ci venait d'un autre monde, la bergère Astrée s'invente dans les larmes comme sujet distinct de la divinité Astrée. En ce point, le récit se désallégorise en produisant une histoire – l'histoire de l'accès à une condition éthique, historique.

Il est significatif qu'une des figurations principales de l'écriture dans l'ensemble du roman soit la lettre : l'art épistolaire est à la Renaissance le cadre privilégié d'une réflexion sur la « doctrine éthique », « résolument centrée sur l'expression de soi dans le discours » [1]. La lettre est un des lieux du roman où se formalise la distance entre les bergers, la distance du monde pastoral aux passions qu'il transpose dans des attitudes éthiques. La façon dont on a très tôt, dès la deuxième partie de 1610, extrait de *L'Astrée* les épîtres et les poèmes en vers, dont on y a lu un *canzoniere* et dont on a réinséré ces pièces dans des recueils, dont on en a fait des tables, souligne que l'écrit a bien été compris comme un lieu d'élaboration et d'appropriation possible de la réception sociale du roman ; comme un des usages postulés des affections autour desquelles se tisse le récit.

En même temps, cette formalisation des conduites par l'écrit brouille la différence entre monde pastoral et monde curial. Car les bergers ne sont pas les seuls à écrire. Dès la fin de la deuxième partie, la perfection des attitudes éthiques se partage plus nettement entre bergers et courtisans. Dans un épisode érotique, le romain Ursace compose un sonnet « Sur une piqueure » pour commémorer le baiser qu'il a reçu d'Eudoxe (II, 12), donnant ainsi à la cour de Valentinian des plaisirs lettrés peu distincts de ceux du monde pastoral [2]. Dès 1610, la réception sociale du roman fait à l'évidence retour sur l'idéologie de sa description du monde curial, contribuant à éloigner plus encore du temps narratif-cadre la perfection des origines. Ce type de « retour » montre qu'en se présentant comme un espace lettré, le monde pastoral s'est offert à des appropriations, qu'il est intervenu dans la définition sociale des pratiques lettrées de son temps. Car si Honoré

1. J. Lecointe, « Les consignes éthiques des manuels d'art épistolaire », dans F. Cornilliat et R. Lockwood (dir.), *Ethos et pathos. Le statut du sujet rhétorique*, Paris, Champion, 2000, p. 351 et 353.

2. Voir L. Giavarini, « Une poétique du mélange dans *L'Astrée* ? Honoré d'Urfé lecteur de Guarini », dans D. Denis (dir.), *Lire l'Astrée*, *op. cit.*

d'Urfé a rendu acceptable pour le pouvoir monarchique l'idéal nobiliaire qu'il reconduisait pastoralement, c'est qu'il en montrait les bénéfices moraux et politiques : la production d'une énergie sociale par les lettres[1], une intégration de l'énergie passionnelle à la communauté, moins purgée des passions politiques que résultant de la conversion de ces passions à l'amour.

*Une institution du prince ? (*L'Astrée*, IIe partie, 1619)*

Peut-être est-ce l'intégration d'une lecture curiale dans le récit, l'intériorisation de la réception du roman, qui expliquent l'épître « au Lignon », publiée par Honoré d'Urfé en ouverture de la troisième partie parue en 1619. Plus encore que les deux précédentes, elle développe une tonalité élégiaque tournée vers le passé personnel que le lieu lui permet d'évoquer. Au début du texte, la réserve à partir de laquelle Honoré d'Urfé marque l'écart entre le lieu de l'écriture et l'espace ouvert par la publication lui permet de développer sa propre humeur en une effusion proprement lyrique : la rivière devient l'emblème de son lien nostalgique avec une terre et une histoire singulières, désormais reculées dans le temps :

> Belle et agreable Riviere de Lignon, sur les bords de laquelle j'ay passé si heureusement mon enfance, & la plus tendre partie de ma premiere jeunesse, quelque payement que ma plume ayt pu te faire, j'avoüe que je te suis encore grandement redevable, pour tant de contentements que j'ay receus le long de ton rivage, à l'ombre de tes arbres feuillus, & à la fraischeur de tes belles eaux, quand l'innocence de mon aage me laissoit jouyr de moy-mesme, & me permettoit de gouster en repos les bon-heurs & les felicitez que le Ciel d'une main liberale respandoit sur ce bien-heureux Pays. [IIIe partie, *op. cit.*, « L'Autheur à la rivière de Lignon », p. 5]

Jeu d'une dissimulation concernant la participation du roman pastoral à la politique du temps ? Peut-être. Mais accentuation aussi d'une forme de « subjectivisme » né de la défaite et de l'intégration de l'éthique pastorale au monde social. Car ce que « représente » le Lignon,

> toutes les douces pensées, tous les amoureux souspirs, & tous les desirs plus ardents qui durant une saison si heureuse ont nourry [son] ame de si doux entretien qu'à jamais le souvenir en vivra dans [son] cœur [...]. [*ibid.*]

1. S. Greenblatt, *Shakespearian Negotiations : the Circulation of Social Energy in Renaissance England*, Berkeley, University of California Press, 1988.

se retire dans un passé plus lointain. Le choix même des formes d'écrits où se définit l'auctorialité d'Honoré d'Urfé, dans cette troisième partie comme dans les deux précédentes, épîtres et odes, met en évidence la différence entre le lieu postulé de cette auctorialité expressive – le Forez – et les lieux imaginés pour la réception du texte et dont l'auteur se dit exilé, fussent-ils intégrés à la narration. Cette posture auctoriale prend évidemment sens dans la tradition des *Tristes* d'Ovide, jusque dans l'identification politique de son énonciation lyrique.

Le retrait de l'auteur n'est au demeurant pas celui du texte : cette troisième partie a paru en 1619, après les troubles de la régence de Marie de Médicis et des premières années du règne de Louis XIII : assassinat de Concini en 1617, débuts de la guerre l'année suivante. Bien plus nettement que ne l'était celle de 1610, la dédicace au jeune roi se veut une sollicitation politique :

> N[']esloignez point de vous [cette Astree], Sire : mais au contraire, à l'imitation de ce grand Roy, Pere de V.M. aymez-la, & la cherissez avec une tres certaine asseurance, que tant que vous reiglerez vos actions à son exemple, vous acquerrez une extreme Gloire par dessus tous les Princes de la terre, une tres grande Amour parmy vos Peuples, & une infinie benediction de la main de Dieu. Toute l'Europe attend ces effects de V.M. Tous les Français les esperent, & tous bons et fideles subjects les souhaittent ; & moy SIRE, en cette qualité, j'en supplie Dieu, avec tous ceux qui desirent la grandeur de vostre Couronne, le repos de vos peuples, & la gloire de vostre Nom [...]. [IIIe partie, *op. cit.*, « Au Roy », p. 4]

Naguère présentée au roi comme par les hasards du contexte, la pastorale d'Honoré d'Urfé affirme maintenant son caractère de proposition politique. Quel sens peut avoir la proximité d'*Astrée* (le livre) avec le monarque – « n'esloignez point de vous cette Astrée » – sinon celle d'un livre d'histoire ? Cette troisième partie se développe comme une réflexion sur les relations entre l'amour et la vie de cour, incluant l'histoire de la cour d'Euric, « clé » d'Henri IV en même temps que personnage historique réel, et de celle de Childéric, le jeune roi franc fils de Mérovée, « clé » d'Henri III. Celle d'une institution du prince, en outre, qui va avec une critique plus nette des dévoiements de la fonction monarchique et des excès de la cour.

Trois histoires enchâssées – Alcidon et Daphnide à la cour d'Euric le Grand (livres 3 et 4), Criseide et Arimant, liés à Gondebaut, le roi de Bourgogne (livres 7 et 8), enfin Childéric, Silviane et Andrimarte (livre 12) – tissent la cohérence d'un discours sur les liens entre les codes (ou l'absence de code) de l'amour, les mœurs de la cour et la légitimation de la monarchie. Le triptyque[1] module ainsi le rapport changeant des lecteurs à l'éloignement du passé, pour proposer une réflexion sur les intérêts des rois et les valeurs chevaleresques. Si la cour d'Euric apparaît suffisamment relâchée pour que les serments d'Alcidon et de Daphnide ne les engagent que de manière superficielle, et que le roi puisse emporter les charmes de la jeune femme, c'est à l'inverse la profondeur de l'idéal chevaleresque porté par Chriséide et Arimant, jusque lors d'un sacrifice que Gondebaut hésite à profaner devant l'assemblée de ses sujets, qui semble protéger la sainteté de la monarchie. La troisième histoire confronte encore l'amour de Silviane et Andrimarte à la volonté d'un roi, en l'espèce Childéric qui, à la mort de Mérovée, est monté sur le trône par la volonté commune de ses sujets. Mais cette réalisation narrative du thème politique contractuel médiéval, réactivé par des monarchomaques comme François Hotman, puis par les ligueurs après la Saint-Barthélemy[2] aboutit ici à un échec : la volonté des Francs a choisi pour eux un roi vicieux, dégénéré, si oublieux de la sagesse paternelle et de la « guerrière vertu » des Francs que les grands et le peuple

> resolurent de le déclarer indigne & incapable de la Couronne des Francs et en mesme temps en eslirent un, qu'encores que Romain ils jugerent toutefois estre personne si pleine de merites qu'il estoit digne d'estre leur Roy. [IIIe partie, ligne 12, p. 1183]

Dès lors que la volonté commune n'est nullement garante d'un bon choix, elle peut se retourner contre le roi et corriger ses erreurs. Ou tenter de les corriger : car Childéric, croyant l'opinion des flatteurs qui lui ont dit que

> toutes choses estoient permises au Roy : […] & que puisque la mort & la vie de ses vassaux estoient en sa puissance, qu'il en pouvoit faire de mesme de tout ce qu'ils possedoient [IIIe partie, ligne 12, p. 1184]

décide de forcer la volonté de Silviane et de la dérober à son amant.

Offerte en 1619 au fils d'Henri IV, *L'Astrée* est donc devenu le roman d'une histoire à la fois plus proche de la monarchie que ne l'était la première partie de 1607, et plus critique à l'égard de son devenir historique. L'histoire des rois y est toujours le récit d'une dégénérescence de la sainteté

1. Le terme est utilisé par I. Cremona qui analyse les trois histoires dans *L'Influence de l'Aminta sur la pastorale dramatique française*, *op. cit.*, p. 122 *sq.* À l'exception de la dernière analyse, je lui emprunte l'essentiel de la description qui suit.

2. A. Jouanna, *La Saint-Barthélemy*, *op. cit.*, p. 254-259. L'ouvrage de Hotman qui introduit ces thèmes est le *Franco-Gallia* de 1573, traduit en français dès 1574, probablement par Simon Goulart.

monarchique et de la grandeur vertueuse des pères : Childéric a oublié les avertissements de Mérovée (p. 1164 *sq.*) et utilise son pouvoir pour assouvir ses désirs ; son autorité est une « tyrannie ». Euric met en danger la force du lien que son frère Torrismond avait noué entre les amants, Alcidon et Daphnide. Gondebaut contredit aux lois de l'« ordre de chevalerie ». L'idée monarchique apparaît menacée par les rois eux-mêmes, tandis qu'il revient au monde pastoral et courtois de maintenir la mémoire de leurs actions passées et des valeurs de vertu et de la chevalerie, tel le druide Adamas gardant dans une galerie de fresques et de tableaux l'histoire (et la géographie) de la Gaule (livre 3).

Dans la mesure même où elle réactive par la fiction les thèmes essentiels de la discussion politique pendant les guerres de Religion, mais dans la mesure aussi où les années 1617-1619 voient la reprise des troubles, cette troisième partie accentue l'intégration du contexte politique immédiat dans la pastorale d'Honoré d'Urfé. Le retrait de l'auteur n'est pas celui du texte. S'il peut être expliqué par l'éloignement des valeurs de chevalerie dans les histoires édifiantes qui structurent cette troisième partie, il est possible qu'il marque aussi sa distance à cette implication de son roman dans la politique du temps, auprès de la figure du monarque, soulignant par là la scission qui passe à l'intérieur de l'action de publication du livre. Et l'on pourrait lire dans cette distance une nouvelle interprétation de cette absence du poète à son chant, dont on a rappelé qu'elle était constitutive de l'énonciation pastorale.

Je me demandais plus haut pourquoi Honoré d'Urfé avait écrit un roman pastoral plutôt que des mémoires, comme le fit Blaise de Monluc, comme le feront surtout nombre de nobles après la Fronde, tel le cardinal de Retz qui inclut dans sa « Vie du cardinal de Rais » une histoire polémique de la monarchie française [1] ; pourquoi d'Urfé écrit le *locus amœnus* plutôt que la description du Forez ; pourquoi encore il choisit les druides gaulois plutôt que des hymnes spirituels, comme son frère. Il est clair que la pastorale l'autorise à interroger et à historiciser le lien du politique et du religieux qui fondait jusque là la pensée catholique du gouvernement monarchique, qu'elle lui permet aussi de mettre ce lien à distance, dans un passé insaisissable dont il présente une image éthique, idéale. Que cet « art de l'éloignement » [2] qui fait des lettres le moyen d'une dépolitisation de l'action nobiliaire soit aussi une forme de réinvestissement de questions

1. Cardinal de Retz, *Mémoires*, *op. cit.*, IIe partie, p. 298 *sq.*

2. Pour reprendre à mon compte, et détourner la belle formule de Thomas Pavel.

chaudes contribue donc à montrer que l'idéalisation pastorale est absolument politique.

Pour Honoré d'Urfé, ce déplacement de l'action dans les lettres est celui de la défaite politique. Élaborer la question religieuse dans la dimension originaire qu'elle avait eue pendant les troubles de Religion, offrir une présentation éthique de la question brûlante des origines du catholicisme, donner, même, au corps mystique de la France le contour idéal d'une bergère au nom divin, appartenant au seul lieu qui soit susceptible pour lui de garder trace d'une disparition – autant d'actions qu'Urfé mesure à une autre pensée de l'action noble. Il ne s'agit donc pas pour lui de dire le repos de l'homme d'armes, le moment d'une construction vertueuse de sa complétude. Il s'agit d'élaborer cet autre temps de l'action qu'est l'écriture, de ressaisir autrement le lien entre les « armes » et les « lettres » que mobilisaient les épîtres dédicatoires des bergeries renaissantes.

La construction de son auctorialité rend sensible la perception qu'Honoré d'Urfé a de l'écriture comme action politique. Si la pastorale est le code qui lui permet d'élaborer son écriture comme distance spatiale, sociale, temporelle, comme écriture d'une histoire « immédiate », il mesure avec *L'Astrée* la distance propre à l'action de l'écriture au regard de ses autres actions – qu'il appelle des « passions ». Il donne encore une présentation éthique de son discours historien, interroge l'histoire comme mémoire, en un sens presque moderne. Alors même que son existence montre la variété de ses activités – diplomatiques, courtisanes, guerrières, scripturaires –, il accentue le discours de la retraite qui soutient cette écriture historienne. C'est à ce titre qu'illustrant son lignage par l'écriture des lettres, il construit un lieu décisif de la mémoire noble – une mémoire féodale qui se ressaisit et s'exalte dans la dévotion amoureuse.

Mais si Honoré d'Urfé peut construire autour de son roman pastoral l'image clivée de sa qualité de noble dans les lettres, ce qu'il ne faisait pas avec ses écrits précédents, c'est que l'écriture et la publication de *L'Astrée* relèvent, pour lui-même, d'une action politique. L'épître (à Astrée, à Céladon, au Lignon) fait jouer un écart entre la publication et l'action – celui d'un secret qui se publie. Le clivage de son auctorialité permet à Honoré d'Urfé de revenir sur la modélisation éthique de sa pastorale. La fiction selon laquelle il s'adresse aux personnages de son livre, dont il fait ses représentants tournés vers les lecteurs, montre l'étrange scène que construit pour lui-même la stratégie mélancolique de l'ancien guerrier. Fiction efficace au demeurant : son « moi » peut y entrer en relation avec l'« objet perdu » qu'est l'irréel d'un passé décrit comme immémorial et vécu à la fois, « tenter une appropriation qu'aucune perte ne pourrait compromettre », comme écrit Giorgio Agamben à propos de la fantasmologie mélancolique[1]. Le motif du déguisement, instrument des retrouvailles de Céladon et d'Astrée comme de leurs plaisirs licites à partir de la fin de la deuxième partie du roman, dit clairement ce qu'il en est d'un possible retour à l'unité perdue du catholicisme en 1619, alors même que la dévotion civile avait pu apparaître un temps comme la solution aux clivages politico-religieux issus des troubles. Le déguisement est une solution insoluble : s'il ouvre le récit à toutes sortes de développements érotiques, qu'Éric Rohmer n'a pas manqué de saisir dans son adaptation anhistorique du roman, son « conte moral » qui en comprend bien l'idéologie néanmoins, il signifie aussi de fait un impossible retour au passé.

Le roman pastoral, série de moments scripturaires qui ne se joignent pas parfaitement les uns aux autres (épître au livre, épître au roi, récit-cadre, lieux du texte eux-mêmes disposés en sentences, lettres, poèmes, corps endormis), montage de parties qui ajustent leurs actions respectives à des contextes politiques changeants, est ce qui a permis à Honoré d'Urfé d'élaborer sa propre historicité de noble écrivant. Cette historicité qui ne se distingue pas d'un sentiment mélancolique se lit au lieu même où l'écriture des belles-lettres se nourrit de la défaite politique. Et c'est bien en ce sens que je voudrais comprendre l'étonnement d'Étienne Pasquier – le vieux politique qui a contribué à l'historiographie de la Ligue du seul point de vue des vainqueurs[2] – devant *L'Astrée*.

1. G. Agamben, *Stanze. Parole et fantasme dans la culture occidentale*, Paris, Rivages, 1994 [1981], p. 49.

2. M. Penzi, « "*Damnatio memoria*" : la Ligue catholique française e la storiografia tra politiques, rivoluzionari, mistici e liberali », *Quaderni storici*, n⁰ 118, avril 2005, p. 263-284 (p. 266).

DEUXIÈME PARTIE

LE MOMENT LIBERTIN (c. 1607-1634)
PASTORALE ET POLITIQUE DES AUTEURS

Préambule

Bergeries « funèbres » ou « comiques », « fables bocagères » ou « champêtres », « pastorales nouvelles », « tragicomédies pastorales » ou « tragipastoralles », « chasteté repentie » et autre « union d'amour et de chasteté » – comment donner sens à la floraison de textes pastoraux du premier tiers du XVIIe siècle? Dans son étude sur la fortune française du *Pastor fido*, Daniela dalla Valle compte dans le XVIIe siècle une centaine de « pastorales dramatiques françaises », dont une vingtaine autour des années 1596-1608, plus de soixante entre 1608 et 1640 environ, le reste après les années 1650 [1]. Si l'on ajoute une douzaine de textes anonymes ou cryptonymes, ce sont plus de soixante-dix écrits pastoraux, de théâtre, qui paraissent dans la période qui va des deux dernières années du règne d'Henri IV aux deux ou trois années suivant la fondation de l'Académie française et la querelle du *Cid*, pour mentionner deux événements politico-littéraires nettement délimités. Les premières années du ministériat de Richelieu (1624-1635) semblent particulièrement riches en textes pastoraux, plus connus que ceux de la régence, mieux intégrés aux corpus de l'histoire du théâtre français, parce que plus homogènes formellement, relevant plus nettement du genre de la tragi-comédie.

Il est difficile de renvoyer ces textes à la longue durée de la tradition pastorale, même s'il est évident que la stabilité des *lieux* est un élément décisif du geste qui consiste à écrire une pastorale, quelle qu'en soit la forme : discussion sur la nature de l'autorité, paternelle la plupart du temps, monarchique dans certains cas; affirmation du bénéfice de la victoire d'amour dans nombre de cas, et récupération du sens néoplatonicien de l'amour; discours sur l'honneur et la nature. Certains auteurs ne font que souligner leur aptitude à écrire dans ce genre avec lequel ils ont fait leurs classes, en lisant les *Bucoliques*. Ils exhibent parfois, pour un protecteur

1. D. dalla Valle, *Pastorale barocca*, *op. cit.*, p. 265-293.

avec qui le texte n'entretiendra pas d'autre lien que celui que formule le service de la dédicace, une compétence scripturaire d'autant plus voyante qu'elle se marque à travers des lieux poétiques très codifiés.

On comprend bien alors la logique propre qu'il y a pour l'histoire littéraire à mettre ces très nombreuses « pastorales dramatiques »[1] parues pendant les premières années du règne de Louis XIII en relation avec le succès du roman d'Honoré d'Urfé : la publication en plusieurs livraisons de *L'Astrée*, ses réimpressions provinciales, l'affaire des suites du texte ont montré comment un roman qui avait accompagné la paix d'« Henri le Grand » en est venu à susciter son propre contexte.

Il y a cependant plusieurs difficultés dans une telle construction historique. La première est que cette floraison de textes pastoraux précède en partie le succès de *L'Astrée*, même si elle n'excède pas vraiment la temporalité propre de son événementialité telle que je l'ai définie en m'arrêtant vers 1633-1634. Surtout, la plupart de ces écrits ne s'attachent pas à un fait précis. Si quelques-uns s'accrochent explicitement à l'événement *Astrée*, c'est à une époque où l'adaptation (du roman au théâtre, notamment) est devenue une forme importante de la pratique des belles-lettres, après 1625. Jusqu'au début des années 1620, nombre de ces textes sont publiés en province, à Rouen ou à Lyon. Certains commentent l'actualité politique – la mort d'Henri IV, les rapports de la France avec l'Espagne –, d'autres ne semblent qu'un assemblage a-référentiel de *topoï* sur la nécessité ou la victoire de l'amour. Ces hétérogénéités de la publication et des formes rendent difficile le repérage de regroupements spécifiques et improbable l'appartenance de ces textes au champ du seul événement *Astrée*.

La seconde difficulté tient précisément au fait que la diversité formelle de ces écrits va avec la constance de leur inscription dans une théâtralité qui prend en charge questions politiques sur le sens de l'autorité, interrogations sociales sur les conduites et les identités, modélisations fictionnelles du politique et de l'histoire. Ce qu'on appelle l'« influence » ou la « fortune » des textes italiens – du *Pastor fido* de Guarini surtout – peut d'autant moins constituer la véritable explication de cette passion des bergers pour le théâtre que la pastorale guarinienne a été reçue comme un texte à lire plus qu'à représenter[2], et que les romans qui se greffent sur *L'Astrée*

1. Suivant l'expression de J. Marsan qui invente, de fait, le concept : *La Pastorale dramatique*, *op. cit.*

2. *Cf.* Le premier traducteur, Roland Brisset : « cest ouvrage ayant esté fait François, non pour le representer sur un theatre, ains pour estre leu seulement. » (*Le Berger fidelle*,

théâtralisent leur rapport à leur matrice [1]. On peut avancer l'hypothèse d'un lien intrinsèque de la bucolique avec le théâtre, puisque l'on sait par Servius que les *Bucoliques* de Virgile avaient été représentées. Mais cela ne dit pas pourquoi tout d'un coup, en l'espace de quelques années, la théâtralité est devenue en France le mode d'apparition dominant des bergers.

Le caractère de répétition qui caractérise ces écrits doit donc être pris en charge dans d'autres termes que ceux d'une impossible originalité poétique, plutôt comme une modalité essentielle de leur participation à une discussion ou une controverse, fût-ce la seule controverse qui consiste à montrer la place nouvelle des lettres dans la vie politique et sociale. Cette reprise marquée de motifs moraux et de structures poétiques, soulignée par la proximité temporelle de ces publications, suggère de rapprocher ces textes d'une production polémique d'écrits d'opinion. C'est peut-être risquer de perdre un moment le fil de la « distance pastorale » – et, de fait, cette distance est réduite par la théâtralité de ces écrits –, mais c'est d'abord essayer de penser ces textes dans le nouvel espace des lettres, essayer de réfléchir à la conflictualité nouvelle de la poésie et de la politique [2].

Parler de « moment libertin » [3], comme je le ferai dans cette seconde partie, vise ainsi à interroger cette conflictualité, à donner une place à ces écrits dans un contexte où les actions d'écriture des auteurs sont saisis par des jugements concernant la nouveauté, le rapport à l'autorité, les enjeux de la poétique – des jugements qui ne se portaient pas jusqu'alors sur les textes. Ce « moment » déborde donc largement la production des textes pastoraux. S'il a pour noyau événementiel le procès de Théophile de Viau (1623-1625), il est également marqué par la querelle des *Lettres* de Guez de Balzac (1624), par les débats sur l'éloquence publique, l'imitation, la

Tours, Jamet Mettayer, 1593), ou l'abbé d'Aubignac : « j'ay sceu d'un homme tres-sçavant aux belles choses, et qui avoit assisté à la representation du *Pastor fido* en Italie, qu'il n'y eût jamais rien de plus ennuyeux, à cause qu'elle avoit duré trop-longtemps ; et que ce Poeme dont la lecture ravit, parce qu'on peut la quitter quand on veut, n'avoit donné que des degousts insupportables » (*La Pratique du Theatre* [1657], éd. Hélène Baby, Paris, Champion, 2001, chap. VII, p. 172-173).

1. M. T. Anacleto, « De la médiation poétique comme extravagance de l'écriture : les réécritures *dans* et *de L'Astrée* », art. cit.

2. Je parle de « théâtralité » plutôt que de « théâtre », parce qu'il s'agit de saisir la pratique des lettres au lieu précis où elle se publie comme discours, où elle réduit sa distance avec le monde social. J.-P. van Elslande nomme un peu différemment une « dramatisation » qu'il met en relation avec le « fort potentiel dramatique du libertinage » : *L'Imaginaire pastoral du XVIIe siècle*, Paris, PUF, 1999, p. 116.

3. Sur cette notion de « moment », voir F. Worms, *La philosophie en France au XXe siècle. Moments*, Paris, Gallimard, 2009.

langue. Dans ces événements juridico-littéraires, de nombreux religieux ont pris la plume. Dans le cas du procès de Théophile, un jésuite, le père Garasse construit, avec *La Doctrine curieuse des beaux esprits de ce temps*, le libertin comme fiction polémique efficace[1]. Comprendre le règlement politique de la question religieuse pendant la paix nécessite d'examiner la façon dont les acteurs du débat ont perçu les lettres, que l'on commence alors à désigner du terme de « belles », comme une des scènes où se jouait la partie.

Le « moment libertin » se caractérise en effet par la cristallisation, notamment dans l'espace des lettres qu'il contribue à définir, de la question dévote : un corollaire de la recomposition du catholicisme zélé dans les années qui suivent la mort d'Henri IV est en effet l'effort du parti dévot pour contrôler des productions écrites qui ne s'inscrivent pas toutes pourtant dans le domaine du religieux, mais qu'il ne saurait laisser s'exclure de l'improbable unité du catholicisme français, *a fortiori* définir un espace particulier de l'écriture lettrée[2]. Parler de « moment libertin » plutôt que de « moment dévot », c'est donc prendre en compte le fait que la dévotion est une question conflictuelle, une « solution » qui n'est pas celle du catholicisme royal notamment. C'est aussi choisir de regarder les écrits pastoraux et leur implication dans les questions politico-religieuses du point de vue de ce qui proteste, de ce qui ne se laisse pas annexer à une problématique unité politique, du côté des pratiques d'écriture en tant qu'elles sont porteuses d'une pensée de l'action et constituent des pratiques sociales parmi d'autres. Du côté des « perdants », si l'on veut.

Mais c'est revenir encore à la question complexe de l'éthique du texte pastoral. Jean-Pierre van Elslande a montré que la dévotion pouvait n'être qu'un des envers du libertinage, comme l'inconstant Hylas serait l'envers du très platonicien Silvandre dans le roman d'Honoré d'Urfé. Histoire d'un « groupe de sujets – réels ou fictifs – entretenant un rapport nuancé et complexe au jeu dramatique », le libertinage aurait rencontré de manière privilégiée la thématique pastorale et celle-ci aurait eu au XVIIe siècle la

1. L. Godard de Donville, *Le Libertin des origines à 1665 : un produit des apologètes*, *Papers on French Seventeenth Century Literature*, Paris-Seattle-Tübingen, « Biblio 17 », 1989. Je reviens sur le propos de cette thèse et sa critique par J.-P. Cavaillé (notamment), dans « Le libertin et la fiction-sorcière à l'âge classique : autour de Dom Juan et Théophile », dans F. Lavocat (dir.), *Usages et théories de la fiction, XVIe-XVIIIe siècles*, Rennes, Presses universitaires de Rennes, 2004, p. 186-189.

2. H. Merlin-Kajman, *L'Excentricité académique. Littérature, institution, société*, Paris, Les Belles Lettres, 2001, chap. III en particulier.

fonction d'une « herméneutique culturelle »[1]. Il est vrai qu'en parallèle de la dévotion amoureuse, *L'Astrée* poursuit un fil de questions libertines sur les manipulations de la croyance et du visible, sur les apparences et les tromperies de la nature que l'on retrouvera dans les textes que l'on va lire dans les chapitres suivants. Mais si l'on entend par libertinage, comme le veut l'emploi du mot « libertin » à l'époque, un rapport à l'autorité et à la croyance qui s'analyse aussi dans des pratiques d'écriture particulières et qui se lie à l'investissement et au désir de contrôler des « espaces sociaux où se joue le succès » de ces écrits[2], on peut repérer des usages libertins de la pastorale – c'est le cas des pièces de Mairet –, observer que l'écriture de la pastorale a parfois permis de constituer une fiction lettrée en réponse à la puissance dévote – c'est celui des *Bergeries* de Racan. Autrement dit, les textes ne servent pas tant à « restituer la vivacité des idéologies dévotes et libertines » qu'ils ne permettent de comprendre les « tensions » qui traversent ces idéologies et qu'ils mettent en action dans la publication[3].

L'examen des usages politiques de la pastorale prend donc sens ici dans un cadre différent de celui des guerres de Religion : ce sont les lettres mêmes qui sont l'objet du conflit, élément à part entière d'un affrontement politique qui ne passe pas seulement par la violence guerrière, mais aussi par une actualisation et une mise en action dans l'écriture des particuliers des rapports de la religion et de l'État. L'insistance de nombre d'auteurs sur le geste de leur publication souligne ce caractère désormais polémique de l'espace des lettres né de la scission du public et du particulier[4].

Lire les écrits pastoraux du point de vue de leur contribution à un espace d'opinion, si difficile soit-il à définir, permet par ailleurs de souligner la différence de statut social et littéraire de leurs auteurs. Qui se souvient aujourd'hui de Pierre Troterel, sieur d'Aves, qui publie en vingt ans trois pastorales à Rouen (*La Driade amoureuse*, 1606 ; *Theocris*, 1610 ; *Aristene*, 1626), mais en donne une autre qui va exposer sa culture philosophique

1. J.-P. van Elslande, *L'Imaginaire pastoral du XVIIe siècle*, *op. cit.*, p. 86 *sq.* et p. 123-125 notamment.

2. M. Bombart, *Guez de Balzac et la querelle des « Lettres ». Écriture, polémique et critique dans la France du premier XVIIe siècle*, Paris, Champion, 2007, p. 81. Sur le rapport entre l'attaque dévote contre Théophile et son succès à la cour, L. Godard de Donville, « Théophile et son milieu dans les années précédant son procès », dans R. Duchêne (dir.), *Théophile de Viau, Papers on French Seventeenth Century Literature*, Paris-Seattle-Tübingen, « Biblio 17 », 1991, p. 31-44.

3. Ch. Jouhaud, compte rendu du livre de J.-P. van Eslande, *L'Imaginaire pastoral du XVIIe siècle*, dans *Annales HSS*, 2000/5, p. 1149-1151.

4. H. Merlin, *Public et littérature en France au XVIIe siècle*, Paris, Les Belles Lettres, 1995.

à Paris (*L'Amour triomphant*, 1615) ? de Nicolas Chrétien, sieur des Croix, et de ses *Amantes* aux intermèdes historiques, parues dans un recueil de pièces tragiques, également à Rouen, en 1613 ? du sieur de la Rocque ? de Boissin de Gallardon et de sa pastorale allégorique, dédiée à la gouvernante des filles de la reine, et qui idéalise opportunément, en 1618, les amours d'Anne d'Autriche et de Louis XIII ? Les André Mareschal, Jean-Baptiste De Crosilles, les Rayssiguier, Pierre de Marcassus et Jean Mairet sont un peu mieux connus. Mais pour proposer des modèles plus réguliers de « pastorales dramatiques », participent-ils de la même façon que les précédents à la « vogue » pastorale [1] ?

En parlant dans cette seconde partie de « pastorale des auteurs », j'ai voulu mettre en évidence la qualité différente de ces auteurs – une pastorale d'Honoré d'Urfé, ce n'est pas la même chose bien sûr qu'une autre de Vincent Borée, juriste lyonnais qui écrit pour la famille de Savoie – et montrer que l'écriture de la pastorale offre par là un angle d'approche intéressant sur le phénomène de diversification des pratiques scripturaires qui caractérise le premier XVIIe siècle et contribue à la reconfiguration de l'espace des lettres [2]. En parlant des « auteurs », j'ai en outre voulu faire apparaître que la figure du poète que la tradition reconnaît dans le berger avait pu être une des raisons de mobiliser l'écrit pastoral dans le contexte politique conflictuel et changeant ici défini. Il faut y insister : l'inflation des textes pastoraux ne résulte pas de la fortune du *Pastor fido* ou de l'*Aminta* du Tasse : elle l'explique plutôt, dans la mesure où elle a partie liée avec la construction politique de la paix dans laquelle la question de la sacralité se déplace de la religion vers le roi, tandis que l'obéissance politique et religieuse devient une nécessité de la vie sociale [3]. Les chapitres qui suivent montreront précisément que la pastorale permet d'interroger l'autorité monarchique et l'obéissance en mobilisant le modèle problématique de la figure paternelle.

Pour rendre compte tant de la complexité des questions posées que de celle de la concomittance de modèles conflictuels et de l'instabilité de la chronologie, j'ai organisé les trois chapitres qui viennent suivant trois séquençages qui ne forment pas une continuité, mais admettent des recouvrements – 1607-1625, 1626-1631, 1627-1634 –, et tentent ainsi

1. J. Marsan entend évoquer l'« engouement » suscité par la parution de *L'Astrée*, dont il étend le sens à la pastorale dramatique (*La Pastorale dramatique en France*, *op. cit.*, introduction et chap. 3 en particulier).

2. A. Viala, *Naissance de l'écrivain*, Paris, Minuit, 1985.

3. A. Dupront, « Réformes et modernité », *Genèses des Temps modernes. Rome, les Réformes et le Nouveau Monde*, Paris, Gallimard-Seuil, 2001, p. 123-146.

de prendre en compte les écarts temporels de la publication, les jeux d'interaction et d'écart entre des écrits parfois contemporains, le fait qu'un texte peut faire chaîne avec un autre vieux de cinq ans plutôt qu'avec un troisième qui a paru la même année, les questions qu'ils permettent ainsi de poser : celle de l'inflation du mot « expérience » dans les pastorales du temps, celle des usages socialement très distincts des bergers, entre pastorales de cour et pratiques d'auteurs, celle encore des politiques de la traduction. Ces séquençages sont définis par la date de publication des écrits pastoraux. 1607-1625 : de la parution de la première partie de *L'Astrée* à celle des *Bergeries* de Racan. 1626-1631 : de l'affaire de la quatrième partie de *L'Astrée*, qui est aussi celle du rapport entre *La Sylvanire* et un passage du roman, à la publication de *La Silvanire* de Jean Mairet, précédée d'une « Préface en forme de discours poétique » dont on a un peu vite fait la preuve d'une adhésion aux règles et à la politique classique du théâtre. Et pour 1627-1634 enfin : de cette virulente critique des modalités de la publication narrative et poétique qu'est *Le Berger extravagant* de Charles Sorel à *L'Entretien des illustres bergers* de Nicolas Frenicle, qui utilise le code bucolique comme fiction d'une poésie coupée du politique, lieu du retrait des tentations « libertines » de l'écriture poétique.

CHAPITRE VI

LA NATURE EN PROCÈS

ENJEU POLITIQUE DE L'AMOUR ET SENS DE L'EXPÉRIENCE (1607-1625)

Les écrits pastoraux du premier XVIIe siècle seront lus ici comme des textes d'opinion portant sur la question politique de l'amour : l'amour des particuliers, l'amour pour le prince, l'amour du prince pour ses sujets. Ce chapitre propose donc un essai de description problématisée des modalités selon lesquelles la pastorale contemporaine des dernières années du règne d'Henri IV, de la régence de Marie de Médicis et des premières années du pouvoir de Louis XIII a pu être un des moyens de tenir un discours sur la monarchie, sur la longue durée et pour le présent, en développant le langage spécifique de la nature pastorale. À l'autre bout de la réflexion, après un développement concernant le rapport que ces écrits entretiennent avec le tragique comme bordure ou envers du monde pastoral – une violence qui masque sa place dans le cadre –, il présente deux réalisations contemporaines de ce que l'on pourrait appeler une solution à la tentation tragique : l'une se trouve dans une « fable bocagère » d'Honoré d'Urfé, texte tout à fait à part dans l'histoire littéraire du XVIIe siècle et dans l'histoire même de la réception des écrits de son auteur ; l'autre figure dans *Les Bergeries* de Racan, qui est, sur la séquence temporelle définie, l'écrit le plus proche du pouvoir monarchique, celui qui construit le plus nettement sa distance à la centralité, qu'il postule, de ce pouvoir.

Ce parcours tente d'abord de donner place à des textes de statuts très différents devant l'histoire littéraire, mais très égaux devant l'histoire tout court, pour laquelle ils n'existent tout simplement pas. Ils tiennent pourtant un discours fort sur leur présent. Certaines pastorales se limitent à reprendre quelques *topoï* amoureux, d'autres construisent de manière critique leur rapport à la reprise et à la tradition. C'est le propre de certains écrits de la période délimitée et c'est significatif du fait que l'écriture de la pastorale a pu être le lieu d'une réflexion sur les modalités de signification, de transmission et d'autorité de la poésie, réflexion prenant sens au regard de cette historiographie du présent qui est, dans certains cas, l'enjeu de ces textes. Si la répétition est le lieu de visibilité de l'imitation littéraire, elle est aussi une des voies de mise en question de ce que l'imitation implique d'un rapport à une autorité scripturaire passée – à la tradition, en un sens large. L'inscription de ces écrits dans la topique pastorale de l'amour est en cela un trait décisif de leur rapport à un présent immédiat.

Que faut-il entendre ici par topique? Le fait que l'ensemble des écrits de ce que j'appelle « la pastorale » forme un vaste texte incluant des « lieux » poétiques et rhétoriques, à la fois constants et dispersés, répétitifs et fragmentaires, qui ne font pas des formes homogènes, mais que l'on voit plutôt constituer une langue de l'amour, étonnamment disponible pour des emplois plus divers que leur répétitivité ne le laisse d'abord paraître. La topique, c'est un réservoir de formes et de lieux poétiques à partir de quoi l'on peut réfléchir notamment sur la façon dont les écrits pastoraux tiennent un discours sur le sens politico-religieux de l'amour et dont ils interrogent en même temps la temporalité de l'écrit qui les sollicite. Il s'agit donc d'un outil critique. Il renvoie par commodité à ce qu'Ernst Robert Curtius a appelé « topique », en la qualifiant de « génétique » parce qu'elle lui semblait permettre d'« avoir une plus claire intelligence de l'histoire de l'âme occidentale »[1]. Curtius forçait par là le sens rhétorique de la topique ancienne à laquelle il se référait, confondant la répétition d'éléments textuels stéréotypiques avec les lieux de la rhétorique, ces *topoï* qui ne se conçoivent chez Aristote que comme des catégories intellectuelles vides que l'orateur remplit quand il s'en sert pour construire son discours[2]. La « confusion » d'Ernst Robert Curtius est intéressante: son propre travail inscrit *La Littérature européenne et le Moyen Âge latin* dans un champ de ruines, où il s'agit pour lui de penser l'unité d'une « présence

1. E.-R. Curtius, *La Littérature européenne et le Moyen Âge latin*, *op. cit.*, p. 153-154.

2. G. Butters, « La théorie des topiques comme modèle de production du texte. Quelques hypothèses sur E.R. Curtius et le *Grant et vray art de pleine Rhetorique* de Pierre Le Fèvre », dans P. Wunderli (dir.), *Du mot au texte*, Tübingen, Gunter Narr, 1982, p. 263-275. Pour une critique du déplacement opéré par Curtius, *cf.* E. Mertner à qui Butters fait référence : « *Topos* und *commonplace* » [1956], dans *Toposforschung, eine Dokumentation*, Frankfort, Athenäum, 1972, p. 20-68; et Fr. Goyet qui qualifie la topique curtienne de « bazar jungien » auquel il oppose la topique comme « traditive », un enseignement explicite, pratique, méthodique de l'écriture, qui fournit un élément de savoir sur les « secrets de fabrication » des auteurs : *Le Sublime du « lieu commun ». L'invention rhétorique dans l'Antiquité et à la Renaissance*, Paris, Champion, 1996, p. 15-28 (p. 22 en particulier).

intemporelle », celle de la « littérature », à un moment – le livre paraît en 1947 – où l'on imagine qu'il y avait plus que de la nécessité à formuler ou inventer des continuités transhistoriques.

De manière biaisée, la topique curtienne saisit donc la poésie au lieu même de son rapport avec l'idéologie de la tradition et la mémoire, que Curtius confond d'ailleurs avec l'intemporel. Ce n'est pas un hasard si cette idéologie s'incarne de façon privilégiée pour lui dans le *topos* de la « Nature idéale », si « le paysage idéal est sans cesse capable de s'épanouir au souffle d'un nouveau printemps »[1] : pour Curtius, l'histoire s'identifie avec la perte et la rupture, tandis que le discours de la nature porte la certitude de la permanence. Une telle idéologie offre une entrée assez aiguë dans le discours que les écrits pastoraux tiennent sur l'amour et le temps.

Ce rapport des *topoï* sur la nature avec le temps, j'ai en effet essayé de montrer qu'il était pris en charge par les textes de la pastorale, de manière au demeurant variable. La pierre de touche de leur inscription critique dans le présent est le mot d'« expérience », que l'on trouve employé en différents sens dans les écrits que l'on va lire et qui sera un des fils conducteurs de ce chapitre. L'expérience, c'est tantôt un pouvoir sur la nature dont un mage ou un sorcier fait l'épreuve de manière volontaire, tantôt le nom donné par un père au savoir de sa maturité, tantôt, plus rarement, ce qui met en question tout savoir acquis en dehors d'une connaissance empirique. C'est donc un terme qui permet de lire dans la parole des bergers la valeur donnée au temps, à l'autorité, aux formes du savoir. Le fait que ce mot qui définissait chez Quintilien l'imitation des « rustiques et mariniers »[2] soit l'objet d'un débat entre bergers montre que le fondement de l'autorité est balancé par la revendication pastorale de l'amour.

Mais avec l'expérience, c'est encore le mode de production du texte pastoral que l'on interroge. Dans ces textes nés de la répétition poétique, le mot renvoie à l'*experientia* rhétorique, ou *exercitatio*, cette partie de la triade pédagogique qui servait aux anciens à définir le travail de l'écriture – *natura/doctrina/exercitatio*. Elle y nommait le principe de transformation en vertu duquel une formule de gratitude, par exemple, pouvait être récrite en une série de variations manifestant la *copia* du scripteur et la profusion

1. E.-R. Curtius, *La Littérature européenne et le Moyen Âge latin*, *op. cit.*, p. 326.

2. Quintilien, *Institution oratoire*, éd. J. Cousin, Paris, Les Belles Lettres, 1975-1979, livre X, 2, « De l'imitation », 2 : « *Sic litterarum ductus, ut scribendi fiat usus, pueri secuntur, sic musici vocem docentium, pictores opera priorum, rustici probatam experimento culturam in exemplum intuentur* [...] ». Repris par J. Peletier du Mans, *Art poétique* [1555], rééd. dans Francis Goyet (éd.), *Traités de poétique et de rhétorique du XVIe siècle*, *op. cit.*, Ier livre, chap. V, p. 255.

de la nature dans laquelle il inscrit son imitation. L'*experientia* était donc une sorte d'amplification par la variation. Selon Térence Cave à qui j'emprunte ces analyses, le « *nunc experiamur* » qui inaugure la séquence des *experientia* érasmiennes dans le *De copia* constitue l'ouverture d'un libre exercice de la variation dans l'écriture, entre libéralité, opulence poétique et risque d'épuisement, chute de la *copia* dans la copie[1]. Dans la mesure où l'écriture est une manifestation de l'abondance de la nature, le discours sur la nature peut être, dans certains écrits, un discours sur l'écriture. L'expérience, au sens de la reprise pastorale de la topique, est donc à la fois le point où se marque l'inscription de la pastorale dans la tradition et celui où l'écriture des auteurs apparaît d'autant plus le produit du temps qu'il interroge davantage le sens de la nature dans cette histoire. En cela, le texte même de la pastorale peut être expérience.

PENSER L'HISTOIRE : FORMES POÉTIQUES ET FIGURES PASTORALES DE L'AUTORITÉ

Jusqu'en 1625 environ, au moins jusqu'au début des années 1620, toutes sortes de modalisations marquent le rapport des écrits pastoraux à l'actualité ou au présent immédiat. Cette pluralité souligne la coexistence chronologique de modèles différents, pastourelles à la manière française, pastorales à la façon italienne au minimum. La topique se fonde sur la constitution en lieux de motifs poétiques empruntés à un très petit nombre de textes : l'*Arcadia* de Sannazar (1504), *Les Amours pastorales de Daphnis et Chloé* de Longus, même si ce dernier texte constitue moins souvent une référence explicite dans la période concernée, l'*Aminta* du Tasse (1573), *Il Pastor fido* de Guarini (1589), *L'Astrée* même. Les textes italiens dominent dans la constitution de la topique, sans que le sens politique de la pastorale se construise sur le seul jeu de la référence à des modèles.

Allégorie, intermèdes, métaphores : comment dire le sens politique de la pastorale ?

L'Amphitheatre pastoral ou le sacré trophee de la Fleur de lys, triomphante de l'Ambition espagnole, poëme bocager de l'invention de Pierre Du Pescher, paru en 1610 avec un privilège de 1608, présente nombre d'éléments allégoriques – les noms des personnages notamment,

1. T. Cave, *Cornucopia. Figures de l'abondance au XVIe siècle*, *op. cit.*, p. 52-53.

Lysdefleur, Domflores ou Hispania. Mais les *topoï* de la passion et de l'amour finalement vainqueur de l'ambition ne diffèrent pas de ceux que l'on trouve dans un *Bocage d'amour* de Jean d'Estival (1608)[1], texte qui n'a rien d'immédiatement politique. Un poème liminaire donne le sujet de la pièce : « Les echos, les bois, les rivieres :/Les prées, les fontaines, & les vœuz,/De l'Amour le pouvoir supreme :/Sont le subjet de ce poëme,/Où il fait paroistre ses feux »[2]. La récitation des lieux de l'amour et de l'adieu à la nature transforme les acteurs allégorisés en auditeurs de la pastorale. Ainsi, à l'acte I, le dieu Amour se présente-t-il pour affirmer son pouvoir, en une évidente reprise du prologue de l'*Aminta* du Tasse. Il a quitté, dit-il, « la cour des puissants rois » pour apporter aux pasteurs les lois qui ont déjà vaincu David et Achille. Contre les obstacles politiques et guerriers, la temporalité pastorale est donc définie par le projet du dieu Amour :

J'ay faict changer à l'accent de ma voix
Son vestement en fille de Gregeois
Tant d'autres Roys & excellens Monarques
Qui sont passez par le pouvoir des parques,
Ont de mes traits esté navrez, blessez,
Et à mes loix je les ay tous rangez
Ne restant rien au Ciel en la terre
Qui soit exempt de l'amoureuse guerre ... [f. 1]

Dans *Les Amantes* de Nicolas Chrétien (Rouen, 1613), le raccord du texte pastoral au présent se fait de manière toute différente avec des intermèdes enchâssés entre les actes où l'on récite l'histoire des rois de France depuis « La conversion du Roy Clovis » jusqu'à « La Pucelle d'Orléans », en passant par « La prise de Compostelle par Charlemagne », « La prise de Hierusalem par Godefroy de Bouillon », « La prise de Damiette par S. Loys Roy de France ». La dédicace au roi souligne le rapport que « ces grands Héros vos predecesseurs » entretiennent avec lui, pour ancrer nettement le poème dans l'actualité immédiate :

> Ainsi ces Pasteurs ont mesnagé l'occasion d'avoir accez à vostre maiesté, & conduire leurs troupeaux, en vostre faveur, parmi vos Gauloises campagnes, sous les victorieux chars de si preux Monarques. Leur guide est une Muse Chrestienne pour aprocher du Roy Tres-chrestien/C'est celle qui

1. Jean d'Estival, *Le bocasge d'amour, où les rets d'une bergere sont inevitables*, Paris, Jean Millot, 1608.

2. *L'Amphitheatre pastoral, ou le sacré trophee de la Fleur de lys, triomphante de l'Ambition espagnole, Poëme bocager de l'invention de P. du Pescher Parisien*, A Monseigneur le Grand, Paris, Abraham Saugrain, 1610, n. p.

> essuye encor les larmes qu'elle a respandues pour la mort de Henry le grand d'heureuse memoire dont ces cayers sont encor humectez, & qui cessoit de chanter l'heureux mariage dont vous estes le fruict souhaité, solennisant vostre naissance, & celebrant vostre sacré baptesme. Elle attend à publier les victoires que le Ciel vous reserve sous les bons auspices de la Reine Regente vostre tres-honoree mere, & la nostre, que Dieu conserve en toute felicité, avec vostre Majesté comme de bon cœur l'en prie [...] [1].

À l'intérieur des intermèdes, ce sont les rois mêmes qui établissent la continuité entre passé et présent. Tous dédient leur victoire à Dieu, tous construisent la grandeur de la France. Saint Louis annonce le règne de Louis XIII, « fils du grand Henry », et Jeanne d'Arc souligne que :

> *Rien ne te destruira France, que tes seuls bras,*
> *Quand tes propres enfans t'empliront de combats,*
> *Car à tous estrangers tu es ores sacrée*
> *Sans que ta gloire soit par leur fer massacrée*
> *Vis donc en doux repos que tu auras a plein,*
> *Sous un Henri le grand, autant vaillant qu'humain,*
> *Autant clement que fort [...]*

À la fin du dernier intermède, une inscription latine met en évidence le sens politico-religieux du discours amoureux : SANUS INCOLA CHRISTI/NEC MORTE MORITUR AMOR [L'AMOUR QUI VIT DANS LE CHRIST/NE MEURT PAS DE LA MORT]. La métaphore du bon pasteur se développe à travers un contrepoint entre un discours d'histoire, qui ancre dans le passé la légitimité du pouvoir monarchique, et une pastorale dans laquelle une bergère est emportée par un satyre, un berger fait ses adieux à la nature – ce sont là plusieurs des lieux textuels du *Pastor fido* de Guarini et de l'*Aminta* du Tasse. Mais comme dans la « bergerie » de la première Renaissance française, l'amour pastoral sert à dire la menace qui pèse sur la figure du roi. Le poème fait ainsi coexister différents niveaux de signification et construit de manière très visible son rapport à la signification de la monarchie, en ce moment fragile où seule une alliance par le mariage pourrait apaiser les rapports avec l'Espagne ultra-catholique, encore alliée des ligueurs il y a peu.

Si l'on prend maintenant, à l'autre bout de la périodisation définie, un texte du manuscrit Conrart qui rapporte une représentation des *Bergeries* de Racan pendant laquelle le rôle principal d'Arthenice aurait été interprété par Henriette de France, reine d'Angleterre, on voit se déployer toutes les

1. Nicolas Chrétien, *Les Amantes ou la grande pastourelle, enrichie de plusieurs belles et rares inventions et relevée d'intermèdes heroïques à l'honneur des Français*, Rouen, Raphaël du Petit Val, 1613.

images de la rencontre entre la bergerie et la cour. Les bergers s'adressent ainsi à « sa Majesté » :

> Vous aurez beau vous déguiser, Grande Artenice, nous vous reconnoissons bien, tous villageois que nous sommes : en quittant la couronne, vous n'avez pas dépoüillé la majesté ; et l'Empire que vous voulez dissimuler vous éclate dans les yeux : yeux dont le pouvoir n'est point borné par l'Océan, ni limité du nombre des trois Royaumes ; mais qui regnent absolument sur les cœurs de tout le monde. Vous pouvez toutes choses, hormis une, qui est de vous depoüiller de votre pouvoir. Vous trouverez que vous aurez changé les houlettes en sceptres, en voulant changer vôtre sceptre en houlette, & vos artifices n'effaceront jamais la Royauté que votre naissance vous a peinte sur le front. La Judée a veû jadis un berger devenir Roy ; et l'Angleterre void aujourd'huy une Reyne devenir Bergère : La force de ses armes le porta de la bergerie au trône ; et la douceur de vôtre grand naturel vous a porté du trône à la bergerie : vous avez cela de commun tous deux, que la clémence et la débonnaireté rendent vôtre gouvernement plus semblable à une conduite de bon berger, qu'à un regne, et que les trouppeaux de peuples paissent joyeux et assurez, à l'ombre d'un sceptre, qu'ils ne sçavent s'ils doivent appeler un sceptre de berger, ou une houlette royale [1].

L'ode qui suit souligne pareillement le fait que la métaphore pastorale du pouvoir royal n'a rien d'un recouvrement des deux termes, mais que la pastorale est bien au contraire une proposition politique adressée au monarque, largement appuyée sur le recouvrement du passé et du mythe :

> *Ce grand Roy, dont vous tenez l'estre,*
> *Que tant de gloire a revêtu,*
> *Succa, dans un logis champêtre,*
> *Les mamelles de la vertu,*
> *Dans un lieu desert, et sauvage*
> *Son grand courage fut nourry,*
> *Et les bois ont cêt avantage*
> *D'avoir tenu le premier âge*
> *De Jupiter, et de Henry.*
>
> *De grace, Royale Artenice,*
> *Honorez nos champs de vos loix,*
> *Nos prix abondent en délice,*
> *L'Amour se loge dans nos bois*

1. « Ode sur les figures et changemens de Théatre lors que la Reyne d'Angleterre joüa la pastorelle de Mr de Racan, sous le personnage d'ARTENICE », Recueil Conrart, bibliothèque de l'Arsenal Mss f. 138v°-140v°, 15143. Merci à N. Schapira qui m'a signalé l'existence de ce texte.

Nous n'entendons que sérénades
De rossignols ambitieux,
Apollon jette/ant des œillades,
Qui nous portent des ambassades,
De la bien-veillance des Cieux.

Laissez la vos maisons Royales,
Faites un louvre en nos hameaux,
Choisissez nos antres pour salles,
Et pour dais l'ombre des ormeaux,
Changez en houlette légère
Le Sceptre de vôtre maison,
Assise en habit de bergere,
Dessus un trône de fougère
Sur un marchepié de gazon. [f. 139 *sq.*]

Tout autant que celui de Nicolas Chrétien ou celui de Du Pescher, l'auteur de ce texte construit le sens politique de la pastorale de manière circonstanciée, ponctuelle, en amplifiant longuement la métaphore pastorale du pouvoir politique. Mais l'ode, comme la lettre des bergers à « sa Majesté », n'appartiennent pas en soi à la pastorale de Racan. C'est de l'extérieur de la topique que se fait ici l'actualisation de sa signification politique.

Si ces textes exploitent les mêmes lieux de l'amour, ils entretiennent donc des niveaux de distance distincts avec le politique, actualisent différemment pour les lecteurs ou les spectateurs la reprise de la topique. Différents degrés de signification s'élaborent, qui recourent parfois à l'allégorisme des noms – « Tu seras adverty que sous le nom de Cleon s'entend le Roy, & la Royne sous celuy de Florilee » explique l'auteur de *Sidere* (1609) –, qui s'en remettent au contraire à leur clarté – telle cette *Iris* de Coignée de Bouron (1620) qui vante « Anne » et « Louis » –, se fondent sur une dédicace pertinente – à Mme de Bescherelle, gouvernante des filles de la reine, pour ce même texte –, ou empruntent aux pièces italiennes un prologue tissant le lien entre le temps de la représentation et celui des spectateurs, comme lorsque la Nymphe de Seine s'adresse directement au roi de France dans le prologue des *Bergeries* de Racan (1619-1625), ou que l'Aurore dit languir pour « Louis » et non « Cephale » dans celui de *L'Amaranthe* de Jean Ogier de Gombauld (1625-1631).

Les figures de l'autorité de l'« expérience » autour de 1610

Si ces écrits interrogent tous la puissance d'amour comme remède aux désordres du monde et aux passions, c'est d'abord ce désordre qu'ils représentent. Les lieux du discours des bergers – nécessité de l'amour, célébration de la nature, désespoir amoureux, puissance de la magie, adieu à la nature, opposition des satyres et des bergères, etc. – ne disent pas seuls le rapport de ces textes à l'histoire. La composition dans laquelle prend sens la récriture construit ce rapport : la reprise des lieux de la topique ne se lit pas en dehors de la forme qui lui donne sens. Ainsi, la chaîne d'amour, déjà mentionnée chez Nicolas de Montreux, permet-elle de figurer le désordre naturel du monde, le langage de la nature et des signes servant à dire sur le plan cosmique ce qui valait au plan humain. L'insistance des arguments des textes de théâtre sur ce schéma souligne son importance structurante et représentative jusqu'au début des années 1620[1]. Dans *Les Amantes* de Nicolas Chrétien que l'on vient de mentionner[2], dans *L'Alphée ou la justice d'amour* d'Alexandre Hardy, probablement composée vers 1620. Cela dit, ce modèle est nettement mis en question, de deux manières : par la critique des mages et sorciers de pacotille qui ordonnent la société pastorale et auxquels font désormais pendant des figures de pères autoritaires ; par un effort pour penser d'autres mises en forme, d'autres structures de la pastorale, d'autres modalités du rapport entre la forme poétique et l'histoire qu'elle questionne. La disposition poétique, l'*ordo artificalis*, vient balancer fortement l'identification de la « bergerie » à l'ordre naturel et politique qu'elle postulait.

Le personnage du mage ou du sorcier, parfois de la sorcière, était dans les pastourelles et bergeries des guerres de Religion l'occasion d'effets plus ou moins spectaculaires, liés à la résolution du désordre pastoral. Ce personnage qui utilisait des miroirs trompeurs, dessinait des « cernes » envoûtants, convoquait les démons, manifestait toujours ses pouvoirs sur la nature en promettant d'en « montrer [ou faire voir] l'expérience », laissant apercevoir quelque chose de l'identification de l'ordre ou du désordre pastoral à un ordre (ou un désordre) naturel. Il pouvait apparaître ainsi comme une des figures de la visibilité du monde « signé » de la

1. Voir *supra*, chap. II.

2. *Les Amantes ou la grande pastourelle*, *op. cit.*, « subjet de la pastoralle », s.p. : « Eurialle est amoureux de Floris, & hay d'elle : Ariston ayme Cloride qu'elle dédaigne pour chérir Eurialle : Elice & Filine ayment Delfis qui les méprise, à cause que ses vœux sont dressez à Floris, qui ne desire que Ariston. Briaree Capitaine est épris de l'amour de Cloride, qui refuse son service. Ismen Magicien est tout ravy de l'amour d'Elice, qui n'écoute ses passions. Briaree cherche l'ayde d'Ismen pour jouyr de ses amours, ce qu'il luy promet, moyennant qu'il luy rende Elice entre mains. [...] Voila quelques particularitez des sujets de ceste Bergerie, où le lecteur verra une infinité de vertueux stratagesmes d'amour, pour son honneste recreation. »

Renaissance, interrogeant les rapports entre pouvoirs humains et pouvoirs divins. Ce personnage également présent dans les traités de démonologie intervient dans la plupart des pastorales des trente premières années du XVIIe siècle : c'est Ismen dans *Les Amantes*, Demonace dans *L'Amour triomphant* de Pierre Troterel (1615), Polistène dans les *Bergeries* de Racan (1625) ou Licandre dans les *Parfaits bergers* de Jean-Baptiste de Crosilles (1633). L'évaluation des pouvoirs de cette figure se fait à travers le partage qui, dans plusieurs cas, transfère son caractère maléfice sur une figure féminine de sorcière ou de mauvaise femme : au savoir du druide Adamas, *L'Astrée* oppose les pouvoirs de la sorcière Mandrague, mais aussi ceux de Climanthe ; à Licandre, le sieur de Crosilles oppose Driope « representant diverses personnes meschantes et odieuses ». Chaque texte, théâtral ou narratif, redistribue à sa manière les termes du partage des savoirs de la nature entre vrais sages et manipulateurs pervers.

La mise en relief de l'« expérience » est décisive dans la manifestation de puissance, qui cristallise le moment où elle est rendue visible, mais participe peut-être aussi d'un processus de désacralisation de la nature[1]. Dans *L'Union d'amour et de chasteté* d'Aubin Gautier, pastorale parue à Poitiers en 1606, Saradamant veut aider un berger malheureux :

> *Considere à loisir,*
> *Alors tu congnoistras la vraye experience*
> *De mon docte sçavoir. Par ma saincte science,*
> *Insensible rocher, enfante nous de leau* [p. 18]

– exactement comme le mage Elymant effrayait les bergers Fauste et Frontin dans la *Diane pastourelle* de Nicolas de Montreux, en 1592 :

> *Et vous pasteurs ardens, de ma science*
> *Je vous en veux donner experience* [f. 362 r°][2]

Ou comme Syderé faisait surgir toute l'histoire de la famille de Tournon sur les murs d'une grotte, dans *La Pastorale amoureuse* de François de Belleforest.

Ce mot d'« expérience » qui rime toujours avec « science » trouve d'autres emplois dans la pastorale des années 1610. Il fait le lien entre cette figure d'un pouvoir sur la nature et celle qui, de manière assez nette, concentre alors la mise en question de l'autorité : le père réclamant que son

1. J. Céard, *La Nature et les prodiges. L'insolite au XVIe siècle en France*, Genève, Droz, 1977, p. 351.

2. *Diane pastourelle*, dans *Le Troisième livre des Bergeries de Julliette*, *op. cit.*, voir aussi f. 352, 358, 375, pour des emplois similaires du mot « expérience ».

enfant aime, ou qui impose un mariage à sa fille qui aime évidemment ailleurs. Ce lieu critique est l'occasion d'interroger le sens commun d'une « expérience » qui aurait dû faire le lien entre générations. Le berger Delphis à son père Tityre, dans les *Amantes* de Nicolas Chrétien :

> *Ce haut discours, pere, t'est convenable,*
> *Comme estant tout à ton humeur semblable :*
> *Ton âge vieux & ton parfait sçavoir*
> *Sage, et prudent à chacun te font voir.*
> *Ainsi chaque âge a sa propre science,*
> *Qui se parfait parmi l'experience,*
> *Comme chacun se trouve revestu*
> *De quelque propre et decente vertu.* [II, 3, p. 101]

Ce type de formulation récurrente – « rien donc, berger, au monde n'est certain/Puisque l'experience est encore douteuse » (*La Sylvanire*, v. 2770-2771) – sert non seulement à contester l'autorité paternelle, mais aussi à dire la spécificité d'une époque qui ne veut pas s'assimiler au passé. La critique de l'autorité devient alors le corollaire d'un discours sur la spécificité du présent.

Nombreux sont les textes qui peuvent être lus à l'échelle de la discussion contemporaine sur le paternalisme de la souveraineté monarchique. Nombreux, ceux qui situent l'action pastorale au sein de l'*oikos*, l'espace domestique, et interrogent l'autorité de la figure paternelle, son pouvoir à l'intérieur du mariage notamment. La puissance paternelle, modèle du pouvoir monarchique dans *La République* de Jean Bodin[1], permet en effet d'interroger « l'amour naturel et réciproque des pères-princes et des sujets-enfants ». Parce qu'elle est une composante de l'idéologie absolutiste, elle sert aussi à en « contester la pratique »[2]. À un moment où la police du mariage est passée du côté de l'autorité patriarcale aux dépens de l'Église[3], ces écrits pastoraux interrogent les rapports entre la source de l'autorité instituée et la « nature », en tant qu'elle constituerait une légitimité de l'autorité. Si l'on accepte de donner à ces écrits leur pleine résonance politique, quel que soit leur niveau de participation à l'ordre, il est alors possible de les lire comme un point de saisie de ce que Sarah Hanley a appelé « *family state compact* », pour désigner la convergence

1. J. Bodin, *Les Six livres de la République*, Paris, Jacques Du Puy, 1576, liv. I, chap. 4 « De la puissance paternelle ».

2. F. Cosandey et R. Descimon, *L'Absolutisme en France*, *op. cit.*, p. 261-262. Et A. Du Crest, *Modèle familial et pouvoir monarchique*, *op. cit.*, p. 146-158.

3. F. Cosandey et R. Descimon, *L'Absolutisme en France*, *op. cit.*, p. 263.

entre la constitution d'un appareil d'État (absolutiste) et l'organisation des familles[1].

Ainsi de *Theocris*, pastorale de Pierre Troterel, parue à Rouen en 1610, où le père d'Arline place les biens matériels au dessus de la vertu et de la beauté de son prétendant, Theocris; ainsi d'*Isabelle ou les desdains d'amour* de Paul Ferry, pasteur protestant de Metz, parue à Lyon la même année, et où le père incarne cette fois les obligations morales de chasteté et de vertu; de *Corine* d'Alexandre Hardy ou de son *Alphée* dans laquelle le père est un vieillard. Ce questionnement de la figure paternelle va bien au-delà de la régence[2]. Il est encore très prégnant dans les premières années du règne effectif de Louis XIII et de l'accès au pouvoir de Richelieu. Dans *Les Bergeries* de Racan (1619-1625), Arthenice veut cacher à son père, Silène, son amour pour le berger Alcidor. Refusant le berger Lucidas dont la « main robuste » est mieux faite au « métier de Cérès », elle va jusqu'à déclarer à son père qu'elle « ne veut point d'autre mary que [luy] »[3]. Dans *La Sylvanire* d'Honoré d'Urfé (1624?-1627), la bergère éponyme refuse « ceste servitude/Qu'on nomme mariage », et préfère aimer Aglante en restant simplement fille de ses parents plutôt que devenir l'épouse du riche Theante[4]. Le rapport entre l'autorité et le caractère économique du mariage est ainsi constamment explicitée dans ces textes, souvent des « tragicomédies pastorales », et qui vont pour certains – *La Sylvie* (1626-1628) de Jean Mairet sur laquelle je reviendrai, *L'Uranie* de Bridard (?-1631) – jusqu'à superposer les deux figures du père et du roi en portant la pastorale aux limites du monde des bergers.

DISPOSITIO ET TRAGIQUE
TRAGÉDIES FRANÇAISES ET TRAGICOMÉDIES PASTORALES ITALIENNES

Que les pastorales de Nicolas Chrétien et Coignée de Bouron aient été publiées en 1620 dans un volume qui comprend aussi des tragédies montre que la proximité de la pastorale avec d'autres formes du discours théâtral est une des manières d'en construire la signification et, par exemple, de penser le rapport de la pastorale avec la forme tragique de l'amour. La

1. S. Hanley, « Engendering the State : Family Formation and State Building in Early Modern France », *French Historical Studies*, 1989, 16/1, p. 4-27.

2. Sur ces pièces, et ce relief de l'autorité paternelle dans la pastorale de la régence, I. Cremona, *L'Influence de l'Aminta sur la pastorale dramatique française*, *op. cit.*, p. 117-122.

3. *Les Bergeries*, acte I, 3, v. 364-365.

4. *La Sylvanire ou la morte-vive*, III, 3, v. 4715-4716.

tragédie est le genre des grands, tous les traités de poétique l'affirment. À ces malheurs, à cette grandeur des personnages de la tragédie, la pastorale apporte le contrepoint du langage des simples bergers et l'affirmation qu'il faut aimer. Elle porte un autre langage de l'amour.

Ainsi *La Bergerie* de Montchrestien figure-t-elle dans la première édition de son volume de *Tragédies* (1601), *Les Urnes vivantes* de Jean Boissin de Gallardon dans un recueil de *Tragédies et histoires sainctes* en 1618, *La Justice d'amour* de Vincent Borée dans *Les Princes victorieux*, volume paru en 1627 [1]. La publication d'une pastorale à la fin d'un volume de pièces tragiques est probablement un mode de construction auctoriale, comme le suggère la présence d'une pastorale à la fin de chacun des cinq volumes du théâtre qu'Alexandre Hardy réussit à tirer d'une production extrêmement prolixe, et cela bien après, pour deux d'entre eux, le temps de leur représentation. Selon Selma Deierkauf [2], l'*Alphée* parue dans le premier tome de son théâtre en 1624 aurait été représentée vers 1620, *Alcée*, qui ferme le deuxième tome de 1625, l'aurait été en 1610 – « ce n'est qu'un Bouquet bigarré de six fleurs vieillies depuis le temps d'une jeunesse qui me les a produittes » précise la dédicace au duc d'Aluyn –, de même que *Corine ou le silence* (troisième tome de 1626). Seules *La Justice d'amour* avec laquelle se ferme le quatrième tome de 1626 et *L'Amour victorieux* dans le dernier volume de 1628, sont à peu près contemporaines, ou proches, de l'édition. De la même façon, le volume de pièces que le juriste lyonnais Vincent Borée a fait paraître en 1627 souligne la constance d'une écriture théâtrale toujours adressée à la maison de Savoie [3]. Chacune des quatre tragédies du recueil est offerte à un des membres de la famille, et la pastorale à Marie de Bourbon, princesse de Carignan : elle présente d'ailleurs quatre bergères d'Arménie, courtisées par quatre bergers, jusqu'à ce que l'amour soit à la fin déclaré « Juge » de cette victoire bien spéciale qui fait suite aux victoires guerrières antérieures. Un peu comme si la ronde pastorale venait clore le travail de représentation des pièces qui la précèdent ; comme si le mode de publication du texte pastoral établissait au niveau d'un livre l'hypothèse globale d'un *ordo naturalis* du texte porté par la chaîne d'amour.

1. La réédition des *Tragédies* de Montchrestien en 1601 fait disparaître ses *Bergeries*. J. Boissin de Gallardon, *Les Urnes vivantes ou les amours de Phelidon et Polibelle, tragi-pastoralle*, dans *Les tragédies et histoires sainctes*, Lyon, Sébastien Rigaud, 1618.

2. S. Wilma Deierkauf-Holsboer, *Vie d'Alexandre Hardy, poète du roi (1572-1632)*, Paris, Nizet, 1972, p. 155-156.

3. V. Borée, *La Justice d'amour* dans *Les princes victorieux, tragédies françaises*, Lyon, V. de Cœursilly, 1627.

La disposition de ces volumes, comme d'ailleurs certains éléments de la discussion poétique, attirent ainsi l'attention sur la façon dont la pastorale a pu être proposée comme une solution à la tentation tragique. Dans les années 1619-1620, le roi de France prend l'ascendant sur sa mère, mais doit en même temps combattre l'opposition des grands et les révoltes protestantes dans le sud de la France. C'est le moment où paraît cette troisième partie de *L'Astrée* qui élabore le plus nettement un discours critique contre le risque de la tyrannie royale. C'est aussi le moment où est représentée la pièce tragique qui va informer le plus constamment les écrits pastoraux du temps et qui pose de manière radicale la question de l'amour pour le roi, celle de l'affrontement entre son pouvoir et les particuliers. Le lieu mélancolique de l'amour, le lieu affecté revient alors au cœur de la « bergerie ».

Les Amours tragiques de Pyrame et de Thisbé *de Théophile de Viau (1619-1623)*

De la pièce de Théophile de Viau, on ignore la date exacte de représentation. La plupart des éditions critiques mentionnent l'année 1621, qui correspondrait à l'époque où son auteur est sous les ordres du duc de Luynes, pendant la campagne de l'ouest[1]. Elle a été éditée pour la première fois en 1623, dans le second volume des *Œuvres* de Théophile[2].

Comme le montre le travail d'adaptation du quatrième livre des *Métamorphoses* d'Ovide (v. 58-169) – lequel avait d'ailleurs eu plusieurs antécédents, dont la version parodique que donne *Le Songe d'une nuit d'été*[3] –, elle construit très clairement la lisibilité de son sens politique. D'une part, Théophile greffe sur l'histoire de l'opposition parentale aux amours de Pyrame et de Thisbé le double lien de la passion érotique du roi pour Thisbé et de l'amitié de Pyrame pour le roi : une amitié et une fidélité trahies par la pulsion jalouse du roi et par son intrusion dans le particulier de la passion amoureuse. C'est là que naît une première fois le trouble mélancolique du héros : « Dieux ! tout mon sang se trouble [...] Contre mon roi,

1. Pour A. Adam, la proximité de nombre de vers avec d'autres textes de Théophile joue en faveur de l'année 1621 : *Théophile de Viau et la libre pensée française*, Genève, Slatkine Reprints, 1965, p. 245-248. *Cf.* G. Forestier, « Introduction » à l'édition de la pièce chez Cicero, TNS, 1992, p. V-XXVII.

2. *Les Amours tragiques de Pyrame et de Tisbé*, dans *La Seconde Partie des Œuvres du sieur Theophile*, Paris, Pierre Billaine, 1623.

3. Voir le poème du XVe siècle, l'idylle VIII de Marino, et avant elle, la *Historia de los muy constantes y infelices amores de Piramo y Tisbe* de Montemayor, dans l'édition de la *Diana* de 1561.

quel Dieu puis-je trouver qui m'aide ? » (v. 627-630). D'autre part, le poète radicalise le rapport que les affaires humaines entretiennent avec une violence venue de la nature : de la lionne au mufle taché de sang qui figurait dans le poème d'Ovide, il fait un lion très évidemment politique. L'origine de ce sang qui entraîne le suicide de Pyrame, persuadé, quand il trouve le voile de la jeune fille souillé par l'animal, qu'il s'agit du sang de Thisbé, n'a plus d'explication. La lionne d'Ovide avait égorgé des bœufs (v. 96-97 « *venit ecce recenti/caede leaena boum spumantis oblita rictus* »). Mais la gueule du lion de la tragédie verse un sang pour la seule raison qu'il est lion sans doute. C'est là encore un écho au sang troublé de la mélancolie de Pyrame.

Opposition parentale, violence du monarque, trouble mélancolique des amants, monde sauvage bordant le monde humain : le « tragique » qui qualifie les amours de Pyrame et de Thisbé se ressaisit dans un enchaînement de faits qui empêche d'en donner une explication univoque. La pièce aboutit à une double déploration et à deux suicides successifs : aucun tombeau unique ne vient, comme dans le poème d'Ovide, comme dans *Roméo et Juliette*, comme dans nombre de tragédies de l'érotique mélancolique, satisfaire *post mortem* la passion des amants.

Plus que le procès de Théophile qui s'ouvre quelques années plus tard, au printemps 1624, et met en question l'incrédulité du poète et sa déliaison à la fois poétique et sociale d'avec toute autorité [1], c'est cette tragédie qui fonde les rapports des écrits pastoraux du temps avec la question du libertinage. Elle formule une articulation possible entre la trahison du roi – trahison d'un lien de fidélité et d'amitié, trahison d'un modèle féodal de la relation au souverain – et l'abandon des sujets à la pure sauvagerie de la nature [2]. Dès lors que le roi a trahi, il ne peut plus que revenir sous la forme d'un lion – c'est le pouvoir de la *dispositio* de la tragédie que de donner à lire cet enchaînement de faits comme processus. De manière significative, les amours *tragiques* de Pyrame et de Thisbé fournissent une forme décisive à ce lieu historique et critique qu'est le trouble, en l'interrogeant du côté de la relation entre les particuliers et le roi. Elles l'inscrivent au cœur d'une série d'événements qui articulent étroitement le politique et la

1. Sur le procès de Théophile, S. van Damme, *L'Épreuve libertine. Enquête sur une économie du soupçon dans là France absolutiste*, Paris, CNRS, 2008. Sur la « déliaison » théophilienne, H. Merlin-Kajman, *L'Excentricité académique*, *op. cit.*, et sur la « licence » selon Théophile, L. Giavarini, « Le libertin et la fiction-sorcière à l'âge classique : autour de Dom Juan et Théophile », art. cit., p. 200.

2. H. Merlin-Kajman met surtout l'accent sur la volonté même de Théophile dans « l'abandon » : *L'Excentricité académique*, *op. cit.*, p. 84-86.

nature, interrogent la violence du roi comme intrusion d'un pouvoir tyrannique dans l'espace des particuliers, provoquant une crise de sa relation d'amour avec ses sujets – fondement même de sa légitimité. Sacrifier son amour pour Pyrame et Thisbé, sacrifier l'amour que ceux-ci lui adressent comme des enfants à un père, c'est, de la part du roi, les abandonner à une nature sans dieu : tel est le récit politique de la tragédie théophilienne.

Au regard des modes contemporains d'interrogation du pouvoir monarchique et de l'autorité paternelle, il semble que Théophile fasse le choix du tragique : c'est-à-dire moins de la tragédie que d'une forme privilégiée du discours sur l'histoire en tant que processus débouchant sur le versement du sang. En ne répondant pas au sens de l'erreur de Pyrame, la pièce pose très fortement la question de la causalité : est-ce la nuit ou la mélancolie qui trouble son jugement et lui fait prendre le sang du lion pour le sang de Thisbé ? Est-ce la mélancolie ou la trahison par le roi du lien d'amour qui l'unit au jeune homme qui est à l'origine de sa passion ? Qui porte, dans la pièce, l'amour mélancolique, « vulgaire » de la tradition néoplatonicienne ? Pyrame ou le roi prêt à renoncer à l'amour de ses sujets pour assouvir sa pulsion ? Cette forte inscription de la causalité dans la structure même de la tragédie détermine le rapport étroit, biopolitique, qu'elle établit entre la question du processus mélancolique et l'hypothèse d'un propos historique. Le discours de la mélancolie fournit en effet un ensemble de notions – l'« altération », le « tempérament », le « trouble » – utilisés à l'époque dans le registre poétique comme dans le registre médical. Le rapport construit par le texte de Théophile entre le déclenchement de la crise mélancolique jusqu'à son acmé et l'histoire est très exactement ce qui permet d'envisager l'histoire comme un processus, et non pas une simple addition de faits, de dates, d'événements. En d'autres termes, la disposition – entendue comme l'inscription dans le poème dramatique d'une réflexion sur l'ordre artificiel ou naturel du poème [1] – peut se saisir comme un mode d'écriture de l'histoire.

Le texte des *Amours tragiques de Pyrame et de Thisbé* a sans doute plus à voir en ce sens avec les histoires tragiques du temps, et la façon dont celles-ci tentent de produire un discours sur l'histoire comme processus critique précisément, en ordonnant les faits à l'intérieur d'une *narratio* particulière, qu'avec le genre de la tragédie, d'ailleurs déclinante à l'époque de Théophile. Chez François de Rosset, c'est dans la mesure où

1. Des éléments de réflexion sur le sens de la *dispositio* dans T. Cave, *Pré-histoires*, *op. cit.*, chap. v.

le récit organise rhétoriquement le processus de la crise mélancolique qu'il permet à l'auteur de tenir un discours sur le « temps présent » [1].

Il y a bien, de même, processus dans *Les Amours tragiques de Pyrame et de Thisbé* : s'il ne choisit pas de cause dans un monde où les personnages s'abandonnent à leurs passions, Théophile montre l'articulation entre la causalité mélancolique et la production d'un lyrisme marqué du sceau noir et sanglant de la mélancolie. L'aboutissement du processus ainsi désigné comme « tragique » – spectaculairement funeste, funestement visible – a bien lieu dans la parole. C'est ce que Boileau ne manquera pas de relever en moquant l'expression par laquelle Thisbé décrit le couteau qui vient de servir à son amant : « Il en rougit le traître » [2]. Sa condamnation, quelque cinquante ans après la pièce, attire l'attention sur ce qui se joue du côté des mots – de l'*elocutio* – pendant tout le siècle, dans la définition de l'espace même du particulier qu'est l'amour, et sur le fait que le contrôle de ces formes et de cette discussion demeure un enjeu bien après la fondation des « institutions » littéraires.

De fait, avant la perte de l'amitié du roi, la mélancolie de Pyrame était déjà là, dans le sentiment qui le liait à Thisbé, lisible dans les mots mêmes de son amour :

> DISARQUE
> *Il est certain qu'elle [Thisbé] a quelque chose de rare.*
>
> PYRAME
> *Dis qu'elle a quelque chose à tenter un barbare.*
> *Celui que ses regards ne peuvent pas toucher,*
> *Il a des duretés de souche et de rocher.*
>
> DISARQUE
> *Voilà bien des discours de la mélancolie*. [v. 293-297]

Qu'est-ce qui rend reconnaissable, pour Disarque, la violence mélancolique de Pyrame ? Les métaphores naturelles par où passe la figure

1. F. de Rosset, *Les Histoires mémorables et tragiques de ce temps* [1619], éd. A. de Vaucher Gravili, Paris, Librairie générale française, 1994.

2. N. Boileau, *Œuvres complètes*, Préface, 1701, reprise dans *Œuvres complètes de Boileau*, éd. A.-Ch. Gidel, Garnier, 1870, 4 vol., t. I, p. 18-25 (p. 20 pour la référence) : « [...] lorsque cette malheureuse Amante ayant ramassé le poignard encore tout sanglant dont Pyrame s'était tué, elle querelle ainsi ce poignard : "Ah voici le poignard qui du sang de son maître/S'est souillé lâchement. Il en rougit le traître". Toutes les glaces du Nord ensemble ne sont pas, à mon sens, plus froides que cette pensée. Quelle extravagance, bon Dieu ! de vouloir que la rougeur du sang, dont est teint le poignard d'un homme, qui vient de s'en tuer lui-même, soit un effet de la honte qu'a ce poignard de l'avoir tué ? »

de l'hyperbole, ou l'adhésion entière à sa passion, la volonté de ne pas aimer « à la façon commune » (v. 305) – soit cet *amor sui* que les dévots reprochent au « libertin »[1] ? Les deux très probablement, puisque toute la pièce interroge la nature des passions en tant qu'elles sont portées dans et par la parole.

Du Tasse à Guarini : penser la nature dans l'histoire

Faire le choix du tragique, c'est donc faire le choix d'un type de disposition formelle, et aussi celui d'un langage du politique. Pour sa part, reprenant un argument utilisé par Guarini dans la querelle du *Pastor fido*, à la fin du XVIe siècle italien, Honoré d'Urfé affirme dans l'avis « Au lecteur » de *La Sylvanire, ou la morte-vive*, que le présent n'a pas besoin de tragédie puisque le siècle connaît les prêches des prédicateurs :

> [...] nous qui par la grace de Dieu sommes en un siecle si riche de Predicateurs, qui enseignent si assiduellement les hommes de toute qualité, les retirent du vice, & les poussent à la vertu, nostre Poësie infailliblement demeureroit inutile, si elle faisoit seulement profession d'instruire, & le Poëte qui n'auroit que ce dessein, en nos jours se travailleroit inutilement[2].

Ce n'est pas un hasard si c'est à Giambattista Guarini qu'Urfé emprunte, avec cette idée selon laquelle les prédicateurs occupent le domaine moral de la tragédie, sa défense de la tragicomédie pastorale. En soulignant le problème posé par la mélancolie – Le Tasse enfermé à Sainte-Anne en était une figure déjà célèbre –, l'homme de lettres italien avait mis en rapport les formes poétiques et les mœurs. Ce qu'on appelle la querelle du *Pastor fido* lui avait servi à poser les termes polémiques et publicitaires de cette réflexion. La controverse sur le « *misto* », la forme mêlée de la tragicomédie dans laquelle les lieux de la parole des bergers devaient construire l'adéquation postulée par Guarini entre langue curiale et morale contre-réformiste, entre politique et poétique concentrait cet enjeu d'une production du monde social par les formes poétiques[3]. Non sans paradoxe,

1. Par le père Garasse par exemple.

2. *La Sylvanire*, *op. cit.*, p. 11, v. 232-236. Voir aussi *Il Compendio della poesia tragicomica*, *op. cit.*, p. 244 [p. 25] : « *E, per venire all'età nostra, che bisogno abbiamo noi oggidi di purgare il terrore e la commiserazione con le tragiche viste, avendo i precetti santissimi della nostra religione, che ce l'insegna con la parola evangelica ?* »

3. Le « mixte » est au centre de l'idéologie de l'État en cette fin de XVIe siècle, en particulier dans le mythe vénitien : S.H. de Franceschi, *Raison d'État et raison d'Église. La France et l'Interdit vénitien (1606-1607) : aspects diplomatiques et doctrinaux*, Paris, Champion, 2009, p. 68-69.

les libelles de Guarini s'appliquaient à « naturaliser » sa construction, tant sur le plan historique – la forme et le style mêlés devaient s'inscrire dans une longue tradition poétique – que sur le plan politique – le mélange était donné comme la forme la meilleure du gouvernement – et sur le plan anthropologique : le mélange poétique était l'équivalent formel de la crase humorale.

Comment construire la rationalité historique d'une production poétique nouvelle ? C'était là un des enjeux de la querelle provoquée par Guarini. Comment définir une légitimité de l'ordre politico-religieux décrit par cette forme, sinon en vertu d'une adéquation entre le plan humain et l'ordre divin ? Dans le *Pastor fido*, la société pastorale se trouve prise en étau entre un oracle divin – que l'argument du poème explicite ainsi :

> Les Arcades sacrifiaient chaque année à leur déesse Diane une jeune fille du pays ; et cela depuis de nombreuses années afin d'empêcher de plus grands périls, suivant le conseil de l'Oracle qui, lorsqu'on l'avait interrogé sur l'issue d'un tel mal, leur avait répondu de la sorte :
>
> *Vos tourments n'auront de fin*
> *Que lorsqu'Amour aura réuni deux semences du Ciel,*
> *Et que la haute piété d'un* BERGER FIDÈLE
> *Aura réparé l'antique faute d'une Dame infidèle.*

– et un sacrifice humain sanctionnant une faute morale :

> bien que Myrtil fût convaincu que [Corisque] avait mérité son châtiment et sût, à cause de la loi qui voulait que seule la femme fût punie, qu'il ne pouvait être absous, il délibéra néanmoins de mourir à sa place, comme l'y autorisait la même loi. Il fut donc conduit au lieu de sa mort par Montan, à qui incombait cette tâche de par sa fonction de sacrificateur [1].

À l'intérieur de cette double structure qui tente de superposer l'ordre naturel de la vertu et des sentiments et l'ordre divin des interdits et des nécessités et qui intègre donc la question théologico-politique à la représentation, plusieurs lieux rhétoriques et poétiques interrogent les rapports entre la nature et la loi, les sentiments et la contrainte. Le sentiment amoureux doit se cacher s'il va contre le mariage voulu par les pères, et Amarillis pleure son berger fidèle (III, 4, « elle l'aimait aussi, mais n'osait se découvrir par crainte de la loi qui punissait de mort toute femme infidèle ») ; l'amour paternel se découvre au moment où il doit se sacrifier à l'ordre divin de punir celui qui a fauté (V, 10, « [Montan] s'affligeait de devoir être ministre de la loi contre son propre sang »). Ces tensions

1. Argument du *Pastor fido*, ma traduction.

expliquent la définition, dans le discours du chœur, de l'honneur comme garant de la vertu, là où celui de l'*Aminta* n'y voyait que contrainte apportée à une sincérité naturelle. La « permission » est condition du « plaire » chez Guarini, à l'inverse du Tasse : alors que le chœur de l'*Aminta* affirmait que, pour la Nature, « *S'ei piace, ei lice* » (« S'il plaît, il est permis », I, v. 344), celui du *Pastor fido* fait dire à l'Honnêteté que « *Piaccia, se lice* » (« Il plaît, s'il est permis », IV).

Tout le *Pastor fido* peut se lire comme la récriture de l'*Aminta* du Tasse, un effort pour reprendre les lieux de la critique tassienne d'un ordre historique marqué, depuis 1563, par la réforme religieuse du mariage – âge d'or détourné de son sens originel, contrainte de l'honneur, dévoiement de l'*ethos* poétique sincère, revendication d'un amour naturel – et les faire entrer dans une langue adéquate aux injonctions de la Contre-Réforme, aux destinataires des cours de l'Italie du Nord, sous couvert d'inscription dans l'histoire de la lyrique italienne. De manière générale, le poème de Guarini déplace les traits que Le Tasse portait contre une société humaine contraignante, « dénaturée ». Il est significatif que le personnage du Satyre, qui moquait dans l'*Aminta* un âge d'or trop avide de vrai or, soit devenu dans le *Pastor fido* celui qui dénonce à tort les amants pris au piège dans une grotte et provoque ainsi la condamnation à mort de la bergère Amarillis. Significatif encore que le passage du désordre de la société pastorale, causé par l'inadéquation entre les ordres humains et divins, à l'harmonie et à la paix se marque de manière très différente dans les deux pièces : dans l'*Aminta*, c'est une conversion à l'amour – la bergère Sylvie pleure sur le corps de son berger qu'elle croit mort; dans le *Pastor fido*, c'est une reconnaissance : le berger fidèle n'est pas celui que l'on croyait, mais le fils du prêtre, non un traître, mais un berger pour qui un sentiment quasi religieux – il est « *fido* » – définit l'expérience de l'amour. Comme dans *Œdipe-roi*, modèle explicite de Guarini, le dénouement est accompli quand le signe opaque de l'oracle a pris sens[1].

On mesure la labilité des lieux qui portent l'interrogation éthique des bergers et le lyrisme de leur parole. Que l'*Aminta* ait été conçue pour favoriser une union entre enfants illégitimes et cousins, Alfonsino et Marfisa d'Este, contre le décret *Tametsi* promulgué en 1563 par le pape et qui

1. Dans son *Dictionnaire historique et critique* (s.v. « Guarini »), P. Bayle gardera du *Pastor fido* la scène « si bien traduite en François » par la Comtesse de Suze, et où il « touche un des plus incompréhensibles mystères de la nature » – soit l'opposition entre la nature et la loi, l'amour et l'honneur (III, 4) – pour en faire, ironiquement, la preuve du polythéisme des bergers.

accentuait la valeur sacramentelle du mariage, cela donnait un sens contextuel bien spécifique à la jeunesse de ses bergers, à l'invitation à l'amour qui occupe plusieurs dialogues, et même semble-t-il à la figure du Satyre[1]. La décontextualisation des lieux tassiens par la récriture guarinienne favorise leur appropriation dans d'autres contextes. L'effort pour intégrer la contrainte morale dans le style de ses « *concetti* » a largement contribué à produire la plasticité des notions mises en jeu dans la parole des bergers. Que la tragicomédie pastorale de Guarini ait ainsi interrogé les liens de l'ordre historique et de l'ordre social dans d'autres termes que les textes polémiques de la querelle permet d'expliquer que, plus que ces derniers, elle ait trouvé de fortes résonances dans la France des premières années du XVIIe siècle qui tente de penser le nouvel ordre social produit par la refondation religieuse du royaume : en donnant au mariage une légitimité « divine », providentielle, la tragicomédie pastorale offrait une forme aux questions françaises sur l'articulation du théologique et du politique au fondement de cet ordre nouveau[2].

Le théâtre et la question lyrique : les deux réceptions de la pastorale italienne

La question de l'imitation des Italiens est donc une question deux fois politique : parce qu'elle saisit la langue française et les mots français dans leur aptitude à dire l'histoire et la production du monde social; parce qu'elle renvoie à des modèles, politiquement significatifs, des lettres[3].

La temporalité des textes accompagne d'ailleurs celle de l'histoire politique. Il y a deux étapes dans la réception des textes italiens. On sait par les traductions de la fin du XVIe siècle qu'ils ont été lus d'abord, moins comme des textes de théâtre que comme des réservoirs de lieux énonciatifs et lyriques[4]. Ainsi, la première « adaptation » de l'*Aminta* figure-t-elle dans un volume d'*Imitations* de Pierre de Brach à côté de sa traduction de *L'Olympe*, tirée de l'Arioste[5]. Ainsi, le premier traducteur du *Pastor fido*,

1. E. Graziosi, *Aminta 1573*, *op. cit.*

2. F. Cosandey et R. Descimon, *L'Absolutisme en France*, *op. cit.*, p. 261 *sq.*

3. J. Balsamo, *Les Rencontres des Muses. Italianisme et anti-italianisme dans les Lettres françaises de la fin du XVIe siècle*, Genève, Slatkine, 1992.

4. E. Strauch-Ngatoum, « Les éditions du *Pastor fido* en France au temps de la cour médicéenne : de la scène au salon », dans Fr. Decroisette (dir.), *Voyages des textes de théâtre Italie-France-Italie*, Presses universitaires de Vincennes, 1998, p. 17-37.

5. *Aminte, fable bocagere prise de l'italien de Torquato Tasso*, dans *Imitations*, Bordeaux, Sébastien Millanges, 1584.

Roland Brisset, supprime-t-il le prologue « pour ce que cest ouvrage ayant esté faict François, non pour le representer sur un Theatre, ains pour estre leu seulement »[1]. Dans les années 1610, on reconnaît des éléments structurels de la pièce du Tasse dans plusieurs pièces françaises – la discussion sur la nécessité d'aimer, la critique (ou défense) de l'honneur, et surtout le prologue où le dieu Amour déclare sa puissance sur le monde des bergers, imité par la Jalousie au début de *Sidere*, pastorale de René Bouchet, sieur d'Ambillon (Paris, 1609), repris en ouverture de *L'Amphitheatre pastoral* de Pierre du Pescher (1610), des *Amantes* de Nicolas Chrétien (1613), ou de *La Sylvanire* d'Honoré d'Urfé (parue en 1627), qui transforme à son tour Amour en Fortune. D'autres textes, comme l'*Alceo* d'Antonio Ongaro, *Il Pentimento amoroso* de Luigi Groto, le *Mirtillo* d'Isabella Andreini participent encore du pillage français du lyrisme d'outre-mont[2].

Dans les années 1620, les Français interrogent la forme des pièces italiennes et questionnent leur poétique. Il est évident que le statut donné alors aux lettres du point de vue de l'élaboration de la paix, que la mère du roi et ses prestigieux invités et alliés à la cour de France, tel Giambattista Marino qui séjourne, entre 1615 et 1623, à Paris où il incarne la nouveauté en poésie, ont joué un rôle dans cette seconde réception de la pastorale italienne. La reine commandait à « ses » auteurs des pastorales : en 1618 par exemple, une traduction du *Pastor fido* à Boisrobert, pour laquelle celui-ci, qui restera à son service jusqu'en 1626, reçoit 300 livres[3]. En 1623, elle en reçoit une d'Antoine Giraud, en souvenir de son passage à Lyon en tant que reine de France, le traducteur se prévalant de la réception du *Pastor fido* dans le « cabinet du duc » de Florence, père de Marie, pour présenter la pièce, « vestue à la française », auprès de ses compatriotes[4]. Marie ne reçoit

1. *Le berger fidelle, pastorale de l'Italien du seigneur Baptiste Guarini, chevalier, en vers et en prose*, Tours, Jamet Mettayer, 1593, « Aux lecteurs », f. 3. Cette traduction est attribuée à Roland Brisset.

2. Voici les titres et dates de leurs traductions françaises : *Alcée, pescherie ou comédie marine, en laquelle soubs le nom de pescheurs sont représentées plusieurs naifves passions d'amour*, Paris, P. Mettayer, 1596 ; *La Dieromène ou le Repentir d'amour, pastorale imitée de l'Italien de L. G. C. D. H. par R. B. G. T.* [Roland Brisset, tourangeau], Tours, M. le Mercier, 1591, *Myrtille bergerie* d'I. Andreini, trad. en prose par Adradan, Paris, 1602.

3. Traduction mentionnée par A. Adam, *Histoire de la littérature française au XVIIe siècle*, Paris, Albin Michel, 1997 [1948], t. 1, p. 89, note 1. La somme reçue est notée dans le mss Cinq-cents Colbert 92, fol. 204 (cité dans A. Iline, *François le Métel de Boisrobert (1592-1662) écrivain et homme de pouvoir*, thèse de l'École des Chartes, 2004, p. 126).

4. *Le Pasteur fidelle, tragicomedie pastorale de Jean-Baptiste Guarini, cavalier tres-illustre, où sont adjoustez plusieurs vers tres-recommandables par les riches conceptions de l'Autheur, & pointes tres-subtilles, le tout traduit d'Italien en vers François par Noble*

pas seulement par là une pièce qui lui rappelle ses origines, mais un poème qui interroge fortement les rapports entre la nature et la loi, propose leur conciliation harmonieuse dans une sorte d'ordalie finale. Au centre de la pièce de Guarini, comme de celle de Théophile, était posée la question du sacrifice humain. Une pièce la résout, l'autre pas. Le Dieu absent de Pyrame trahi par son Roi fait surgir une cruauté de la nature qu'aucun ordre social ne vient apaiser ou sanctionner; ce Dieu veille à arracher le berger Myrtil au couteau de son père, permettant la coïncidence en un signe de l'ordre divin et de l'ordre humain. Au centre des deux pièces qui font les choix contraires du bonheur et du tragique, la nature : ce qui a à voir avec le trouble, avec le sang nu qui surgit et coule sans explication, avec le corps.

LA NATURE DANS LA LANGUE : DE L'IMITATION COMME EXPÉRIENCE (RACAN, URFÉ)

Désacralisation de la nature d'un côté, interrogation sur la « naturalité » de la loi et de l'autorité de l'autre – ce sont les deux dimensions de la pastorale des années 1600-1625. Si j'ai voulu mettre l'accent sur les traductions, c'est parce qu'elles montrent que la topique est inséparable des réflexions sur la langue qui l'actualisent. Affirmer la place des lettres dans la construction politico-religieuse de la paix, c'est dire qu'il est possible de parler dans une langue civilisée, une langue qu'aucune mélancolie ne viendra troubler. La pastorale des premières années du XVIIe siècle participe à la réflexion malherbienne sur le style, au purisme qui dénaturalise la langue pour refonder le naturel sur la coupure des mots et du corps en faisant de la cour le lieu social où s'ancrera le jugement linguistique. Quand l'auteur de *L'Astrée* de 1607 rappelait à sa bergère que les « conceptions » des bergers étaient un argument du plaisir procuré par leur parole, il soulignait aussi l'artifice de cette parole au pays de la liberté et de la vie sans contrainte que voulait être le Forez[1]. Il empruntait là encore à Guarini : pas d'élaboration des mœurs sans élaboration des mots susceptibles d'en dire le sens social et la valeur politique.

Antoine de Giraud, lyonnois, avec quelques poësies de son invention, Paris, Sébastien Cramoisy, 1623, « A la reyne mere du Roy ».

1. *Cf. supra*, chap. V, p. 159.

*Politique des modèles, politique du texte (*Sidère, *1609,* La Sylvanire, *1627)*

La plupart des auteurs qui reprennent la topique mettent en avant leur effort pour écrire dans une langue plaisante, simple, suceptible de rendre «compte de [leur] talent», comme écrit René Bouchet dans l'avis au lecteur de *Sidere* (1609). La référence aux qualités de l'italien est alors fréquente :

> [...] j'ay voulu experimenter si la naturelle beauté de nostre langue rempliroit la Scene sans estre relevee de nombres, de mesures & de rimes. Et certes elle peut en cela esgaler l'Italienne, si quelque plume assez forte, & versee aux dives secrets de la Poësie & du langage, traicte jamais ce suject. Doncques j'ay seulement frayé le chemin, le parant d'une houlette, & destournant les espines pour y faire marcher des Bergers. Toy que les Muses rendront plus ingenieux, tasche de l'applanir pour y faire passer les Princes, les armees, & les chars de triomphe [1].

L'avis au lecteur de *La Sylvanire* d'Honoré d'Urfé présente le poème comme l'occasion d'adapter à l'historicité propre de la langue française le naturel du vers libre italien :

> [ils] ont si bien & si heureusement expliqué leurs pensées en tant d'autres si beaux vers rimez, avec lesquels ils ont élevé leurs Poësies au plus haut degré, qu'il semble que leur langue puisse attaindre : car je voyois le Tasse, duquel la Jérusalem est admirable; l'Arioste dont le Roland furieux a tant esté approuvé de chacun; le Guarini, de qui les vers Lyriques sont si pleins d'esprits, & d'amour, le premier avoir fait son Torrismond, & son Aminte, en vers libres et non rimez; l'autre tant de Comedies & Tragedies de mesme sorte; & le dernier son pastor fide: & tous ces Poëmes estre tellement approuvez avec raison de chacun, que j'eusse pensé faire un grand tort à de si grands personnages, de croire que la seule raison de déployer leurs pensées avec moins de contrainte, leur eust fait choisir cette sorte de vers libres [...] [2].

Urfé reprend ici une expression de Ronsard, dans la seconde préface de la *Franciade*, sans mentionner, comme le faisait René Bouchet [3], le nom du

1. *Sidere, op. cit.*, « Avis au lecteur », n.p.
2. « Au lecteur » de *La Sylvanire, op. cit.*, p. 5, lignes 17-26.
3. *Sidere, op. cit.*, avis au lecteur np : « Je suy les simples & chastes loix de l'Antiquité; m'estudiant à dire proprement les choses seantes en langage intelligible, & fuyant ces

« prince des poètes » qui n'est plus le modèle d'une inspiration poétique désormais indésirable puisqu'il s'agit de construire la France nouvelle dans sa langue. Deux références sont en effet devenues problématiques : les poètes de la génération de Ronsard, et ce Desportes que Bouchet défend mais qui était l'objet des *Commentaires* critiques de Malherbe ; les Italiens dont on admire les productions, théâtrales notamment, mais qui forment aussi le parti de la régente, mère du roi.

Précisément, Honoré d'Urfé offre *La Sylvanire* à « la reyne mère du Roy, Marie de Medicis, reyne de France et de Navarre », rappelant que « ces habits Italiens ne [lui] peuvent estre estrangers, & que mesme c'est par [son] commandement qu'elle est ainsi revestuë, y ayant quelques années qu'il pleust à [sa] Majesté de le [lui] commander ». Comme le privilège est daté du 12 avril 1625, quinze jours avant la mort d'Honoré d'Urfé, on peut imaginer, si la référence à l'ancienneté de la commande est exacte, que celle-ci a eu lieu dans un des moments où la reine devait reconstruire son image auprès de son fils et devant les sujets du royaume[1]. Il est difficile de ne pas lire, dans cette argumentation en faveur d'une pastorale italienne « à la française » et dans cette réflexion sur l'adaptabilité du vers libre italien au vers français que développe l'avis « Au lecteur », sur la nécessité d'adapter les formes poétiques au présent des spectateurs[2], la défense d'une reine trop italienne et trop controversée. La réflexion sur l'*elocutio* est politique en ce sens qu'elle supporte un parti – celui de Marie – pour montrer que la reine italienne s'adapte à la France et à son histoire. La commande de *La Sylvanire* est sans doute à peu près contemporaine de celle du cycle allégorique des peintures de Rubens, vers 1623-1624, dans la galerie du Luxembourg – panégyrique souvent équivoque de la régente de France[3]. Comme la politique de la peinture, celle de la poésie relève de la manière de construire par le poème le sens d'une commande.

agencemens, & ces retours de paroles, qui ne persuadent rien que l'industrie de l'Autheur. On m'objectera que je vay contre le cours du Siecle : Mais la peine seroit fructueuse, si je pouvois remonter à l'ordre de ces ames divines de Ronsard, du Bellay, Belleau, & Desportes, qui nous enseignent à parler. »

1. J.-Fr. Dubost, *Marie de Médicis. La reine dévoilée*, Paris, Biographie Payot, 2009, p. 635 *sq.*

2. Urfé emprunte nombre des arguments de son historiographie du présent au *Compendio* de Guarini : *La Sylvanire*, éd. cit., voire les notes p. 5-12.

3. F. Cosandey, *La Reine de France. Symbole et pouvoir* XVIe-XVIIe *siècles*, *op. cit.*, p. 335-336.

La « lettre à Malherbe » en exergue des Bergeries *de Racan (1625)*

Il faut, pour prendre la mesure du propos d'Honoré d'Urfé, le confronter à celui d'un de ses contemporains, dont Jean-Marie Constant fait un autre représentant de la noblesse seconde, même si Honoré d'Urfé et Racan mènent des carrières différentes dans les lettres et auprès du pouvoir monarchique[1]. Si la proximité de leurs prénoms – l'orphelin Racan se prénomme « Honorat » – a pu motiver l'émulation de ce dernier, seul le moment des *Bergeries* rapproche vraiment les deux auteurs. Cette pastorale avait été intitulée *Arthenice* lors de ses représentations à l'hôtel de Rambouillet[2], et lors de la représentation à la cour, où Henriette de France interprétait le rôle principal. Le titre de 1625 affiche clairement l'ambition du poète d'utiliser un modèle français, et non italien, dût-on y retrouver nombre des lieux des textes d'outre-mont. Si *La Sylvanire* est « à l'italienne » et offerte à la reine, *Les Bergeries* seront donc « à la française » et dédicacées au roi, lequel est présenté dans l'épître dédicatoire comme supérieur à son père même, puisqu'il a réalisé jeune ce que celui-ci n'a fait « qu'apres estre vieilly dans les armes et dans les affaires ». Ce sont les « douceurs de [son] Empire » que les bergers vont publier dans le monde, pour donner aux peuples l'envie « d'y venir garder leurs troupeaux : et aux Roys mesme d'y changer leur Sceptres en houlettes »[3]. Louis XIII actualise et réalise parfaitement la métaphore pastorale du pouvoir : il fait de la France le lieu désirable d'une telle réalisation.

Mais c'est surtout la lettre « A Monsieur de Malherbe, gentilhomme ordinaire de la Chambre du Roy » qui construit la politique de cette bergerie. Le libraire la présente comme la préface qu'il n'a pas pu « retirer » de l'auteur, mais qui offre « les mesmes choses qu'il eust dites dans [celle-ci] ». Le propos poétique en passe donc par la mise en scène d'une relation épistolaire, à laquelle la célèbre « lettre-préface » de l'*Adone*, adressée par Jean Chapelain à Jacques Favereau et publiée en 1623 dans l'édition parisienne du poème de Marino, n'est sans doute pas étrangère. La discussion poétique ne se fait pas, dans ces années, en dehors de ce relief donné aux relations « particulières » entre hommes de lettres[4]. Outre que la forme

1. J.-M. Constant, *La Noblesse en liberté*, *op. cit.*, chap. X, p. 158, et chap. VIII surtout (« Un modèle de noblesse seconde des pays ligériens : les Du Bueil (Racan) »).

2. Selon la thèse de L. Arnould, reprise dans l'édition critique du texte à la STFM, *op. cit.*, p. VII.

3. « Au Roy », dans *Les Bergeries*, éd. cit., p. 3-6.

4. Pour le rôle de la correspondance de J. Chapelain dans la construction de sa figure d'homme de lettres, Ch. Jouhaud : « Sur le statut d'homme de lettres au XVIIe siècle : la

épistolaire est apte à souligner ces relations comme à imposer le sujet d'une énonciation poétique et critique, elle permet de formaliser les lieux sociaux de l'échange, de la référence et de l'autorité. Dans sa lettre à Malherbe, Racan construit, depuis une « solitude », le rapport de son poème avec la cour :

> Auparavant que vous me condamniez de la donner au public, vous me mandez qu'il en court tant de copies mal correctes, qu'il est à propos que je me justifie des fautes que les mauvais escrivains ont adjoustées aux miennes : en effect j'avouë que c'est bien assez d'estre responsable de mes pechez sans porter la peine de ceux d'autruy ; mais aussi en l'estat où elle est, je ne seray repris que des belles bouches de la Cour, de qui les injures mesmes me sont des faveurs, au lieu que si je suivois vostre conseil, je m'abandonnerois à la censure de tous les Autheurs du pays Latin, dont je ne puis pas seulement souffrir les loüanges.

Le lieu de l'autorité en matière de jugement critique est la cour, non le jugement des pédants du « pays latin ». Malgré leur apparent différend quant à la publication, cette déclaration et l'adresse à Malherbe n'ont rien de contradictoire : le *Commentaire sur Desportes* faisait du langage courtisan la norme en matière de correction linguistique. Malherbe est bien le garant d'un « sens commun » (*sic*) que la distance spatiale soulignée par Racan et par la distance propre de la lettre lui permet de mettre en exergue en un lieu :

> [Je] joüys d'un repos aussi calme que celuy des Anges ; j'y suis Roy de mes passions aussi bien que de mon village ; j'y regne paisiblement dans un Royaume qui est une fois aussi grand que le Diocese de l'Evesque de Bethleem [...] [1].

C'est depuis cette distance que Racan peut à la fois choisir la cour comme sa destination et sa référence, et critiquer les courtisans qui dépensent « tout ce qu'ils ont à la cour pour essayer d'y faire leur fortune ». La distance de l'énonciation épistolaire se loge ainsi dans la distance pastorale, d'autant mieux que les stances qui suivent immédiatement la lettre et précèdent l'argument et le prologue de la Nymphe de Seine, s'ouvraient sur l'affirmation que « Tirsis il faut penser à faire la retraite »,

correspondance de J. Chapelain (1595-1674) », *Annales HSS*, 1994, n° 2, p. 311-347. Voir aussi J.-P. Cavaillé sur la construction par Descartes de sa figure d'auteur dans sa correspondance : « Le plus éloquent philosophe des derniers temps. Les stratégies d'auteur de René Descartes » (*ibid.*).

1. *Les Bergeries*, éd. cit., respectivement p. 15 et p. 18.

car « la rage des vents brise plustost le feste/Des maisons de nos Rois, que des toicts des Bergers ».

Le retour de la poésie, ou son expérimentation : Les Bergeries *vs* La Sylvanire

Pourquoi cette mise en scène d'une retraite auctoriale ? Elle a parfois été interprétée en fonction des clés de la pièce qui font d'Arthenice l'anagramme de Catherine, sans doute pour Catherine de Termes, belle-sœur de son protecteur Bellegarde et qui fut un amour malheureux du poète [1].

Mais la retraite est thématisée dans la pièce même, où elle approfondit la distance pastorale d'un nouveau lieu. À l'acte III, la bergère Arthenice qui se croit trahie par Alcidor, (et semble mieux informée des recours qui lui sont offerts que ne l'était Astrée en 1607), trouve un refuge dans un « lieu conforme à [son] attente » (v. 1236) où « les ames devotes et sainctes /[...] libres de soings et de craintes/Vivent en terre comme aux Cieux » (vers du Chœur, 1192-1194). La vestale qui l'accueille porte opportunément le nom de la destinataire de l'*Introduction à la vie dévote*, parue quelque quinze ans plus tôt. Au cœur de la pastorale figure donc désormais ce « desert austere [où] il faut mourir et vivre,/Prendre congé du monde et de tous ses plaisirs,/n'avoir plus rien à soy, pas mesme ses desirs,/Mediter et prier avecques patience,/Et souffrir doucement la loi d'obedience » (v. 1284-1288). Cette rencontre d'Arthenice avec Philothée fait-elle vraiment signe de la parenté entre « l'"amour divin" de la spiritualité salésienne et l'"amour pastoral" des lettres profanes » [2] ? Ou inscrit-elle au centre de la pastorale le lieu de la dévotion comme rupture radicale avec l'autorité paternelle et avec le mariage, faisant ainsi écho à la réalité des contradictions qui mettent alors les préceptes de la Contre-Réforme en tension avec le pouvoir patriarcal [3] ? C'est dans ce même lieu que le père d'Arthenice et son oncle viennent en effet « tourmenter [son] esprit de leurs raisons frivoles » (v. 1304), c'est-à-dire découvrir la véritable raison de sa nouvelle dévotion à Diane. C'est aussi en ce lieu marqué du sceau de l'« innocence » qu'on apporte le corps évanoui d'Alcidor qui s'est très céladoniennement précipité dans les flots (III, 3) ; en ce lieu qu'Arthenice

1. Tous les critiques reprennent Tallemant des Réaux, *Historiettes*, I, 302.

2. M. Fumaroli, dans J. Mesnard (dir.), *Précis de littérature française du XVIIe siècle*, *op. cit.*, p. 65.

3. B. Diefendorf, « Give us Back our Children : Patriarchal Authority and Parental Consent to Religious Vocations in Early Counter-Reformation France », *Journal of Modern History*, 68, juin 1996, p. 265-307.

s'évanouit alors d'émotion, aussitôt suivie par son père (III, 4). Cette topographie spirituelle d'un salut qui en passe par une mort temporaire au monde, Racan l'emprunte à l'*Introduction à la vie dévote*, « où le Salut semble se situer du côté des bocages et des bois »[1].

Mais le lieu de la dévotion n'est en réalité que le lieu temporaire qui rend possible un premier retour à l'ordre du monde pastoral. Cela ne va pas sans maladresse : les deux derniers actes de la pastorale de Racan, imités du *Pastor fido*, fonctionnent bien plus sur le mode de la récitation poétique que comme structure de résolution : retour du père adoptif du berger Alcidor (V, 1), récit de la perte d'un enfant emporté par les flots pendant une inondation (V, 5, v. 2846-2881), révélation de la véritable identité d'Alcidor, fils de Damoclée et non du « vieil Alcidor », délices finales. Quand, au début de l'acte V, le vieil Alcidor revient aux bords de Seine, comme Carino revient en Arcadie à l'acte V du *Pastor fido*, c'est la poésie française de la Renaissance et sa célébration du pays, concentrée par la stabilité du lieu pastoral, qui semble revenir avec lui :

> *Heureux qui vit en paix du laict de ses brebis,*
> *Et qui de leur toison voit filer ses habits,*
> *Qui plaint de ses vieux ans les peines langoureuses,*
> *Où sa jeunesse a plaint les flames amoureuses :*
> *Qui demeure chez luy comme en son element,*
> *Sans cognoistre Paris que de nom seulement,*
> *Et qui bornant le monde aux bords de son Domaine*
> *Ne croit point d'autre mer que la Marne ou la Seine*. [v. 2307-2314]

On voit comment la douceur du style se cherche des objets d'éloge susceptibles de motiver un tel polissage, comment le discours de la nature permet d'affirmer la permanence de la poésie française, garante d'un retour à l'ordre immémorial du pays, et portée par l'élégie d'un Du Bellay, ou par les rythmes poétiques d'un Ronsard (dans l'épithalame final) « rénovés » par Malherbe. Il est important, dans le discours tenu par la pièce de Racan, que ce retour à l'ordre ait la forme du retour d'un père, et qu'avec lui la spécificité française du lieu pastoral puisse ainsi s'affirmer à travers le temps. Comme il importe que la célébration du pays aille avec l'injonction de l'oracle qui réclame le mariage d'Arthenice avec un berger qui ne soit pas un « estranger »... C'est bien la « bergerie française » que construit le

1. J.-P. van Elslande, *L'Imaginaire pastoral du XVIIe siècle*, *op. cit.*, p. 57 : F. de Sales décrit l'enfer urbain, et conduit Philothée « en rase campagne » pour lui donner le choix entre le paradis et l'enfer. On trouve chez J.-P. Camus la même équivalence entre « paysages idylliques » et « tempérament de l'homme doux et affable convenant au dévot ».

poème de Racan, hanté par la menace de la retraite dévote au temple, par le départ d'Alcidor, hors de la France (v. 2683), et qui tente de raconter les voies d'une soumission à un ordre paternel juste – autant dire un ordre religieux qui ne s'identifierait ni à la retraite dévote, ni à l'exil, mais se confondrait avec le mariage : l'ordre même que construit alors le catholicisme royal en assurant aux dépens de l'Église la politique des mariages. On mesure alors le sens de la dédicace des *Bergeries* au roi. On comprend en outre comment le type d'articulation que Racan construit entre la cour comme lieu normatif de la langue et le pays, sans même parler de l'exclusion de l'« étranger » par l'oracle, entre le père et la mémoire poétique de la France est de ceux qui servent à rappeler l'identification du « pays » à la « nation »[1]. En construisant cette convergence des significations – mariage d'amour, catholicisme modéré, retour à un ordre français, présenté comme naturel, originaire, de la langue et de la famille –, le dispositif des *Bergeries* offre une autre solution que la dévotion à l'engagement pastoral dans la foi de l'amour.

Que *La Sylvanire* ait été commandée par Marie de Médicis suffit à poser l'écart, jusque dans sa réflexion sur la spécificité d'une poésie française, entre le projet poétique d'Honoré d'Urfé et celui de Racan[2]. Le texte de *La Sylvanire* n'a rien pourtant d'anti-malherbien, au contraire. L'avis « Au lecteur » souligne l'effort pour adapter les qualités du théâtre italien en vers libres à l'historicité propre du vers français. Mais il ne s'agit nullement de construire le présent comme un retour, pas plus que de garantir la clôture de la bergerie française. Dans les « conceptions » des bergers, équivalents bien pensés des *concetti* italiens, se joue la construction d'une langue qui se tiendrait quelque part entre les afféteries poétiques de la cour et la rusticité d'un langage trop « renaissant ». Le texte d'Honoré d'Urfé est ainsi moins ouvert sur le sens national du genre pastoral qu'orienté par une construction sociale des mœurs dans la langue : en quoi il reprend assez exactement le projet poétique et linguistique de Guarini.

De fait, cette *Sylvanire* joue l'énergie de la récriture plus que le pouvoir structurant de la fable. Au début de l'acte IV, un dialogue entre trois bergers imite la structure en chants amébées des bergers de l'Antiquité. C'est d'abord une joute pendant laquelle Tirinte, amant malheureux de la

1. Sur cette équivalence avant le XVIIe siècle, R. Descimon et A. Guéry, « Fondations : l'État monarchique et la construction de la nation France », dans A. Burguière et J. Revel (dir.), *Histoire de France*, *op. cit.*, t. II, « l'État et les pouvoirs », p. 273.

2. Je reprends, dans ce qui suit, une partie de la fin de mon introduction à *La Sylvanire*, éd. cit., p. XLIII-LXII.

seconde intrigue, et Aglante, le berger amoureux de la première, font assaut d'images maniéristes sous la férule de l'inconstant Hylas, qui demande toujours plus de précisions : « dy-le plus clairement » (à qui sont ces beaux yeux). Ils multiplient les figures du discours amoureux jusqu'à faire du dialogue une variation sur la variabilité, une *experientia* des motifs poétiques que fournit le *topos* de l'abondance naturelle, motivé par le décor pastoral :

AGLANTE
Si quand on dit, que la terre alterée
Beante en mille lieux
D'extreme secheresse,
Desire l'eau pour alleger l'ardeur
Qui la seiche & la cuit :
Si quand on dit, que le Dieu de Lignon
Découvre de son lict en divers lieux les humides cachettes,
Faute de l'eau qu'un Soleil trop ardent
Luy seiche & luy consume ;
Nous entendons incontinent l'Esté :
Pourquoy de mesme aux effects que je dis,
Ne recognois-tu pas
Le bel œil que j'adore ?

HYLAS
Je ne le puis encore.

Mais ce dialogue critique aussi l'hypothétique naturalité de la langue : nulle figure du discours amoureux, nul éloge n'implique en soi une référence précise à telle ou telle bergère, quand les lieux communs de la poésie bucolique suffisent à faire entendre le printemps ou toute autre saison :

AGLANTE
Si quand on dit, que les fruicts sur la branche
Vont jaunissant
Des feuilles despoüillez
Que nos feuilles despoüillez,
Que nos fertiles champs
Où Ceres ondoyoit
Sur des espics dorez,
Veufs des riches moissons
Qu'ils avoient autrefois,
N'ont pour toute parure
De leurs sillons, que le chaume resté
Tesmoin des doux larcins
Du courbé moissonneur [...]

Pourquoy de mesme aux effects que je dis,
Ne recognois-tu l'œil
Dont la beauté me poingt ? [v. 5931-5964]

Quel est le sens de cet échange sur l'intelligibilité des figures poétiques en pays de Forez, qui se prolonge jusqu'à ce qu'ait été ainsi récitée chacune des saisons ? Il s'agit, certes, de comparer l'amour et la nature, de manifester la fécondité du style, l'*ubertas* de cette récriture ironique de la pastorale, mais aussi de récuser toute motivation du langage amoureux dans son objet, de couper le langage de la nature, de dénaturaliser la langue de l'amour.

Parler d'amour engage dans *La Sylvanire* non seulement le problème d'une nature de la langue, mais aussi celui du naturel de ceux qui usent des figures. Tous les personnages commentent moins l'amour que le parler d'amour, tel reprenant pour s'en moquer ou s'en irriter la réplique d'un autre [1]. Le trop-plein de mémoire des lieux communs du discours amoureux se libère dans ces traits d'esprit, qui n'en réfèrent ni à la cour – et à sa civilité trop « affétée » –, ni au pur affect, qui ferait d'un berger un sauvage. Les histoires de figures sont des histoires de plaisir, qui participent du spectacle pastoral de la langue. Prêter des *topoï* amoureux au Satyre poilu par exemple (II, 1), c'est ridiculiser sans doute ces figures, mais c'est aussi prêter temporairement un corps à la langue. C'est faire apercevoir que le caractère éthique du discours se construit quelque part dans un rapport entre le corps civilisé et la parole.

Tous ces jeux poétiques qui font du poème d'Urfé une véritable *satura* prennent sens par rapport à une mise en débat de la langue de l'amour et du temps. Dans la première scène d'Écho, récriture là encore d'un *topos* de la poésie renaissante souvent exploité dans la « bergerie », les rimes se retournent pour adresser soudain à la bergère Fossinde un message contraire à leur signification première :

[…]
Que m'acquerra cet amour inhumaine ?
Hayne
Que deviendra cet espoir decevant
Qui m'a promis tant de bien cy-devant ?
De vent.
[…] Retentons de nouveau

1. *La Sylvanire*, éd. cit., I, 5, v. 1008-1011 (« Et crois moy pour ce coup,/Il est ainsi des maistresses nouvelles,/Que des valets nouveaux. Aglante : Belle comparaison ! »), I, 9, II, 3, etc.

L'Oracle de la Nymphe.
Ma voix encore un coup à parler te semond :
Que ferons-nous Echo contre ce grand Demon ?
Aymon
Aymer, mais qui pourroit aymer quand on ne l'ayme ?
Echo c'est ce me semble une folie extreme :
Ayme
[...] [acte II, scène 7]

Que la réponse à une question puisse être contenue dans les phonèmes de la question signalerait un sens de l'amour humain inscrit dans la nature, une langue poétique non encore dégagée elle-même de sa gangue de nature. Comme il y a une nature de l'amour entre bergers, il y aurait une motivation de la langue. Mais le jeu de la motivation se retourne ici en arbitraire du sens. *La Sylvanire* montre donc que la nature de l'amour, véritable légitimation du mariage, ne se confond pas avec la nature des Anciens, celle où les dieux étaient mêlés avec les hommes, les satyres avec les bergers, celle où la voix sans corps de la nymphe Écho pouvait conduire les bergers sur la voie de la résolution finale. Elle ne se confond pas avec cette nature, mais elle garde l'énergie que lui fournit la dynamique dramatique de l'*experientia* des figures poétiques anciennes. Une éthique des images verbales se cherche ainsi à travers la reprise des lieux communs de la topique pastorale, à travers cette dénaturalisation de la langue qui ne renonce pas à la nature, mais en investit l'énergie dans l'épuration par l'*experientia* des surabondances du style renaissant, et de l'esprit archi-poétique des bergers.

Telle est la réponse donnée par ce texte très singulier à la critique de l'autorité paternelle : une élaboration des usages civils du discours poétique ou, pour gloser une expression d'Émile Benveniste, une conceptualisation du temps vécu dans l'expérimentation des figures [1]. Cette proposition est profonde. Faire l'expérience de l'image verbale, de la figure, jouer son *experientia* – sa récriture –, c'est éprouver que l'on est un être temporel dans le langage. La récriture des lieux de la topique de l'amour et de la nature est ici l'équivalent dans le texte du discours historiographique sur le présent, si frappant dans l'avis « au lecteur » de *La Sylvanire*. La singularité de la pastorale d'Honoré d'Urfé, y compris par rapport au *Pastor fido*, est de donner au processus historique la forme de cette expérience du langage, sans décrire ce processus comme un retour à un ordre donné pour naturel, sans résoudre les tensions du politique et du religieux. En quoi j'identifie la

1. É. Benveniste, « Le langage et l'expérience humaine » [1965], *Problèmes de linguistique générale*, Paris, Gallimard, 1974, vol. 2, p. 69.

formation sceptique d'Honoré d'Urfé, reconnaissable à la voix de Fortune dans le Prologue de la pièce, à la figure du berger Hylas, plus montaignien dans cette « fable bocagère » qu'il ne l'est dans le roman. Mais comme dans *L'Astrée*, la mélancolie d'Honoré d'Urfé récuse que l'on puisse revenir à l'ordre ancien, donné comme fantasmé.

Ce que *L'Astrée* faisait sur le plan du récit – produire des conduites éthiques –, *La Sylvanire* le réalise dans un jeu sur la langue de l'amour. La « fable bocagère » déploie les différents sens de l'expérience – celle que l'on accumule à travers le temps et qui fonde l'autorité contestée du père, celle que font les bergers quand ils reprennent et amplifient des fragments de la poésie ancienne, celle des pouvoirs de la nature, logés dans un miroir magique. Si ces lieux ne relèvent pas d'une écriture de l'histoire au même titre que la disposition de la fable, ils n'en constituent pas moins des éléments de discours sur le temps, ils mobilisent cette « expérience » que Reinhart Koselleck a fait entrer dans la philosophie de l'histoire née au XVIIIe siècle [1] pour interroger les rapports entre autorité et écriture, temps et autorité, nature et histoire.

C'est au titre d'une implication de la pastorale dans les modes pluriels d'écriture du temps présent que l'expérimentation de la langue de l'amour des bergers intéresse la relation politique entre le monarque et ses sujets : comment dire cette relation d'amour dans une langue dénaturalisée, à distance du lieu troublé de la mélancolie qui gagne tout le langage à la fin de la tragédie de Théophile ? Racontant un retour du père naturel ou mimant une dénaturalisation du langage de l'amour, les pièces de Racan et d'Urfé font une proposition similaire, quoiqu'elle trouve deux réalisations distinctes : celle d'arracher le lieu politico-religieux de l'amour pastoral au trouble du corps.

Cela dit, l'expérience proposée par Honoré d'Urfé reste isolée : *La Sylvanire* n'a jamais été rééditée, à la différence du poème de Racan qui connaît douze éditions originales jusqu'en 1635 [2]. C'est dire aussi que le travail poétique de la « fable bocagère » a connu bien moins d'appropriations que le roman pastoral, même s'il n'avait rien qui semblât devoir

1. R. Koselleck, « Mutation de l'expérience et changement de méthode. Esquisse historico-anthropologique », *L'Expérience de l'histoire*, Paris, Gallimard-Seuil, 1997, p. 201-247.

2. Voir là-dessus L. Arnould, introduction bibliographique des *Bergeries*, éd. cit., p. IX-XXII. L'auteur met sur le même plan semble-t-il, dans sa description, des retirages augmentés de la « première édition » (désignés comme tels sur les pages de titre, en 1626 par exemple) et des deuxième et troisième éditions.

lui attirer l'épithète de « libertin » – et en admettant que cela eût pu constituer un obstacle à sa lecture. Il serait donc difficile d'étendre le sens d'un écrit, au demeurant reconstitué hors du contexte spécifique de l'action qui le publie – puisque c'est Robert Fouet qui a fait paraître *La Sylvanire*, en 1627 – à un propos plus général sur la langue française, pour en faire la pierre de touche d'un *dolce stil novo* qu'un seul texte aurait ainsi suffi à construire pour tous, et avec tous[1]. *Les Bergeries* de l'élève de Malherbe proposaient une formule plus consensuelle, mieux perceptible comme française, des usages de la poésie, mieux articulée au catholicisme royal en outre, parce que proposant une alternative à la centralité nouvelle du lieu dévot. Aujourd'hui, on dirait que *Les Bergeries* ont « récupéré » la dévotion, au sens où elles en ont atténué la conflictualité politique, annexant son énergie sociale propre dans le récit qu'elles construisaient d'un retour à l'ordre naturel de la « bergerie » France et de l'autorité paternelle. La façon dont Racan a construit la réception de son poème, sans commune mesure avec la publication *post mortem* de *La Sylvanire*, montre enfin comment la politique de son texte lui permet d'élaborer sa carrière d'auteur.

1. M. Fumaroli, dans J. Mesnard (dir.), *Précis de littérature française du* XVII*e* *siècle*, *op. cit.*, p. 64.

CHAPITRE VII

L'AUTORITÉ EN PROCÈS

AUTOUR DES TRAGICOMÉDIES PASTORALES DE JEAN MAIRET (1626-1631)

Dans *La Sylvanire*, le travail d'adaptation à la France de la tragicomédie pastorale construit un imaginaire de la légitimité politique de la reine. Une telle imbrication du poétique et du politique montre à quel point la tragicomédie pastorale a pu être identifiée à l'époque comme un genre italien, mais aussi la façon complexe dont joue cette référence. Le genre ne porte pas seulement une autre langue ou une autre culture : il porte aussi le modèle d'un type de cour différent de celui qui s'affirme alors en France autour du roi et de son principal ministre. Alors que les lieux poétiques et critiques de l'*Aminta* et du *Pastor fido* sont décontextualisés par leur reprise dans les textes français, la référence à l'un ou l'autre texte, ou au type de poétique qu'il porte, fait signe vers le cadre aristocratique qui les a produits. Bref, la référence italienne souligne le sens politique de la distance pastorale à l'égard de la cour de France.

Dans la troisième partie de *L'Astrée* parue en 1619, le modèle italien de la chevalerie de cour était d'ailleurs mis en opposition avec le dévoiement de la cour d'Euric. Parce que les écrits pastoraux définissent toujours le lieu qui les a produits, ils peuvent faire coïncider la réflexion sur l'autorité du monarque et la référence à d'autres lieux curiaux que la cour du roi de France, qui est alors pensée comme manifestation de l'ordre politique. Logiquement, la critique de l'autorité paternelle ou de la forme paternaliste de l'autorité monarchique va de pair avec la revendication, par le travail de la représentation pastorale, d'un autre lieu de l'existence curiale qui n'est d'ailleurs jamais appelé « la cour », même quand il s'agit bien, comme pour le chateau de Chantilly des Montmorency, d'une cour. La distanciation poétique du lieu représenté dans la pièce pastorale, qui rend parfois difficile d'en apercevoir les contours[1], vaut surtout par son écart avec l'autre « lieu », politico-religieux celui-là, qui cristallise dans les années 1620 la question du trouble. Ce lieu est celui de la mort ou de la fausse mort d'amour. J'ai souligné, dans le chapitre précédent, la façon dont la pastorale du premier XVIIe siècle tentait de repousser la tentation tragique hors de l'espace politique et religieux de l'amour. Dans les années qui ont vu la montée du pouvoir de Richelieu et que marquent trois procès de « grands » qui musèlent l'opposition nobiliaire au roi et à son ministre (Chalais, Montmorency, Cinq-Mars)[2], la mort des amants, synonyme de l'*acmè* de la crise mélancolique, devient au théâtre le lieu même du trouble politique. Ce lieu, plusieurs textes pastoraux le reprennent alors, et l'inscrivent au centre de leur mise en question de l'autorité paternelle et/ou royale. Ce sont toujours des pastorales « à l'italienne », de manière d'autant plus étonnante d'ailleurs que les pièces qui leur servent parfois de modèle ne représentent pas la mort, ou la fausse mort, d'amour. Dans l'*Aminta* du Tasse notamment, la précipitation du berger Aminte est l'objet d'un récit, non d'une représentation (acte IV, 1 et 2). En France, ce lieu cristallise une critique, que l'on a parfois qualifiée de « libertine », du pouvoir royal. Il a été l'objet d'un curieux déplacement dans un texte qui participe de l'événement *Astrée* et est également lié à *La Sylvanire*, un texte qui fait de ce lieu la matière d'un « cas », « l'histoire de la Silvanire », parue dans la quatrième partie de *L'Astrée* en 1627.

Tout au long de ce chapitre, je tente d'éclairer différemment une période singulière, que l'on peut décrire comme la montée de l'absolutisme monarchique. Les usages complexes de la tragicomédie pastorale en témoignent, entre critique frontale et présentation éthique d'une cour « à l'italienne », à distance de la cour du roi, entre *La Sylvie* de 1626-1628 et *La Silvanire* de 1628-1631, entre affirmation de liberté et d'indépendance et récupération, sous l'autorité de l'Église, de l'autorité concernant la question du mariage. C'est dans ce contexte d'affrontement entre les catholicismes du premier XVIIe siècle que prendra sens ici le rapport des textes pastoraux au libertinage.

1. Ch. Jouhaud, *Les Pouvoirs de la littérature*, *op. cit.*, p. 29-30.

2. H. Fernandez-Lacôte, *Les Procès du cardinal de Richelieu. Droit, grâce et politique sous Louis le Juste*, « Époques », Seyssel, Champ Vallon, 2010.

LA SYLVIE DE JEAN MAIRET (1626-1628) : LE MARIAGE DE GASTON OU LA MÉMOIRE DE THÉOPHILE ?

En 1628, Jean Mairet dédicace *La Sylvie*, imprimée à Paris chez François Targa, au duc de Montmorency. Cette tragicomédie, qui ne s'identifie pas tout à fait au monde pastoral puisque celui-ci constitue un lieu à l'intérieur de l'espace de la représentation, est considérée depuis les frères Parfaict comme « le plus grand succès de théâtre avant le *Cid* » : elle a de fait été imprimée presque tous les ans jusqu'en 1635, même si toutes les impressions ne sont pas de nouvelles éditions [1]. En voici l'argument, placé en tête de la publication imprimée de 1628 :

> Florestan, prince de Candie, devient amoureux de la princesse Méliphile après en avoir vu le portrait dans un écu que Thyrsis, chevalier errant, avait rapporté. Il s'embarque secrètement à dessein de l'aller trouver en Sicile, où Thélame, frère de la princesse Méliphile, prend tous les jours l'habit de berger pour vivre plus librement avec la bergère Sylvie, dont l'esprit ne le ravit pas moins que la beauté. [...] Cependant, le Roi de Sicile, averti des amours de son fils, délibère de le marier avec l'Infante de Chypre : il propose ce mariage au jeune prince, et lui en fait encore parler par Timaphère, homme persuasif et capitaine de ses gardes qui toutefois ne gaigne rien sur son esprit. Le Roi, connaissant bien que l'aversion qu'il avait pour le mariage était un effet de la passion qu'il avait pour Sylvie, se résout de la faire mourir ; son chancelier lui remontre les malheurs qui en pourroient arriver ; il change enfin ce dessein et punit ces deux amants par un enchantement merveilleux. Florestan, quelque temps après, arrive en Sicile par un naufrage, il apprend de Philène et de Dorise les circonstances de cette aventure ; et comme le Roi se repentant de sa cruauté avait promis solennellement sa fille à quiconque viendrait à bout de cet enchantement, qui ne pouvait être rompu que par un chevalier extrêmement vaillant, il tente l'aventure, chasse les Démons, casse le miroir enchanté, et délivre les deux amants, qui sont mariés par le commandement de l'oracle, et le consentement du Roi [...]. [éd. cit., p. 394]

La pièce a été représentée à l'hôtel de Montmorency, puis à l'hôtel de Bourgogne, en 1626, année du mariage de Gaston d'Orléans avec Marie de Bourbon-Montpensier, unique héritière des biens d'une très riche famille de sang royal, d'un rameau collatéral des Bourbon (le 5 août) ; année encore de l'exécution du comte de Chalais (le 19 août) et de la mort de Théophile

1. L'édition la plus accessible figure dans *Théâtre du XVIIe siècle*, éd. J. Scherer, Paris, Paris, Gallimard, 1975, t. I, p. 393-473. Elle donne le texte de la troisième édition revue par Mairet (mais c'est la septième impression), celle de 1630, chez François Targa toujours.

de Viau (le 26 septembre). Ce contexte qui place *La Sylvie* au cœur des questions politiques et littéraires de l'année rend particulièrement pertinents, pour la lecture de la pièce, les liens de Jean Mairet avec le duc de Montmorency, protecteur de Théophile et impliqué dans le parti de « l'Aversion au mariage ». On a donc fait une lecture à clé partielle de la pièce, à partir de certains personnages. Agatocles, le roi de Sicile, serait Louis XIII, le chancelier, Richelieu, tous deux dans le « parti du mariage », Thélame – Gaston – et Sylvie – Marie de Gonzague la jeune fille que Gaston voulait épouser et qu'il tenta d'enlever[1] – dans l'autre camp, bien sûr, puisqu'ils sont lésés par ce mariage; enfin Macée, mère de Sylvie, serait Henriette de Joyeuse, mère de Marie de Montpensier. Les autres personnages (Florestan, Thyrsis, Méliphile…) seraient tous inventés[2].

Cependant, que l'affaire du mariage de Gaston constitue le contexte chaud de la représentation en 1626 n'implique pas que la clé du mariage soit toute la clé de la tragicomédie pastorale. Le nom de Sylvie avait servi à Théophile à célébrer Marie-Félicie des Ursins, épouse du duc de Montmorency, dans les dix odes rassemblées sous le titre de « La maison de Sylvie » et parues en 1625, dans le *Recueil des pièces faites par Théophile depuis sa prise jusques à présent*, puis reprises dans l'édition de la seconde partie des *Œuvres du sieur Théophile*, cette même année 1626 de la représentation de *La Sylvie*. Dans ces pièces écrites en prison, le poète célébrait à la fois Marie-Félicie des Ursins et le parc protecteur de Chantilly, espace mythologique et réel où ses vers pourraient, écrivait-il, résonner longtemps. Par ailleurs, dans l'argument de la pièce de Mairet, la formule « pour vivre plus librement » fait nettement écho à l'adresse de l'auteur de *L'Astrée* à sa fille (« Que si l'on te reproche que tu ne parles pas le langage des villageois […] : responds-leur, ma Bergere […] que vous n'avez toutes pris cette condition que pour vivre plus doucement et sans contraintes »[3]), soulignant la perspective critique dans laquelle il faut comprendre la revendication de l'amour des bergers contre les dispositions de leur roi et père, Agatocles. Que Mairet écrive au service de Montmorency, dans cette cour de Chantilly que sa seule existence opulente dans les années 1625-1630 met à distance du roi ne signifie pas qu'il n'est que la plume des

1. D. Haase-Dubosc, *Ravie et enlevée. De l'enlèvement des femmes comme stratégie matrimoniale au XVIIe siècle*, Paris, Albin Michel, 1999, p. 271.

2. G. Dotoli, « Per una interpretazione socio-politica della *Sylvie* di Jean Mairet », *Il teatro al tempo di Luigi XIII*, Bari-Paris, Adriatica-Nizet, 1974, I, p. 13-64. Cet article est résumé dans un autre de ses articles : « L'idéologie baroque et libertine des pastorales de Jean Mairet », dans *Le Genre pastoral en Europe*, Université de Saint-Étienne, 1980, p. 299-310.

3. « L'Autheur à la bergere Astrée », *L'Astrée de messire Honoré d'Urfé*, *op. cit.*, p. XX.

opinions du duc. Il a construit très tôt sa figure d'auteur en insistant sur son parcours et en élaborant un usage des dédicaces à travers lesquelles il construit un discours sur la condition d'auteur en service[1]. Il faut donc, pour essayer de lire *La Sylvie* de la manière la plus riche, faire jouer les différents niveaux de la référence qu'elle propose, et tenter de prendre en compte les deux temps de sa publication – représentation et imprimé.

La mémoire de Théophile

Dans l'acte IV de la pièce, le roi Agatocles recourt à un stratagème magique, un « enchantement merveilleux » qui prive son fils et sa bergère de leur liberté, sans au demeurant les mettre à mort : un « cristal » les enferme et les condamne à ne jamais s'éveiller ensemble, mais à constater chacun tour à tour ce qu'il croit être la mort de son aimé(e) endormi(e) à ses côtés. La citation de la fin des *Amours tragiques de Pyrame et de Thisbé* est explicite – la pièce de Théophile est d'ailleurs publiée pour la première fois à part cette même année 1626[2]. Sa modulation « magique » fait du trouble un lieu « tragicomique », susceptible d'une résolution grâce à la geste héroïque de Florestan, un prince extérieur au monde pastoral venu vaincre les ombres et les démons qui gardaient prisonniers les jeunes gens. Il en sera récompensé par le don que le lui fait le roi de sa fille en mariage, cette Méliphile qu'il était venue précisément chercher en Sicile.

À travers la référence littérale à la tragédie de Théophile, le « cristal » qui fige et répète la fausse mort des amants permet la mise en scène de la violence royale, puis sa conversion en *pathos*. Non seulement « sept ou huit jours après que le sort fut jeté », Agatocles « eut repentir de sa sévérité », « voulut les remettre en leur sens ordinaire » (v. 1807-1809), non seulement il énonce un *mea culpa* qui le distingue des rois mélancoliques de la tragédie classique –

Je voulus employer la magique puissance
De là vient que je suis tout à fait odieux
Au commun sentiment des hommes et des Dieux ;

1. *Nouvelles Œuvres de feu Mr Théophile*, Paris, Antoine de Sommaville, 1641. Sur cette problématique, et sur l'ensemble de la carrière de J. Mairet, voir le dossier de D. Blocker, É. Haddad et L. Giavarini, publié dans le numéro de *Littératures classiques* consacré à J. Mairet (dirigé par B. Louvat) : « L'art de la dédicace selon Jean Mairet » et « De la scène à la diplomatie : usages de l'écriture lorsque Mairet quitte le théâtre (1639-1643) ».

2. *Les Amours tragiques de Pyrame et de Thisbé, mis en vers par le sieur Theophile*, Paris, J. Martin, 1626.

Mon peuple est irrité d'une action si lâche ;
De honte et de regret il faut que je me cache [v. 1846-1850]

– mais il veut « à dessein augmenter [son] ennui,

Car les piteux accents de la voix de Thélame
Sont autant de poignards qui [lui] transpercent l'âme,
Sont autant de vautours et de serpents mordants
Qui [lui] font ressentir mille morts au dedans ; [v. 1873-1877]

Ici commence la première déploration de Thélame, devant laquelle ce roi et père devient tout à fait « pitoyable » :

Enfin ces actions d'amour et de pitié
Me feront fendre un jour le cœur par la moitié.
Que ces gémissements et ces funèbres plaintes
Donnent à mes esprits de sensibles atteintes !
Dieux ! arrêtez le flux de mes ans malheureux,
Ou finissez bientôt ce destin douloureux. [v. 1971-1976]

Un roi, un père, un « lion » redevient tendre et clément devant le lieu du trouble politique – le lieu de la crise mélancolique suscité par la tyrannie exercée contre l'amour. Si *La Sylvie* donne un contenu dramatique fort à la métaphore politique du roi père de ses enfants, si la tyrannie de ce roi-père est mise en question parce qu'elle fait intrusion dans l'amour des particuliers – « père dénaturé, tyran plus qu'inhumain » s'écrie Thélame quand il apprend l'enlèvement de Sylvie (v. 1651) –, la pièce convertit la violence tyrannique en douceur, et cela de plusieurs manières : en représentant la douleur d'Agatocles devant le *pathos* de la douleur d'amour, son retour à des sentiments paternels, et en rendant l'héroïsme nécessaire à la préservation de l'amour, amour « naturel » en ce qu'il soumet la différence de rang (Sylvie est bien une bergère, Thélame est bien un prince) à la liberté des sentiments. L'acte V s'ouvre non pas sur le retour d'un père, comme le *Pastor fido*, comme *Les Bergeries* de Racan, mais sur l'arrivée du héros qui fait l'éloge d'un pays inconnu, non d'une terre retrouvée :

Que ce climat est doux, et que ce beau pays
En sa diversité tient mes yeux ébahis !
[...] Je voudrais bien treuver quelqu'un qui m'informât
De l'état et du nom de ce nouveau climat. [éd. cit., v. 1663-1664 et 1675-1676]

L'héroïsme tient donc, dans *La Sylvie,* le rôle ailleurs dévolu à la fonction des pères « naturels », c'est-à-dire parfois, comme dans le *Pastor fido*, adoptifs – à ceux dont les sentiments ne sont pas dénaturés. Il est le premier signe d'un retour à un ordre à la fois humain et/ou divin, sans que la figure du héros remplace pour autant le roi-père – elle est le bras armé que sa volonté, revenue à l'ordre des sentiments « naturels » précisément, accepte de se donner.

De manière générale, *La Sylvie* met à distance le tragique que contient la référence à la pièce de Théophile. Si elle emprunte aussi aux *Amours tragiques de Pyrame et de Thisbé* le personnage de la mère de la jeune fille, notamment en introduisant un songe prémonitoire (acte II, 1, v. 590-688), elle fait de cette mère un personnage averti, qui refuse d'entrer dans la mauvaise foi de son époux, lorsqu'il affirme qu'autrefois, elle en disait tout autant : « Aussi jeune que vous, elle feignait, mauvaise,/De n'aimer pas un joug dont elle était bien aise » (II, 3, v. 838-840). Mais, répond Macée, « [Son] innocence alors sa liberté perdit » (v. 845). Les personnages féminins de cette pièce sont d'ailleurs intéressants, qui dépassent de loin la topique de leurs rôles de mère, de fille, de bergère : dans la scène précédant son enlèvement (acte IV, 2), Sylvie, qui comprend à la lettre ce que signifient les sentiments « brûlants » de Thélame, lui raconte l'histoire du berger Nicandre et de Délie, arrivée dans ses « bocages ». Une histoire tragique, parce qu'ayant cédé à son berger, Délie n'est plus aimée de lui et se suicide de « mélancolie » (v. 1497 *sq*). Le tragique du rendez-vous amoureux sur lequel est construite toute la fin de la pièce de Théophile est par là mis à distance, avec la littéralité du désir sexuel, si bien que la fin de la pastorale peut faire coïncider le désir charnel – épuré de son caractère pulsionnel – et l'ordre social représenté par le mariage.

Si l'on accepte de lire dans *La Sylvie* un poème incluant la figure absente de Théophile, il devient clair que, sans trahir le poète, cette scène et ce récit permettent de tempérer, au sens poétique et humoral du terme[1], la pulsion mélancolique dans l'amour naturel. À Chantilly, la nature n'offense pas les mœurs – c'est une part essentielle de la revendication de liberté comme de l'éloge de son cadre, son beau parc en particulier. Cette question des mœurs était d'ailleurs fortement présente, sur un mode plus nettement revendicatif, dans les odes de « La Maison de Sylvie ». Théophile affirmait par exemple que « le dessein de la Chasteté/Prend une honnête liberté/Et franchit les limites/Que prescrivent les imposteurs,/Qui

1. Voir ma traduction du *Compendio della poesia tragicomica* de Guarini (éd. cit., note 68, p. 345 et p. 213 [12]) et mon introduction, § 2.4.3, p. 105 *sq*.

sous des robes de Docteurs/Ont des âmes de Sodomites » : réponse au père Garasse et affirmation de la beauté de l'amour libre pour « Tircis »[1].

De même que la pièce de Mairet tempère l'humeur de ses bergers, elle tempère la littéralité de leur désir. Mais cet amuïssement du tragique ne s'identifie pas entièrement au retour à l'ordre social : la revendication de l'amour naturel passe par le refus d'une quelconque reconnaissance qui ferait finalement de la bergère Sylvie une princesse. La valeur des sentiments naturels ne se soumet pas aux hiérarchies sociales : le mariage final entre Thélame et Sylvie est bien l'exemple, unique à vrai dire dans la pastorale du temps, d'une union entre un prince et une bergère, « merveille » d'une rencontre hors de la norme sociale que promeut le paternalisme royal.

Les actions du duc de Montmorency et la maison de Sylvie

En 1641, Mairet publiera les *Œuvres* de Théophile, assorties d'une très équivoque dédicace à Richelieu. Sa tragicomédie pastorale a quelque chose d'un tombeau poétique, qui « ravit » au mort sa puissance poétique[2], l'amplifie et l'inscrit dans la structure et les effets de citation de *La Sylvie* – jusqu'à l'initiale du prénom, Thélame, du berger principal. Le péritexte de la pièce – incluant le privilège daté du 17 septembre 1627, un an exactement après la disparition de Théophile, mort en septembre 1626 à l'hôtel de Montmorency des suites de son emprisonnement à la Bastille – ne parle pas de mémoire, mais de fidélité. La dédicace que Mairet adresse au duc rappelle la protection qu'il a offerte au poète disparu :

> Toute la France est témoin de ce que vous avez fait pour un de ses plus beaux esprits, à qui votre seule protection a donné lieu de témoigner de son innocence. Il a plutôt manqué de vie que de reconnaissance : et je m'assure que le plus grand regret qu'il ait encore dans le tombeau, c'est de n'avoir pas laissé dans ses écrits de quoi repousser la calomnie de ceux qui voudraient l'accuser d'ingratitude en votre endroit. De moi qui chéris sa mémoire si parfaitement, plutôt que de souffrir qu'on l'obscurcisse d'une si noire tache, je mêlerai son intérêt avec le mien, et m'efforcerai de tout

1. Ode IV, § 4, de « La Maison de Sylvie », citée dans l'édition Saba des *Œuvres poétiques*, Paris, Classiques Garnier, 2008, p. 331.

2. A. Fleges, « "Je ravie le mort", tombeaux littéraires en France à la Renaissance », dans D. Moncond'huy (dir.), *La Licorne*, n° 29, « Le tombeau poétique en France », 1994, p. 71-142. J'emploie la notion de « tombeau » dans un sens large, en m'appuyant sur les usages que Mairet fera plus tard de la dédicace comme « tombeau » de Montmorency pour d'autres de ses patrons, ou « tombeau » d'un grand ancêtre de son patron actuel. Voir L. Giavarini et É. Haddad, « L'art de la dédicace selon Jean Mairet », art. cit., p. 45-46.

mon pouvoir de m'acquitter d'une dette commune, que la mort ne lui permit pas de vous payer. [éd. cit., p. 393]

On aurait tort de voir dans ce texte un éloge servile. Il expose l'entrelac de liens qui constituent une part du contexte de la tragicomédie pastorale : lien de condition et d'amitié entre Mairet et Théophile, lien de service et de protection entre le duc et ses auteurs. La fidélité de Montmorency à Théophile justifie l'appartenance de Mairet au duc, comme elle légitime que la pastorale garde la mémoire de Théophile en lui donnant, par l'intervention de l'action héroïque de Florestan, un sens non tragique. Mairet n'exprime pas les opinions de Montmorency dans *La Sylvie*, il célèbre la façon dont le duc protège activement « ses » auteurs et dont il est le centre, dans sa propre cour, d'une importante activité lettrée[1].

Cette lecture est inséparable de la mise en relief, par Jean Mairet, de sa position d'auteur. La scène 2 de l'acte I de la pièce isole un « Dialogue de Sylvie et Philène » généralement lu comme la récriture d'un *Dialogue de Damon et Sylvie* paru dans le *Mercure françois* de l'année 1616 et publié en 1627, à Paris, chez Nicolas Talon – entre les représentations et la publication de *La Sylvie*. Le texte de ce ballet faisait référence à l'arrestation par Marie de Médicis d'Henri II de Bourbon, prince de Condé, devenu en 1609 le beau-frère du duc de Montmorency. Il avait été donné devant la reine-mère, qui y figure sous le nom de Sylvie :

DAMON : *Dois-je perdre tout mon aage*
Sans repos ni liberté ?
SYLVIE : *Berger vous estiez volage,*
Mais vous estes arresté.
DAMON : *Au moins qu'on me face entendre*
Pourquoi je suis detenu,
SYLVIE : *Berger vous me vouliez prendre,*
Mais je vous ay prevenu[2].

Dans *La Sylvie*, le nom de la bergère n'est plus celui de Marie de Médicis, mais il suffit sans doute à l'évoquer, comme il fait peut-être résonner ceux de Marie de Gonzague, la jeune fille enlevée par Gaston, et

1. *La Sylvie* fut parfois considérée, du vivant de Mairet, comme un plagiat de Théophile : A. Adam, *Théophile de Viau et la libre pensée en 1620*, *op. cit.*, p. 423 note 1, cite des passages de Chorier, Ménage (dans *L'Anti-Baillet*), Corneille (dans « l'Avertissement au Besançonnois »).

2. *Le Mercure françois*, 1616, t. 4, p. 301, consultable, en ligne, sur le site du Groupe de recherches interdisciplinaires sur l'histoire du littéraire (Grihl-EHESS/Paris 3) : http://mercurefrancois.ehess.fr/index.php?/category/44

plus encore celui de Marie-Félicie des Ursins, épouse du duc. Plutôt que de véritables clés, il faut sans doute penser à un jeu de mémoire onomastique du type de celui qui est mobilisé dans les usages de pseudonymes à l'intérieur d'une querelle[1]. Mais un pseudonyme pastoral ne vaut que dans la mesure où il est chargé de mémoire : Sylvie est donc aussi la bergère de l'*Aminta* du Tasse, le nom de la reine dans le ballet de Damon et Sylvie, celui de la duchesse selon Théophile – des vers du poète en prison portent ce nom à la même époque. Il construit la pratique d'auteur de Mairet à l'intérieur d'un jeu de références précis.

Le texte du dialogue est au demeurant assez éloigné de celui du *Mercure françois* : des alexandrins ont remplacé les heptasyllabes, le registre est celui du désir amoureux, même si le sujet reste le même – Sylvie repousse les avances de Philène.

> PHILÈNE : *Beau sujet de mes feux et de mes infortunes*
> *Ce jour te soit plus doux et plus heureux qu'à moi.*
> SYLVIE : *Injurieux berger qui toujours m'importunes,*
> *Je te rends tout souhait, et ne veux rien de toi.*
> PHILÈNE : *Comme avecque le temps toute chose se change,*
> *De même ta rigueur un jour s'adoucira.*
> SYLVIE : *Ce sera donc alors que d'une course étrange*
> *Ce ruisseau révolté contre sa source ira.* [éd. cit., p. 400-401]

Que le dialogue ironique où Damon suppliait Sylvie de lui pardonner soit devenu un échange où Sylvie se moque des arguties pétrarquistes de Philène montre que si la récriture « fonctionne », c'est dans la mesure où elle fait entendre l'écart entre un texte qui a été dit à la cour de France et celui qui a été représenté à l'hôtel de Montmorency, rappelant la position malaisée d'Henri II de Bourbon devant la reine-mère alors qu'Henri de Montmorency est encore libre de ses actions à Chantilly dix ans plus tard. L'écart entre les deux textes apparaît d'autant plus signifiant si Montmorency a bien été, comme l'affirme Arlette Jouanna, dans le parti de « l'Aversion au mariage », pour illustrer sa parenté avec Condé[2].

La lisibilité de *La Sylvie* ne passe pas seulement par le texte même, et pas non plus par la seule dédicace. D'*Autres Œuvres poeticques* accompagnent la pièce dès cette première édition de 1628, qui se présentent comme une

1. *Cf.* le cas, intéressant la pastorale, de Ménandre (pseudonyme de François Maynard), dans M. Bombart, *La Querelle des Lettres de Jean-Louis Guez de Balzac*, *op. cit.*, épilogue, p. 468-469.

2. A. Jouanna, *Le Devoir de révolte*, *op. cit.*, p. 239 *sq.*

célébration sans équivoque des actions militaires de Montmorency au service du roi de France: «Ode à Monseigneur de Montmorency sur son combat naval» (1625), «Ode sur la paix. Au mesme Seigneur de Montmorency» (même année), mais aussi une «Prosopopée d'Alcide après son combat Naval de l'Isle de ré. Sonnet» où Montmorency est doté du pseudonyme d'Alcide (pour Hercule); une «Consolation à madame la Duchesse de Montmorency. Sur la mort du Cardinal des Ursins» (il s'agit de son frère), un «Sonnet à Monsieur le cardinal de la Valette», une «Ode à Madame la comtesse de Crussol». Outre l'actualité du siège de la Rochelle (tel sonnet, agressif, aux Rochelois), c'est tout le «milieu» de Montmorency qui est mis en scène à travers cette série de pièces poétiques, en même temps que les relations particulières de Jean Mairet (telle ode à Bazan, un ami qui lui aurait deux fois sauvé la vie par sa médecine, telles stances sur ses premières amours). L'intérieur et l'extérieur de la «maison de Sylvie» en quelque sorte.

Avec cette publication, Mairet affirme, depuis la cour de Chantilly, sa propre position dans l'espace de la production poétique et des débats linguistiques du temps, «terrain privilégié d'une logique de distinction [s'exprimant] dans des positions théoriques, une pratique de la critique littéraire et des choix d'écriture» [1]. Il publie le réseau de liens qui nourrit ses actions d'écriture, sa fidélité à Montmorency, homme de guerre et patron. S'il y a donc continuité entre la publication de la pièce par la représentation à Chantilly, en 1626, et la publication imprimée en 1628, chez l'éditeur de pastorales qu'est François Targa, Jean Mairet rend le texte imprimé plus signifiant par rapport à la figure de Montmorency, dont la cour se mire dans le lieu pastoral. Il construit en outre sa propre figure d'homme de lettres en service. Le dispositif de publication ne fonctionne pas selon le principe de l'échange de gloires – publier la gloire d'un grand pour publier la gloire du poète, dans une sorte de circulation et d'amplification de la valeur sociale de l'écrit [2]. Il intéresse plutôt le travail de promotion du littérateur susceptible de définir du sein de la domesticité de Montmorency les valeurs qui fondent l'espace «libre» de la cour de Chantilly et sa propre pratique d'écriture en service, de prendre par là position dans le nouvel espace sociopolitique des lettres.

1. M. Bombart, *La Querelle des Lettres de Guez de Balzac*, *op. cit.*, chap. III, p. 196.

2. Sur l'«échange de gloires», voir D. Roche, *Les Républicains des lettres. Gens de culture et Lumières au XVIIIe siècle*, Paris, Fayard, 1988, chap. X, p. 254-262.

L'AFFAIRE DE *LA SYLVANIRE* : FONCTION-AUTEUR OU FONCTION PATERNELLE ?

L'année de la parution imprimée de *La Sylvie*, Jean Mairet fait représenter, à Chantilly encore, une *Silvanire* qui a eu bien moins de retentissement et n'est pas sortie du lieu de sa publication. Cette pièce n'existe, dans l'histoire littéraire française, que pour la « Preface en forme de discours poétique » qui la précède et a servi à faire de Mairet un des premiers défenseurs des « règles », autant dire un des piliers de la formation de la « doctrine classique ». Néanmoins, contextualisée en dehors des seuls débats sur la régularité classique, cette publication prend un tout autre sens. Pour construire le cadre de cette réflexion, je m'arrêterai d'abord sur deux écrits qui participent de cet autre contexte et s'arrêtent sur ce lieu critique qu'est la mort, ou fausse mort, d'amour.

L'affaire éditoriale : fonction-auteur et rôle du secrétaire

« L'histoire de Silvanire » occupe quarante-deux pages dans le livre III de la quatrième partie de *L'Astrée* que le secrétaire d'Honoré d'Urfé, Balthazar Baro, a intitulée *La Vraye Astrée*, pour la distinguer des deux autres « quatrième partie » existantes, et qu'il a fait paraître en 1627 chez un groupe d'éditeurs, la Veuve Olivier de Varennes, Jacques de Sanlecque, François Pomeray et Toussaint du Bray [1]. Il faut rappeler brièvement cette affaire, déjà évoquée à propos de l'événement *Astrée*. La première des deux autres « quatrième partie » avait paru chez François Pomeray et Jacques de Sanlecque, associés de Toussaint du Bray, en 1624, à l'initiative de Gabrielle d'Urfé, la nièce d'Honoré. Cette édition était composée de quatre livres et du fragment d'un cinquième livre, tout cela en un volume, quand chacune des autres parties de *L'Astrée* présente douze livres. Honoré d'Urfé aurait tenté de faire saisir les exemplaires en mars 1624, mais Pomeray disposait dès lors d'un privilège pour neuf ans qui l'autorisait seul à publier un ouvrage ayant pour titre *quatrième partie de l'Astrée d'Honoré d'Urfé*. En 1625, l'éditeur Robert Fouet à qui Honoré d'Urfé aurait donné le manuscrit complet de la quatrième partie, lequel n'est plus publiable du fait du privilège de Pomeray, fait paraître à son tour une *Cinquième partie*, suivie en 1626 d'une *Sixième partie*. Dans le premier volume, Fouet a enlevé tout ce qui avait déjà paru en 1624 dans le texte publié par Pomeray et il a divisé le reste – huit livres, logiquement – en deux. La quatrième

1. Voir chap. IV, *supra*.

partie de Fouet, intitulée *Cinquième partie*, se compose donc de six livres; la *Sixième partie* des deux livres restant du manuscrit donné par d'Urfé, et de quatre autres livres commandés par l'éditeur à Marin le Roy de Gomberville. Compte tenu de la légitimité avancée par Fouet, qui dit disposer d'un manuscrit remis par Honoré d'Urfé lui-même, *La Vraye Astrée* de 1627 n'a pu être publiée qu'avec un accord entre les héritiers de l'auteur de *L'Astrée* et le premier libraire, Pomeray, au détriment de Robert Fouet[1]. C'est d'ailleurs ce que Baro met en avant dans l'avertissement au lecteur, soulignant en outre que Gabrielle d'Urfé et la princesse du Piémont, Christine de France, l'ont poussé à achever ce qu'il avait entrepris – la publication de *L'Astrée d'Honoré d'Urfé* dans la continuité du projet lignager et nobiliaire de l'auteur.

« L'histoire de Silvanire » ne figure que dans *La Vraye Astrée* donnée par Baro, dont il importe de remarquer que, comme *La Sylvanire* parue chez Fouet cette même année 1627, elle est dédiée à la reine. Balthazar Baro avance que « ceux qui soustiennent aujourd'huy l'esclat de [la] maison d'Honoré d'Urfé » ont été portés « à retirer des mains de son altesse de Savoye l'original de cette quatrième » partie[2]. Cela n'est pas invraisemblable puisque, mort à Marseille le 1er juin 1625, Honoré d'Urfé aurait demandé, selon son frère Jacques qui s'occupe du corps, à être enseveli à Turin, capitale du duché de Savoie. Selon Paule Koch, ce serait d'ailleurs l'épouse et procuratrice de Jacques d'Urfé, Marie de Neuville, qui aurait remis le manuscrit à Baro[3]. Soit, donc, le manuscrit reçu par Baro n'était pas le même que celui de Fouet – il y aurait eu deux manuscrits différents de la quatrième partie; soit Baro aurait lui-même ajouté « l'histoire de Silvanire » dans le manuscrit dont il disposait en s'inspirant de la « fable bocagère » ou en utilisant une version déjà existante de l'histoire en prose.

Pour Bernard Yon à qui j'emprunte ce récit et ces hypothèses et qui reprend lui-même les données fournies par Paule Koch, « l'histoire de Silvanire » ne serait donc pas de la main d'Honoré d'Urfé, mais bien une adaptation de la « fable bocagère », introduite par Balthazar Baro dans le manuscrit de la quatrième partie de *L'Astrée*. La démonstration repose sur

1. Tout cela a été établi par P. Koch, « Du nouveau sur *L'Astrée* » (art. cit.), repris par B. Yon (« Les deux versions de la « Sylvanire » d'Honoré d'Urfé », *Revue d'Histoire Littéraire de la France*, n° 77, 1977, p. 399-416) et repris par A. Sancier-Château (*Une Esthétique nouvelle*, *op. cit.*, p. 37-38). C'est la version publiée par Baro que donne H. Vaganay dans son édition « complète » de *L'Astrée*, en 1925.

2. B. Baro, « Avertissement au lecteur », *La Vraye Astrée*, éd. Vaganay, p. 6.

3. P. Koch, « Du nouveau sur *L'Astrée* », art. cit., p. 393 et note 4 pour la référence.

une différence de style marquée entre la pièce et l'épisode romanesque, sur la présence d'une couture narrative inexistante, et pour cause, dans les deux autres « quatrième partie »[1], enfin sur une analyse très précise de la place de cette histoire dans l'économie globale de *La Vraye Astrée*. Pour insérer « l'histoire de Silvanire » dans le manuscrit laissé par d'Urfé, Balthazar Baro aurait divisé en deux le livre 3 de la quatrième partie – ce qui apparaît tel dans les autres versions de la « quatrième partie » – et rassemblé dans le livre 11 deux livres – qui figurent respectivement à la fin de la *Cinquième partie* de Fouet, et au début de sa *Sixième partie*.

L'analyse de Bernard Yon contredit ainsi la tradition critique qui faisait de la « fable bocagère » une adaptation par Honoré d'Urfé d'un épisode de son *Astrée*. Une lecture par Baro de *La Sylvanire* est rendue plausible, ajoute-t-il, par la date de l'achevé d'imprimer de la quatrième partie de *L'Astrée* publiée chez le groupe d'éditeurs, au 5 novembre 1627, si du moins la pièce a, elle, paru au début de l'année. Il fait enfin l'hypothèse que les raisons de Baro n'auraient rien eu de « littéraire » : la version en prose de l'histoire de la « morte-vive » « serait [...] un des éléments d'une querelle de libraires »[2]. Mais il ne va pas jusqu'à dire qu'adapter la fable bocagère dans le roman aurait permis à Pomeray de « récupérer » dans *L'Astrée d'Honoré d'Urfé* une fiction aux enjeux importants, déjà publiée par le libraire rival, Robert Fouet. Alors que le propos de Bernard Yon pourrait engager une interrogation sur l'unité du roman portée par l'autorité du nom d'Honoré d'Urfé, la question de l'authenticité de la quatrième partie reste le seul enjeu de sa recherche d'une cohérence fictionnelle et de son analyse des deux versions de l'histoire. Celle-ci fait fonctionner à plein la « fonction-auteur », comme une manière de construire, par le nom en particulier, la clôture de l'auteur[3]. Cette perspective qui rabat l'auctorialité sur l'authenticité du texte l'empêche de prendre en charge dans sa réflexion ce dont il est question dans « l'histoire de Silvanire ».

Il y a d'ailleurs quelque chose de saisissant à voir la façon dont le dossier Silvanire est entièrement, dans cette réflexion très précise et argumentée comme chez les critiques qui ont repris l'analyse des suites du

1. B. Yon, « Les deux versions ... », art. cit., p. 408-409 en particulier; pour l'édition 1624 de la quatrième partie, A. Sancier-Château, *Une Esthétique nouvelle*, *op. cit.*, p. 37. P. Koch ne fait pas de l'épisode de Silvanire dans *La Vraye Astrée* un texte de Baro.

2. *Ibid.*, p. 416.

3. M. Foucault, « Qu'est-ce qu'un auteur ? » [1969], repris dans *Dits et écrits*, *op. cit.*, t. I, p. 789-809.

texte, consacré à cette seule évaluation de l'authenticité [1], laissant de côté le sujet pourtant très remarquable du cas « Silvanire ». L'histoire de la morte-vive est en effet une fable qui saisit l'autorité paternelle en son point le plus aigu – la question politico-religieuse du mariage – en apportant une réponse très différente de *La Sylvie* de Jean Mairet.

Le cas Silvanire

En voici un résumé. Sylvanire [2] aime Aglante, quoiqu'elle ne le lui ait pas avoué, et est aimée de lui. Son père, Menandre – qui porte le nom de l'auteur latin de *L'Andrienne*, exemple même de la fable double selon Giambattista Guarini, et donc modèle de tragicomédie [3] – et sa mère, Lerice, souhaitent que leur fille épouse Théante, un plus riche berger. Pour sa part, le berger Tirinte aime aussi Sylvanire et se désintéresse de Fossinde. Il obtient du berger Alciron un miroir magique qui va provoquer l'évanouissement de Sylvanire, une consomption si radicale que les siens la croient morte et la portent au tombeau. Dans la « fable bocagère » comme dans l'épisode en prose, la bergère obtient de son père, affligé de voir sa fille affaiblie, déjà mourante et bientôt morte, qu'il donne sa main à Aglante. Mais quand, après la manœuvre de Tirinte qui va éveiller la bergère dans son tombeau, celle-ci avance qu'elle est désormais promise par son propre père au berger de son choix, c'est là qu'est posé le « cas » de Sylvanire, justement désignée comme la « morte-vive ». Ce qui fait débat, dans la version en prose surtout, c'est le statut d'une promesse donnée dans cet entre-deux de la vie et de la mort qu'est la catatonie de la bergère. Tout s'arrange dans les deux versions, par le mariage de Sylvanire et Aglante, tandis que Tirinte, condamné à mort pour sa faute, est sauvé par l'amour de Fossinde.

Dans la « fable bocagère », tout est représenté : les déclarations des bergers, l'évanouissement de Sylvanire comme son éveil, la fausse mort donc – qui résonne fortement avec *La Sylvie* comme avec les réveils et les évanouissements de *L'Astrée*, comme avec ceux d'Alcidor, d'Arthenice et de son père dans *Les Bergeries* de Racan.

1. Notamment A. Sancier-Château, *Une Esthétique nouvelle*, *op. cit.*, p. 41, et E. Henein, « Les vicissitudes de la quatrième partie de "*L'Astrée*" », *Revue d'histoire littéraire de la France*, n° XC, 1990, p. 883-898.

2. « Sylvanire » dans la fable bocagère, « Silvanire » dans le texte en prose : je maintiens la différence orthographique pour chacune des deux publications.

3. G. Guarini, *Il compendio della poesia tragicomica*, éd. cit., p. 245 [p. 25] et note 33, p. 341.

Dans l'épisode en prose en revanche, un procès tient lieu de représentation. La bergère Fossinde rapporte l'affaire aux bergers du Forez et au druide Cloridamante pour qu'il rende un jugement sur la parole de Menandre. Son récit est donc suivi d'une « Réponse de Silvandre pour Aglante et Silvanire » – c'est-à-dire une argumentation en faveur des amants, développée à la demande du juge par Silvandre, un des quatre bergers principaux de l'histoire-cadre de *L'Astrée*. Le « Jugement de Cloridamante » met un terme au cas, qui en fait la mise en récit très méthodique d'un procès concernant la question brûlante de la puissance parentale, principalement paternelle, sur l'enfant. Entre la « fable bocagère » et l'épisode romanesque, la violence faite à la bergère se déplace de Tirinte et Alciron vers son père. Dans la « fable bocagère », Menandre défend sa volonté de choisir le mari de sa fille en mettant en avant son « expérience », fondement à ses yeux de son autorité. Mais s'il revient sur sa décision comme sa fille revient à la vie, le berger Hylas le convainc très vite de son erreur.

Dans l'épisode narratif, le récit de Fossinde est entièrement motivé par le refus de Menandre de respecter la parole donnée aux amants. Le terme d'« expérience » est encore présent dans la *captatio benevolentiæ* du père :

> Je vous demande justice, ô sage Cloridamante, de l'insolence des personnes de ce siecle qui veulent oster au pere la puissance que la nature lui a donnée sur son enfant ; et ensemble je vous conjure par le nom de pere que vous portez, de me vouloir maintenir ce que toutes les loix ordonnent, ce que toutes les coustumes observent, et ce que tous les hommes ont approvéjusques icy. Je ne demande rien de nouveau, puisque de tout temps les peres ont accoustumé de disposer de leurs enfans. Je ne requiers rien qui ne soit juste, puis qu'il n'y a rien de si equitable, que chacun soit maistre et seigneur de l'œuvre qu'il a faite ; et je ne requiers rien qui ne soit selon le sens naturel, puis qu'il est raisonnable que ceux de qui l'*expérience* prevaut par dessus les autres, soient creus et obeis en ce qu'ils conseillent et qu'ils ordonnent.
>
> Toute nostre dispute consiste en ce seul poinct, à sçavoir si le pere ne peut pas disposer à sa volonté de son enfant. [*L'Astrée*, éd. Vaganay, IVe partie, livre 3, p. 145, je souligne]

Qu'est donc le père sinon un « seigneur dans sa petite republique avec tant de travail et d'inquietude », ajoute Menandre ? Et de s'appuyer sur l'étymologie :

> Les dieux, sage Cloridamante, qui veulent que nous les appellions peres, nous enseignent que ce nom signifie seigneur absolu et maistre souverain de son enfant.

La dimension politico-religieuse de la question soulevée est reprise par le berger Silvandre, qui souligne d'abord le devoir que les enfants doivent à leurs parents :

> Mais je ne pense pas aussi, Menandre, que si je declare les enfans devoir une exacte obeyssance à leurs peres, je veuille pour cela comme toy inferer que le pere puisse toute chose sur son enfant. Il est vray que les dieux ont voulu estre nommez peres, mais non pas pour estre declarez seigneurs absolus des hommes. C'est plustost pour monstrer l'amour qu'ils leur portent, d'autant qu'il n'y en a point qui se puisse esgaler à celle du pere envers son enfant, et pour leur faire entendre qu'ils leur doivent demander tout ce qui leur est necessaire, et l'attendre de leur bonté.
> Car cette rigoureuse authorité que tu te vas figurant, n'est pas celle que les peres doivent pretendre sur leurs enfans, mais plustost celle que le seigneur a sur son esclave. Or il y a bien différence de l'enfant à l'esclave, et celuy qui n'en met point, tombe en la même erreur où je te vois. Il faut à la verité, que le pere soit obey, mais il faut aussi qu'il commande comme il doit, et sur tout, tousjours avec la raison, car l'enfant est plus obligé d'obeyr à la raison, qu'à quelque personne qui luy puisse commander. Et cela, d'autant que la raison est celle qui donne nom à l'ame, et qui la rend differente des animaux irraisonnables, et cette ame est celle qui luy donne la forme, et par consequent l'estre qu'il a. [IIIe partie, éd. Vaganay, livre 4, p. 147]

Dans le propos du « plus sçavant des bergers du Forez », cette affirmation est significativement posée à partir de la différence, fondée en bonne orthodoxie catholique, entre l'âme et le corps :

> Voy-tu Menandre, l'homme est composé d'ame et de corps : le corps, il le tient du pere, mais c'est aussi ce qu'il a de commun avec toutes les brutes; l'ame, il la tient de Dieu, et cette ame est raisonnable. Considere maintenant si l'enfant n'est pas plus obligé d'obeyr à celuy qui luy a donné l'ame, qu'à celuy qui luy a donné le corps, et tu concluras avec moy que, toutes les fois que l'enfant reçoit un commandement de son pere qui contrarie à la raison, il n'est pas obligé de luy obeyr; tant s'en faut, en cette occasion, son obeyssance seroit une faute tres-grande. [IIIe partie, éd. Vaganay, livre 4, p. 147-148]

La « réponse de Silvandre » se clot sur le résumé des parties en présence – la promesse de Menandre au riche Théante et celle qu'il a faite à Silvanire d'un côté; la volonté des bergers, et l'« essence du mariage » consistant en cette « volonté des deux parties qui se marient » de l'autre. Celle-ci l'emportant finalement, selon Silvandre, sur l'engagement du père.

Théante, qui assiste au procès, renonce alors à son mariage et quitte la place. Cloridamante se lève « pour donner son jugement sur cette dignité », quand il est interrompu par Tirinte, puis par Fossinde dont l'affaire n'a pas encore été réglée. Après discussion et consultation de sept autres juges, le verdict est rendu, qui consiste pour l'essentiel en une définition du mariage :

> [...] nous disons et ordonnons, que le Mariage, sur toutes les actions qui sont libres, doit obtenir le premier lieu, et ne peut jamais estre contracté sans le consentement des deux parties, qui se lient d'un si sainct et sacré bien, et que toutes les fois que la rigueur des peres en use autrement, il est tyrannique, et doit estre tenu pour nul. [*ibid.*, p. 155]

Que l'épisode narratif soit d'Honoré d'Urfé, ou plus probablement de Balthazar Baro, l'inflexion du débat par rapport à la fable bocagère est pareillement remarquable, qui constitue assurément un des termes en jeu dans le conflit éditorial. Pourquoi avoir ajouté en 1627 un développement si long, si argumenté, sur la question paternelle? Si Honoré d'Urfé est l'auteur de « l'histoire de Silvanire », le contexte immédiat de la question change, qu'il faut chercher avant 1625, année de sa mort, ou vers 1624 même, soit à l'époque où il compose probablement *La Sylvanire*. Pour l'hypothèse d'une récriture et d'une adaptation de la pièce par Baro, la représentation de *La Sylvie* en 1626 et l'affaire du mariage de Gaston constituent en revanche un contexte vraisemblable.

On peut faire l'hypothèse qu'à une première action de publication du libraire Fouet, peut-être motivée par l'actualité offerte par *La Sylvie*, peut-être simplement due à la volonté de continuer à reprendre la main après la parution des *Cinquième* et *Sixième partie* de *L'Astrée*, en 1625 et 1626, en montrant sa légitimité à organiser ces publications par l'exhibition d'un autre texte de l'auteur de *L'Astrée*, Balthazar Baro a répondu par une action d'écriture qui consistait à imposer un certain sens du cas Silvanire, bien différent de la critique de l'autorité que l'on trouve dans les textes de Jean Mairet : la hiérarchie entre l'âme et le corps est ici d'une parfaite orthodoxie théologique. Tout le texte de « l'histoire de la Silvanire » dénie à la figure du père l'entièreté d'une obéissance filiale sur la question du mariage. Si l'on reconnaît dans le vocabulaire de Silvandre et de Cloridamante celui de Jean Bodin concernant la puissance paternelle, au fondement des réflexions sur la souveraineté du roi dans les premières années de la « paix »[1], on mesure à quel point « l'histoire de Silvanire » défait l'articulation bodinienne de la souveraineté paternelle sur la souveraineté divine, sans relier pour autant la revendication du choix dans le mariage à une critique de l'autorité royale, à une revendication de « liberté » même,

1. Je renvoie aux analyses de S.-M. Morgain sur la souveraineté du Père et du Fils dans *La Théologie politique de Pierre de Bérulle (1598-1629)*, Paris, PubliSud, 2001, p. 158 *sq*.

comme le fait *La Sylvie*. L'expression d'« essence du mariage » utilisée par Cloridamante relève d'une pensée du mariage comme sacrement qui avait toujours été soulignée par l'Église. Mais la législation royale de la seconde moitié du XVIe siècle avait ouvert une querelle avec l'Église concernant la question de savoir qui avait autorité sur les enfants pour les mariages[1]. En hiérarchisant les autorités, l'« histoire de Silvanire » intervient donc dans une question essentielle à la constitution de l'État absolutiste, en un sens favorable aux positions dévotes, mais sans choisir non plus la dévotion comme *Les Bergeries* de Racan en formulaient un moment l'hypothèse.

Une telle lecture ne fait certes pas de cette *Quatrième partie de L'Astrée* un texte subversif au moment de sa publication, en 1627. Elle montre plutôt que les problèmes d'auctorialité portent les coups de force scripturaires dans lesquels se jouent les questions politiques du temps. Comme Jamet Mettayer avait tenté en 1592, par sa dédicace au duc de Montpensier, d'annexer la troisième partie des *Bergeries de Julliette* à une politique catholique modérée, l'auteur de la version narrative de l'histoire de Silvanire impose un sens catholique assimilable aux positions dévotes à un épisode de *L'Astrée d'Honoré d'Urfé*. Mais à la différence de l'affaire Mettayer, cet infléchissement de la pastorale, ou cette manipulation, se fait ici en faveur du catholicisme dévot. Utilisant l'« autorité du nom » d'Honoré d'Urfé, Baro montre qu'il entend respecter sa démarche : le titre de « Vraye Astrée », comme la dédicace à la reine auprès de qui cette *Astrée* « vient treuver le secours que son innocence merite » et incarne alors le parti dévot vont dans ce sens. Ils affirment la fidélité au sens politique de l'écriture d'Urfé et l'« innocence » de ce message politique. Si, dans le jugement de « l'histoire de Silvanire », la discussion sur l'autorité paternelle remplace, pourrait-on, dire la représentation du lieu de la fausse mort, c'est en définitive l'autorité du nom d'Honoré d'Urfé qui sert à valider l'orthodoxie « astréenne » du jugement de Cloridamante.

Ce n'est pas sans logique dans l'hypothèse où le texte narratif serait postérieur à la fable bocagère, elle-même dédiée à la reine. Il n'y a aucune contradiction à ce que *La Sylvanire* ait mis la question politique de l'autorité sur un plan d'abord linguistique et poétique, tandis que « l'histoire de Silvanire » développe la voix du catholicisme dévot, une voix dont l'opposition à l'absolutisme montant doit se donner pour « innocente ». Cet infléchissement, outre qu'il est rendu possible par la forme narrative du cas, suit

1. B. Diefendorf, *Paris City Councillors in the Sixteenth Century. The Politics of Patrimony*, New Jersey, Princeton University Press, 1983, p. 56 *sq.*, « Marriage and Parental Authority ».

l'évolution que l'on a observée depuis la publication de la première partie de *L'Astrée*. Les positions dévotes sont bien plus puissantes en 1627 qu'en 1607, et le nom d'Urfé sert à l'évidence à leur conférer l'appui d'un auteur reconnu, la cohérence d'une mémoire zélée.

La solution proposée par *La Sylvie* était toute différente : aucune autorité ne venait tempérer celle du roi, dès lors que celui-ci demandait au héros de libérer les amants. La résolution héroïque du conflit et le retour à un ordre naturel de l'amour étaient rendus possibles par la grandeur d'un prince. Mais cette grandeur ne s'identifiait à aucun pouvoir absolu, plutôt à la seule vertu et à la seule valeur. Peut-être alors est-il possible de relire l'affirmation de Mairet, dans l'argument imprimé de *La Sylvie* en 1628, concernant la Sicile où Thélame « prend tous les jours l'habit de berger pour vivre librement avec la bergère Sylvie », comme une réponse à l'action d'écriture et de publication de « l'histoire de Silvanire » à peine un an auparavant. Quelque chose comme la proposition suivante : ramenons la pastorale, cette pastorale, dans la filiation de celle d'Honoré d'Urfé en son principe fondateur, celui de la liberté. Une autre manière de faire jouer la référence à *L'Astrée*, une autre manière d'interpréter la question très politique de la « liberté ».

LA SILVANIRE DE JEAN MAIRET (1628-1631) : UN DISPOSITIF DE PUBLICATION ÉTHIQUE

En 1628, Jean Mairet redouble cette référence à la pastorale d'Honoré d'Urfé par une seconde tragicomédie pastorale, représentée en 1628 à l'hôtel de Montmorency, puis à l'hôtel de Bourgogne, probablement aussi dans le parc de Chantilly, et imprimée trois ans plus tard, chez François Targa toujours, en 1631. Dans *La Silvanire, ou la morte vive*, le sens politique de la tragicomédie pastorale semble moins accessible que dans *La Sylvie*, ne serait-ce que parce que le monde des bergers n'a pas d'extérieur, que l'on n'y vient pas – comme on venait en Sicile dans la précédente pastorale. Seule médiation proposée par Mairet avec l'extérieur : le prologue de l'Amour Honnête, qui reprend l'opposition néoplatonicienne entre amour vulgaire et amour honnête, pour faire du premier celui qui « se plaît à la Cour, séjour de la licence,/Et féconde matière à des actes méchants », et de lui-même l'habitant volontaire du Forez et de ses « antres secrets ». À ce prologue dans lequel l'Amour Honnête a pris la place de la Fortune qui ouvrait *La Sylvanire*, correspond une pastorale très assagie, semble-t-il, par rapport à celle d'Urfé : le Satyre a disparu, le vers choisi est l'alexandrin et non le vers « libre », l'argument est sensiblement resserré.

Le fait que la pièce soit précédée d'une « Préface en forme de discours poétique » qui prône le respect des règles a conduit à lire *La Silvanire* comme un jalon essentiel dans la construction de la doctrine classique[1].

Encore l'ouvrage réclame-t-il d'être lu suivant la construction complexe qu'il propose et en contexte, dans ce moment de la fin des années 1620 qui a vu la représentation de la pièce, les premières attaques contre la grandeur de Montmorency et les derniers éclats de la querelle des *Lettres* de Guez de Balzac.

Éthique et poétique : le dispositif éditorial de la pièce

Dès 1627, la maison du duc de Montmorency est frappée : son parent François de Montmorency-Bouteville exécuté en place de Grève pour avoir bravé l'interdiction des duels, ses biens grevés par les amendes fiscales. Mais c'est à partir de 1628 surtout qu'il se sent menacé dans sa grandeur : l'armée royale venue écraser les huguenots est confiée à son beau-frère, Henri II de Bourbon-Condé – le « Damon » du ballet représenté devant la reine en 1616. En juillet 1629, les privilèges de son gouvernement sont bafoués par l'édit qui prétend y établir des officiers royaux, les élus, pour percevoir les impôts. En 1630 encore, alors qu'il est en Italie, Richelieu lui impose le surintendant des Finances, d'Effiat, qui s'attribue tout le mérite de la victoire de Veillane, dans la guerre de succession de Mantoue, et lui sert de « compagnon d'autorité et de commandement »[2]. S'il est encore le vainqueur de l'île de Ré et de Soyon que célébraient les pièces poétiques de Mairet dans l'édition de *La Sylvie*, la politique de Richelieu tend à réduire le champ offert à ses actions héroïques, celles mêmes par lesquelles il manifeste sa grandeur et sa liberté dans le royaume de France.

Cela explique-t-il la présentation de la cour de Chantilly dans le volume de *La Silvanire* en 1631 ? Un dispositif péritextuel[3] complexe introduit le lecteur dans le livre de Mairet : l'édition s'ouvre sur la dédicace à la duchesse, « très haute et très puissante dame, Madame Marie Félice des Ursins » (p. 475-477), suivie par l'argument de la pièce, puis par une « Préface en forme de discours poétique » adressée au comte de Cramail (p. 479-488), enfin par un Prologue (489-491), une liste des personnages, et

1. Plusieurs exemples : R. Bray, *La Formation de la doctrine classique en France*, Paris, Nizet, 1945, p. 265-271 et D. dalla Valle (éd.), *La Silvanire*, Roma, Bulzoni, 1976, Introduction, p. 32 *sq.* Mais aussi G. Dotoli, art. cit.

2. A. Jouanna, *Le Devoir de révolte*, *op. cit.*, p. 240.

3. Le texte est cité dans *Théâtre du XVIIe siècle*, *op. cit.*, t. 1. L'édition de 1631 est la seule existante, et donc reprise par les éditeurs modernes.

le texte proprement dit (p. 492-593). Comme *La Sylvie*, la pièce est suivie de plusieurs pièces poétiques qui célèbrent le duc sous son nom d'Alcide. Certaines reprennent d'ailleurs les publications de *La Sylvie* – « Le Pescheur ou la prophetie de Neptune, Sur la ruine de la Rochelle », « L'Ode à Monseigneur de Montmorency, Sur son Combat Naval 1625 », « Sur l'île de Ré assiégée par les Anglais/A Monseigneur de Montmorency » –, ce qui met en évidence la continuité de publication d'une tragicomédie pastorale à l'autre.

La dédicace à la duchesse de Montmorency célébrée pour sa « Grandeur » choisit en elle la médiatrice idéale vers la cour. Comme *La Silvanire*

> se voit contrainte de passer à la clarté de la Cour, où vous sçavez qu'il est important de faire son entrée de bonne grace, [...] elle ne se promet pas moins [de caresses et de bonheur que *La Sylvie*] si vous lui faites l'honneur de la gratifier [de votre protection], comme elle vous en conjure très humblement. [éd. cit., p. 475]

Non qu'elle s'inquiète d'y « réussir ». C'est « agréer premièrement à vostre Grandeur » qui lui importe avant tout. Il s'agit donc d'« engager [sa] réputation à la défense de la sienne ». Selon Mairet, la duchesse parle la langue des bergers de la pièce, et la parle idéalement : elle en est la garante sur le plan de la bienséance et de la beauté, en sa personne même.

> [...] quand je viens à me représenter, Madame, l'extraordinaire bonté de votre esprit, jointe à cette vive clarté de jugement qui ne paraît pas moins en vos actions qu'en vos paroles, surtout lorsqu'il me souvient que je vous ai vue découvrir quelquefois en diverses matières de poésie des grâces et des défauts qui ne doivent être visibles qu'aux plus clairvoyants de la profession, n'ai-je pas juste sujet de craindre que vous n'en découvriez en ma bergère, dont personne que vous ne se serait tard aperçu ? [éd. cit., p. 476]

Mairet reproduit auprès de la duchesse de Montmorency l'opération de jugement de la lettre de Racan à Malherbe, placée en tête des *Bergeries*, à cette différence près que le statut de sa dédicataire implique une autre topique de l'éloge, qui fait de la duchesse une garante de la réussite formelle, langagière et structurelle, du poème :

> Toute la France est d'accord que l'Italie ne lui donna jamais rien de beau ni de précieux comme la Reine Mère, et vous qui participez aussi bien à ses incomparables vertus ou je ne connais point la langue en laquelle je vous écris, ou vous la parlez justement comme il faudrait que je l'écrivisse pour faire accroire aux courtisans qu'elle m'est naturelle.

Si les bergers se présentent à la cour, la valeur linguistique et formelle du poème s'origine dans le lieu que représente la duchesse. La distance est donc clairement formulée, si elle l'est dans des termes moins moraux que le « Prologue de l'Amour Honnête », entre le lieu de production du poème, lieu de sa véritable évaluation, et la cour. La fin de la dédicace marque l'inscription assez biaisée de Mairet dans la querelle du purisme, qui soutient alors le discours sur la langue et les mœurs :

> je vous jure, Madame (et je le dy sans flatterie) que la seule estime que vous ferez de mon ouvrage me determinera la bonne ou la mauvaise opinion que j'en dois prendre, avec autant ou plus de certitude, que si Malherbe ou Virgile revenoient au jour afin de m'en dire la verité. [éd. cit., p. 477]

La publication de *La Silvanire* prolonge celle de *La Sylvie*, même si elle infléchit sensiblement la revendication de liberté qui était placée au centre de la première pastorale. Mairet présente l'amour des bergers comme expression du sentiment existant entre la duchesse de Montmorency et son époux :

> Il est certain que [ces aventures] sont amoureuses, mais aussi vous ai-je déjà protesté que cette légitime affection avec laquelle [cette bergère] répond à celle de son berger est à peu près de la nature de celle-là que le mariage vous permet d'avoir pour un des plus glorieux hommes de la terre, et qu'un des plus glorieux hommes de la terre a réciproquement pour vous.

La définition même de l'amour pastoral prend en charge ici la gloire du duc, la douceur de la duchesse et la grandeur de leur « maison » à Chantilly[1]. Il est dès lors impossible de rejeter la pièce sans également refuser le lieu dont elle provient. Les poèmes qui suivent, la « Plainte de Sylvie [la duchesse] Sur le voyage d'Alcide en Piedmont, 1630 » notamment, actualisent fortement l'action de publication de la dédicace.

C'est en partie dans la mise en avant d'une dimension éthique de sa « source » qu'il faut chercher le message politique de *La Silvanire*. La préface qui suit immédiatement la dédicace vient soutenir cette construction d'une « poétique ». Elle s'adresse au comte de Cramail, présenté comme celui qui, avec le cardinal de La Valette, aurait persuadé Mairet de « composer une pastorale avec toutes les rigueurs que les Italiens ont accoustumé de pratiquer en cet agréable genre d'écrire »[2]. Le premier (1589-1646), ancien ligueur, petit-fils du maréchal de Monluc, prince

1. Sur le sens anthropologique et social de la « maison », É. Haddad, *Fondation et ruine d'une maison. Histoire sociale des comtes de Belin (1582-1706)*, Limoges, Pulim, 2009.

2. *La Silvanire*, dans *Théâtre du XVIIe siècle*, *op. cit.*, p. 479.

de Chabanais, a appartenu à l'académie toulousaine des Philarètes dont il était probablement le «prince» sous le nom de «Solitaire». En 1629 et 1630, deux volumes des *Pensées du solitaire* avaient paru sous le nom de publicateur de «Guillaume de Vaux»: le premier, dédié au duc de Montmorency, présentait une série d'écritures topiques (plaintes, larmes, dialogues, aventures) dont beaucoup mettaient en scène des bergers amoureux, et constituaient autant de morceaux d'éloquence pathétiques; le second, adressé au maréchal de Bassompierre, prolongeait la publication par quelques pièces plus philosophiques. L'ensemble affirmait l'indépendance d'une production poétique placée sous le patronage du comte de Cramail, tantôt sur le mode de l'emphase rhétorique, dans le domaine amoureux, tantôt par l'adaptation sérieuse d'épisodes de *La Jérusalem délivrée*, ou la récriture de modèles épistolaires[1]. Il n'y a rien que de très compréhensible à ce que Mairet adresse au même Cramail son «petit Discours de la Poésie» comme «au Seigneur de la Cour de [sa] profession qui [sait] le plus de belles choses, et qui les pratiqu[e] le mieux».

Fils de l'ancien mignon d'Henri III, Louis de Nogaret d'Épernon (1593-1639) est cardinal de La Valette depuis 1621. Son frère aîné, Henri de Candale, a été le protecteur de Théophile jusqu'en 1619, et lui-même est connu pour protéger des hommes de lettres que l'on qualifie d'«esprits forts» et pour être dans le parti de Marie de Médicis, à la cour, depuis les années 1623-1624[2]. Sa figure, comme celle de Cramail, introduit dans la publication de *La Silvanire*, à côté du «beau parc de Chantilly» où règne l'âme de la duchesse célébrée par Théophile, cet autre lieu où se déploie l'envergure du duc, le Languedoc dont il est alors le gouverneur. Mais elles marquent aussi dans le paratexte de *La Silvanire* la présence des positions dévotes, c'est-à-dire, du point de vue du catholicisme royal et du pouvoir croissant de Richelieu, «libertines». Pour son engagement dans la dévotion et ses liens avec l'Espagne, Cramail sera très vite d'ailleurs considéré par Richelieu comme un ennemi, qualifié de «libertin» et détenu à la Bastille entre 1635 et 1643[3].

1. *Les Pensées du solitaire*, Paris, Augustin Courbet, 1629 pour la première partie, 1630 pour la seconde. Voir l'édition de ces textes par M. Kramer qui force l'auctorialité de Cramail: *Œuvres*, Paris, Champion, 2007. Sur le sens des publications des Philarètes et le «mécénat» du comte, V. Garrigues, *Adrien de Monluc (1571-1646). D'encre et de sang*, Limoges, Pulim, 2006, p. 340 *passim*.

2. A. Adam, *Théophile de Viau et la libre pensée française en 1620*, *op. cit.*, p. 283-284, et J.-F. Dubost, *Marie de Médicis. La reine dévoilée*, *op. cit.*, p. 607 et 609.

3. V. Garrigues, *op. cit.*, ainsi que la mise au point de J.-P. Cavaillé, «Adrien de Monluc, dévot ou libertin», *Les dossiers du Grihl, Libertinage, athéisme, irreligion.*

Quel est l'objet de la préface ? Tenir un discours sur le « poète et [...] ses parties », l'« excellence de la poésie », la « différence des poèmes », la « tragédie, comédie et tragicomédie », les « parties principales de la comédie ». Il s'agit en fait d'un montage entre les arts poétiques renaissants qui affirmaient qu'est poète celui qui est animé d'une « fureur divine » et certains textes de poétique italienne, comme le *Compendio* de Giambattista Guarini auquel Mairet emprunte à l'évidence la description simplifiée des genres, le rapport entre pastorale et tragicomédie, la formulation de l'unité de la fable, celle du mélange tragicomique, comme le rapport établi entre règles et plaisir du spectateur[1]. Rien d'étonnant à cela : les poétiques italiennes avaient trouvé une forme de vulgarisation dans les textes critiques de Chapelain, la « lettre-préface » de *L'Adone* en 1623 notamment, et Marie-Félicie des Ursins, fille de Virginio Orsini, avait introduit à Chantilly la pastorale de cour à laquelle Mairet fait référence dans sa dédicace. Sa préface a d'ailleurs un curieux caractère syncrétique, archaïque en certains points, mais qui renvoie à la douceur malherbienne et aux débats sur les règles impliquant alors François Ogier, dans la préface de *Tyr et Sidon* de Jean de Schelandre (1628), et Jean Chapelain, dans la pseudo-lettre « Sur la règle des vingt-quatre heures » (1630).

S'il s'agissait pour Mairet de poser son ralliement à la question des règles, on voit mal comment une telle adhésion pourrait aller avec l'affirmation assez peu moderne que le poète est inspiré, et plus largement avec l'ensemble du dispositif de publication de *La Silvanire*, tant celui-ci est orienté par la construction exemplaire qu'elle soutient : la présentation de la vertu des Montmorency. On ne peut confondre les questions que l'histoire littéraire a constituées en corpus disciplinaire avec la façon dont les Ogier, Chapelain, Racan, Mairet peuvent se saisir de certaines questions qui concernent les lettres, pour inscrire chacun leur propos dans des raisons hétérogènes à la poétique qui n'existe pas alors en France comme champ disciplinaire autonome, clairement délimité en tant que tel[2]. Dans ce « discours poétique » qui affiche la connaissance qu'a Mairet des sources

Essais et bibliographie, mis en ligne le 24 septembre 2007 : http://dossiersgrihl.revues.org/document1362.html.

1. Sur les nombreux intertextes de cette préface, voir les notes de l'édition critique citée qu'en a donnée D. dalla Valle.

2. L. Giavarini, « La querelle du *Pastor fido*, un « modèle » pour les débats français ? », dans E. Hénin (dir.), *Les Querelles théâtrales en France (XVIe-XVIIIe siècles)*, actes du colloque de Reims (oct. 2006), 2010, p. 25-39. Et, sur l'histoire de la poétique au XVIIe siècle, D. Blocker, *Instituer un « art » : politiques du théâtre dans la France du premier XVIIe siècle*, Paris, Champion, 2009.

anciennes (Horace, Aristote), l'adhésion aux règles est liée à la présentation du milieu lettré gravitant autour de Montmorency et témoignant de sa « générosité ». D'une manière plus technique que la dédicace qui doit obéir aux lois de l'*encomium* et à la règle de convenance rhétorique[1], la préface contribue à publier le caractère éthique d'un catholicisme non royal, et elle fait porter à la poétique de la tragicomédie pastorale le sens de cette éthique. En d'autres termes, elle publie un rapport spécifique, particulier, entre une forme poétique, fondée sur une érudition autrement formulée que celle de Chapelain dans la « lettre-préface » de *L'Adone*, et une « honnêteté », ici référencée à la grandeur de la duchesse. Elle ne publie pas exactement le jugement d'un patron sur une question intéressant les lettres, comme Mairet le fera en 1637 au moment de la querelle du *Cid*[2]. Davantage tournée vers le milieu des Montmorency que vers l'espace polémique des lettres, elle le publie comme un lieu spécifique de production des lettres, défini à la fois par cette « grandeur » et cette « honnêteté ».

Les plaisirs réglés de l'imagination

La façon dont la connaissance des poétiques italiennes se marque dans cette « Préface » est donc bien différente de la démarche d'un Chapelain se déclarant en faveur de la règle des vingt-quatre heures[3]. Elle ne cherche pas à constituer une autorité de l'auteur, ou même de ses protecteurs, mais à poser la valeur d'un « local » face à la centralité du pouvoir monarchique.

Elle semble être restée relativement isolée. L'affirmation, présente dans l'épître dédicatoire, que la pièce serait « contrainte » de se montrer à la cour suggère simultanément une tactique consistant à se détourner du lieu de l'autorité, et la réalité d'une distance avec ce lieu. Le caractère très luxueux de l'ouvrage imprimé – un beau quarto, illustré d'une gravure placée en tête de chaque acte par Michel Lasne, futur graveur de *L'Astrée* –, la présence du duc et de la duchesse de Montmorency sur les piédestaux surmontés de colonnes du frontispice, à l'emplacement où figurent Astrée et Céladon dans les éditions du roman d'Honoré d'Urfé à la même époque,

1. Au demeurant soulignée par Mairet : « Je m'accommoderai donc à la modestie de votre humeur [...] » (« A tres haute et tres puissante dame, Madame Marie Felice des Ursins », *La Silvanire*, dans *Théâtre du XVIIe siècle*, *op. cit.*, p. 476).

2. D. Blocker et É. Haddad, « Protections et statut d'auteur à l'époque moderne : formes et enjeux des pratiques de patronage dans la querelle du *Cid* (1637) », *French Historical Studies*, 31, été 2008, p. 381-416.

3. J. Chapelain, *Lettre sur la Règle des 24 heures*, dans *Opuscules critiques*, éd. A.C. Hunter revue par A. Duprat, Genève, Droz, 2007.

l'absence d'autre édition connue, malgré celles que Daniela dalla Valle trouve mentionnées dans le *Journal* du Chevalier de Mouhy [1], tout cela souligne le caractère exceptionnel d'une « représentation » donnée à un lecteur déjà très au fait de ce qui se passe dans le milieu des Montmorency [2]. Dans l'exemplaire de la Bibliothèque nationale de France, l'emplacement d'un vers de la première scène de l'acte IV est resté blanc, pour qu'une main le remplisse sans doute, qui signerait ainsi son caractère de propriétaire de l'ouvrage.

Certains passages de *La Silvanire* rappellent d'ailleurs le souvenir de *La Sylvie*, et la mémoire de Théophile : c'est le cas de la scène 2 de l'acte II, où Silvanire, qui s'est endormie sous les yeux de Tirinte, lui raconte un songe où elle se « treuve vivante au rang des trépassés » – évocation du songe de la mère de Thisbé comme de celui de la mère de Sylvie, et annonce de ce qui va advenir. L'exemple n'est pas anodin : il met l'accent sur la hantise de l'au-delà, du monde renversé qui traverse la poésie de Théophile et est au centre du lieu spectaculaire de la fausse mort que la pièce de Mairet, comme celle d'Honoré d'Urfé, étire d'évanouissement en réveil, de catatonie en résurrection.

La Silvanire n'est donc en rien la pièce « rangée » d'un auteur autrefois libertin, même si l'édition met en évidence par des guillemets nombre de sentences dans la parole des bergers. Celles-ci enregistrent les termes de la critique pastorale de l'autorité. La bergère qui se plaint de la tyrannie paternelle au début de l'acte II le fait en des termes plus durs que ceux de la bergère d'Honoré d'Urfé :

> *[...] ce qui plus nous touche est que ces mêmes pères*
> *Qui devraient établir nos fortunes prospères*
> *Ont usurpé sur nous un tyrannique droit,*
> *Tel qu'aujourd'hui le mien l'exerce en mon endroit,*
> *Vieillard impérieux qu'une avarice infâme*
> *Fait livrer Silvanire à Théante pour femme.*
> *[...] Hélas ! serai-je donc l'exemple inexorable,*
> *Si l'on peut toutefois donner un nom si beau*
> *À qui vend son enfant et le met au tombeau ?* [éd. cit., v. 487-502]

1. On n'en a aucune trace : D. dalla Valle, « Introduzione » à J. Mairet, *La Silvanire*, Rome, Bulzoni, 1976, p. 107-109.

2. M. Hawcroft, « Le théâtre français et le livre illustré », dans L. F. Norman, Ph. Desan, R. Strier (dir.), *Du Spectateur au lecteur. Imprimer la scène aux XVIe et XVIIe siècles*, Paris, Presses de l'Université de Paris-Sorbonne/Schena Editore, 2002, p. 317-348.

Mais la langue des bergers ne s'identifie jamais à la crise mélancolique, passionnelle, comme c'était le cas dans la pièce de Théophile. Mairet développe « dans les règles » les moments d'émotion qu'il organise. Les « plaisirs de l'imagination » que vante la « Préface » ne sauraient être identifiés à la pathologie de l'imagination mélancolique :

> l'histoire et la comédie pour le regard de l'imagination ne sont pas la même chose : la différence est en ce point que l'histoire n'est qu'une simple narration de choses autrefois arrivées, faite proprement pour l'entretien de la mémoire, et non pour le contentement de l'imagination : où la comédie est une active et pathétique représentation des choses comme si véritablement elles arrivaient sur le temps, et de qui la principale fin est le plaisir de l'imagination [1].

Que dit ce texte, sinon que la comédie propose des plaisirs en prise directe avec le présent des spectateurs – reprise de l'argumentation de G. Guarini dans le contexte différent de l'Italie post-tridentine – et répond en cela à ce qui identifierait l'imagination à une trop théophilienne pathologie des passions d'amour ? Le lecteur a bien affaire à une représentation des mœurs de la cour de Montmorency : le prologue de l'Amour Honnête, l'identification de l'amour pastoral au couple du duc et de la duchesse, l'attribution à deux nobles dévots du projet de la pièce vont dans ce sens. Comme aussi la disparition du personnage du Satyre, présent dans la « fable bocagère » d'Honoré d'Urfé, et qui eût peut-être fait entrer dans le texte de Mairet la référence à un langage « sale », outrancier, sinon ce langage même. En 1630, *L'Anti-Phyllarque*, pamphlet de La Motte Aigron contre le feuillant Goulu, adversaire de Balzac, n'identifiait-il pas sa prose à l'éloquence violente des ligueurs pendant les guerres de Religion [2] ? *La Silvanire* ne prend pas en charge à proprement parler les termes de la querelle des *Lettres* de Guez de Balzac, qui mobilisent une identification politique des formes du discours et des mœurs. Mais mettre en relief le caractère tempéré du langage des bergers prend sens dans un propos politique de même nature. Si la référence à Cramail a quelque pertinence, la parole des bergers doit manifester les usages réglés du langage que l'ancien ligueur a sollicités en suggérant cette composition poétique, rendre civiles les manifestations de la culture dévote.

1. J. Mairet, « Préface en forme de discours poétique », *La Silvanire*, dans *Théâtre du XVIIe siècle*, *op. cit.*, p. 485.

2. M. Bombart, *La Querelle des Lettres de Jean-Louis Guez de Balzac*, *op. cit.*, chap. VI, p. 393 *sq*.

L'argument de *La Silvanire* récupère un sujet qui devait paraître lié aux préoccupations exposées dans *La Sylvie*, tout en ayant déjà reçu les faveurs de la cour et en disposant de l'autorité du nom d'Honoré d'Urfé. Ainsi, Mairet souligne que « ce sujet est traité plus amplement dans la troisième partie de *L'Astrée*, où Monsieur d'Urfé en forme une histoire continuée » et que « le même auteur en a fait encore une pastorale en vers non rimés [à laquelle il renvoie] la curiosité du lecteur » (p. 478). C'est bien le nom d'Honoré d'Urfé qui motive la référence. Défense des mœurs d'une cour déjà soupçonnée d'être trop libre – c'est un des sens du mot « libertin » –, parce qu'y prévaut un catholicisme trop proche de la reine, défense de l'héroïsme de la figure de Montmorency à travers les pièces poétiques finales : montrer que l'honnêteté des mœurs pastorales et l'héroïsme appartiennent à un même lieu est important, parce que son héroïsme justifie l'indépendance politique et religieuse du duc. On aurait donc tort de voir dans *La Silvanire* un retrait du message politique par rapport à *La Sylvie*. Faire d'une poétique réglée le mode de présentation éthique d'un milieu qui affiche son italianité et la liberté de sa « foi » relève au contraire d'un usage pleinement politique du texte pastoral.

Les illustrations qui ouvrent chaque acte dans l'unique et luxueuse édition du texte montrent le soin apporté à rendre compte du sujet de la pièce et du lieu qui en est l'origine. Sur trois ou quatre plans qui construisent la profondeur de l'image, chaque gravure représente trois ou quatre moments de l'acte. Les gravures I et V font aboutir la perspective à un soleil, levant d'un côté, couchant de l'autre, élément le plus théâtral de cette figuration qui rend perceptible l'unité de temps mise en avant par la préface. Chaque gravure est traversée par la rivière du Forez, le Lignon autour duquel s'ordonnent plusieurs groupes de bergers, chacun marquant un degré de la profondeur en perspective. Le premier plan de la première gravure présente ainsi deux bergers discutant debout à droite. Le regard du lecteur est conduit de la gravure vers le texte qui la jouxte et offre au lecteur le contenu de la discussion. Chaque gravure opère un découpage en dégageant les actions qui maintiennent la cohérence dramatique de la pièce, tout en faisant apparaître la cohérence visuelle propre à la dynamique du spectaculaire : les cinq gravures montrent successivement les séquences d'un endormissement (acte II), d'un évanouissement (acte IV) et du retour à la vie de Silvanire (acte V). Trois images sur cinq constituent ainsi des variations sur la fausse mort :

> *O Dieux, quelle avanture, & quel nouveau pays*
> *Rend mes sens estonnés & mes yeux esbahis ?* [v. 2164-2165]

s'écrie Silvanire s'éveillant au pays où l'amour pastoral devient légitime. Non seulement les images opèrent une lecture extrêmement cohérente du sujet de la pièce en faisant apparaître une séquence d'actions pathétiques, mais en outre elles ordonnent ces éléments à une unité spécifiquement visuelle, invitant à faire des rapprochements de gravure à gravure tout autant qu'à jouer de la contiguïté entre chaque gravure et le texte. La régularité affichée dans la préface se construit d'autant mieux dans l'ensemble visuel des gravures que celles-ci élargissent le monde de la « fable bocagère » à celui des bergers du Forez. La suppression de la figure du Satyre, la mise en avant du berger Théante, le sommeil de Silvanire à l'acte II, absent de la pièce d'Honoré d'Urfé, tirent l'univers pastoral vers celui du roman. Tout autant que l'action dramatique, la gravure représente le pays des bergers, leurs noms figurant à leurs pieds. Ce pays est affecté de connotations à la fois littéraires et sociales, il construit la cohérence de la « culture » du lecteur en rapportant le milieu « tempéré » qui a produit *La Silvanire* à sa matrice forézienne. On peut faire l'hypothèse qu'il s'agit par là de reproduire l'opération intégrative qui avait été celle du roman d'Honoré d'Urfé dans la recomposition politico-religieuse du temps.

Une question se dégage de la description proposée dans ce chapitre, qui concerne la façon dont on fait entrer ou non ces textes dans le « libertinage », au sens où l'historiographie de la notion implique à la fois l'idée de réseaux, de milieux, et des personnes, des écrits où s'expriment des idées – plus que des écrits pensés comme des actions d'ailleurs. Les travaux d'Antoine Adam, puis de René Pintard, plus récemment ceux de Louise Godard de Donville et surtout de Jean-Pierre Cavaillé ont mis en évidence l'importance du « milieu » dans la compréhension de la libre pensée. L'insistance sur ce point autorise à souligner les liens de Mairet avec des libertins notoires – encore qu'il soit frappant que, construit désormais, grâce à Jean-Pierre Cavaillé, sur l'idée de la dissimulation écrite, le libertinage soit aussi, en même temps, pour la même historiographie, fortement affaire de réputation.

Ce qui change de *La Sylvie* ou même de « l'histoire de Silvanire » dans *La Vraye Astrée* de Baro à *La Silvanire*, c'est le contexte dans lequel sont publiées des écritures de distance avec le pouvoir monarchique. En 1628, il est possible de publier cet éloge de la grandeur de Montmorency et cette conversion du roi que représente *La Sylvie*. En 1631, l'éloge insiste sur la vertu plus que sur l'héroïsme du duc, et si l'ouvrage publie le rapport entre la pastorale et deux figures de nobles catholiques liés au parti dévot, c'est pour souligner leur connaissance des lettres italiennes et leur goût d'une imagination réglée. Entre-temps, il y a eu la journée des Dupes, qui entérine la victoire du catholicisme royal et place ainsi les positions dévotes du côté d'une contestation de l'autorité monarchique – d'un libertinage donc[1]. Telle est bien la fonction de la présentation éthique de la cour de Chantilly – offrir une image acceptable d'un milieu que ses choix religieux placent précisément, aux yeux de Richelieu notamment, du côté du libertinage. Ce n'est donc plus le même libertinage que dans *La Sylvie*, même si c'est toujours une position que le centralisme absolutiste peine à intégrer.

Rien ne désigne ou ne laisse reconnaître en Mairet un athée, ni même ce que René Pintard a appelé un « libertin de mœurs », pas même son amitié pour Théophile et sa fidélité à sa mémoire. Pourtant, il y a bien dans l'action de publication de *La Sylvie* une action qui intéresse le libertinage comme refus de l'autorité absolue, au même titre que l'humeur de la bergère est ainsi qualifiée par son père qui déclare vouloir « réduire au joug sa libertine humeur » (v. 814). On verra dans cette expression une manière de pléonasme, s'il est vrai qu'est libertin, dans le vocabulaire du temps, celui qui se livre à son humeur. Mais l'on mesure aussi l'écart existant entre une telle désignation et celle qui a condamné Théophile.

Rien non plus de l'ordre d'une dissimulation chez Mairet. La célébration de Montmorency, l'affirmation de son envergure à Chantilly comme en Languedoc, la fidélité à Théophile sont sans équivoque, si elles se veulent présentables. La publication même de *La Silvanire* affirme la distance de la pastorale avec la cour et avec le pouvoir royal. Rien d'une dissimulation, certes, mais de quoi revenir à la question d'une spécificité de l'écrit pastoral du point de vue de son inscription dans ce que j'ai appelé le « moment libertin ».

1. Pour cette lecture de la journée des Dupes, S. Hermann de Franceschi, « La genèse française du catholicisme d'État et son aboutissement au début du ministériat de Richelieu. Les catholiques zélés à l'épreuve de l'affaire Santarelli et la clôture de la controverse autour du pouvoir pontifical au temporel (1626-1627) », *Annuaire-Bulletin de la Société de l'Histoire de France*, année 2001, Paris, Champion, 2003, p. 19-63.

CHAPITRE VIII

TOMBEAUX ET JUGEMENTS CRITIQUES (1627-1634)

À l'article « Lieu », le *Dictionnaire universel* de Furetière attribue à l'« Ancienne Rhétorique » une phrase qui peut définir tant la métaphysique urféenne des corps dans *L'Astrée* que la politique de la représentation du lieu tragique ou tragicomique dans les pastorales dramatiques des années 1620 : « chaque corps occupe son lieu ». Cette proposition convient au moment du sommeil, à celui de la fausse mort, à l'image de la mélancolie – à ces moments que des gravures mettent sous les yeux des lecteurs de *L'Astrée* et de *La Silvanire* après 1630.

« Chaque corps occupe son lieu » – la formule pourrait encore définir une lecture « traversière » des procédés rhétoriques mis en œuvre dans les textes narratifs et théâtraux de ce premier XVIIe siècle, histoires ou spectacles dévots et/ou libertins. Le corps, la représentation du corps mort ou vivant, mort et vivant, est un des lieux qui conduisent le lecteur vers le sens critique d'un écrit, dans la relation qu'il établit en particulier avec le temps d'une déploration ou d'une effusion, d'un « complexe d'affects » [1]. Il détermine le plus ou moins grand degré de distance de l'écrit avec le monde et avec l'histoire. Il fonde l'autorité des auteurs sur une absence.

La rencontre de l'autorité tyrannique et du sang dans la pièce de Théophile est devenu dans les années 1620 un véritable lieu de mémoire théâtral de la critique de l'autorité. Depuis les « peintures esclattantes » de

1. L'expression sert à nommer le trouble provoqué par une face mortuaire : J.-M. Colrat, « Entre vie et mort : figures troubles de la mort. Giacometti, Cotan, Zurbaran », *Revue d'études esthétiques*, « Figures de l'art 5. L'art des figures », 1999-2001, p. 195-211 (p. 196 pour la référence).

L'Astrée de 1607 jusqu'aux catatonies de *La Sylvie* et de *La Sylvanire*, en passant par l'évanouissement d'Alcidor dans *Les Bergeries* de Racan, il concentre la fantasmologie mélancolique des amants, cette version critique et pathologique de l'amour. Mais il inverse la passion mélancolique de l'image (mélancolie de Céladon, d'Alcidor, de Thélame, de Pyrame) en image topique de la mort mélancolique, image chargée d'une valeur politique considérable. Ce lieu résonne aussi avec les corps possédés qui hantent les livres de démonologie de la seconde moitié du XVIe siècle et viennent interroger le statut de la croyance dans les fictions libertines que sont *La Première Journée* de Théophile ou plus tard, en 1637, *Le Gascon extravagant*. Il réinterprète la hantise du corps pathétique exclu du corps de la « bergerie », interroge la littéralité de l'image, en s'appuyant sur le corpus des miroirs trompeurs, glaces enchantées et autres faux « cristals » dont la pastorale est remplie. Il rejoint par là l'interrogation sur la transparence des images verbales, des figures poétiques, dont il était question à la fin du chapitre VI.

Ce lieu intéresse la façon dont les actions politiques sont alors pensées en termes de passions et d'humeur. Une des appellations du mélancolique est le « malcontent », qui sert à désigner le noble révolté contre le roi pendant les troubles de 1574[1] et perdure dans les révoltes des premières années du XVIIe siècle : en 1632 encore, paraît à Paris une plaquette, *L'hellébore pour nos malcontents, cueilli au jardin d'un anti-Machiavel, et mis en lumière*, qui, si elle s'adresse avec quelque retard aux ligueurs, souligne tout de même le caractère encore vivace de la pensée humorale du politique[2]. Les écrits pastoraux font du lieu de la fausse mort le noyau d'une surexpression pathétique du « malcontentement », mais aussi d'une possible reformulation modérée, « tempérée », tragicomique plutôt que strictement tragique des affects. Les écrits analysés dans les deux chapitres précédents tentaient d'arracher l'amour mélancolique à l'interprétation tragique de la pièce de Théophile. Ils mettaient à distance le trouble du sang, soit que, dans *La Sylvie*, le trouble fût placé du côté du monarque, soit que, dans *La Sylvanire* d'Honoré d'Urfé, ce fût la dénaturalisation du langage de l'amour qui eût à charge d'épurer le sentiment de sa composante mélancolique.

Ces dispositifs reposent fortement sur le travail de la distance : distance de la représentation tragique en tant qu'elle organise les affects, sans doute,

1. A. Jouanna, *La Saint-Barthélemy*, *op. cit.*, p. 264-265.

2. *L'hellébore pour nos malcontents, cueilli au jardin d'un anti-Machiavel, et mis en lumière*, Paris, 1632. Cet ouvrage est très probablement l'émission d'un texte ancien.

mais distance introduite dans la pratique des lettres également, qui se formalise dans une énonciation codifiée, une énonciation éthique. Les questions formelles portées par les écrits pastoraux renvoient donc nécessairement aux figures d'auteurs qui les élaborent. Si Théophile est toujours là, au centre des réélaborations du lieu tragique, c'est que son statut de poète de cour est en jeu dans l'écriture même de ce lieu, c'est que les récritures et les déplacements constituent d'autres formalisations de la figure de l'auteur, en rapport la plupart du temps avec celle du poète. Dès 1623, son procès avait mis en évidence une confusion, de sa part même, entre les espaces de ses actions : espace de la cour où il obtenait ses succès, espace des cabarets pour lesquels il pouvait donner des versions gaillardes de ses poèmes, espace de la publication enfin [1]. C'est sur cette confusion que l'affaire du *Parnasse satyrique* avait attiré l'attention, cette même confusion que le père Garasse avait exploitée. C'est encore cette confusion, et ses implications du point de vue du sens social de l'activité poétique, que racontent les textes que l'on va lire. Même s'ils ne s'offrent à aucune dérive anti-dévote possible, ils posent la question des usages qui sont faits de l'écriture de la pastorale sur une période un peu décalée par rapport à celle que l'on a définie précédemment, quoiqu'elle la recoupe en partie : 1627-1634.

La première date est celle de la parution d'un roman de Charles Sorel. La seconde, celle de la publication d'un prosimètre de Nicolas Frenicle, un auteur lié au procès de Théophile. Les usages sociaux de l'écriture poétique seront donc envisagés de nouveau par rapport à la question du libertinage. Toutefois, en allant au-delà du procès et de la mort du duc Montmorency, j'essaierai d'affiner encore la compréhension des usages de la pastorale et du rapport entre nature de l'amour, politique et poétique, d'élargir en outre la compréhension du premier « moment libertin », de questionner l'appropriation d'écrits plus anciens par des auteurs liés aux réseaux protestataires, ou qui semblent, comme Charles Vion d'Alibray, avoir été aux bords du libertinage, sans que l'accusation ait jamais, à proprement parler, été portée contre lui. Ils permettent ainsi d'avoir accès à des constructions d'auteurs parfaitement singulières, alors même que s'y lit une constante référence à des modèles antérieurs. Que cette référence soit satirique, comme chez Charles Sorel, ou révérente, chez Nicolas Frenicle – elle fait de la pastorale un « tombeau » où s'ancre et se définit l'autorité poétique des auteurs.

Pourquoi deux traductions de *La Filli di Sciro*, tragicomédie pastorale de Guidubaldo Bonarelli della Rovere représentée à Urbino en 1607

1. Ch. Jouhaud, *Les Pouvoirs de la littérature*, *op. cit.*, p. 48-49.

paraissent-elles en 1630 et 1631 ? Pourquoi traduire fidèlement en 1632 la pastorale dramatique du Tasse qui date de 1573 et vient d'être « accomodée au theatre françois » cette même année ? Pourquoi, deux ans plus tard, s'intéresser à une autre pastorale plus ancienne encore de Cesare Cremonini, philosophe padouan qui a déjà, à l'époque, une réputation d'athéisme ? Ces écrits portent certes de manière très forte, dans la langue, dans leur référent culturel et social et dans la fable, un questionnement sur les modes de constitution de l'ordre social et sur la place des lettres à l'intérieur de cet ordre. Ils servent encore à élaborer ces figures d'auteur à distance de la nouvelle centralité du pouvoir.

TRADUCTIONS CONCURRENTES : MORALE ET POLITIQUE [1]

Entre 1623 et 1625, les traductions de l'*Arcady of the Countess of Pembrok*, le roman pastoral de Philip Sidney, offrent un nouvel exemple du fait que les problèmes de signification formelle sont très directement liés à des controverses sociopolitiques. Dans l'édition 1625 de la première partie de la traduction, chez Robert Fouet, le libraire de l'affaire de la quatrième partie de *L'Astrée* et l'éditeur de *La Sylvanire*, une adresse au lecteur revient sur la polémique provoquée par le premier traducteur, Jean Baudouin, contre les « plagiaires ». En 1624, celui-ci avait donné chez Toussaint du Bray une traduction en trois parties de *L'Arcadie de la comtesse de Pembrok*, dont la première était dédiée à la reine et comprenait deux livres[2]. Mais le 7 juillet 1625 paraît chez Robert Fouet une nouvelle traduction de cette première partie, attribuée à « un gentilhomme françois », peut-être Jean Loiseau de Tourval, traducteur officiel des ouvrages théologiques du roi d'Angleterre. Fouet avait déjà fait paraître la traduction des deuxième et troisième parties par Geneviève Le Chappelain, sa parente, aux mois de janvier et mars 1625 encore[3].

1. Je reprends ici quelques éléments de mon article : « Vertus héroïques, politiques de la pastorale. Autour de la figure du duc de Montmorency (1595-1632) », dans Ph. de Lajarte (dir.), *Avatars littéraires de l'héroïsme de la Renaissance au Siècle des Lumières*, *Elseneur* 20, Presses universitaires de Caen, 2005, p. 249-274.

2. *L'Arcadie de la comtesse de Pembrok. Premiere partie. Composee par Messire Philippes Sidney, chevalier anglois. Et mise en nostre langue par J. Baudoin*, Paris, Toussaint du Bray, 1624.

3. *L'Arcadie de la comtesse de Pembrok. Seconde partie. Composee par Messire Philippes Sidney, chevalier anglois. Traduitte en nostre langue par D. Genevieve Chappellain. Avec enrichissement de Figures*, Paris, R. Fouet, 1625. Pour l'original anglais, *The Countess of Pembroke's Arcadia (The old Arcadia)*, éd. J. Robertson, Oxford, Clarendon Press, 1973.

Selon Anne Rivara à qui j'emprunte le récit de l'affaire, les deux traductions concurrentes de l'*Arcady* de Sidney auraient été entreprises et publiées à la hâte, dans le moment de la négociation du mariage d'Henriette-Marie de France avec le prince de Galles, mariage voulu par Richelieu pour des raisons de politique religieuse notamment[1]. Les privilèges témoignent de la concomitance de l'affaire politico-religieuse et des actions éditoriales : privilège à Toussaint du Bray pour le texte de Baudouin, le 4 mars 1623, au moment du renforcement du projet français de mariage ; à Robert Fouet pour celui de Geneviève le Chappelain, le 1er décembre 1624, alors que les accords sont publiés ; parution des livres II et III de Chappelain en janvier et mars 1625, du livre I de Baudouin en mars 1625, alors que le mariage est célébré au printemps et à l'été de la même année. Chacune des deux traductions se prévaut de sa connaissance de la cour – incarnée par la dédicataire qu'est Marie de Médicis pour Jean Baudouin, démontrée par le séjour de Geneviève le Chappelain à la cour d'Angleterre pour Robert Fouet qui dédie cette traduction à l'épouse d'Honoré d'Urfé, l'année même de son veuvage[2]. De manière concurrente, les trois traducteurs et les deux éditeurs tentent d'atténuer pour la France catholique la distance propre à l'écrit de Sidney, hostile en son temps à la monarchie de droit divin et à l'idée d'une alliance dynastique avec la France, soucieux de l'indépendance religieuse de son pays. Ils convertissent, dans la traduction et par les dédicaces, une distance effective, redoublée de la mélancolie du texte, en une très politique proximité. Ils font de la construction énonciative de Sidney, poète-soldat mort sans armure pour avoir offert la sienne à un ami à la bataille de Zutphen en octobre 1586[3], l'instrument d'une culture commune, ou voulue telle.

Ce n'est pas la première fois que la dimension éthique de l'écrit pastoral est utilisée à des fins politiques, pour une de ces constructions culturelles dont l'histoire littéraire oublie parfois qu'elles sont bel et bien des constructions, et ne sont donc pas toujours achevées, pas forcément gravées dans le

1. A. Rivara, « La problématique de l'insertion d'un modèle culturel : deux traductions d'*Arcadia* (1625) », *Littératures classiques*, n° 25, « La traduction au XVIIe siècle », 1990, p. 147-162.

2. « [...] J'avois resolu de ne pas le nommer, de peur d'accroistre le sujet de vos larmes : mais cela ne pourroit de rien servir [...]. Faites donc, s'il vous plaist, l'honneur à ce Livre de le recevoir seulement, & luy donner rang dans vostre cabinet [...] attendant que la douleur qui vous possede, & qui vous contraint à regretter celuy que toute la France pleure, vous donne quelque relasche [...] » : R. Fouet, dans *L'Arcadie de la comtesse de Pembrok*, *op. cit.*, « Epistre », s.p.

3. T. J. Reiss, « A Poetics of Cultural Dismay », art. cit., p. 169 et p. 179.

marbre de l'histoire. Quelques années après l'affaire de *L'Arcadie* de Sidney, deux autres histoires de traduction manifestent d'autres enjeux de la concurrence des interprétations, soulignant les différentes significations politiques impliquées dans les questions de poétique.

Les deux Filli di Sciro *françaises de Simon Du Cros et François Pichou (1630 et 1631)*

En 1607, un poète originaire d'Urbino, déplacé avec sa famille à Ferrare, le comte Guidubaldo Bonarelli della Rovere, publie *La Filli di Sciro*[1], une pastorale qui avait été représentée ou récitée pour la première fois deux ans auparavant et sera considérée en France comme la troisième perle du « genre », avec l'*Aminta* du Tasse et *Il Pastor Fido* de Guarini[2]. Qu'elle ait paru à Ferrare suffit généralement à la justifier : c'est la cité italienne de la pastorale, et les liens entre la *Filli di Sciro* et l'*Aminta* comme le *Pastor fido* sont évidents. Il est probable pourtant que Bonarelli a obéi à des motifs tout autres que ceux du Tasse en son temps – la circonstance politique du risque de la dévolution du duché des Estes à la papauté –, que ceux de Guarini même – la proposition politico-religieuse d'un poème curial. Sa pastorale, centrée sur la description d'un « double amour », paraît après qu'il a reçu la disgrâce du duc d'Este pour s'être marié clandestinement en ayant par aillleurs accepté une proposition de mariage plus officielle[3]. Elle est à l'évidence le moyen de construire une position d'auteur auprès de l'académie des *Intrepiditi*, où elle va être âprement discutée.

Le poème est très vite célèbre en France où Bonarelli a fait des études de théologie, chez les jésuites de Pont-à-Mousson en particulier. En 1630, il est traduit par Simon Du Cros et paraît sous le titre de *La Fillis de Scire*, pourvu d'une longue épître dédicatoire au duc de Montmorency, datée et signée du 15 octobre 1629, à Pézenas[4]. La traduction est suivie de poèmes

1. *Filli di Sciro, favola pastorale del c. Guidubaldo de'Bonarelli detto l'aggiunto, accademico intrepido, da essa Accademia dedicata Al Seneris. Signor Don Francescomaria Feltrio dalla Rovere, Duca Sesto d'Urbino*, Ferrara, Vittorio Baldini Stampator Camerale, 1607. La dédicace est datée du 20 septembre 1607.

2. De l'abbé de Torche (*La Philis de Scire, pastorale du comte Bonarelli, traduite de l'italien en vers françois*, Paris, Jean Ribou, 1669, « Au lecteur ») jusqu'à M. Fumaroli (« Corneille, lecteur de la *Filli di Sciro* », dans *Héros et orateurs. Rhétorique et dramaturgie cornéliennes*, Genève, Droz, 1996 [1990], chap. III, p. 209-223).

3. Notice « Bonarelli, Guidubaldo », du *Dizionario biografico degli Italiani*, Rome, Istituto della Enciclopedia Italiana, Società Grafica Romana, 1990, vol. XX.

4. *La Fillis de Scire du sieur Du Cros*, Paris, Augustin Courbé, 1630 : privilège du 31 décembre 1629, pas d'achevé d'imprimer.

liminaires de François Maynard et de Jean Mairet, qui affichent l'appartenance de Simon Du Cros au réseau des auteurs pensionnés par le duc. Sa fidélité se marque encore en 1643, quand il publie, un an après la mort de Richelieu et quelques mois à peine après celle de Louis XIII, une *Histoire de la vie du dernier duc de Montmorency* entièrement vouée au récit des actions guerrières de son ancien patron[1]. Et en 1647, une réédition de sa traduction de *La Filli di Sciro* vient inscrire cet éloge et cette fidélité dans sa carrière d'auteur au service du duc.

En 1630, la dédicace de *La Fillis de Scire* célèbre sans ambiguïté l'importance de la dette de la France à l'égard de celui qui « a remis l'authorité du Roy sur la Mer et sur la Terre ». La grandeur du duc, si elle sert le roi, dépasse la puissance de ce dernier : « N'est-il pas vray qu'en ces derniers mouvemens vous avez d'abord emporté des places qui pouvoient tenir contre une Armee royale ? ». Le duc a mis sa valeur et sa fortune au service du roi :

> Vous avez fait à son arrivee les honneurs de la Province, sans en incommoder les habitans; & cette glorieuse despence qui donnoit de l'estonnement à toute la Cour, a esté doublement estimee lors qu'on a sçeu celle que vous aviez faite durant la guerre. On a veu qu'aux rencontres où les autres augmentent leur bien, vous avez diminué le vostre, & fait admirer la grandeur de vostre courage, non pas seulement par le mespris de vostre vie, que vous exposiez à toute sorte d'occasions, mais encore par celuy de vos richesses que vous employez à toute sorte de necessitez.

Dans la relation que la dédicace dessine d'une part entre le roi et le pair de France, d'autre part entre le pair de France et son pays, l'héroïsme manifeste une grandeur qui se soumet toujours au « Juste Monarque que Dieu a destiné pour estre le Liberateur de nos maux », mais qui est présentée comme lui étant nécessaire.

L'année suivante, en 1631, une autre traduction de la *Filli di Sciro*, donnée cette fois par le « sieur Pichou », paraît pourvue d'une dédicace de son éditeur, François Targa, spécialisé dans l'édition de pastorales, à « Monseigneur frère unique du roy », Gaston d'Orléans[2], à qui

1. *Histoire de la vie du dernier duc de Montmorency, contenant tout ce qu'il a fait de plus remarquable depuis sa naissance jusques à sa mort par Simon Du Cros*, Paris, Antoine de Sommaville et Augustin Courbé, 1643 : privilège du roi daté du 15 juin, achevé d'imprimer du 22 septembre.

2. *La Filis de Scire, comedie pastorale tirée de l'italien par le sieur Pichou, dediee à Monseigneur frere unique du Roy*, Paris, François Targa, 1631 : privilège du 8 mars 1631, achevé d'imprimer du 30 avril.

Montmorency se ralliera pour sa perte, le 22 juillet 1632. Il est ici présenté comme « un des plus grands Princes du Monde », l'éditeur vantant les « vertus toutes heroïques » qui le rendent « l'exemple du Prince parfait ». Cette dédicace, qui s'explique en partie par la mort de Pichou au moment de l'édition, est suivie d'une longue préface du médecin Abel Isnard, lequel insiste sur son rôle dans le projet de traduction et sur l'autorité de Richelieu :

> ce grand Cardinal au sentiment duquel tous les nostres se doivent assujettir ne l'a-t-il pas honorée de son assistance & de son approbation ? & ne luy a-t-il pas de sa propre bouche donné ce glorieux eloge, que c'estoit la Pastorelle la plus juste & la mieux travaillée, qu'on eust encore veue. Apres un si raisonnable jugement, en peut-on faire des contraires sans violer le sens commun, ou sans se preparer à une honteuse palinodie ? [1]

Un peu plus haut, après avoir retracé les mérites de Pichou et défendu notamment *Les Folies de Cardenio* dont celui-ci est l'auteur, contre les attaques que la pièce avait subies, Isnard disait avoir composé cette préface

> à la sollicitation de quelques personnes qui regnent souverainement sur mon esprit, & ausquelles j'ay de tres-grandes obligations.

Cette préface sert donc à dire la volonté de Richelieu à l'origine de la publication, sinon du projet même de traduction par Pichou. Un médecin vante ses qualités, là où Simon Du Cros soulignait que la valeur de Montmorency avait guéri la France de « ses humeurs » : on est bien, avec ces deux traductions concurrentes, dans un même discours sur la guérison des troubles politiques qui divisent le corps du royaume. Mais la guérison que la préface de Du Cros attribue au pouvoir des actions héroïques du duc, Isnard en rend la pièce de Guidubaldo responsable, notamment par un « accomodement à nostre mode » un peu gauche. Le respect des règles serait pour lui la pierre de touche de cette vraisemblance qui entend « temperer l'imagination » des spectateurs : la « tempérer », autrement dit la satisfaire et la guérir de sa dimension mélancolique, passionnelle.

Il est tentant de lire dans l'adresse au « frère unique du roi » l'offre de se rallier à la poétique voulue par Richelieu dont la pastorale dramatique serait ici la médiatrice. Quoique Isnard ne fasse référence qu'à une traduction antérieure de la pièce de Bonarelli, donnée en 1624, et veuille ignorer celle de Du Cros, il est difficile d'imaginer que François Targa, éditeur de *La Sylvie* et *La Silvanire*, n'ait pas connu cette pastorale, éditée à Paris, chez

1. *Ibid.*, préface. Cette réflexion est reprise en français dans une dédicace datée de Rome, 1er janvier 1641, de Francesco Ronconi au cardinal Antonio Barberini dans l'édition de la *Filli di Sciro* de 1640, comprenant une « Vita del conte Guidubaldo Bonarelli della Rovere ».

Augustin Courbé, « libraire et imprimeur du frère du roi ». On a plutôt le sentiment que la traduction de 1631 tente de venir contrer celle de 1630 sur son propre terrain, en séduisant d'autant mieux Gaston que la différence de forme entre les deux traductions tend à postuler une différence de statut entre Montmorency et Gaston d'Orléans, dédicataire de la seconde, et même si, ou *a fortiori* si les deux hommes sont liés depuis 1626.

Pourquoi cet intérêt pour une pastorale italienne à l'intrigue très complexe ?

> Enlevée par un centaure, Celia est courageusement secourue par deux bergers : le centaure est mis en fuite, mais les deux bergers restent grièvement blessés. Reconnaissante de la liberté qu'elle leur doit, touchée de compassion pour ses deux libérateurs blessés, anxieuse de leur salut, Celia leur accorde tous ses soins. L'un et l'autre bergers s'éprennent violemment d'elle, et lui découvrent presque en même temps leur amour. Quoiqu'elle soit par nature ennemie d'amour et au plus haut point attachée à la pureté, Celia est contrainte malgré elle de les aimer tous les deux également, si bien que pour n'offenser ni l'un ni l'autre, ni elle-même, elle se montre cruelle envers eux et envers elle-même. C'est pourquoi, ne pouvant souffrir la douleur ni espérer un remède, elle tente de mourir [1].

Comme dans *La Sylvie*, la pastorale de Bonarelli intègre le monde extérieur à celui des bergers et le désordre amoureux y est le résultat d'une violence exercée sur la société pastorale par un « prélèvement » d'enfants. C'est ainsi que Celia croit être amoureuse de deux bergers – un amour qu'elle considère comme « monstrueux » –, jusqu'à ce que la fin de la pièce lui révèle que l'un est son frère disparu depuis vingt ans, tandis que l'autre peut légitimement être son amant. La *Filli di Sciro* parle d'une violence qui exige des bergers un sacrifice humain et, comme la tragicomédie pastorale de Guarini, elle définit une origine non violente de l'ordre politique et social qu'elle postule en sa fin.

Cette construction mythico-religieuse du social est susceptible d'infléchissements suivant la construction des modalités de réception du texte. La traduction de Pichou est une adaptation, qui raccourcit de beaucoup une intrigue longue et compliquée et choisit de donner à représenter ce qui est objet de récit chez Bonarelli – à l'acte V notamment –, se conformant par là à l'interprétation que les auteurs français font de la pastorale dramatique italienne depuis la fin du XVIe siècle. Elle tend surtout à effacer ce que l'univers pastoral, et le discours même de certains bergers, a de très critique

1. Ce résumé traduit celui de Bonarelli : *Filli di Sciro*, éd. G. Bari, Laterza, 1941, p. 148.

à l'égard de la violence exercée par le royaume de Thrace. Dans la traduction de Du Cros en revanche, Oronte défend le roi contre la douleur des bergers soumis au prélèvement de vies humaines :

> *[...] le Prince genereux*
> *Deplore leur destin & [mesle] à ses larmes*
> *Tant de sang respandu sous l'effort de ses armes.*

Mais cet éloge est alors interrompu par la réplique dubitative du berger Ormin –

> *O triste reconfort ! & le sang & les pleurs*
> *Sont un foible remede à nos justes douleurs* (Du Cros, p. 76)

– réplique que Pichou a coupée.

De manière générale, les deux traductions articulent différemment le discours sur le roi de Thrace et sur le rôle de son général Oronte, essentiel à la résolution des liens de parenté dans la pièce. La traduction de Du Cros présente ce dernier comme un « duc » et le qualifie à deux reprises de « grand Heros » (II, 1, p. 67 et 69). Celle de Pichou insiste plus nettement sur sa cruauté, soulignant la vertu du roi auquel la résolution du conflit est entièrement attribuée. Et si la traduction de Du Cros s'ouvrait sur l'éloge de l'héroïsme du duc, celle de Pichou s'achève sur des « Stances au Roy » qui célèbrent sa grandeur guerrière, notamment lors de la libération de la ville piémontaise de Casale (18 mars 1629), pendant la guerre de succession de Mantoue[1].

Même succincte, cette comparaison montre que la politique de la pastorale ne peut pas s'analyser en dehors des actions qui en construisent l'éventuelle efficacité. Comme dans *Pyrame et Thisbé*, le trouble amoureux de Celie, son « double amour » ô combien équivoque, est historiquement produit par la confusion des identités dont la violence du « prélèvement » des enfants de Scire est responsable. Contrairement à ce que Marc Fumaroli affirme quand il assimile la pastorale à l'affirmation d'un amour toujours positif et pacificateur[2], l'amour est toujours dans la pastorale potentiellement pathologique et facteur de désordre. Qu'il tende à être réintégré dans un ordre social donné comme résultat d'un accord « divin » n'empêche pas

1. *La Fillis de Scire du sieur Du Cros*, *op. cit.* : « Grand Roy, ta gloire est sans pareille,/ Tes faicts sont remplis de merveille,/Et font de tout le monde admirer ta vertu :/Toutes difficultez te paraissent legeres,/L'orgueil de tes voisins est en fin abbatu,/Et ton nom fait trembler les grandeurs estrangeres [...]. »

2. M. Fumaroli, « Pierre Corneille, fils de son œuvre », dans *Héros et orateurs*, *op. cit.*, p. 17-61.

que la discussion sur l'amour soit éminemment conflictuelle, au cœur d'un rapport de force entre le pouvoir et les grands qui implique, pour être résolu, une réarticulation du théologique et du politique.

En 1631, la traduction de Pichou et surtout l'usage qui en est fait à travers son dispositif de publication rendent sensible une hésitation concernant les voies de la pacification et de l'ordre politique : face à la proposition de Du Cros – préservation de l'héroïsme et de l'indépendance d'un grand directement exprimée par la production d'une traduction fidèle à l'original italien, en vertu d'une poétique en quelque sorte non centralisée –, la publication « collective » de la traduction de Pichou formule une autre solution, dans laquelle il revient à une poétique soumise à l'autorité du ministre de créer l'ordre politique du royaume et de rallier à son efficacité la grandeur de celui que l'État ne peut se permettre de perdre puisqu'il est l'« unique frère du roi ».

Sans doute cette lecture est-elle en partie dictée par ce que l'on sait de la fonction dévolue très peu de temps après, par le même Richelieu, à l'Académie française – le contrôle très politique de la poétique[1]. Mais il ne s'agit nullement de rapporter l'adaptation de Pichou à un projet préalable fermement défini. La concomitance de la publication de *La Fillis de Scire* par Targa et de *La Silvanire* de Mairet montre que si, en 1631, les usages de la poétique sont clairement compris dans une perspective politique, ils sont pour cette raison même objets de tension. Ainsi la traduction de la *Filli di Sciro* par Pichou s'achève-t-elle sur une célébration du roi, là où *La Sylvie* fêtait la liberté retrouvée des amants. Mais le fait que le règlement du conflit pastoral soit attribué à la grandeur du roi dans la version de Pichou n'empêche pas que le retour à l'ordre soit aussi défini dans les pièces liminaires par la mise en relief d'une poétique spécifique. Les deux « solutions » proposées par cette traduction n'appartiennent donc pas au même « lieu ». Elles conduisent à distinguer entre l'amour pour le roi et l'ordre poétique voulu par Richelieu. C'est là sans doute une des significations de l'entreprise de contrôle de la poétique voulue par le ministre : séparer la poétique des passions et des mœurs pour postuler un règlement *a priori* de celles-ci, dans l'ordre poétique. En 1643, la relation de la mort de Montmorency par Du Cros dira bien le point où le bât blesse : à la demande en grâce du duc, en octobre 1632, le roi aurait répondu qu'« il ne seroit pas

1. D. Blocker, « Jean Chapelain et les *lumières de Padoue*. L'héritage italien dans les débats français sur l'utilité du théâtre (1585-1640) », *Littératures classiques*, n° 37, « De l'utilité de la littérature », automne 1999, p. 97-116.

Roy s'il avoit les sentimens des particuliers »[1]. C'est bien ces « sentiments » que les pastorales des années 1620-1630 tentaient pourtant de combler.

*Deux traductions de l'*Aminta *en 1632. Charles Vion d'Alibray, Rayssiguier et encore Théophile*

Charles Vion d'Alibray donnera en 1651 une traduction de la défense par Guidubaldo Bonarelli della Rovere du « double amour » de sa Celia, sous la forme d'un *Discours académique ou il est prouvé qu'on peut aimer plusieurs personnes, en mesme temps, également, & parfaitement*, traduction qu'il intitule *L'Amour divisé*. Il y introduit l'argumentation très scolastique que Bonarelli avait présentée à l'académie des *Intrepiditi*, déplaçant dans le cadre mondain d'une lettre galante à trois dames la « dispute » où platonisme et aristotélisme servent la moralité de l'amour divisé[2].

Près de vingt ans auparavant, il avait déjà offert une traduction de l'*Aminta* du Tasse à Mademoiselle de Bourbon, fille du prince de Condé et nièce du duc de Montmorency[3], soulignant que la « Beauté & la Maiesté des Divinitez qui font le Prologue & la conclusion de cette Pastorale ne sçauroient estre bien representées que par [elle] seule ». Sous la topique de l'éloge à une très jeune fille de treize ans, peut-être fallait-il lire une invitation à reconnaître comme sien le genre de la pastorale. Vion d'Alibray accompagnait l'ensemble d'une longue et remarquable préface qui précisait son intention au regard d'une précédente traduction, parue l'année même[4] :

> Tu t'estonneras peut-estre, Lecteur, que j'aye mis cet Aminte au jour, apres celuy que tu as veu depuis peu : mais quand je te diray que je te donne une version tres fidelle, je m'asseure que tu l'estimeras digne de ta curiosité. Aussi si nous nous ressouvenons que son Autheur estoit un des plus judicieux personnages d'Italie, nous aurons de la peine à nous figurer que la disposition de son ouvrage n'ait pas toute la grace requise.

Le titre même de cette publication – *Aminte du Tasse, pastorale. Fidellement traduitte de l'Italien en vers François, et enrichie de Figures*[5]

1. *Histoire de la vie du dernier duc de Montmorency*, *op. cit.*, p. 295.

2. *L'Amour divisé. Discours academique, ou il est prouvé qu'on peut aimer plusieurs personnes, en mesme temps, également, & parfaitement*, Paris, J. Guignard, 1651.

3. Anne-Geneviève de Bourbon (1619-1679), future duchesse de Longueville.

4. D. Mauri a comparé ces deux traductions : « L'Aminta du Tasse traduite par Charles Vion d'Alibray » dans D. Dalla Valla (dir.), *Pastorale italiana, Pastorale francese*, Turin-Paris, Edizioni dell'Orso, 1996, p. 91-104.

5. *Aminte du Tasse, pastorale. Fidellement traduitte de l'Italien en vers François, et enrichie de Figures*, Paris, Pierre Rocolet, 1632, privilège du roi à l'éditeur daté du 16 mai 1632, pas d'achevé d'imprimer.

– attire l'attention. La fidélité revendiquée au modèle italien de la seule « pastorale » s'oppose en effet à l'accommodement « au theatre françois » de celle de Rayssiguier, qui désigne en outre la pièce du Tasse comme une « tragicomedie pastorale », la tirant vers une qualification plus moderne et plus guarinienne[1]. Juste avant une épigramme de Du Ryer s'étonnant du « bon françois » qui caractérise cet *Aminte*, et après la dédicace à « Monseigneur de Ventadour, duc & pair de France, Marquis de Nonay, & Lieutenant pour le Roy au Gouvernement du Languedoc »[2], l'avis « Au lecteur » de Rayssiguier met en relief sa volonté d'aller dans le sens de ce qu'il présente comme un goût français :

> [...] je n'ay pas entierement suivi mon Autheur, pour vouloir faire paroistre les effets dont il ne fait que la description, [...] & me suffit que je les aye suivi exactement & que je fasse voir que nostre Theatre peut estre aussi agreable en observant les regles où ceste sorte de poëme nous engage que dans la liberté que nous avons prise [...]. La premiere parce que tous les anciens se sont attachez à ceste rigueur, & qu'il est presque impossible en la suivant de faire paroistre aucune action contre le sens commun, ou contre le jugement. Et l'autre parce que la plus grande part de ceux qui portent le teston à l'Hostel de Bourgogne veulent que l'on contente leurs yeux par la diversité & changement de la face du Theatre, & que le grand nombre des accidens & adventures extraordinaires leurs ostent la cognoissance du sujet [...] [éd. cit., n.p.]

Comme cet avis, la préface de Vion d'Alibray place la discussion sur le plan poétique. Mais elle conteste la nécessité de la représentation :

> Et de fait, examinons-le en passant selon les regles de l'art, & dans la suitte des évenemens, & nous verrons aisément qu'on n'y sçauroit pas mesme treuver à redire que tous les accidens se font derriere le theatre, hormis l'évanouyssement d'Aminte. Car encore que les choses qui n'entrent que par l'oreille, ne nous émeuvent pas tant à beaucoup prés que celles qui touchent nos yeux, il est pourtant vray qu'il ne faut pas estaller en la Scene ce qui ne merite pas d'y estre produit, & qu'il est bon de soustraire à la connoissance de la veuë beaucoup de choses qui sont incontinent apres suffisamment racontées.

Cette discussion sur les voies de l'imagination passe bien entendu par une argumentation d'ordre moral :

1. *L'Aminte du Tasse, tragi-comédie pastoralle*, accommodée au Theatre François, par le Sieur de Rayssiguier, Paris, Augustin Courbé, 1632, privilège du 15 août 1631, achevé d'imprimer du 30 janvier 1632.

2. Il s'agit du neveu d'Henri de Montmorency.

> C'est pourquoy on ne sçauroit assez louer la modestie du Tasse, de nous avoir caché l'insolence du Satyre, & la nudité de Sylvie: Ce que l'honnesteté l'ayant contraint de faire, il ne pouvoit par consequent nous faire voir le coup dont Aminte s'alloit tuër sans le secours de Daphné, lors que Sylvie se mit en fuitte apres qu'il l'eut retirée d'entre les mains du satyre; Joint que cette action de desespoir d'Aminte estoit de mauvais exemple pour le peuple, devant qui, comme un grand maistre a dit, il ne faut pas que Medée tuë ses enfans.

À première vue, on a affaire à deux logiques d'auteurs rivaux : le sieur de Rayssiguier (?-1660), arrivé du Languedoc à Paris en 1628, travaille pour le « théâtre français » en se spécialisant dans la pastorale : il a donné une adaptation de l'argument principal de *L'Astrée*, s'y présentant comme « advocat »[1]. En 1634, c'est cette fois un épisode du roman qu'il adapte avec *Palinice, Circeine et Florice, tragi-comedie*, parue chez Antoine de Sommaville et dédiée comme « petit travail » au comte de Vieules, pendant une pause précédant ses futures actions héroïques. La minceur de ses dédicaces en témoigne, Rayssiguier cherche avant tout une protection et utilise la pastorale pour montrer ses talents de traducteur et d'adaptateur. Antoine Adam le compte au nombre des cinq « auteurs de tragi-comédies », avec Auvray, André Mareschal, Pichou et Pierre du Ryer, qui sont des « modernes », c'est-à-dire des « irréguliers », tous admirateurs à l'époque de Théophile de Viau[2].

Dans ses premières publications, Charles Vion d'Alibray (1600-1653), fils d'un auditeur des comptes de Paris[3] et surtout connu aujourd'hui pour son amitié avec Saint-Amant, Mersenne et Pascal, met en évidence sa connaissance des textes italiens. Il sera encore le traducteur des *Pompe funebre* de Cremonini (1634), du *Torrismondo* du Tasse (1636), du *Solimano* de Bonarelli della Rovere (1637), du *Tarquinio superbo* de Virgilio Malvezzi (1644). Qu'il ait donné en 1645 une traduction de *L'Examen des esprits* de Huarte a durablement établi son « goût pour les mal-pensants »[4].

Dans la préface de *L'Aminte*, Vion souligne le caractère raisonné en poétique et en morale de son travail de traducteur et d'adaptateur, se

1. *Tragicomedie pastoralle, ou Les amours d'Astree & de Celadon, sont meslees à celles de Diane, de Silvandre & de Paris, avec les inconstances d'Hilas*, Paris, Nicolas Bessin, 1630.

2. A. Adam, *Histoire de la littérature française au XVIIe siècle*, *op. cit.*, t. 1, p. 432-433.

3. Selon les frères Parfaict, *Dictionnaire des theatres de Paris*, Paris, Rozet, 1767, t. 1, p. 48.

4. A. Adam, *Histoire de la littérature française au XVIIe siècle*, *op. cit.*, t. 1, p. 381.

justifiant d'avoir retiré de la pièce du Tasse un fragment de l'acte I qui avait la fonction d'une clé[1]. Surtout, il s'arrête longuement sur le langage de l'amour, celui du petit dieu qui fait le prologue et ne parle pas comme une « furie », celui de la « naïveté » d'une passion qui n'aurait pas besoin selon lui de « conceptions ». L'affirmation est une réponse limpide à Rayssiguier qui, à la fin de sa traduction de l'*Aminta*, a présenté sous ce même mot de « conceptions » quelques traductions de poèmes amoureux italiens. C'est dans ce cadre de cette défense d'un style naturel que figure, chez Vion, une étonnante référence à la tragédie de Théophile :

> Ces trop grands rechercheurs de subtilitez sont les plus grands ennemis qu'ayent les Muses; & peut-estre n'a-t'on feint que l'araignée estoit haye de Minerve qu'à cause que sa toile est si déliée, qu'elle en est du tout inutile. Ils font encore chercher des pointes à ceux qui sont tous prests de se tüer, dont ils les arment davantage que de leur poignard.
> *Ah voicy le poignard qui du sang de son maistre*
> *S'est souillé laschement, il en rougit le traistre.*
> Je treuve qu'elle mesme devroit rougir, & que ces paroles l'accusent plus qu'elles ne font ce poignard, d'avoir trahi Pyrame. Car comment une personne vrayment touchée auroit-elle de semblables pensées, qui tant s'en faut qu'elles percent, qu'elles ne picquent pas seulement, mais ne font que nous chatouiller l'âme, & nous exciter à rire en nous mesmes, qui est un mouvement bien leger principalement pour une action tragique.

Ce passage vise Rayssiguier et son admiration pour Théophile, sans que la critique touche la tragédie de *Pyrame et de Thisbé* :

> Cela c'est faire plus du declamateur que du Poëte, & affecter de paroistre plustost aigu, que grave. Ce n'est pas que les pointes ne soient de fort bonne grace, mais il les faut choisir fortes, & qui ne se rebouchent pas, lorsqu'elles semblent penetrer : de mesme que ces espées dont on se servait anciennement au theatre, qui rentroient dans elles-mesmes, lors qu'on pensoit qu'elles entrassent dans le corps. En fin s'il faut qu'elles soient pleines d'esprit, que ce soit d'un esprit genereux ; de sorte que l'on reconnoise que c'est plustost la passion qui occupe l'esprit, que l'esprit qui tienne lieu de passion : Ainsi ne sçauroit-on rien reprendre en ce que Pyrame dit parlant du mesme poignard.
> *Voicy de quoy vanger les injures du sort,*
> *C'est icy mon tonnerre, & mon gouffre, & ma mort.*

1. C'est le passage sur Mopse étudié dans l'article cité (« Quel homme de lettres fut Torquato Tasso à la cour de Ferrare ? »).

La remarque, moins agressive que celle de Nicolas Boileau quarante ans plus tard, ne rejette donc pas plus Théophile que sa tragédie entière, mais plutôt semble-t-il les imitateurs inconditionnels du poète. D'Alibray distingue avec habileté la vie du poète de ses œuvres, établissant au passage ce clivage des mœurs et des textes qu'observe aujourd'hui encore l'historiographie du libertinage, mais dont ce passage montre qu'on peut l'analyser comme une construction des hommes de lettres du temps, essentielle à leur politique de lettrés :

> Car qu'on ne se figure pas que je condamne absolument ce Poëte, je sçay qu'il a fait de bons vers, & qu'il y en a dans son Immortalité de l'Ame, qui seuls seroient capables de l'immortaliser, & je n'approuve pas entierement celuy qui faisoit passer jusqu'à sa Poësie le jugement qu'il donnoit de sa vie, en disant que la meilleure preuve qu'il pouvoit apporter contre l'immortalité de l'âme, estoit la corruption de la sienne : Mais si je veux seulement inferer de cecy, qu'il se faut bien prendre garde d'un vice dont un homme de sa grande reputation n'a pas mesme esté exempt : Et je le dy d'autant plus tardivement que presque tout le desespoir de Pyrame, & de Thisbe, est de ce genre.

Théophile est donc défendu ici jusque dans son traité le plus attaqué pendant le procès – sa traduction du *Phédon*. La critique de Vion d'Alibray se situe sur le seul plan stylistique et formel – rejoignant le personnage même des *Amours tragiques de Pyrame et de Thisbé* qui s'étonnait des « propos de la mélancolie » du jeune héros. C'est une critique des emportements stylistiques de la passion qui dénaturent l'amour en sa « naïveté ». Sans doute, Vion d'Alibray fonde-t-il son argumentation sur le caractère concerté du poème tassien, l'équilibre de son « œconomie », son refus de voir ses bergers « s'éclater de deuil » et s'adresser « aux choses insensibles »[1]. Il argumente au nom d'un « tempérament », d'autant mieux que le récit ovidien est une des sources de la pastorale du Tasse, et qu'il peut en quelque sorte ainsi désigner en celui-ci une version plus tempérée de la

1. *Aminte du Tasse*, *op. cit.*, « Avertissement au lecteur », non paginé : « N'eut-il pas fait beau voir le Tasse s'amuser à faire dire à Aminte, lors qu'on luy montre le voile de Sylvie qu'il tenoit pour morte, ce que Pyrame dit rencontrant celuy de Thisbé dans les tenebres, ou l'on croiroit que son esprit s'estoit egaré ? Eut-on trouvé bon qu'il luy eut fait dire aux rochers sur lesquels il estoit monté pour se precipiter, qu'ils s'éclatent de deuïl, & s'ouvrent pour luy donner un cercueil, en luy faisant comme chercher parmy les choses insensibles le ressentiment qui luy manque. Enfin eut-il esté à propos qu'il luy eut fait dire lors qu'il demande d'estre devoré par les loups comme Sylvie, que depuis que son beau sang estoit passé en leur nourriture, ils avoient plus d'amour que de brutalité ? »

fable tragique. Il insiste donc sur la simplicité de la composition de l'*Aminta*, où l'on ne parle point « d'autres amours (si ce n'est en passant) que de celles d'Aminte, & de Sylvie, & si le satyre y mesle les siennes, tousjours est-ce à Sylvie qu'elles s'adressent ». Nul besoin d'argument donc, dans cette publication de la « fable bocagère », comme dans les tragicomédies du temps et leurs épisodes embrouillés [1].

Faut-il lire dans cette étonnante préface qu'Antoine Adam rapproche de la lettre latine de Descartes sur Guez de Balzac, datée de 1628 et traduite par Clerselier [2], la fusion des « principes de l'esthétique moderniste et [de] l'exigence d'ordre et d'unité qui se fait sentir dans les cercles lettrés de Paris », voire « une tendance de son temps vers un art classique dégagé des servitudes du pédantisme » [3] ? Si, s'appuyant sur la référence aux « règles de l'art » et la critique des enflures du style, l'on veut faire d'une lettre qui ordonne « morale, jugement et discours » à une philautie bien comprise [4] un intertexte de la préface de Vion d'Alibray, il faut expliquer alors le lien existant entre le libertinage de celui-ci et celui de Descartes, sinon de Guez de Balzac. Un point commun est sans doute leur distance à l'égard de Théophile. Mais sa réputation a fait de Vion d'Alibray un burlesque et un bon vivant, « capable de lire Galilée et de passer, l'instant d'après, à des chansons bachiques » [5], relais essentiel, grâce à l'académie de mathématiques fondée en 1635, de la pensée scientifique du premier XVIIe siècle jusqu'à Pascal. Et c'est précisément parce que sa figure est construite comme celle d'un « libertin érudit », gardant quelques traces de l'épicurisme de sa jeunesse dans les années 1620, qu'elle apparaît déjà tournée vers l'équilibre formel du classicisme comme vers un emploi bien pensé du matérialisme [6].

1. *Ibid.*, « En quoy certes peu de personnes s'estudient à suivre le Tasse, car on void une telle confusion dans la plupart des ouvrages de ce temps que de deux ou trois subjets qui y sont traitez à la fois à peine discerne-t-on celuy qui est le principal, & ce qui semble fort estrange, faute d'invention on se donne trop de matiere. »

2. *Censura quarumdam Epistolarum Domini Balzacii*, dans *Œuvres*, « Correspondance », éd. C. Adam et P. Tannery, Paris, Vrin, 1897, t. I, p. 7-13. Trad. par Clerselier, *Lettres de Descartes*, Paris, C. Angot, 1667 [1663], t. I, l. C et C bis, p. 462-471.

3. A. Adam, *Histoire de la littérature française au XVIIe siècle*, *op. cit.*, t. 1, p. 384.

4. M. Bombart, *La Querelle des Lettres de Guez de Balzac*, *op. cit.*, chap. V, p. 340-343. La lettre de Descartes est en effet une réponse à la critique du « narcissisme » balzacien selon Goulu.

5. A. Adam, *Histoire de la littérature française au XVIIe siècle*, *op. cit.*, t. 1, p. 380.

6. A. Adam, *Histoire de la littérature française au XVIIe siècle*, *op. cit.*, t. 2 surtout, ainsi que R. Pintard, *Le Libertinage érudit dans la première moitié du XVIIe siècle*, *op. cit.*, p. 349-350.

Il est significatif que la fin de sa préface le montre dans une retraite lettrée, uniquement occupé de donner sa « version » du poème du Tasse – tâche dont il souligne la valeur :

> Sçaches donc qu'il y a environ deux ans qu'estant reduit à la campagne assez seul, je m'avisay de ce divertissement. Le grand loisir que j'avois, qui est si propre aux Muses, & le beau temps qu'il faisoit lors, m'y convierent. Je faisois conscience de perdre tant de bonnes heures en des promenades steriles, & qui ne pouvoient qu'estre mauvaises si je ne les eusse faites qu'en ma compagnie. C'est pourquoi je ne sortois plus du logis qu'avec l'Aminte, aymant encore mieux me mettre au hazard de ne rien faire de bien, que ne rien faire du tout.

C'est là, de nouveau, cette distance spatiale et temporelle dans l'écriture que l'on a vu construite par Racan dans la lettre à Malherbe publiée en tête des *Bergeries* et qui accentue son opposition à la pratique de poète de cour de Théophile. En 1636, Vion d'Alibray formule une seconde fois la teneur de cette distance dans la longue préface de sa traduction du *Torrismondo* du Tasse, en y cherchant cette fois une sorte de qualité naturelle de la pratique poétique :

> [...]. C'est seulement une fois l'année que pour me divertir je m'amuse à ce mestier, lors que je suis retiré à la campagne, ou je ne trouve rien de plus utile que cet Art qui n'a rien d'utile, ny rien de plus agreable que de traduire, qui est le labeur le plus ingrat de tous. L'invention qui demande une ame arrestée pour mieux contempler, travaille trop l'esprit d'un homme qui marche, & la lecture seule attache trop les yeux pour une personne qui se promene. [...] Les pensées & bien souvent mesme les paroles de l'Autheur, representent les rithmes dont on s'est servy en le traduisant, & les rithmes rappellent les vers en nostre ressouvenir quand on s'en veut descharger sur le papier. D'ailleurs le mouvement de la promenade nous eschauffant desja, la veue d'une belle campagne, et la tranquillité des bois et des prairies achevent de nous inspirer une verve et une fureur tout à fait Poëtique [1].

La distance de l'activité lettrée, ici définie comme condition de la fureur poétique, reformule l'opposition du monde et de la nature, de la « cour » – où l'on n'écrit rien selon d'Alibray – et des « solitudes ». Cette opposition a un sens important par rapport à la confusion, portée par Théophile à ses dépens, entre l'espace de la sociabilité courtisane et celui de la publication

1. *Le Torrismon du Tasse, tragédie par le Sr Dalibray*, Paris, D. Houssaye, 1636, préface, sp.

imprimée, espace dans lequel l'auteur des *Amours tragiques de Pyrame et de Thisbé* affichait son statut de poète de cour. La distance nouvelle de l'activité poétique entend ici se fonder sur la distance pastorale même, sans pour autant se confondre chez d'Alibray avec la posture mélancolique qui est au cœur de l'écriture libertine des années 1620-1640. Bien au contraire, elle se veut fondement d'un exercice heureux, épicurien, de la poésie, une pratique des lettres bien pensée que la pastorale justifie par son savoir propre de la nature, mais qui ne doit pas forcément être comprise comme un retrait du monde. Il s'agit ici d'une modulation temporelle des actions, de la mise en œuvre du temps de l'écriture le plus approprié à son « action » : pour d'Alibray, celui qui le relie le plus étroitement à une nature qui n'a rien de cette sauvagerie à laquelle sont abandonnés les amants de Théophile.

Poésie et morale : l'articulation politique (Richelieu, le Tasse)

Ce n'est donc pas la forme de la pastorale en elle-même, ni les règles en tant que contenu propre du théâtre, qui sont l'objet de textes comme celui de Vion d'Alibray, ou les traductions de Du Cros, de Pichou, de Rayssiguier. Plutôt les belles-lettres comme pratique politique et sociale, ainsi que certains éléments de cette construction politique *dans* et *par* l'écriture que l'on appellera plus tard « classicisme » et qui implique déjà une réflexion sur la nature à l'intérieur des formes artistiques, en tant qu'elle détermine le rapport entre les règles de l'art et l'organisation des affects dans l'espace public. Comme tous les textes analysés jusqu'ici, ces traductions montrent qu'il n'y a pas de sens politique *a priori*, ou prédéterminé, des lieux de la pastorale : ce sont les usages qui en sont faits, à l'intérieur des problématiques proprement françaises sur la valeur des lettres et les réflexions poétiques qui, dans les années 1620-1630, définissent leur sens politique ; mais aussi leur proximité sensible avec la sphère de l'homme politique. Ces usages sont donc décisifs du point de vue des pratiques auctoriales qui les soutiennent.

Il est évident que ce rapport entre monde social, sentiments politiques et formes poétiques, les auteurs français l'ont trouvé articulé chez les Italiens. Cela dit, chez Simon Du Cros, la fidélité à l'italien est, je l'ai dit, fidélité à Montmorency, quand elle est plutôt désignée comme pratique érudite du jugement chez Vion d'Alibray, alors qu'il offre à la jeune nièce de ce grand révolté une pièce où l'amour naturel est chanté dans une forme homogène et unifiée. Quant au choix de la représentation de la fausse mort, il vise à l'évidence une médication du trouble par l'imagination chez Pichou, *via* Isnard mandaté par Richelieu, alors qu'il apparaît comme imitation de Théophile chez Rayssiguier. La défense des règles par Isnard souligne la richesse de l'argument de *La Filli di Sciro*, là où Vion d'Alibray ne semble concevoir de poème « réglé » que sur le mode d'une économie de la fable mise au service, selon lui, de l'honnêteté de l'amour naturel. Il n'empêche que le même Vion d'Alibray défendra la richesse des actions représentées dans *Le Soliman*. Si le texte pastoral de théâtre, tragicomédie pastorale ou simple fable, joue ainsi un rôle décisif dans la pensée d'une thérapeutique des désordres politiques du temps, les interprétations qui en sont faites ne sauraient entrer dans un modèle unique, générique, de l'écriture poétique, pas plus que dans une disposition préalable, significative, de la pastorale. Ils ont plutôt à voir avec les interprétations qu'elle autorise de la définition de l'amour, voire les épiphanies de l'amour qu'elle soutient. Ils sont indissociables du relief donné à une pratique chaque fois singulière des lettres.

Que la pastorale ait été comprise comme un langage poétique interrogeant la nature, qu'elle ait été conçue comme une forme susceptible de définir de manière politique le sens de l'amour et qu'un *ethos* d'auteur puisse alors s'élaborer autour d'une telle construction, on en verra une preuve dans la volonté de Richelieu d'être à l'origine de la production d'une *Grande pastorale* commandée aux « cinq auteurs », Rotrou, L'Estoille, Corneille, Boisrobert et Guillaume Colletet, cette fiction d'une équipe d'auteurs à la commande rapportée en 1652 par Pellisson [1]. La pièce, à l'écriture de laquelle Richelieu aurait largement participé, aurait été représentée le 8 janvier 1637 dans l'hôtel de Richelieu, avec « changements variés et admirables des scènes » [2] : une représentation profuse, selon Guy Patin, contredite dès le lendemain même par la « tragédie » (*sic*) que donne « la rigueur de la saison [...] qui fit enfoncer plus de cent batteaux à la Grève [et fut] un malheureux desastre pour les pauvres marchands », à une époque où « presque tout le monde mourait de faim en France », en raison de la guerre contre l'Espagne [3]. Après un jugement de Chapelain un peu critique, le cardinal aurait ainsi renoncé à une publication imprimée [1].

1. *Histoire de l'Académie française depuis son établissement jusqu'à 1652 par M. Pellisson, avec des remarques et des additions*, Paris, Coignard Fils, 1729 dans *Histoire de l'Académie Française de MM. Pellisson et d'Olivet*, éd. Ch.-L. Livet, Paris, Didier, 1858, t. XX.

2. A. Adam, *Histoire de la littérature française au XVIIe siècle*, *op. cit.*, t. 1, p. 467. J. Mesnard, « Richelieu et le théâtre », *Richelieu et le monde de l'esprit*, Paris, Imprimerie nationale, 1985, p. 193-206 (p. 197).

3. Le premier fragment est extrait d'une lettre de Guy Patin datée du 18 janvier 1637, à Belin, dans *Lettres*, éd. Triaire, t. I, p. 114-115; le second de l'*Index chronologicus*, où il consigne les événements de sa vie, Bibl. Ste Geneviève, ms 1794, fol. 137. Tous deux cités

Richelieu, auteur de pastorale ? L'hypothèse n'est pas invraisemblable, s'il est vrai qu'il y avait dans la pastorale une disponibilité propre à exhiber une production « centralisée » par une clientèle d'auteurs, susceptible de construire une image éthique de sa personne : les catalogues de la bibliothèque du ministre rédigés de son vivant, l'inventaire après décès de Thomas Blaise (1643) montrent la place qu'il accorde à la pastorale italienne comme à la pastorale française dans les ouvrages relevant des belles-lettres[2]. Quant à l'inventaire après décès du château de Rueil que Richelieu avait acquis en août 1633, et où le maréchal de Marillac avait été condamné à mort en mai 1632, il fait état d'une tapisserie des Gobelins dans « l'antichambre où [le cardinal] mangeait » représentant *l'Histoire du pasteur Phidor*[3].

Est-ce un hasard si, cette même année 1632 qui voit la décapitation de Montmorency à Toulouse, paraît *La Clorise* de Balthazar Baro, une pastorale dédiée au cardinal de Richelieu en qui l'auteur célèbre celui qui a « mis la France en estat de ne craindre plus de Tragedies » ? Cette publication, qui a reçu un achevé d'imprimé le dernier jour de novembre 1631, affirme remplacer la violence de la « tragédie » en soulignant la volonté politique du ministre dans ce déplacement. Est-ce un hasard encore si les deux traductions de l'*Aminta* coïncident avec la parution de *L'Abrégé de la vie de Torquato Tasso* tiré du premier biographe du poète, Giambattista Manso, dans ce que Jean Baudouin a publié comme *Les Morales de Torquato Tasso*, premier recueil de dialogues et discours du Tasse adressé en France « Aux bons esprits » et qui contient des extraits des *Discorsi* du Tasse, où s'expose son art poétique ? L'ensemble accompagne ainsi la seconde édition de sa traduction de *La Jérusalem délivrée*, augmentée d'un « Recueil de plusieurs remarques nécessaires à l'intelligence de cet

dans R. Pintard, « Pastorale et comédie héroïque chez Richelieu », *Revue d'Histoire littéraire de la France*, juil-sept. 1964, p. 447-448.

1. G. Couton, *Richelieu et le théâtre*, Presses universitaires de Lyon, 1986, p. 32. Couton, comme A. Adam, reprend Pellisson.

2. F. Maurin a établi un catalogue des ouvrages de belles-lettres dans un mémoire de master soutenu en 2006 : *Pour une histoire de la bibliothèque du cardinal de Richelieu*, N. Lemaître (dir.), Université de Paris I, p. 74-130 et p. 34-35. Parmi les 781 titres recensés, les pastorales du Tasse, de Guarini, de Luigi Groto, de Guicciardi, d'Ingegneri, de Marino, de Pandino ; celles de N. de Montreux (le premier livre des *Bergeries*), d'H. d'Urfé (IIe et IIIe parties), de Philip Sidney (traduit par J. Baudouin).

3. D. Hélot-Lécroart, *Le Domaine de Richelieu à Rueil de 1600 à 1800*, Société Historique de Malmaison, Maury, 1985, p. 46. L'information est reprise et « traduite » par J.-P. Babelon, « Le château de Rueil et les autres demeures du cardinal », dans *Richelieu et le monde de l'esprit*, *op. cit.*, p. 79.

ouvrage ». De « cette remarquable convergence de dates » [1], tirons l'hypothèse que le poète italien sert à soutenir une conception éthique du plaisir artistique et de la poétique. D'Alibray, parlant de la « mélancolie si naturelle aux grands hommes » [2], ou Baudouin distinguant la « resverie » du poète d'une « frenesie » [3], proposent une articulation du génie poétique et de la folie qui distingue la mélancolie du poète et sa faculté de raisonnement. Il y a là une solution au problème moral posé par la figure de Théophile d'une fusion entre inspiration et mélancolie dans l'imagination poétique. Pour ses traducteurs, la morale du Tasse n'est pas une moralisation *a posteriori*, liée à une fin pratique assignée de manière seconde à l'activité poétique. Elle est pensée à l'intérieur même de la réflexion artistique, dans une « conception éthique de l'être poétique » [4]. Le titre donné par Baudouin à sa traduction des œuvres du Tasse dit clairement l'ambition poursuivie : « Des Discours moraux, Philosophiques et Politiques, tirez de divers Autheurs, Anciens et Modernes ». Comme les préfaces, avertissements critiques, lettres polémiques du temps qui ne cessent de vouloir moraliser les plaisirs de l'imagination que la critique dévote charge de tous les maux de la dépravation, la figure du Tasse sert, dans le contexte assez étroit ici défini, à dire le sens moral de l'activité poétique de ses traducteurs.

On voit l'enjeu de la question morale, devenue une condition essentielle de la place des lettres dans la société du temps. Tel est le sens de l'adjectif qu'on leur accole, alors qu'elles ne sont « belles » qu'autant qu'elles se veulent « bonnes ». Tel est le sens de l'affirmation de Vion d'Alibray, à la fin de la longue préface qu'il donne en tête de sa traduction du *Torrismondo* du Tasse, en 1636, au moment où il se justifie, en des termes très inhabituels sous une plume française, d'avoir transformé la tragédie de Mairet, *Le grand Solyman*, en une tragicomédie :

> [...] le Poëte debvant avoir esgard à ce qui peut servir, non pas entant que Poëte, mais entant qu'il entre dans la societé civile, & qu'il fait un des membres de la Republique, il faut que le but des pieces de theatre soit de nous pousser au bonnes actions, et de nous destourner des mauvaises, & de

1. F. Graziani, « Sur le chemin du Tasse. La fidélité du traducteur selon Vigenère, Baudouin et Vion d'Alibray », *L'Arioste et le Tasse en France au XVIe siècle*, Paris, Éditions de la rue d'Ulm, *Cahiers V.L. Saulnier*, 2003, p. 203-216 (p. 204 pour la citation).

2. *Le Torrismon du Tasse, tragédie par le Sr Dalibray*, *op. cit.*, préface, sp.

3. *Les Morales de Torquato Tasso [...]*, Paris, Augustin Courbé, 1632, « Abrégé de la vie de Torquato Tasso », n.p. : « Mais il y en a qui croyent que ce n'estoit ny l'un ny l'autre, mais plustost un sortilège, n'y ayant pas d'apparence qu'un homme qui se faisoit admirer par ses escrits, eust le sens perverty, et la memoire esgarée. »

4. F. Graziani, « Sur le chemin du Tasse ... », art. cit., p. 212.

> laisser les spectateurs satisfaits en leur faisant voir les justes evenemens des unes & des autres [1].

C'est cette condition exemplaire des lettres qui permet de soutenir la singularité de telle ou telle auctorialité à distance de l'autorité des anciens, à distance plus encore des identités sociales, au cœur de l'écriture comme action.

ÉCRITURES DU TOMBEAU ET CONSTRUCTIONS AUCTORIALES

Si le tombeau est le nom donné dans cette section à l'action de l'écriture pastorale, c'est qu'il permet de revenir au rapport entre l'écrit, la mort et l'autorité, c'est qu'il initie une écriture de l'histoire. Ce rapport qui était au centre des *Bergers d'Arcadie* de Poussin, je l'envisage dans les lignes qui suivent de trois façons distinctes, à travers trois types de textes très différents : d'abord le prologue champêtre d'un traité politique, exemplaire au moins par l'échec de sa destination, puis une histoire comique qui se veut la synthèse satirique des écritures poétiques anciennes, enfin un prosimètre pastoral « à l'ancienne », où se joue la fiction d'un groupe d'hommes de lettres. Chaque fois, l'écrit peut être lu à l'intérieur d'une procédure auctoriale qui consiste à « ravir le mort ».

La distance comme posture libertine. L'avant-propos du Prince *de Guez de Balzac (1631)*

Dans le premier texte, contemporain des fausses morts de la pastorale dramatique, il est encore question d'amour, de sacrifice et de cadavre. Mais loin que la violence politique ait à se justifier, elle produit l'équivocité d'une perfection (celle du prince) et d'une adhésion (celle de l'auteur) sur l'énoncé du lieu de la mort, identifié au lieu de l'amour.

L'avant-propos du *Prince* de Jean-Louis Guez de Balzac, paru en octobre 1631, définit l'énonciation des qualités du prince, projet déclaré de l'ouvrage, à partir d'une retraite qui interprète la nature pastorale dans la réalité charentaise. Le lieu bucolique ne se découvre pas tout de suite ; il est le cadre que rejoint le narrateur, après avoir quitté les compagnons avec lesquels il se livrait à une conversation agréable :

1. *Le Torrismon du Tasse, tragédie par le Sr Dalibray*, *op.cit.*, préface, sp. Cette pensée du sens politique de l'activité poétique emprunte très probablement son vocabulaire aux Italiens.

> Apres cela, la compagnie s'estant separée, & de quatre que nous estions, l'un prenant possession du bois, l'autre du jardin, & le troisieme d'une galerie, où il y a des cartes & des tableaux; pour moy, je me retirois en ma chambre, & essayois de m'endormir sur un livre, aussi peu serieux que nostre conversation l'avoit esté. Mais le declin du jour s'approchant, & ce qui restoit de sa chaleur n'estant pas plus difficile à supporter que la vapeur d'un bain tiede, je montois ordinairement à cheval, & sortois du logis par une longue allée de meuriers blancs, qui me conduisoit à la riviere [1].

Cette « longue allée de meuriers blancs » qui n'est pas sans évoquer le lieu du rendez-vous amoureux et mortel de Pyrame et de Thisbé, auprès du tombeau de Ninus[2], annonce ici aussi un rendez-vous et la naissance d'un étrange amour.

À la rivière, le narrateur rencontre un « gentilhomme flamand » qui lui raconte comment à Alger, d'où il vient, on ne parle que des victoires du roi de France et comment, à l'idée émise par un Espagnol que Louis ne viendrait pas seul à bout du siège de La Rochelle, un Français l'aurait tué. Et le gentilhomme de nommer le roi du nom de « Louis le Juste » – un nom qui résume l'exemplarité du prince chrétien, objet du livre de Guez de Balzac, en une figure particulière[3]. Le sacrifice raconté par le gentilhomme et ce nom mis en relief par le récit font alors surgir l'amour du narrateur pour le prince :

> Un si genereux exemple me donna de l'amour, et en même temps de la jalousie. Je fus extraordinairement émeû, et dis en moy-mesme : [...] Il faut être touché plus vivement de la bonne fortune publique, et mieux connaître son propre bien. Il faut produire quelque acte de notre joie, s'il n'est plus temps de rendre des preuves de notre courage ; et témoigner que nous aimons l'État, si nous avons été capables de le servir [4].

Nul doute que la configuration de ce récit inaugural entend déterminer la portée exemplaire de l'ensemble du volume, et d'abord en définissant une action du récit à l'intérieur de l'écrit même, en fondant celui-ci sur un contexte bien particulier, puisque « tout le livre va sortir du siège de

1. Guez de Balzac, *Le Prince*, dans *Œuvres, divisées en deux tomes par Valentin Conrart*, 1665, Genève, Slatkine Reprints, 1971, t. II, p. 2-3.

2. « *Conveniant ad busta Nini laetantque sub umbra/Arboris* » : Ovide, *Métamorphoses*, v. 88-89.

3. Ch. Jouhaud, « Une "religion du roi" équivoque. *Le Prince* de Jean-Louis Guez de Balzac » dans R. Halevi (éd), *Le Savoir du Prince du Moyen Âge aux Lumières*, Paris, Fayard, 2002, p. 175-196 (p. 175).

4. Guez de Balzac, *Le Prince*, *op. cit.*, p. 6-7.

La Rochelle »[1]. La distance se démultiplie par rapport au lieu du pouvoir – retraite « humaniste » en Charente, retraite du narrateur par rapport à ses amis et élection d'un lieu propre, irruption du monde en ce lieu avec le récit d'un personnage de rencontre, lui-même arrivé d'Afrique. Au bout du compte, ce dispositif selon lequel un lointain peut surgir à l'intérieur d'une distance « locale » ramène le narrateur vers le prince. Celui-ci ne saurait plus s'empêcher, déclare-t-il,

> de parler du Roy, & de sa vertu; de crier à tous les Princes, que c'est l'exemple qu'ils doivent suivre; de demander à tous les peuples, & à tous les âges, s'ils ont jamais rien veû de semblable,

Il va donc faire son éloge, dithyrambique, en « Hermite », depuis la « seureté » de sa Charente où il « considere à [son] aise les diverses beautez de la Nature, & possede sans trouble toutes les richesses de la campagne »[2].

Qu'en ouverture d'un ouvrage entièrement centré sur la perfection du prince, il faille écrire l'amour pour celui-ci à partir de la distance d'un *locus* particulier, invite à confronter cette distance au message de l'ouvrage, d'autant plus que ce récit de refondation se divise nettement entre l'avant-propos (jusqu'à la mort de l'Espagnol) et le début du chapitre I, où le narrateur rapporte l'amour qui motive l'écriture du traité; d'autant plus encore que le récit inaugural mord, pour ainsi dire, sur le traité politique. Quand Mathieu de Morgues voudra attaquer le texte de Guez de Balzac, il ne manquera pas de pointer cette posture de l'exilé, fiction nécessaire selon lui à la politique biaisée de l'ouvrage :

> Falloit-il se bannir du monde, et chercher les solitudes pour rentrer dans la cour, en conduisant cet or fat tant lesché et emmuselé d'or, et portant entre ses bras ce petit more emmailloté d'or[3] ?

De fait, la fiction spatiale de l'énonciation de Balzac apparaît singulièrement développée, comme tout cet avant-propos. Dans quelle mesure l'allée de mûrier blanc permet-elle de symboliser la violence du pouvoir qui transformait le *locus amœnus* en tombeau dans l'histoire tragique de Pyrame et Thisbé – cette violence qui trouve de singuliers

1. Ch. Jouhaud, *Les Pouvoirs de la littérature*, *op. cit.*, p. 337.
2. Guez de Balzac, *Le Prince*, *op. cit.*, p. 8.
3. M. de Morgues, « Response à la seconde lettre que Balsac a fait imprimer avec son Prince », dans *Diverses Pièces pour la défence de la Royne Mere*... Jouxte la copie imprimée à Anvers, 1637, p. 457-495 (p. 461-462 pour la référence). Voir le commentaire de cette citation par Ch. Jouhaud, « Une "religion du roi" équivoque », art. cit., p. 180.

moments de justification dans *Le Prince*, outre ce récit inaugural[1]? L'entrée dans l'ouvrage coïncide avec l'ouverture d'un espace menant à ce lieu troublé où violence et amour s'interpénètrent. Mais son équivocité est aussi de se donner comme distance d'avec la centralité du politique, tout en chargeant la violence de significations politiques. Ainsi le mûrier peut-il valoir comme « le plus sage de tous les arbres »[2], devise qui figurait sur les armes de Ludovic le More, associée à l'adage érasmien *festina lente*, parce qu'il mûrit lentement et éclate d'un coup[3]. L'image est présente dans l'*Iconologie* de Ripa, où elle symbolise la « *diligenza* » qui sait agir avec promptitude et fermeté[4]. Diligence du bras du gentilhomme sacrificateur donc, diligence du roi à la guerre, diligence enfin du narrateur dans la conduite d'un récit où le sens de l'amour pour le prince s'élabore à l'intérieur d'une distance essentielle au pouvoir.

Guez de Balzac réunit ici deux significations du mûrier, l'une qui doit être très présente à l'esprit des lecteurs de 1630 et qui renvoie au *pathos* du lieu tragique, l'autre plus ancienne, qui évoque peut-être pour eux la pensée machiavélienne de l'occasion et procède assurément d'une symbolisation de l'action politique. Parce qu'il figure l'idéal en matière de gouverner,

1. Voir aussi *Le Prince*, *op. cit.*, chap. XVII, p. 63 : « Sur un simple soupçon, sur une légère deffiance, sur un songe qu'aurait fait le Prince, pourquoy ne luy sera-t-il pas permis de s'asseurer de ses subjets factieux, et de se soulager l'esprit en leur donnant pour peine leur propre repos. »

2. Pline l'Ancien, *Histoire naturelle*, XVI, XXV, 102 : « Mais une fois commencé son bourgeonnement se déploie tout entier, au point de s'accomplir en une seule nuit et même avec bruit ». Cité par E. Wind, *Mystères païens de la Renaissance* [1958, 1980], Paris, Gallimard, 1992, p. 126, note 46.

3. Selon E. Wind, Ludovic le More aurait pu emprunter « sa devise du mûrier à une allusion purement verbale à sa propre personne ; car le mûrier se disait *morus* en latin, et *moro celso* en italien », *ibid.*, p. 126.

4. C. Ripa, *Iconologie où les principales choses qui peuvent tomber dans la pensée touchant les vices sont representées*, gravées en cuivre par Jacques de Bie, et moralement expliquées par J. Baudoin, Paris, L'Autheur, 1636, p. 50 : « Cette Diligence doncques, qui ne peche point par excez, mais qui se haste d'aller bellement, & que plusieurs excellens hommes ont diversement representée, comme Auguste par l'Écrevice & le Papillon ; Vespasien, par un Dauphin à l'entour d'un Ancre ; Paul troisiesme, par le Cameleon attaché à un Dauphin, & le grand Duc Cosme par une Tortuë sous la voile d'un navire ; N'est-il pas icy figurée mal à propos par des fueilles d'Amandier & de Meurier jointes ensemble. Car l'Amandier estant celuy de tous les Arbres qui fleurit le plustost, & le Meurier au contraire, celuy qui fleurit le plus tard. Ils sont liez l'un à l'autre, pour monstrer, Qu'il faut moderer les soins que l'on se donne, & tenir pour sage & bien advisé celuy qui entre la promptitude & la tardivité sçait tenir un vray milieu, qui à proprement parler, est ce qu'on appelle Diligence. » Je donne cette traduction postérieure au texte du *Prince*, mais Ripa et son iconologie sont connus dès le XVIe siècle.

attaché à un nom (*Morus*) et illustré par la sagesse naturelle d'une plante symbolisant, par « sa façon de produire après un long repos fleurs et fruits tout ensemble, la sagesse qui sait économiser sa force pour se saisir des occasions avec sûreté et promptitude » [1], le mûrier nomme pour le lecteur du *Prince* la condition politique d'un sacrifice justifié.

Peut-on vraiment croire alors que l'action de ce récit consiste à réaliser une refondation du corps politique [2] ? Le récit de Guez de Balzac ordonne le savoir politique du texte à une formalisation rhétorique et poétique du *locus*. Si le traité politique a besoin de cette élaboration fictionnelle redoublée – fiction d'une distance, où Mathieu de Morgues voit précisément la facticité de l'auteur mondain, et fiction du lien entre un sacrifice et un amour –, c'est bien parce que le début du *Prince* s'essaie à fonder l'écriture même du traité comme action politique : on pourrait qualifier cette énonciation de « libertine », puisqu'elle ne construit le roi que comme simulacre [3] et refonde l'amour pour le roi dans une violence sacrificielle, et d'« oblique » cette écriture qui vise en réalité Richelieu.

Mais en quoi la distance pastorale a-t-elle à voir avec une définition du « libertinage » de ce texte ? La distance à partir de laquelle s'énonce le traité intéresse la conjoncture de l'ouvrage – les écrits célébrant l'événement de la prise de La Rochelle [4] – tout autant qu'elle interroge la figure de Guez de Balzac, accusé de libertinage au moment de la querelle des *Lettres* en 1624, et qui semble donc rejouer quelques années plus tard, au moment d'une conjoncture autrement politique, ses relations avec Richelieu et avec le roi. S'il est vrai que c'est le pouvoir de l'hyperbole qui supporte l'adhésion au traité, ou le refus de son « excès de vérité » [5], c'est donc le style même du *Prince* qui fait signe vers son équivocité, qui met le savoir de son auteur en excès sur le secret du politique. L'écriture de la distance pastorale tente bien une formalisation éthique de l'action politique de l'écrit, tandis que la fiction énonciative qui ouvre l'ouvrage dit moins l'efficacité d'une refondation du corps politique que la vérité d'une adhésion à la forme

1. W. Pater, *Essais sur l'art et la Renaissance*, Paris, Klincksieck, 1985, p. 79-80, cité par E. Wind, *Mystères païens de la Renaissance*, *op. cit.*, p. 126, note 48.

2. H. Merlin, *Public et littérature au XVIIe siècle*, *op. cit.*, p. 143.

3. Pour une autre approche de la rhétorique de Guez de Balzac à l'œuvre dans la construction du prince comme figure exemplaire, Ch. Jouhaud, « Politique et religion au XVIIe siècle : note sur le passage par l'exemplaire », dans L. Giavarini (dir.), *Construire l'exemplarité. Pratiques littéraires et discours historiens (XVIe-XVIIIe siècles)*, *op. cit.*, p. 51-62.

4. Ch. Jouhaud, « Imprimer l'événement : La Rochelle à Paris », dans R. Chartier (dir.), *Les Usages de l'imprimé (XVe-XIXe siècles)*, Paris, Fayard, 1987, p. 381-438.

5. Ch. Jouhaud, *Les Pouvoirs de la littérature*, *op. cit.*, p. 348-349.

personnelle, « particulière », de cette unité. Elle montre que le décentrement énonciatif de l'écrit politique vaut comme une forme d'action, sa fiction dût-elle être dévoilée, en son temps même, comme mensongère. La distance spatiale mène donc tout droit ici au cœur de la fiction énonciative du politique, au point que la façon dont cette fiction joue avec le savoir déployé par le traité marque le point de rupture de la louange du roi. Car si, comme écrirait Montaigne, Guez de Balzac se montre bon topographe du lieu où se fonde sa science politique[1], son texte reste tout entier arrimé au « particulier » de la distance qu'il construit ainsi. Le tollé qu'à sa parution il provoque chez les dévots, le déplaisir du ministre devant ce dévoilement biaisé du secret politique, la censure de la Sorbonne en outre montrent que quelque chose n'a pas marché dans le dispositif du *Prince*, qui regardait la mise en œuvre, jusque dans ses prémices, de son savoir sur le prince.

1627-1633 : Le Berger extravagant, *ou le tombeau des romans selon Charles Sorel*

Répétons-le : l'écriture de la distance pastorale est un des lieux où se construit la politique des lettres dans les premières années du ministériat de Richelieu. En 1627, un an après la parution de la seconde édition du *Francion*, dont on considère généralement qu'elle prend acte, par ses corrections, de la réserve à laquelle serait désormais assignée l'écriture des libertins, Charles Sorel publie un ouvrage anonyme et satirique intitulé *Le Berger extravagant*. Cette publication était annoncée à la fin du *Francion* comme la seconde partie de l'« histoire comique »[2], plaçant d'emblée la pastorale au cœur de sa critique de la production poétique et romanesque du temps.

Le héros, Lysis, apparaît aux premières lignes du récit vêtu comme le comédien Belleroze « lors qu'il va representer Myrtil à la pastoralle du Berger fidelle ». C'est un comédien qui joue au berger, et permet au *Berger extravagant* de faire une satire de l'imitation comme mode de production scripturaire et sociale des belles-lettres :

1. M. de Montaigne, *Les Essais*, éd. Villey, I, 31, p. 205 : « Il nous faudroit des topographes qui nous fissent narration particulière des endroits où ils ont esté. Mais, pour avoir cet avantage sur nous d'avoir veu la Palestine, ils veulent jouir de ce privilege de nous conter nouvelles de tout le demeurant du monde. [...] »

2. *Histoire comique de Francion*, dans *Romanciers du XVIIe siècle*, éd. A. Adam, Paris, Gallimard, 1658, livre XI, p. 462 : « [...] je travailleray a mettre par ordre les avantures du Berger extravagant que Francion a composées, et les donneray au public comme une seconde partie de ceste Histoire Comique. »

> [...] le desir que j'ay de travailler pour l'utilité publique, m'a fait prendre le dessein de composer un livre qui se moquast des autres, & qui fust comme le tombeau des Romans, & des absurditez de la Poësie [1].

Il faut interpréter le statut de la pastorale dans cette écriture satirique, dont la perspective morale est on ne peut plus sérieuse : est-ce le genre pastoral même qui est visé, comme parangon des absurdités de la poésie et du roman, de la maladie de la fiction, ou la veine pastorale constitue-t-elle la motivation de cette récriture satirique de tous les *topoï* poétiques et mythologiques, sur fond d'une démolition plus large de l'allégorie en tant que principe de croyance assigné à la fiction [2] ? Les deux options ne sont pas incompatibles, qui montrent l'équivocité de la critique sorélienne. Le roman est pour Sorel le moyen de vitupérer les dévoiements sociaux de ses contemporains. Il moque notamment le désir mimétique, rapporté plus tard par Tallemant des Réaux [3], qui mène les courtisans à imiter la pastorale d'Honoré d'Urfé et pousse son personnage à reproduire les *topoï* rencontrés dans la poésie et les romans – à reproduire mécaniquement ses modèles, donc. Cependant, la pastorale lui permet surtout d'ancrer la satire dans le principe même de l'imitation. Prendre l'habit de berger, pour le bourgeois qu'est Lysis, c'est embrasser l'univers pastoral comme une religion, croire en un principe « homosémantique » organisateur du monde [4], en la sympathie des choses que veut probablement rappeler d'ailleurs le pseudonyme tout platonicien qu'il s'est choisi, en abandonnant son prénom

1. *Le Berger extravagant*, *op. cit.*, privilège du 30 octobre 1626 pour la I^e^ partie (six livres), du 12 juin 1627 pour la IIe partie (six parties) et la IIIe (deux livres), achevé d'imprimer du 7 décembre 1627, Genève Slatkine Reprints, 1972, « Preface », p. 15. Un an avant la première édition du *Berger extravagant*, avait ainsi paru un *Tombeau des romans* attribué à François Langlois, qui concluait *in extremis* à l'utilité des vices pour guérir les vicieux, arguant de l'autorité d'Aristote qui veut que le « Phylosophe » soit un amateur et un auteur de fables, en un mot, un « Phylomythe » (François Langlois, dit Fancan, *Le Tombeau des Romans*, Paris, Cl. Morlot, 1626, p. 96).

2. La première hypothèse est développée par M. Rosellini, « *Le Berger extravagant* : critique de l'imagination ou imagination critique ? », *Littératures classiques*, n° 45, « L'imagination au XVIIe siècle », *op. cit.*, p. 180-205, la seconde par L. Giavarini dans « Imitation et satire : sur la motivation pastorale de réécriture de la mythologie dans *Le Berger extravagant* de Charles Sorel (1627) », *Textuel*, n° 33, « Thèmes et figures mythiques. L'héritage classique », automne 1997, p. 113-125.

3. Voir *supra* chap. IV.

4. D. Lyons, « *Don Juan and the false shepherd* », dans *A Théatre of Disguise : Studies in French Baroque Drama (1630-1660)*, Columbia, French Literature Publications Company, 1978, p. 139-159.

trop lisible de « Louys »[1]. La motivation pastorale de la satire : une manière pour Sorel de réactiver le lien ancien entre le berger et l'écriture.

De fait, la passion de Lysis est le moteur d'une récriture entièrement prise dans l'exhaustion de la topique pastorale et de toute la poésie mythologique : un homme poursuit Catherine devenue Charite – c'est un satyre (livre II) –, une voix répond à sa plainte dans la nature – c'est la nymphe Écho qui s'inquiète de ses amours (livre I), Clémence est la Felicia de la *Diana* de Montemayor, un ermite est un Druide, Anselme est le dieu Pan, la Brie le Forez des bergers de *L'Astrée*, et Lysis doit comme Céladon se déguiser en fille, même s'il oublie de parler au féminin. Le coup de force de Sorel est de faire de la croyance le fondement de tout le système poétique ancien, en même temps qu'une véritable dynamique fictionnelle, puisque la très pastorale passion de la signification chez son personnage entraîne une constante activité d'invention chez ceux qui l'entourent et disent ne vouloir entrer dans sa folie que pour s'en moquer.

Ce processus de génération critique du sens se renforce d'une série d'abondantes *Remarques*, disposées à la fin du roman et dans lesquelles l'auteur justifie la cohérence des choix de son personnage, avançant ses sources livresques, multipliant les gloses savantes sur le modèle des commentaires humanistes qui lui fait par exemple mentionner *Le Bon berger* de Jean de Brie parmi les innombrables références pastorales où s'ancre le discours de l'anti-roman sur l'écriture. Les *Remarques*, réservoir de commentaires critiques sur le texte et les personnages, font la synthèse de la position de Sorel concernant l'écriture mythologique et l'allégorie : trahison des vérités du christianisme, incohérence des significations proposées, répétitivité servile des textes poétiques. Bien plus que les mythographes comme Natalis Comes (Natale Conti) souvent mentionné, ce sont les poètes que ce dispositif critique prend à partie, et du berger extravagant à ses « originaux », la critique est proprement transitive :

> S'il leur semble que les imaginations de Lysis sont fort fantasques, c'est là que je les veux tenir : car ce sont les mesmes qui ont fait acquerir tant de gloire à nos conteurs de mensonges. Que s'ils l'estiment fou de parler avec extravagance comme il fait, & de s'estre deguisé en fille, ou d'avoir crû estre metamorphosé en arbre, il faudra donc qu'ils avouent aussi que ceux qu'il imite en tout cela, ont esté encore moins sages, car ce sont eux qui en ont parlé les premiers, & ils ne devoient pas escrire des choses qui ne sçau-

1. W. De Vos, *Le Singe au miroir. Emprunt textuel et écriture savante dans les romans comiques de Charles Sorel*, Tübingen, Gunter Narr Verlag, 1994, p. 294, note 2.

roient estre, ny celles que l'on ne doit pas faire. [*Le Berger extravagant*, *op. cit.*, Préface, s.p.]

La folie de Lysis justifie donc la reprise pour la dernière fois du legs poétique des siècles précédents – et l'on comprendra ainsi le fait que, dès la seconde édition du *Berger extravagant* en 1633-1634, les *Remarques* aient été mises très théâtralement à la suite de chacun des livres concernés, obéissant à la nécessité de resserrer le diptyque scripturaire du texte, comme si Sorel avait voulu tenir de plus près les décisions de son personnage, et de cette manière le « doubler », autrement dit faire apparaître leur gémellité.

Le dispositif théâtral est de fait essentiel au propos de l'anti-roman. L'identité poétique du berger, même dégradée par son passage dans les théâtres de la Ville des années 1620[1], fonde le couple que Lysis forme avec l'auteur Sorel, couple de deux écritures inverses et complémentaires de la poésie et de la fiction. À l'intérieur même du roman, ce dédoublement se complique d'une opposition entre le berger qui extravague et entraîne la fiction, et le gentilhomme Clarimond, lui-même complexe producteur de textes – tous deux incarnant les deux pôles fictionnels de l'auteur. Si Lysis lui correspond dans l'ordre de l'imagination et de la reproduction dynamique de ses modèles, Clarimond incarne le polygraphe, la tentation de la poésie et le difficile rejet de la frénésie qui se dit dans un « Adieu » remarquable :

Inutile mestier, maudite Poesie,
Entretien des oysifs, idole de la Cour,
Cherche un autre Escrivain qui te serve à son tour ;
Ton plus grave discours est plein de frenesie.
Le bien que tu promets n'est qu'une fantaisie
Pour abuser des sots qui resvent nuict & jour,
Lors qu'estans arrestez aux prisons de l'Amour,
Une double fureur tient leur ame saisie.
Mais bien qu'on soit gesné par des soucis divers
Cherchant une pensee, ou polissant un vers,
Qui ne confesseroit que tu gagnes nostre ame ?
Ha ! qu'il est malaysé de ne te point aymer,
Si je voy maintenant qu'en te donnant du blasme,
Je ne me puis encore empescher de rimer[2].

À la critique de l'imagination défaillante et esclave des poètes passés et contemporains qu'il réduit au seul exercice d'une copie, *Le Berger*

1. J. D. Lyons, « *Don Juan and the false shepherd* », art. cit., p. 141.
2. *Le Berger extravagant*, *op. cit.*, livre IV, p. 142 [491-492].

extravagant ajoute ainsi la mise en acte de ses trois niveaux d'écriture critique, chacun centré sur une figure en laquelle on peut reconnaître une image de l'auteur, sans qu'aucune ne le résume : au premier niveau, celui de la fiction satirique, le berger devenu tel par une folie de la lecture et des spectacles, le fou générateur de farces, proprement l'interprète de la topique poétique; au second niveau de l'espace de savoir du roman, l'éditeur, glossateur et critique à la manière humaniste, celui qui digère immédiatement les contenus de la fiction en gardant le contrôle de l'imagination; au troisième niveau, le noble qui fait couple à la fois avec Lysis (dans la fiction) et avec l'auteur (dans les *Remarques*), et cherche son écriture dans la poésie, dans un débat sur les romans (livre XIII) ou dans une attaque contre les métamorphoses (livre VII), mais affirme tout au long de l'anti-roman, sur le mode négatif que lui dicte le cadre satirique, la puissance de la poésie[1].

Le narrateur du *Berger extravagant* ne renonce pas à l'éthique aristocratique que son personnage engage dans une imitation mécanique des poètes. Il tente d'en refonder la vérité en conduisant son personnage à renoncer à son identité fictive pour admettre à la fois sa condition de bourgeois, orphelin de père et de mère, et à prendre la mesure de sa nature mélancolique :

> Il était extremement triste, comme estoit son naturel & son humeur estoit semblable à celle qu'il avoit euê des sa petite jeunesse. [L. 14, p. 239]

Le roman est l'histoire de la rééducation du personnage principal à une réalité sociale que son extravagance consiste à dénier pour privilégier l'espace de la fiction. *Le Berger extravagant* semble donner par là un fondement conscient, réfléchi et critique au suspens de l'idéalisation dont Thomas Pavel parle dans *L'Art de l'éloignement* à propos des histoires comiques, suspens qui tournerait le lecteur de ces histoires vers l'« immédiat » et le ramènerait vers cette réalité déniée par la grandeur des modèles offerts ailleurs aux lecteurs du XVIIe siècle[2].

Loin que la réalité sociale soit produite par un tel suspens, elle est au contraire largement impliquée dans l'examen systématique et fécond de

1. *Le Berger extravagant*, *op. cit.*, Preface : « Au reste je me moqueray de ceux qui disent qu'en blasmant les Romans, j'ay fait un autre Roman. Je respondray qu'il n'y a rien icy de fabuleux, & qu'outre que mon Berger represente en beaucoup d'endroits de certains personnages qui ont fait des extravagances semblables aux siennes, il ne luy arrive point d'aventures qui ne soient veritablement chez les autres Autheurs : tellement que *par un miracle estrange*, de plusieurs fables ramassees, j'ay fait une Histoire veritable » (je souligne).

2. T. Pavel, *L'Art de l'éloignement*, *op. cit.*, p. 277.

l'idéalisation. La satire sorélienne embrasse celle-ci dans une sorte de revendication sociale de l'activité littéraire. La pastorale devient avec lui le fondement auctorial de l'anti-roman, quand bien même celui-ci prend une forme curieuse qui scinde la perspective morale entre fiction d'une folie et récriture mythographique. Face au lecteur demeure la forme dédoublée du sujet de l'écriture, miroir négatif d'un auteur figuré par un personnage entièrement tourné vers le passé de la pastorale, l'un comme le double inverse de l'autre, comme son rival. Quoi de plus politique que cette conscience de la valeur sociale de l'écrit inscrite dans la forme même de la récriture sorélienne ? Quoi de plus paradoxal que ce retournement de la distance pastorale en énergie critique permettant à Sorel de ravir aux anciens qu'il satirise l'autorité qui fonde sa propre auctorialité ? La pastorale fournit à l'anti-roman le très ample espace fictionnel d'une exhaustion satirique des lettres, avant qu'elles ne soient devenues « belles », ou pour empêcher qu'elles ne le deviennent.

1632-1634 : Nicolas Frenicle et la fiction des « illustres bergers »

Dans quelle mesure l'énergie satirique de l'écriture sorélienne s'autorise-t-elle du modèle théâtral ? On peut envisager la question en confrontant l'anti-roman à un autre texte, qui interprète de manière toute différente la distance pastorale. Sorel y fait peut-être d'ailleurs allusion quand Lysis est qualifié de « plus illustre des bergers de France »[1]. La confrontation de ces deux textes vaut surtout pour le rapport différencié au libertinage qu'elle permet de penser, en l'espèce le procès de Théophile et la « nouveauté » poétique[2].

Qui furent les « illustres bergers » ? Un groupe d'auteurs – Guillaume Colletet et Nicolas Frenicle, Claude Malleville, Philippe Habert, Antoine Godeau surtout –, tous identifiés comme « libertins » dans les années 1626. Trois d'entre eux, Habert, Malleville et Godeau, seront mentionnés parmi les « quelques particuliers » à l'origine de l'Académie française dans la *Relation* qu'en donne Pellisson en 1652. Vers 1626-1627, ils ne fonctionnent certes pas comme société littéraire en tant que telle, même si

1. *Le Berger extravagant*, *op. cit.*, liv. 6, p. 221 [807] : « Le plus illustre de tous les bergers faisant manger le sainfoin et la treffle à ses moutons, cheminoit posément comme un homme qui resve sur quelque chose haute [...]. »

2. On peut difficilement établir le caractère libertin du *Berger exravagant* sans passer par le postulat d'une « identité » libertine de Sorel, comme le montre me semble-t-il le livre d'I. Moreau, *« Guérir du sot ». Les stratégies d'écriture des libertins*, Paris, Champion, 2007, p. 921-950 en particulier.

Frenicle et Colletet publient des vers dans le *Balet des Balets* de 1626, puis dans *Le Banquet des amoureux* de 1627[1]. C'est Maurice Cauchie[2] qui les a identifiés comme un groupe littéraire à partir de deux publications postérieures, le recueil d'« Eglogues de N. Frenicle » paru en 1629 dans les *Œuvres de N. Frenicle*, et le prosimètre de *L'Entretien des illustres bergers* qui présente l'amitié humaniste d'un groupe de bergers tout occupés à célébrer l'activité poétique, inclut plusieurs églogues, plusieurs entretiens, ainsi que « La fidelle bergère, comédie pastoralle »[3].

De la part d'un auteur lié à Guillaume Colletet et qui avait été assez compromis dans l'affaire du *Parnasse Satyrique* pour être nommé dans un arrêt du 19 août 1623 (avec Théophile, Colletet, Berthelot), puis fait prisonnier[4], l'affirmation qu'après avoir décrit la campagne, « un sujet plus divin anime [son] esprit, & [lui] donne des pensées plus serieuses », puisque ses travaux seront désormais consacrés à Dieu, a quelque chose d'une conversion nécessaire : et de fait, son « cœur est animé d'une plus vive ardeur qu'il n'étoit dans les sujets profanes », il se « porte avec allegresse à un si haut dessein »[5].

Dans son livre sur Valentin Conrart, Nicolas Schapira montre que la construction historique du groupe des « Illustres bergers » a consisté pour Maurice Cauchie à appliquer rétroactivement la fiction académique mise en scène dans le prosimètre de 1634 aux années 1625 – c'est-à-dire à croire en la fiction du texte. L'erreur méthodologique de Cauchie, favorisée par l'exhibition de clés, aurait été de prendre la fiction du groupe littéraire pour une réalité[6]. L'effet de champ que supposait une telle formation n'était pourtant pas pertinent à cette époque : le parcours de Guillaume Colletet qui avait fui Paris pendant un an avant de revenir en 1626, après le procès de

1. *Le balet des balets*, de l'imprimerie de Cl. Hulpeau, 1626, dans P. Lacroix, *Ballets et mascarades de cour de Henri III à Louis XIV (1581-1652)*, Genève, Slatkine Reprints, 1968, t. 3, p. 89-100.

2. M. Cauchie, « Les églogues de Nicolas Frenicle et le groupe littéraire des Illustres bergers », *Revue d'histoire de la philosophie*, 1942, p. 115 *sq*. *Cf*. A. Adam dans *Histoire de la littérature du XVIIe siècle*, *op. cit.*, t. 1, p. 343.

3. *Les Œuvres de N. Frenicle, conseiller du Roy et general en sa cour des Monnoyes*, Paris, Toussaint du Bray, 1629 et *L'Entretien des illustres bergers, par N. Frenicle*, Paris, Jacques Dugast, 1634, rééd. S. Macé, Paris, Champion, 1998.

4. Sur l'affaire du *Parnasse Satyrique*, S. van Damme, *L'Épreuve libertine*, *op. cit.*, chap. II.

5. N. Frenicle, *L'Entretien des illustres bergers*, *op. cit.*, préface, p. 38.

6. N. Schapira, *Un Professionnel des lettres au XVIIe siècle. Valentin Conrart : une histoire sociale*, Paris, Champ Vallon, 2003, p. 63. Selon les clés, Frenicle est Aminte, Colletet Cérilas, Godeau Ergaste, François Ogier Tarcis.

Théophile, suggèrerait d'expliquer la fiction des « Illustres bergers » par un retrait des libertins dans l'espace des belles-lettres, quitte à ce qu'ils y mobilisent « une distinction plus large [...] à l'œuvre au sein du champ du savoir, entre d'un côté une tradition humaniste, qui privilégie l'étude des Anciens et la philologie, et l'espace des belles-lettres en voie de constitution, fondé sur la création et la critique d'œuvres en français, dont les auteurs cherchent à conquérir un public mondain » [1].

La formule choisie par Frenicle mobilise le modèle académique d'une auto-représentation de l'activité poétique sur le modèle de certaines bergeries de la Renaissance. Tout y est, jusqu'à la visite de l'« antre de Ménalque », « agréable jardin », galerie de tableaux historiques, contemplation de médailles antiques, méditation sur la fortune d'un berger désespéré d'amour [2], églogues et chant de diverses tonalités. Contre les « mauvais poètes qui font déshonneur aux Muses » pointés par la première églogue [3], le groupe va déclarer sa fidélité à Ronsard, le « divin poète » : la seconde partie du livre est centrée sur une célébration « annuelle » de Perrot, nom pastoral de Ronsard depuis le XVIe siècle [4]. C'est, en 1634, afficher une dévotion poétique en retrait par rapport à l'activité des « libertins » de 1625, ne pas renoncer à la figure du poète de cour, mais en choisir une figure-modèle très éloignée du présent. Le caractère aristocratique de la référence poétique à la Pléiade, sensible dans l'adjectif « illustre » que se donnent ces bergers, rejette du côté des autorités passées l'éthique des lettres portée par Théophile et reformulée dans le travail critique d'un Charles Sorel. La représentation de la tradition poétique et du sens social de l'écriture, loin d'être vitupérée dans ses dévoiements ou revendiquée comme fait social, est au contraire mise à distance ici par le code bucolique. Elle l'est sans doute d'autant plus que les vrais « illustres bergers » ont des origines sociales médiocres et qu'ils tentent de tirer un profit symbolique, différent au demeurant pour chacun d'entre eux, de cette exhibition d'une forte cohésion « académique » [5]. Nicolas Frenicle ne peut pas, par exemple, se satisfaire réellement de son office de conseiller à la cour des monnaies, la

1. *Ibid.*, p. 63-64.
2. N. Frenicle, *L'Entretien des illustres bergers*, *op. cit.*, p. 97 *sq.*
3. *Ibid.*, p. 47.
4. *Ibid.*, p. 221 et p. 149 *sq.* : « Ô divin poete que les rois et princes connaissaient par le fameux Ronsard et que les forêts et les troupes champêtres révèrent sous celui de Perrot, grand ornement de nos rivages ».
5. N. Schapira, *Un Professionnel des lettres au XVIIe siècle*, *op. cit.*, p. 62, et A. Adam, *Histoire de la littérature du XVIIe siècle*, *op. cit.*, t. 1, p. 345, note 3.

seule des cours souveraines parisiennes à ne pas conférer la noblesse à ses membres; pas plus que Godeau ne peut se contenter de sa profession de simple avocat au Parlement de Paris [1]. Aucun n'est par ailleurs engagé dans des pratiques d'écriture aussi étendues qu'un Charles Sorel.

La pastorale permet ici de mettre en avant l'activité des lettres comme activité mondaine, à destination de la cour, mais dans un jeu que les clés définissent comme proximité, tandis que l'univers champêtre le modélise comme distance spatiale et temporelle. La retraite pastorale dans une académie imitant les académies renaissantes, elles-mêmes informées par les modèles antiques, peut à ce titre apparaître comme la réaction à une menace bien réelle pesant sur la « nouveauté » libertine. Elle va avec l'affirmation, dans la préface de Frenicle, d'un projet d'ordre spirituel. Et si elle s'appuie sur le groupe, elle peut aussi être replacée dans la pratique de Frenicle lui-même que l'on voyait, dans une pastorale de 1632 intitulée *Palémon*, utiliser la référence à *L'Astrée* et en particulier à « l'épître de l'autheur à la bergère Astrée », pour construire la destination du poème à la cour :

> Il est vrai, mon Berger, que le voyage que je vous fais entreprendre est grandement perilleux; les tempestes y sont ordinaires; plusieurs y font naufrage, & ceux qui en peuvent eschaper ne laissent pas de porter tousjours quelques marques des rudes atteintes qu'ils y ont receües : vos vers, vos actions, & vos paroles seront examinées; chacun en parlera selon sa fantaisie; l'un reprendra une chose que l'autre approuvera; les sentiments des hommes sont aussi differends que leurs visages; les uns sont envieux, & ne se peuvent jamais plaisir aux perfections d'autr'hui; les autres par une suffisance à juger de tout, n'ont en la bouche que l'exacte observation des reigles qu'ils n'ont jamais pratiquées, ni bien entenduës, & sans y apporter assez d'attention voyent les ouvrages qu'ils condamnent plutost par habitude que par raison [2].

L'exemple urféen de l'épître à son livre sert à opposer des pratiques de jugement hostiles, désignées comme courtisanes, à d'autres pratiques mieux fondées sur une « honnête amitié » :

1. *Ibid.* p. 63 et p. 65-67. Les Cl. Malleville, Ph. Habert, A. Godeau doivent aller chercher fortune hors de leur milieu d'origine. Ils mènent carrière sur plusieurs plans, homme de lettres et finances pour Philippe Habert, secrétaire de Bassompierre et homme de lettres pour Malleville, poète professionnel n'exerçant pas sa profession d'avocat au Parlement pour Godeau.

2. *Palemon, fable bocagere et pastoralle de N. Frenicle*, Paris, Jacques Dugast, 1632, Preface au berger Palemon, s.p.

> vous n'estes pas si rustique que vostre habit le montre; vous treuverez des amis qui se plairont à votre entretien, qui reprendront avecque douceur ce qu'il y aura à redire en vos discours, & ces paisibles Censeurs ne remarqueront vos fautes que pour vous faire parestre avecque plus de plaisir.

Cette certitude permet aussi d'affirmer que Frenicle n'estime pas son ouvrage si « desagreable qu'il soit besoin de [le] cacher pour couvrir ses defauts ». Autrement dit, la modélisation pastorale de la poésie n'est pas seulement un retrait, mais le mode de publication de l'activité littéraire à l'intérieur d'un code qui s'affiche comme antithèse de l'écriture « libertine » telle qu'elle avait été pratiquée par Théophile et, différemment, de la proposition formulée par Vion d'Alibray : choix de la fiction *vs* interpénétration des mœurs et des lettres, affirmation d'une dévotion poétique *vs* écritures littérales, quoique tempérées, du corps. La culture humaniste mobilisée par Frenicle saisit la question des mœurs dans un passé indécis, au sein d'une réflexion sur l'amour cherchant la logique des « désirs déshonnêtes » : « la conscience ne pouvant être en repos nous retirait après plusieurs difficultés des effroyables abîmes où le libertinage nous avait précipités »[1]. Il ne s'agit ainsi que de produire le poème comme un jalon vers l'objet plus haut que Frenicle désignait dans la préface. La suite semble avoir confirmé cette structure de fiction, qui a vu Nicolas Frenicle devenir poète « spirituel », et Antoine Godeau évêque de Grasse.

Si l'on compare *L'Entretien des illustres bergers*, centré sur le tombeau de Ronsard, avec le « tombeau des romans » proposé par Sorel, on verra dans un cas la mise en œuvre d'un événement, dans l'autre le retrait du passé à l'intérieur d'un monument. D'un côté, quelque chose de l'ordre d'une « culture chaude » de la pastorale, fondée sur l'écriture comme performance, de l'autre une « culture froide », où l'écrit pastoral ne construit le monument que pour mettre à distance un présent encore trop proche. Cette distinction[2] peut servir à qualifier les usages de la pastorale dans un moment où des pratiques différenciées des belles-lettres manifestent la variété des positions d'auteur au regard des questions d'autorité, de modèle, d'action politique de l'écrit, comme dans la construction des identités sociales. De fait, le texte de Guez de Balzac utilise la distance

1. N. Frenicle, *L'Entretien des illustres bergers*, *op. cit.*, p. 254.

2. Infléchie par rapport au propos exact de F. Dupont, *L'Invention de la littérature : de l'ivresse grecque au texte latin*, Paris, La Découverte, 1994.

pastorale pour pénétrer au cœur du politique… qu'il prétend en même temps construire comme monument inexpugnable.

Si la pastorale donne à voir les conditions sociales de production de l'écrit, elle tend aussi, les exemples lus dans ce chapitre en témoignent, à voiler la réalité sociale des auteurs derrière des énoncés éthiques – c'est en partie d'ailleurs l'enjeu de la satire sorélienne du déguisement pastoral. Sorel manifeste la plasticité de la production éthique et le fait que ce discours d'« être » ne puisse se saisir en dehors de l'action qui le publie. Que, quatre ans après *Le Berger extravagant*, Guez de Balzac ait pu être attaqué pour son usage de la distance dans la constitution d'un traité politique sur la perfection du roi montre bien ce caractère à la fois très lisible et très plastique du lieu pastoral du point de vue des écritures politiques et critiques du temps.

La même année que *L'Entretien des illustres bergers*, en 1634, Charles Vion d'Alibray fait paraître la traduction d'une nouvelle pastorale, *Le Pompe funebri* de Cesare Cremonini, qu'il dédie à la baronne de Chandolan et introduit, comme chacun de ses ouvrages, par un « avertissement ». Il y justifie le philosophe padouan d'avoir créé cette œuvre à l'émulation du Tasse, justifie l'emploi de vers élevés pour des bergers et propose une sorte de mode d'emploi de la pièce pour la représentation, sans pour autant dire qu'elle était chez Cremonini un commentaire de l'*Aminta*, une interprétation en termes aristotéliciens de la question sensible de la loi naturelle[1]. La référence à Cesare Cremonini est troublante : il est pour les modernes la figure de l'athée aristotélicien, l'inventeur du « *intus ut libet, foris ut licet* », haï des jésuites en son temps, mais peu mentionné par les supposés libertins[2]. Aussi y a-t-il quelque chose d'intéressant, du point de vue d'une construction auctoriale, à ce que Vion d'Alibray fasse ainsi surgir devant lui cette figure équivoque, indécise, insaisissable. Sa traduction des *Pompe funebri* intéresse plus encore, parce que Vion d'Alibray la présente comme modulable[3], proposant des coupes susceptibles de maintenir la pièce dans la topique des bergers la plus neutre, d'en faire

1. A. Corsaro, *Percorsi dell'incredulità. Religione, amore, natura nel primo Tasso*, Rome, Salerno editrice, 2003, p. 219.

2. F.-C. Daubert, « La fortune de Cremonini chez les libertins érudits », dans E. Riondato e A. Poppi (dir.), *Cesare Cremonini : aspetti del pensiero e scritti*, Accademia galileiana di scienze, lettere ed arti in Padova, 2000, p. 169-191.

3. D'Alibray fait une proposition analogue pour sa traduction de *Il re Torrismondo* du Tasse.

« une gentille Pastorale »[1], tandis que les sections supprimées l'auraient rendue plus propre à une lecture ouverte, sinon proprement libertine ou hétérodoxe : ainsi du prologue de l'Ombre de Daphnis, des propos du dieu Amour « à la manière épicurienne », des manifestations de deuil qui ponctuent le texte.

Exposant le caractère modulable de ce texte, Vion d'Alibray exhibe sa pratique de l'écriture poétique comme adaptation à la circonstance, à des fins choisies, à une pensée du temps présent ; il montre l'adaptabilité de l'écrit pastoral à des actions d'écriture différentes, souligne la proximité et la distance entre la déploration et des écritures plus tempérées. Par là, il construit sa propre distance d'auteur à l'action politique de l'écrit.

1. D. Mauri, « Vion d'Alibray, tra Arcadia e tragedia », dans E. Mosele (dir.), *Dalla tragedia rinascimentale alla tragicommedia barocca. Esperienze teatrali a confronto in Italia e in Francia*, Fasano, Schena editore, 1993, p. 255-266.

CONCLUSION

LIEU PASTORAL ET EXPÉRIENCE DE L'HISTOIRE

Tout au long de ce livre, le sens de la distance a changé. D'abord posée comme l'écart du roi-pasteur par rapport à la réalité du pouvoir monarchique, ailleurs comprise à l'intérieur de l'opposition topique entre les armes et les lettres, entre le temps de la guerre et celui de l'amour, elle prend avec les romans et les tragicomédies pastorales des premières années du XVIIe siècle la valeur d'une nécessité, témoignant de la nouvelle position des hommes de lettres dans l'espace sociopolitique du temps. Elle n'est plus ce à partir de quoi la poésie se dit le corollaire nécessaire de l'agitation guerrière, mais ce qui définit l'existence clivée des lettrés entre le particulier et le public, et aussi – ces oppositions ne se recouvrent pas exactement – entre l'espace de leurs pratiques sociales multiples et celui où ils publient leur activité d'hommes de lettres. Elle ne s'écrit pas dans les mêmes lieux de publication, ni n'a la même valeur temporelle. Elle ne recouvre pas toujours enfin le *topos* de la critique de la cour : les textes font souvent jouer telle cour contre telle autre cour, même si jamais cette opposition n'est formulée en ces termes et si la distance affirmée avec la cour, la cour du roi notamment, peut être le plus sûr moyen d'y revenir.

1. Ces déplacements soulignent la place en creux de Théophile de Viau dans la seconde partie de ce livre, figure d'une proximité critique à la cour, qui constitue une référence durable par rapport à laquelle les auteurs des années 1620-1640 élaborent à la fois leur position auctoriale et leur discours sur le sens des passions, ainsi que sur les enjeux politiques de la poétique. L'identification de Théophile au lieu de la mélancolie tragique est ainsi le miroir de l'expérience historique dont témoigne la pastorale.

L'énonciation satirique qui définit la poésie de Théophile vient du cœur même du monde que le « je » poétique juge et contre lequel il se construit[1] : elle est en cela l'envers du mode éthique propre à la pastorale, son envers et non son contraire, parce qu'également porteuse de contenus éthiques, mais prise dans la tension d'une inclusion toujours susceptible de se renverser en exil. Le berger, lui, marque son retrait en deçà de la voix qui reprend les énoncés empruntés à la « matière pastorale », il pose son éloignement[2]. Le texte pastoral est ainsi éthique en deux sens : parce qu'il traite des mœurs (du poète, de son ou de ses protecteurs) parce qu'il formule des propositions de conduite qui ont une valeur modalisatrice – tel l'amour constant, « honnête », des bergers de *L'Astrée*. Mais aussi parce qu'il est lisible comme une présentation se voulant tempérée, distanciée, de questions sociopolitiques. La distance pastorale est donc celle-là même de l'éthique, dont j'ai montré qu'elle était en soi politique, quel que fût son rapport à la centralité du pouvoir.

Dans la mesure où elle implique d'offrir une image présentable de contenus politiques et historiques, la dimension éthique de la pastorale suppose une vérité de l'image, un rapport entre le tableau et son référent, entre le texte et l'histoire qu'il propose[3]. *La Bergerie* de Rémi Belleau fondait son propos éthique sur la ressemblance de la « bergerie » avec son référent, la maison d'Elbeuf; celle de Ronsard, plus logologique qu'éthique, se plaçait en dehors de la ressemblance pour s'offrir comme discours politique publicitaire. Le problème de la vérité traverse la réflexion rhétorique des Anciens sur l'*ethos*, image donnée des mœurs d'un orateur : on comprend qu'il travaille encore l'énonciation du berger[4] et le contenu de ses propositions. Le poète pastoral peut bien ne pas être dans un rapport constant, ni analogique, aux mœurs qu'il expose dans l'écrit : le lieu pastoral est toujours celui de sa construction éthique propre, à l'intérieur d'une distance qui inclut la représentation des passions.

Il serait néanmoins difficile de voir dans la réalisation pastorale du poète un portrait de l'auteur en berger. L'énonciation éthique ne fait pas exactement portrait. Les figures d'auteurs dont il a été question ne se

1. Voir L. Giavarini, « "*Chacun qui voit mes vers, s'il a les yeux d'un homme/Connaîtra son portrait combien qu'on ne le nomme.*" (Satire première, v. 65-66). De quoi Théophile est-il l'exemple ? », *Textuel*, n° 32, P. Debailly et Fl. Dumora (dir.), *Les Œuvres poétiques de Théophile de Viau. « Écrire à la moderne »*, Université de Paris VII, 2008, p. 41-55.

2. Y. Bonnefoy, « Préface » de Jacques Sannazar, *Arcadia-L'Arcadie*, éd. Fr. Erspamer et G. Marino, Paris, Les Belles Lettres, 2004, p. X.

3. J. Lecointe, *L'Idéal et la différence*, *op. cit.*, p. 9 *sq.*

4. J'associe assez librement ici l'énonciation de l'auteur et celle des énonciateurs présents dans la bergerie ou le roman.

saisissent qu'à travers leurs actions de publication, la référence qu'ils font à d'autres figures de l'auctorialité et à la pratique poétique. Si la distance pastorale permet de saisir des actions d'écriture, si elle offre une représentation des conditions sociales de production d'un écrit, ce qu'elle dit des auteurs de ces écrits ne permet pas de les saisir à l'intérieur d'une image. Seul Lysis, le berger extravagant, apparaît pourvu de nippes qui disent son déclassement social dans les usages ridicules de la fiction. Mais c'est qu'il est précisément désigné comme un comédien, cet autre de l'auteur « comique » qu'est l'acteur.

Il n'y a pas vraiment de portrait de l'auteur en berger, aucune image concrète ne vient saisir les identités sociales et poétiques évoquées dans ce livre. La voix du berger fait écran à son image. Seuls quelques lieux demeurent dans le lointain sollicité de ces textes : le château de Joinville décrit par Rémi Belleau, le domaine de Chantilly entrevu dans la poésie de Théophile, dans les pages encomiastiques de Mairet, le *locus amoenus* du Forez arpenté par la troupe urféenne, l'allée de mûriers qui borde quelques lieux pastoraux dans les écrits des années 1620-1630.

On a gardé pourtant de l'Ancien Régime quelques portraits d'apparats dans lesquels la noblesse est représentée pourvue des signes de la pastoralité. Ainsi de Lord Wharton peint par Antoine Van Dyck dans un tableau de mars 1632, une de ses premières commandes privées au retour du peintre à Londres, ou du portrait très similaire de Lord George Stuart, daté de 1638. La première œuvre est aujourd'hui à la *National Gallery of Art* de Washington, la seconde à la *National Portrait Gallery* de Londres[1]. Les deux modèles sont très jeunes – dix-neuf et dix-huit ans –, les armes de la noblesse d'épée remplacées par une houlette; le fond occupé par un paysage d'arbres touffus. La pastorale est réduite à ses signes les plus élémentaires, tandis que la splendeur des étoffes et la posture pensive des personnages occupent le premier plan. Pour Lord Wharton, cette présentation renvoie peut-être au courant philosophique en vogue à la cour de Charles Ier, selon lequel la conception antique de l'amour idéal interprété par le christianisme et porté par la beauté physique aurait permis de s'approcher spirituellement de Dieu. Ce serait la beauté même d'un sujet puritain qu'interprète le tableau, ou que sa splendeur représente. Le second est présenté, selon le *motto* en latin inscrit sur la toile, « moins fort que l'amour », allusion dit-on à son mariage secret avec la fille d'un papiste. Dans les deux cas, la représentation en berger attire l'attention sur un sens

1. Huile sur toile, Andrew W. Mellon Collection, 133,4 cm × 106, 4 cm et Huile sur toile, 218,4 cm × 133,4 cm.

donné à l'amour, sur la valeur éthique de celui qui porte cet idéal. Plus frontalement que les *Bergers d'Arcadie* de Poussin, le portrait du lord « en berger » le saisit au travers d'une répartition des places (le peintre/le modèle) que ne semble troubler aucun tremblement de la référence ou de l'identification.

2. C'est un des effets assumés de la construction choisie pour ce livre, qui donne une place éminente à l'événement *Astrée :* il fait de la position construite par Honoré d'Urfé dans le paratexte de son roman un moment décisif dans le changement de sens de la distance pastorale au tournant du siècle. Et pour cause : Honoré d'Urfé offre le cas singulier d'un cadet qui a utilisé les lettres afin de construire, ou de reconstruire, sa position sociale dans les temps troublés de la montée de l'absolutisme ; un cadet mis en position de chef de famille, qui publie la noblesse de ses ascendants, offre une présentation éthique des origines gauloises du catholicisme zélé, des idéaux de la noblesse féodale, et motive ainsi sa distance mélancolique à l'égard du présent ; qui écrit une certaine histoire des troubles en publiant les modalités formelles d'une guérison des passions ; un cadet qui peut encore insister, dans une réédition des *Épîtres morales* parue la même année que la troisième partie de *L'Astrée*, en 1619, sur l'oubli dans lequel serait désormais tombée la Gaule[1] ; un homme de la Renaissance qui a participé à l'écriture de l'histoire du premier XVIIe siècle avec d'autres hommes de lettres du temps. S'il ne construit certes pas la « noblesse » de la littérature classique, il ouvre l'action de l'écrit poétique à la recomposition de questions politiques et religieuses, en particulier au devenir de certains des idéaux ligueurs dans la culture dévote. Il permet ainsi d'interroger le rôle des lettres dans une telle recomposition. Le geste qui conduit Honoré d'Urfé à l'écriture des lettres me paraît donc politique précisément en ce qu'il quitte l'espace des actions guerrières. Seul le contexte, ou plutôt les contextes de publication du roman, et la volonté de le déprendre de l'immémorial universel de la littérature permettent de montrer que *L'Astrée* ne sort pas, ou pas entièrement, du roman de la Renaissance et que cet universel même a une histoire.

L'attitude éthique n'est pas seulement ce qui inscrit le monde des bergers dans l'immémorialité du temps pastoral, dans la « tradition » pour reprendre le terme discuté en ouverture de ce livre. Cette attitude – au sens où des conduites morales sont formalisées dans des gestes, des postures,

1. H. d'Urfé, *Épîtres morales*, *op. cit.*, p. 221 : « De tous ces siecles passez que la Gaule a veu escouler, qu'est-ce que l'oubly n'a couvert sinon cette petite partie des dix années des conquestes de Cesar ? ».

des écrits – est symétriquement ce qui permet d'appréhender dans le temps pastoral l'écriture d'une histoire. C'est l'inscription de la pastorale dans l'immémorial que délimite, au début du roman, le *locus* d'un paysage, cette figuration donnée de l'immémorial, qui ouvre le texte pastoral à une histoire autant qu'à des histoires. Le plus frappant dans *L'Astrée* n'est pas la postulation éthique des bergers à l'intérieur du cadre pastoral, mais l'historicisation de cette postulation et des attitudes qui l'expriment.

L'articulation de l'histoire à un passé à la fois daté et rejeté dans le lointain, le lien de l'histoire et de l'immémorial si marqué dans le roman de l'ancien ligueur est la question même qui traverse les enquêtes de noblesse dans la seconde moitié du XVIIe siècle. La noblesse est alors prise entre une sorte d'absence d'historicité, l'immémorialité revendiquée de son ancienneté, et la nécessité de prouver un commencement, de se temporaliser dans des généalogies écrites[1]. Un rapport social s'inscrit dans des écritures conflictuelles – mémoires, certificats, titres. Pour les raisons politiques que j'ai dites, c'est une convocation de schèmes analogues – commencement et immémorialité – que formalise et que discute *L'Astrée* dans un tout autre contexte. Rapporter l'articulation de ces schèmes à la question de la noblesse de son auteur peut donc sembler rejoindre le point de vue de Norbert Elias, qui pose l'exemplarité de *L'Astrée* à l'intérieur du processus de curialisation des nobles d'Ancien Régime, comme un témoignage des effets individués de ce processus. Mais j'ai montré que l'écriture du trouble qui accompagne le moment de cette distanciation éthique n'est pas propre à *L'Astrée*, et pas non plus propre à une écriture noble de l'histoire. Ce lieu de l'écriture de l'histoire qu'est le trouble, on le retrouve dans des tragicomédies pastorales des années 1620. Il n'est pas socialement marqué, quoiqu'il soit historiquement signifiant.

L'exemplarité de *L'Astrée* à l'intérieur d'une histoire de la noblesse curialisée, contrôlée par la monarchie, doit être en outre nuancée par les usages politiques qu'Honoré d'Urfé propose des trois premières parties parues de 1607 à 1619. Ce sont les lecteurs, les éditeurs et les continuateurs de *L'Astrée* qui en ont fait le texte collectif d'une « société de cour » qui n'existe pas, cependant, avant la seconde moitié du siècle et qui n'est sûrement pas postulée par le roman. Ce sont eux qui ont inscrit dans leur propre présent les modes d'historicisation des mœurs proposés dans *L'Astrée* et d'abord propres aux bergers, eux qui les ont culturalisés, qui en

1. R. Descimon, « Chercher de nouvelles voies pour interpréter les phénomènes nobiliaires dans la France moderne. La noblesse, "essence" ou rapport social ? », *Revue d'Histoire Moderne et Contemporaine*, n° 46, 1999/1, p. 5-21.

ont fait des représentations : en les accompagnant de gravures, en les reproduisant sur des tapisseries, en les mettant en musique comme autant d'affects lyriques[1]. Les *Historiettes* de Tallemant des Réaux ne parlent pas d'autre chose sans doute, à propos de *L'Astrée*, que des formes complexes de cette appropriation sociale de la fiction pastorale.

Une telle constatation n'est pas sans poser le problème de l'articulation chronologique des représentations aux réalités historiques auxquelles elles nous semblent attachées. Parler de représentation en histoire tend à supposer l'antériorité d'un fait ou d'une réalité sur l'image qui en est donnée, quand bien même celle-ci donnerait existence ou consistance à ce qui n'en avait pas avant elle. Dans le cas de *L'Astrée*, toute une série d'actions (éditions collectives, illustrations, greffes narratives, extractions musicales) a produit le roman comme monument d'une société, emblème admiré de ce qui est souvent présenté comme l'esprit du siècle, alors même que les bergers d'Honoré d'Urfé regardaient dans une autre direction, vers le passé.

Il n'est au demeurant pas facile de définir cet objet que le roman présente comme inatteignable pour mieux le ressaisir comme fantasme en l'inscrivant dans un Forez préservé. Il ne va pas non plus de soi d'interpréter le succès immédiat et durable de *L'Astrée* comme la réussite d'un texte de « réconciliation ». Le roman s'ouvre sur un lointain, un temps absent : s'agit-il du passé des origines du catholicisme que les zélés, hantés par le sens de la vraie foi, avaient vécu comme une nécessité ? D'une origine qui ne pourrait donc plus être postulée comme futur ? Ou de l'objet perdu – et cela vaudrait pour tous, catholiques et protestants, royaux et zélés – du catholicisme désormais désuni ?

Cet objet non figurable – qui pourtant se laisse appréhender, sinon saisir sur la scène propre de l'auteur mélancolique – coexiste avec une élaboration consciente et progressive, dans le roman, de lieux de figurations structurant l'expérience historique. J'ai souligné ce point en m'arrêtant sur les tensions de la lecture de Norbert Elias, la plus forte néanmoins, la plus insistante de toutes, la plus nourricière, parce qu'elle pense la distanciation comme mode premier de la conscience historique et parce qu'elle appréhende cette distanciation dans un rapport troublé au visible. Devant le tableau de Saturne, Céladon se découvre dans une histoire : l'expérience historique est d'ordre phénoménologique, écrit fortement Elias, la question

1. Sur ces différents aspects de la réception de *L'Astrée*, T. G. Santos, *Lecturas y lectores de L'Astrée*, Universidad de Salamanca, 1989, et les actes déjà mentionnés du colloque *Lire l'Astrée*.

du visible son point de saisie principal[1]. Mais, c'est une évidence, Urfé n'est pas Céladon, pas plus que les « peintures esclattantes » ne sont une production de la nature. C'est l'auteur de *L'Astrée* qui élabore l'image comme une des conditions de formalisation du discours historien de son roman. C'est parce que l'image est donnée à travers une représentation, objet d'une perception troublée, qu'elle peut renvoyer à une expérience de l'histoire, qu'elle permet de l'interroger comme expérience phénoménale. Il faut ainsi lire le questionnement sur le *voir* dans le roman et son articulation à la question d'un *croire* en regard des questions qui occupent, à la même époque, les textes dits « libertins » et tout le champ épistémologique du visible, pour mesurer à quel point cette inscription d'une expérience historique se produit dans le contexte d'un déplacement du savoir[2]. Par rapport aux images présentes dans certaines bergeries des guerres de Religion, à ce que les textes sur la démonologie ou la possession disent alors de la tromperie des signes, *L'Astrée* construit à la fois un discours sur l'image et un ensemble d'images comme éléments structurants d'une expérience du temps historique : Urfé est, il est vrai, un lecteur de textes sceptiques, qui connaît la problématique pyrrhonienne de l'imagination et du fantasme[3]. Il est également lecteur, comme ses contemporains nourris de culture italienne, de *La Poétique* d'Aristote, qui leur a fourni les moyens d'une réflexion sur le rapport entre *mimesis* et processus temporel. La question du visible n'est pas seulement un symptôme dans le roman d'Urfé, non plus que dans les tragicomédies pastorales des années 1620-1630 : elle est la forme distanciée d'une écriture de l'histoire.

3. De quoi ces pages auront-elles fait l'histoire, qui s'attachent à décrire le passage entre la fin de la Renaissance et le XVIIe siècle, entre les troubles et la monarchie de Louis XIII ? L'histoire d'une guérison, comme l'avance Marc Fumaroli en s'appuyant fortement sur *L'Astrée* et *La Sylvanire* d'Honoré d'Urfé ? Ainsi présentée, l'histoire écrite par la pastorale serait l'histoire de sa propre disparition : une fois livré son message policé, son message de civilisation, la pastorale aurait disparu et, de fait, il y a bien moins d'écrits pastoraux après les années 1640[4]. Les auteurs de ces écrits

1. Peu importe ici que le terme de « phénoménologique », dans sa définition philosophique rigoureuse, soit en quelque sorte en contradiction avec ce que désigne N. Elias, un processus perceptif, vecteur de distanciation, plutôt que sensible.

2. M. de Certeau, *Le Lieu de l'autre. Histoire religieuse et mystique*, Paris, Gallimard-Seuil, 2005, chap. 13, p. 308-310 en particulier.

3. Rappelons que les *Hypotyposes pyrrhoniennes* de Sextus Empiricus sont traduites en 1562 par Henri Estienne.

4. M. Fumaroli, « Le règne d'Astrée », *Précis de littérature du XVIIe siècle*, *op. cit.*, p. 64.

auraient tout à fait intégré alors la nécessité de la guérison. On peut trouver que cela fait une curieuse fin pour une représentation immémoriale.

L'histoire de la caducité de la pastorale française ne manifeste en rien une nature du genre, qui serait né, aurait crû puis disparu comme les arbres quand ils ont donné leurs fruits. Comme le récit de la musette que chaque poète-berger emprunte puis repose pour construire la tradition bucolique, le mythe de la croissance et de la disparition naturelles des formes poétiques relève de la fable, horatienne en l'espèce[1]. Si l'on veut comprendre pourquoi la littérature des bergeries, des romans de bergers et des tragicomédies pastorales s'est « éclipsée », il faut dire ce qui a disparu avec elle : une énonciation poétique du sens politico-religieux de l'amour, la formulation de questions internes au catholicisme, notamment dans le temps de sa problématique recomposition; mais aussi la formulation d'une distance auctoriale à l'espace public de l'écrit. Peut-on sérieusement postuler que cette disparition aurait été un hasard de l'histoire ou de la nature, quand l'État absolutiste s'est construit sur la réarticulation du théologique et du politique, en même temps que le pouvoir monarchique mettait à distance le modèle politico-religieux du gouvernement[2] ? N'est-ce pas précisément du sens historique d'une telle séparation que parlent encore les textes de la fin du XVIIe siècle quand ils intègrent le « bon temps » des bergers comme archaïsme critique ?

Si certaines images politiques du berger fonctionnent dans la seconde moitié du XVIIe siècle comme des images critiques de la fonction monarchique, d'autres continuent de dire le rapport du monarque à l'amour de ses sujets. Que l'on écoute le prologue pastoral de *Cadmius et Hermione*, l'opéra lyrique de Lully représenté en 1673, année de la mort de Molière, et repris dans une mise en scène baroquisante de Benjamin Lazar, au début de l'année 2008, à l'Opéra comique : ce sont les mêmes craintes énoncées par le peuple des bergers, des nymphes et des satyres devant la possibilité d'un désordre cosmique si le soleil – le Soleil – était masqué par quelque nuage. C'est le même recouvrement de la paix et de l'amour repris par le finale de la tragédie lyrique. Pour n'apparaître qu'avec la musique, les bergers ne sont pas moins essentiels au sens politique du spectacle. Ils en occupent les bords, comme ceux de Lemaire de Belges devant le Temple d'honneur et de vertus, et c'est d'abord et surtout leur voix qui porte la centralité cosmico-politique du roi, appuyée sur les images mythologiques qui l'incarnent.

1. Horace, *Art poétique*, v. 60-73.

2. S. H. de Franceschi, « La genèse française du catholicisme d'État et son aboutissement au début du ministériat de Richelieu », art. cit.

Mais à l'époque où la fonction poétique s'est professionnalisée, ils ne sont plus ni poètes ni même simples « écrivants ».

S'il perd de sa virulence critique et politique, le discours amoureux des bergers perdure bien au-delà des années de la disparition des formes génériques de la pastorale littéraire, dans le discours des arts poétiques : c'est après le milieu du XVIIe siècle qu'on en trouve de nombreux consacrés à la pastorale, à commencer par celui de Fontenelle qui, dès 1688, affirme le sens social de la poésie des bergers[1] ; c'est au XVIIIe siècle que l'on écrit de nouveau des églogues. Et il n'est pas sûr que l'on ne puisse encore, comme j'ai essayé de le faire pour la période du premier XVIIe siècle, proposer une lecture politique des usages d'une forme alors décrite comme antique, chez un André Chénier ou un Marmontel[2]. Mais l'on n'a plus affaire alors à ce croisement, dans l'écriture du texte pastoral, entre la présentation éthique de questions politiques et protestataires et la condition de plume de l'auteur. La poésie est désormais réduite au « littéraire ».

Que le discours amoureux des bergers soit ainsi passé dans les voix des premiers opéras, comme leurs images vont se multiplier au XVIIIe siècle sur les tapisseries, sur la vaisselle que l'on regarde aujourd'hui dans les musées[3], ne signifie pas qu'il était destiné par nature à participer de cette « culture de cour », ni, je l'ai dit, qu'il ait été d'emblée cette culture. Culturaliser *a priori* les objets du discours historique sur l'Ancien Régime est une manière de les déréaliser, de les priver de tout ancrage dans la production du social propre à une époque ; c'est aussi dénier à la production du social sa temporalité et son fondement idéologique. Ces objets montrent bien comment un langage poétique et politique, pas toujours protestataire à l'égard du pouvoir monarchique mais presque toujours décentré, a été intégré aux manifestations de la vie curiale par toutes sortes d'actions qui sont liées à l'histoire de la curialisation des nobles d'Ancien Régime, de la civilisation des mœurs, et de la centralisation du pouvoir monarchique.

Il n'est pas sûr non plus que l'on puisse situer le visible de ces objets sur le même plan que les images produites par les textes qu'on a analysés dans ces pages. Est-ce bien un passé que figuraient ces objets à ceux qui les

1. Fontenelle, *Discours sur la nature de l'églogue* [1688], dans *Œuvres complètes*, t. III, 1967. Et sur la pastoralisation de la mélancolie à partir de la référence poussinienne, J.-L. Haquette, « *Et in Arcadia ego* : modulations mélancoliques de la tradition pastorale entre Lumières et Romantismes », *Études Epistémè*, n° 3, 2003, « Pastorale et mélancolie (XVIe-XVIIIe siècles) » : http://www.etudes-episteme.org/ee/articles.php?lng=fr&pg=188

2. L. Marin, *Détruire la peinture*, *op. cit.*, p. 38-39.

3. A. Fay-Hallé, « Céramique, estampe et littérature à travers un thème favori du XVIIe siècle : les représentations pastorales peuplées de héros », dans *Avatars littéraires de l'héroïsme de la Renaissance aux Lumières*, *op. cit.*, p. 329-333.

pratiquaient chaque jour, comme le troupeau « en bon corps » montrait au fabuliste le tableau intemporel d'une économie archaïque, tout en pointant la proximité encore vive du moment Fouquet ? Faisaient-elles pour eux traces d'une histoire désormais close, souvenirs miniatures d'une époque où les nobles vivaient à une distance bien réelle de la cour ? Ou participaient-elle de l'intégration de cette distance à la noblesse de cour ? Jusqu'à quel point doit-on alors les lire aujourd'hui comme les marques d'une participation active de celle-ci au régime ? Pour le dire autrement : jusqu'à quel point s'agit-il de représentations qu'une histoire saisirait parmi d'autres traces des pratiques des hommes du passé, des images identitaires qu'ils se seraient données de leur existence sociale et politique ? Et jusqu'à quel point ces pratiques sont-elles lisibles comme des actions, dessinées sur une vaisselle de luxe, brodées sur des tapisseries, inscrites dans les prologues et les intermèdes de spectacle ou des airs de cour, qui visent à produire une image éthique, apaisée, des acteurs, nobles pour la plupart en l'occurrence, du monde social ? Des actions de domination, de production d'images éthiques de soi – et alors, la question est de savoir quelle est la part d'historicité présente dans cette production, et ce qui, du passé, se voit encore dans ces images. Le social se représente certes, c'est là une des voies de son affirmation et de sa légitimation. Mais il n'est pas sûr en l'occurrence que les représentations de bergers ne soient pas devenues, à l'âge du triomphe paradoxal de l'absolutisme[1], des actions sans mémoire.

4. L'effort qui a consisté tout au long de ce livre à distinguer le discours éthique des textes pastoraux d'un en-dehors du politique et de l'action, en envisageant les différents aspects de la distance revendiquée par ces textes et par la topique pastorale, *a fortiori* quand elle est arcadienne, a permis de définir l'écrit pastoral comme un mode d'action dans le monde plutôt que comme un fragment d'une histoire des représentations. Pour autant, c'est bien à partir de représentations que j'ai envisagé ces actions : le discours éthique construit de la représentation, la parole des bergers a bien cette réflexivité propre à la représentation de ce qui se pense et se désigne dans le processus même de sa production. L'action de ces écrits est de produire une représentation qui prend en charge la distance qui la fonde. Dès lors, traiter les écrits comme des actions inscrites dans des parcours d'auteurs, comme des occasions de concurrences textuelles, interprétations divergentes du rapport avec l'Italie ou du discours politique sur l'amour, c'est tout autre chose que tenter une histoire des représentations, celles-ci n'étant pas

1. D. Richet, *La France moderne : l'esprit des institutions*, Paris, Flammarion, 1973, p. 57 : « Plus l'absolutisme se renforce, plus il s'affaiblit. »

toujours, je l'ai dit, dans un rapport d'homologie temporelle avec l'histoire qu'on leur fait raconter. C'est en revanche mesurer ce qu'il y a d'action politique dans leur construction, mesurer l'action propre de la représentation, qu'elle soit picturale, textuelle ou verbale. C'est interroger le rapport temporel des écrits à l'intemporalité du *topos*, évaluer leur distance à l'égard de ce dont ils parlent. Traiter la représentation des bergers comme une action, c'était nécessairement ainsi, en la renvoyant chaque fois aux contextes que l'on a pour objet de restituer, faire la part de nos propres représentations de l'Ancien Régime, de la littérature, de l'histoire, voire : de ce qui nous fait travailler sur une période plutôt qu'une autre, de l'érudition et de ce à quoi elle est supposée nous donner accès. Le terme de « représentation » ne reste donc utile ici que dans la mesure où l'on continue d'accepter une extension large de ses emplois.

Un des termes qui revient plus souvent dans ce livre est celui de « lieu », qui renvoie tantôt à des lieux réels dans une congruence avec le *locus amoenus*, tantôt à leur réalisation verbale, tantôt à de simples *topoï* rhétoriques sans référent réel. Dans un texte, une représentation, le moment du lieu est celui où s'esquissent les linéaments d'une histoire : le lieu rhétorique et narratif de la cour constitue la cour en objet d'histoire pour ceux-là même qui en sont les acteurs ; le lieu tragique ou tragicomique de la mort figure de texte en texte un lieu de mémoire de la mélancolie politique des premières années du XVIIe siècle ; enfin, le tombeau (physique, auctorial, poétique) figure le lieu même de la pastorale. En 1651, Nicolas Poussin placera encore ce en quoi j'ai vu le lieu de la mémoire politique des premières années du siècle au centre de sa description distanciée des passions, dans l'éloignement d'un tableau de paysage « avec Pyrame et Thisbé »[1].

La production du lieu est l'objet même de l'histoire en tant qu'elle définit son ancrage disciplinaire et institutionnel[2]. Loin d'être un cadre intemporel que rejoignent chacun des auteurs que l'on a nommés ou de figurer une échappée hors de leur histoire présente, la pastorale est la matière paradoxale d'une production d'histoire, parfois indissociable du sentiment mélancolique d'une historicité. Elle nous figure en cela un lieu essentiel de l'expérience de l'histoire propre aux auteurs de la France d'Ancien Régime.

1. « Paysage avec Pyrame et Thisbé », 1651, huile sur toile, 192,55 × 273,5 cm, Francfort, Städelsches Kunstinstitut.

2. M. de Certeau, *L'Écriture de l'histoire* [1975], Paris, Gallimard, 2002, Ire partie, « Productions du lieu ».

REMERCIEMENTS

Les trois premiers chapitres de ce livre ont été lus avec soin par Marie-Pierre Gaviano, d'autres par Jean-Marc Colrat qui a en outre partagé avec moi son savoir sur les images. L'ensemble a été relu par Christian Jouhaud à un moment où je doutais d'avoir écrit un livre. Élie Haddad a accompagné toutes les étapes de sa conception avec patience et confiance. Je n'oublie pas ce que je leur dois.

BIBLIOGRAPHIE

TEXTES SOURCES

La pastorale, le pastorat, les bergers

1379 : *Le bon berger ou le vray gouvernement des Bergers et Bergères : composé par le rustique Jehan de Brie Le Bon Berger*, réimp. sur l'édition de 1541, éd. P. Lacroix, Paris, Isidore Lisieux, 1879.

1503 : *Le Temple d'Honneur et de Vertus* de Jean Lemaire de Belges, dans *Œuvres*, éd. J. Stecher, 1882-1885, Genève, Slakine Reprints, 1969, t. IV.

1504 : *Arcadia di Jacopo Sannazaro tutta fornita et tratta emendatissima dal suo originale*, Naples, Sigismondo Mayer, rééd. *Arcadia, di Jacobo Sannazaro, secondo i manoscritti e le prime stampe*, éd. M. Scherillo, Loescher, 1888.

– *Arcadia-L'Arcadie*, éd. F. Erspamer et G. Marino, préface Y. Bonnefoy, Paris, Les Belles Lettres, 2004.

1512 : *Les Illustrations de Gaule et Singularitez de Troye* de Jean Lemaire de Belges, dans *Œuvres*, éd. J. Stecher, 1882-1885, Genève, Slatkine Reprints, 1969, t. I.

1531 : Clément Marot, *Eglogue sur le trespas de ma Dame Loyse de Savoie*, dans *Œuvres poétiques complètes*, éd. G. Defaux, « Classiques Garnier », Paris, Bordas, 1990, 2 vol., t. I.

1542 : *Los siete libros de la Diana de Montemayor*, Valencia.

1544 : *L'Arcadie de Messire Jaques Sannazar gentil-homme napolitain excellent Poete entre les modernes, mise d'Italien en Françoys par Jehan Martin [...]*, Paris, Michel Vascosan, rééd. présentée par J.-Cl. Ternaux, « Mémoire des lettres », Reims, Presses universitaires de Reims, 2003.

1550 : Nicolas Bargedé, *La Bergerie d'honneur*, dans *Les Odes penitentes du moins que rien*, Paris, Jehan Longis, 1550.

1559 : *Les Amours pastorales de Daphnis et Chloé escriptes premierement en Grec par Longus, & puis traduictes en François,* Paris, Vincent Sertenas.

1565 : *La Bergerie* de Rémi Belleau, Paris, Gilles Gilles, rééd. dans *Œuvres poétiques II*, G. Demerson (dir.), « Textes poétiques de la Renaissance », Paris, Champion, 2001.

1566 : *Eclogue spirituelle sur l'enfance de Monseigneur Henri, Marquis du Pont, fils premier-nay de Monseigneur Charles, Duc de Lorraine,* par Louis Des-Masures Tournisien, Genève, François Perrin.

1569 : *La Pastorale amoureuse, contenant plusieurs discours non moins proufitables que recreatifs. Avec des descriptions de Paisages*, par François de Belleforest Comingeois, à Paris, Jean Hulpeau, rééd. en fac-similé par M. Gaume, « Images et témoins de l'âge classique », Saint-Étienne, Publications de l'Université de Saint-Étienne, 1980.

1571 : *La Pyrenee, et pastorale amoureuse, contenant divers accidens amoureux, descriptions de païsages, histoires, fables & occurrences des choses, advenues de nostre temps, servant comme l'avant-coureur de l'Adolescence : divisée en deux livres*, par F. de Belleforest Comingeois, Paris, Gervais Mallot, rééd. en fac-similé par M. Gaume, « Images et témoins de l'âge classique », Saint-Étienne, Publications de l'Université de Saint-Étienne, 1980.

1572 : *La Bergerie divisee en une premiere et seconde journee*, de Rémi Belleau, dans *Œuvres poétiques IV*, G. Demerson et M.-Fr. Verdier (dir.), « Textes poétiques de la Renaissance », Paris, Champion, 2001.

1578 : *Les Sept Livres de la Diane de George de Montemayor. Esquelz par plusieurs plaisantes Histoires desguisées souz noms & stil de Pasteurs & Bergeres, sont descrits les variables & estranges effects de l'honneste Amour.* Traduits d'Espagnol en François, Reims, Jean de Foigny [par Nicolas Colin].

1584 : *Aminte, fable bocagere prise de l'italien de Torquato Tasso*, dans *Imitations* de Pierre de Brach, conseiller du Roy & Contrerolleur en sa Chancellerie de Bourdeaus, A tres-haute et vertueuse Princesse, Marguerite de France, Royne de Navarre, Bordeaux, Sébastien Millanges.

1585 : Ollenix du Montsacré [Nicolas de Montreux], *Le premier livre des Bergeries de Julliette. Auquel par les amours des Bergers & Bergeres, l'on void les effects differents de l'amour, avec cinq histoires Comiques, racontées en cinq Journées, par cinq Bergères, & plusieurs Echoz, Enigmes, Chansons, Sonnets, Elegies & Stances. Ensemble une Pastorale en vers François, à l'imitation des Italiens*, Paris, Gilles Beys.

1587 : *Le second Livre des Bergeries de Julliette Auquel comme au premier, sont traictez les divers effects d'Amour, Avec plusieurs Discours moraux, non moins profitables que plaisans, diverses Poësies, tant Sonnets, Echoz, Enigmes, Chansons, Elegies & Stances. Avec cinq Histoires Comiques, discourruës en cinq journees, par cinq Pasteurs. Ensemble les œuvres Poëtiques de la docte Bergere Julliette, de l'invention d'Ollenix du Mont-Sacré Gentil-homme du Maine*, A tres-illustre & vertueux Seigneur, Monseigneur le Duc d'Espernon, Paris, Gilles Beys.

– *Pastorelle sur la victoire obtenue contre les Alemands, reytres, Lansquents, Souysses et Françoys rebelles à Dieu et au Roy treschretien l'an 1587*, à Montbrison, Representée le vingtseptiesme jour de Fevrier 1588, éd. Cl. Longeon, Saint-Étienne, Centre d'études foréziennes, 1976.

1588 : *Mirtilla, pastorale* d'Isabella Andreini, Verona, S. dalle Donne e C. Franceschini.

1591 : *Aminte pastorale de Torquato Tasso,* traduite en prose française par le sieur de la Brosse, Tours, Jamet Mettayer, rééd. Paris, Ressouvenances, 1983.

1592 : *La Dieromène ou le Repentir d'amour pastorale, imitée de l'Italien de L. G. C. D. H. par R. B. G. T.* [Roland Brisset, tourangeau], Tours, M. le Mercier.

1593 : *Le berger fidelle, pastorale de l'Italien du seigneur Baaptiste Guarini, chevalier, en vers et en prose*, Tours, Jamet Mettayer.

1594 : *Le troisième livre des Bergeries de Juliette [...] Ensemble la Diane, Pastourelle ou Fable Boscagere, de l'invention d'Ollenix du Mont-Sacré Gentilhomme du Maine*, Tours, Jamet Mettayer.

1595 : *Le quatriesme livre des Bergeries de Julliette*, Paris, Guillaume Des Rues & Abraham Saugrain.

1596 : *Alcée, pescherie ou comédie marine, en laquelle soubs le nom de pescheurs sont représentées plusieurs naifves passions d'amour* d'Antonio Ongaro, Paris, Pierre Mettayer.

1597 : *L'Arimène ou le berger désespéré*, Guillaume Des Rues & Abraham Saugrain.

– *Les Souspirs de Myrtil et les regrets de Corisque*, Lyon, Jacques Roussin.

1598 : *Le cinquiesme livre des Bergeries de Julliette*, Paris, Guillaume Des Rues & Abraham Saugrain.

– *Les Épîtres morales du seigneur d'Urfé, escuyer & chambellan de S.A. Colonel général de sa Cavalerie & infanterie françoise, & Capitaine de cent Chevaux legers de ses ordonnances, dédiées à son Altesse*, Lyon, Jacques Roussin.

1601 : Giambattista Guarini, *Il Compendio della poesia tragicomica tratto dai due Verati per opera dell'Autore del Pastor Fido*, dans *Il Pastor fido* [...], Venise, Giambattista Ciotti, 1602, rééd. et trad. fr. L. Giavarini, *De la poésie tragicomique*, Paris, Champion, 2008.

1602 : *Myrtille, bergerie* d'Isabelle Andreini, traduit en prose par Adrada, Paris.

1607 : *Les douze premiers livres d'Astrée, où par plusieurs histoires et sous personnes de bergers et d'autres sont déduits les divers effects de l'Honneste amitié*, Paris, Toussaint du Bray.

– *Filli di Sciro, favola pastorale del c. Guidubaldo de'Bonarelli detto l'aggiunto, accademico intrepido, da essa Accademia dedicata Al Seneris. Signor Don Francescomaria Feltrio dalla Rovere, Duca Sesto d'Urbino*, Ferrara, Vittorio Baldini.

1608 : Jean d'Estival, *Le bocasge d'amour, où les rets d'une bergere sont inevitables*, Paris, Jean Millot.

1610 : *L'Amphitheatre pastoral, ou le sacré trophee de la Fleur de lys, triomphante de l'Ambition espagnole,* Poëme bocager de l'invention de Pierre du Pescher Parisien, Paris, Abraham Saugrain.

– *Première partie de L'Astrée de messire Honoré d'Urfé gentilhomme ordinaire de la chambre du Roy, Capitaine de cinquante hommes d'armes de ses Ordonnances, Comte de Chasteau-neuf, Baron de Chasteau-morand, &c. [...]*

Dediée au Roy, Paris, Jean Micard, rééd. J. Micard, 1612 [éd. D. Denis *et alii*, Paris, H. Champion, 2010].

1612 : *L'Astrée d'Honoré d'Urfé, seconde partie*, Paris, Jean Micard.

1613 : Nicolas Chrétien des Croix, *Les Amantes ou la grande pastourelle*, dans *Le Théâtre des tragédies françaises. Nouvellement mis en lumiere,* Rouen, David du Petit Val, 1620.

1618 : Jean Boissin de Gallardon, *Les Urnes vivantes ou les amours de Phelidon et Polibelle, tragipastoralle*, dans *Les tragédies et histoires sainctes*, Lyon, Simon Rigaud.

1619 : *Les Epistres morales et amoureuses de messire Honoré d'Urfé, marquis de Verome, comte de Chasteauneuf, Baron de Chasteau Morand, Chevalier de l'ordre de Savoye, reveu, corrigé & augmenté en ceste derniere edition*, Gilles Robinot, 1619, Genève, Slatkine Reprints, 1973.

– *La troisiesme partie de l'Astrée*, Paris, Olivier de Varennes et Toussaint du Bray.

1623 : *Le Pasteur fidelle, tragicomedie pastorale de Jean-Baptiste Guarini, cavalier tres-illustre, où sont adjoustez plusieurs vers tres-recommandables par les riches conceptions de l'Autheur, & pointes tres-subtilles, le tout trad. d'Italien en vers François par Noble Antoine de Giraud, lyonnois, avec quelques poësies de son invention*, Paris, Sébastien Cramoisy.

1624 : *L'Arcadie de la comtesse de Pembrok. Premiere partie. Composee par Messire Philippes Sidney, chevalier anglois. Et mise en nostre langue par J. Baudoin*, Paris, Toussaint du Bray.

1625 : *L'Arcadie de la comtesse de Pembrok. Seconde partie. Composee par Messire Philippes Sidney, chevalier anglois. Traduite en nostre langue par D. Genevieve Chappellain. Avec enrichissement de Figures*, Paris, Robert Fouet.

– *L'Astrée de messire Honoré d'Urfé [...] ou par plusieurs histoires, & sous personnes de bergers & d'autres, sont deduits les divers effects de l'honneste amitié. Cinquiesme partie,* Paris, Robert Fouet.

1626 : *L'Astrée de messire Honoré d'Urfé [...] ou par plusieurs histoires, & sous personnes de bergers & d'autres, sont deduits les divers effects de l'honneste amitié. Sixiesme partie, dediee à quelques-uns des Princes de l'Empire*, Paris, Robert Fouet, rééd. B. Yon, « Images et témoins de l'âge classique », Saint-Étienne, Presses de l'Université de Saint-Étienne, 1976.

1627 : Honoré d'Urfé, *La Sylvanire ou la morte-vive*, Paris, Robert Fouet, éd. présentée et annotée par L. Giavarini, Paris, Société de Littératures Classiques, 2001.

– *La Vraye Astrée de messire Honoré d'Urfé, ... où, par plusieurs histoires et sous personnes de bergers et d'autres, sont desduits les divers effects de l'honneste amitié.* Quatriesme partie dediee à la Reyne, Mere du Roy, Paris, Vve Olivier de Varennes, Jacques de Sanlecque, François Pomeray et Toussaint du Bray.

– Charles Sorel, *Le Berger extravagant, où parmy des fantaisies amoureuses on void les impertinences des Romans & de la Poësie*, Paris, Toussaint du Bray, éd. Béchade, Genève, Slatkine Reprints, 1972.

– Vincent Borée, *La Justice d'amour* dans *Les princes victorieux, tragédies françaises,* Lyon, Vincent de Cœursilly.
1628 : *La Conclusion et derniere partie d'Astrée, d'apres les vrais Memoires de feu Messire Honoré d'Urfé*, Paris, François Pomeray.
1630 : *La Fillis de Scire du sieur Du Cros*, Paris, Augustin Courbé.
– Sieur de Rayssiguier, *Tragicomedie pastoralle, ou Les amours d'Astree & de Celadon, sont meslees à celles de Diane, de Silvandre & de Paris, avec les inconstances d'Hilas*, Paris, Nicolas Bessin.
1631 : *La Filis de Scire, comedie pastorale tirée de l'italien par le sieur Pichou, dediee à Monseigneur frere unique du Roy*, Paris, François Targa.
1632 : *L'Aminte du Tasse, tragi-comédie pastoralle, accommodée au Theatre François*, par le Sieur de Rayssiguier, Paris, Augustin Courbé.
– *Aminte du Tasse, pastorale. Fidellement traduite de l'Italien en vers François, et enrichie de Figures*, Paris, Pierre Rocolet.
– *Palemon, fable bocagere et pastoralle de Nicolas Frenicle*, Paris, Jacques Dugast.
1633 : *L'anti-roman, où l'Histoire du berger Lysis accompagnée de ses remarques, par Jean de la Lande, poitevin*, Paris, Toussaint du Bray.
1634 : *L'Entretien des illustres bergers, par Nicolas Frenicle*, Paris, Jacques Dugast, rééd. S. Macé, Paris, Champion, 1998.
1653 : Charles Vion d'Alibray, *L'Amour divisé. Discours academique, ou il est prouvé qu'on peut aimer plusieurs personnes, en mesme temps, également, & parfaitement, dedié aux dames*, Paris, Antoine de Sommaville.
1657 : Guillaume Colletet, *Discours du poème bucolique où il est traicté de l'Eglogue, de l'Idyle, et de la Bergerie*, Paris, Louis Chamhoudry.
1659 : P. René Rapin, *Eclogæ cum dissertatione sub carmine pastorali*, Paris, Sébastien Cramoisy.
1669 : *Le Berger fidele, trad. de l'italien... en vers françois par M. de Torche, augmenté en cette nouvelle édition de la 4. scene du 3e acte de la traduction de madame la Comtesse de la Suze*, Paris, Claude Barbin.
– *La Philis de Scire, pastorale du comte Bonarelli, traduite de l'italien en vers françois*, Paris, Jean Ribou.
1688 : Bernard le Bouyer de Fontenelle, *Discours sur la nature de l'églogue*, dans *Œuvres complètes*, t. III, 1967.

Ressources

Le Balet des balets, de l'imprimerie de Claude Hulpeau, dans Paul Lacroix (éd.), *Ballets et mascarades de cour de Henri III à Louis XIV (1581-1652)*, Genève, Slatkine Reprints, 1968, t. III, p. 89-100.
BIDPAÏ, *Le Livre des lumières ou la Conduite des Roys, composé par le sage Pilpay, indien*, traduit en français par David Sahid d'Ispahan [éd. Gilbert Gaulmin], Paris, Siméon Piget, 1644.
BODIN, Jean, *Les six livres de la République*, Paris, Jacques Du Puy, 1576.
BOILEAU, Nicolas, *Œuvres*, éd. A.-Ch. Gidel, Paris, Garnier, 1870, 4 vol., t. I.

CASTIGLIONE, Baldassare, *Il cortegiano* [1528], rééd. *Le Livre du courtisan* [1987], présenté et traduit de l'italien d'après la version de Gabriel Chappuis (1580) par A. Pons, Paris, GF-Flammarion, 1991.

CHAMPIER, Symphorien, *Les gestes ensemble la vie du preulx Chevalier Bayard* [1525], présenté par D. Crouzet, « Acteurs de l'Histoire », Paris, Imprimerie nationale, 1992.

CHAPELAIN, Jean, *Lettre sur la Règle des 24 heures* [1630], dans *Opuscules critiques*, éd. A. C. Hunter revue par A. Duprat, Genève, Droz, 2007.

DESCARTES, René, *Censura quarumdam Epistolarum Domini Balzacii*, dans *Œuvres*, « Correspondance », éd. Charles Adam et Paul Tannery, Paris, Le Cerf, 1897, rééd. Paris, Vrin, 1969-1975.

– *Discours de la brave resistance faite aux rebelles l'an 1567 par madame de Tournon […] escrit premierement en vers latins par Jean Willemin, et depuis trad. en vers françois par ledit Belleforest*, Paris, Jean Hulpeau.

DU BELLAY, Joachim, *La Deffence et illustration de la Langue Françoyse* [1549], éd. H. Chamard introduite par J. Vignes, Paris, STFM, 1997.

DU CROS, Simon, *Histoire de la vie du dernier duc de Montmorency, contenant tout ce qu'il a fait de plus remarquable depuis sa naissance jusques à sa mort par Simon Du Cros*, Paris, Antoine de Sommaville et Augustin Courbé, 1643.

FILLEUL, Nicolas, *Discours […]*, Rouen, Martin le Mesgissie, 1560.

FRENICLE, Nicolas, *Les Œuvres* […], Paris, Toussaint du Bray, 1629.

GUEZ DE BALZAC, Jean-Louis, *Le Prince* [1630], dans *Œuvres, divisées en deux tomes par Valentin Conrart*, Genève, Slatkine Reprints, 1971.

– *L'Hellébore pour nos malcontents, cueilli au jardin d'un anti-Machiavel, et mis en lumière*, Paris, 1632.

HUET, Pierre-Daniel, « Lettre à Melle de Scudéry touchant Honoré d'Urfé et Diane de Châteaumorand », dans *Poétiques du roman. Scudéry, Huet, Du Plaisir et autres textes théoriques et critiques du XVIIe siècle sur le genre romanesque*, éd. C. Esmein, Paris, Champion, 2004, p. 846-859.

LA BRUYÈRE, Jean de, *Les Caractères ou les Mœurs de ce siècle* [1688], éd. M. Escola, Paris, Champion, 1999.

LAUDUN D'AIGALIERS, Pierre de, *L'Art poëtique françois* [1598], éd. J.-Ch. Monferran (*et alii*), Paris, STFM, 2000.

LÉRY, Jean de, *Histoire d'un voyage faict en la terre de Brésil* [1578], éd. F. Lestringant, « Bibliothèque classique », Paris, Librairie générale française, 1994.

– *La Magnificence de la superbe et triomphante entrée de la noble et antique cité de Lyon faicte au Treschretien roy de France Henry deuxiesme de ce nom, et a la Royne Catherine son épouse le XXIII de septembre MDXVIII*, Lyon, G. Rouille.

MALHERBE, Pierre de, *Les larmes de Saint-Pierre, imitées du Tansille,* Paris, L. Breyel, 1596.

MÉDICIS, Catherine de, *Lettres*, publiées par M. le Comte Hector de la Ferrière, t. II, 1563-1566, Paris, Imprimerie nationale, 1885.

MONLUC, Adrien de, comte de Cramail, *Les Pensées du Solitaire*, Paris, Augustin Courbé, 1629, repris dans *Œuvres*, éd. M. Kramer, Paris, Champion, 2009.

MORGUES, Mathieu de, *Diverses pièces pour la défence de la royne mère du roy très chrestien Louys XIII*, jouxte la copie faite à Anvers, 1637.

PASQUIER, Étienne, *Les Lettres [...] contenans plusieurs belles matieres & discours sur les affaires d'Estat de France, & touchant les guerres civiles, tome second*, Paris, Laurent Sonius, 1619.

PATRU, Olivier, « Éclaircissemens sur l'histoire de *L'Astrée* », dans *Playdoyers et œuvres diverses de Monsieur Patru de l'Academie Françoise*, Paris, Sébastien Mabre-Cramoisy, 1681.

PELLISSON, Paul, *Histoire de l'Académie française depuis son établissement jusqu'à 1652 [...] avec des remarques et des additions*, Paris, Coignard Fils, dans *Histoire de l'Académie Française de MM. Pellisson et d'Olivet*, éd. Ch.-L. Livet, Paris, Didier, 1858.

PÉTRARQUE, *De la Vie solitaire* [1346], traduit du latin par P. Maréchaux, « Petite bibliothèque Rivages », Paris, Payot, 1999.

PISAN, Christine de, *Le Livre des fais et bonnes meurs du sage Roy Charles V* [1404], publié pour la Société de l'Histoire de France par S. Solente [1936], Paris-Genève, Slatkine-Champion, 1977.

PLATON, *Le Politique ou de la royauté*, dans *Œuvres complètes*, éd. L. Robin, « Bibliothèque de la Pléiade », Paris, Gallimard, 1950.

RETZ, cardinal de, *Mémoires*, « Classiques Garnier », Paris, Librairie générale française, 1998 [1987].

RIPA, Cesare, *Iconologie où les principales choses qui peuvent tomber dans la pensée touchant les vices sont representées, gravées en cuivre par Jacques de Bie, et moralement expliquées par Jean Baudoin*, Paris, L'Autheur, 1636.

ROSSET, François de, *Les Histoires mémorables et tragiques de ce temps* [1619], éd. A. Vaucher Gravili, Paris, Librairie générale française, 1994.

La Satyre Ménippée de la Vertu du Catholicon d'Espagne et de la tenue des Estats de Paris, éd. M. Martin, Paris, Champion, 2007.

SCALIGER, *Poetices libri septem*, Lyon, A. Vicentium, 1561.

SÉBILLET, Thomas, *Art poétique français* [1548], dans F. Goyet (éd.), *Traités de poétique et de rhétorique de la Renaissance*, Paris, Librairie générale française, 1990.

SOREL, Charles, *Histoire comique de Francion* [1633], éd. F. Garavini, « Folio », Paris, Gallimard, 1996.

– *De la connoissance des bons livres ou examen de plusieurs autheurs*, Paris, André Pralard, 1671.

TAVERNIER, Jean-Baptiste, *Les six voyages [...] qu'il a faits en Turquie, en perse et aux Indes*, Paris, Clouzier, 1676.

TIGEOU, Jean, *La Conjonction des armes et des lettres des deux tres illustres princes Lorrains Charles Cardinal de Lorraine, Archevesque & Duc de Rheims, & Françoys Duc de Guise*, [...] Reims, Jean de Foigny, 1579.

Les Morales de Torquato Tasso, où il est traitté : de la Cour, de l'Oisiveté, de la Vertu des dames illustres, de la Vertu héroyque, du Mariage, de la Jalousie, de l'Amour, de l'Amitié, de la Compassion et de la Paix, traduites par Jean Baudouin, Paris, Augustin Courbé, 1632.

URFÉ, Antoine d', *L'Honneur, premier Dialogue du Polemophile. Avec deux Epistres appartenantes à ce traicté : l'une de la preference des Platoniciens aux autres Philosophes : l'autre des degrez de perfection*, Lyon, Jacques Roussin, 1592.

URFÉ, Honoré d', *La triomphante entrée de tresillustre dame madame Magdeleine de la Rochefoucauld, espouse de hault et puissant seigneur messire Just-Lois de Tournon, seigneur et baron dudict lieu, comte de Roussillon, etc., faicte en la ville et université de Tournon, le dimenche vingtquatriesme du moys d'avril 1583*, Lyon, Jean Pillehotte.

– *Les Épîtres morales [...]*, Lyon, Jacques Roussin, 1598.

– « Jugement sur l'Amedeide, poeme du seigneur Gabriel Chiabrera », *Giornale ligustico di archeologia, stotia e letteratura*, anno XXI, fasc. I-II, Genova, 1896, p. 150-183.

VIAU, Théophile de, *Les Amours tragiques de Pyrame et de Tisbé,* dans *La Seconde partie des Œuvres du sieur Theophile,* Paris, Pierre Billaine, 1623, rééd. Jean Martin, 1626.

VION D'ALIBRAY, Charles, *L'Amour divisé. Discours academique, ou il est prouvé qu'on peut aimer plusieurs personnes, en mesme temps, également, & parfaitement,* Paris, Jean Guignard, 1651.

TRAVAUX CRITIQUES

Études sur la pastorale, les bergers, le pastorat

ALPERS, Paul, *The Singer of the Eglogues : a Study of Virgilian Pastoral*, Berkeley-Los Angeles, 1976.

ANACLETO, Maria Teixeira, « L'étude des textes traduits et la réception littéraire. Lectures de *Los siete libros de la Diana* en France », *Dedalus. Revista portuguesa de Literatura Comparada*, n° 1, APOOLC, Cosmos, 1991, p. 245-276.

BLANCHARD, Joël, *La Pastorale en France aux XIVe et XVe siècles. Recherches sur les structures de l'imaginaire médiéval*, « Bibliothèque du XVe siècle », Paris, Champion, 1983.

BLOCKER, Déborah, « *Costumi, virtù e onestà* : la question des "mœurs" dans *le Pastor fido* et sa querelle », dans B. Meniel (dir.), *Éthiques et formes littéraires à la Renaissance*, journée d'études du 19 avril 2002, Centre d'études supérieures de la Renaissance, Paris, Champion, 2006, p. 137-156.

BOCHET, Henri, *L'Astrée, ses origines, son importance dans la formation de la littérature classique*, Genève, Slatkine Reprints, 1967.

BOILLET, Danièle, « Paradis perdus et retrouvés dans l'*Arcadie* de Sannazaro », dans A. Rochon (dir.), *Villes et campagnes à la Renaissance*, II. *Le courtisan travesti*, Centre de Recherche sur la Renaissance italienne, CNRS, Paris, Université de la Sorbonne Nouvelle, 1977, p. 13-29.

BURY, Emmanuel, « Les deux cultures d'Honoré d'Urfé dans *L'Astrée* : entre idéologie nobiliaire et *païdeia* humaniste », *XVIIe siècle*, n° 235, 2007, p. 315-323.

BÜTTGEN, Philippe, « Théologie politique et pouvoir pastoral », *Annales HSS*, 2007/5, p. 1129-1154.

CAUCHIE, Maurice, « Les églogues de Nicolas Frenicle et le groupe littéraire des Illustres bergers », *Revue d'histoire de la philosophie*, 1942.

CORTI, Maria, « Le tre redazioni dell'*Arcadia* », *Giornale storico della letteratura italiana*, CXXXI, 1954, p. 305-351.

– « *Il codice bucolico e* "l'Arcadia" *di Jacopo Sannazaro* », dans *Metodi e fantasmi*, « Critica e filologia », Milan, Feltrinelli Editore, 1969, p. 281-304.

CREMONA, Isida, *L'Influence de l'*Aminta *sur la pastorale dramatique française*, Paris, Vrin, 1977.

DANDREY, Patrick, « Séduction du pouvoir : La Fontaine, le Berger et le Roi », *Cahiers de littérature du XVIIe siècle*, n°8, Université de Toulouse Le Mirail, 1986, p. 9-33.

DANIELA DALLA VALLE, *Pastorale barocca. Forme e contenuti dal* Pastor Fido *al dramma pastorale francese*, Ravenne, Longo Editore, 1973.

DAUVOIS, Nathalie, *De la Satura à la Bergerie. Le prosimètre pastoral en France à la Renaissance et ses modèles*, Paris, Champion, 1998.

DELACOURCELLE, Doris, *Le Sentiment de l'art dans la Bergerie de Rémi Belleau*, Oxford, Blackwell, 1945.

DENIS, Delphine (dir.), *Lire L'Astrée*, actes du colloque de Paris IV (4-6 oct. 2007), « Lettres françaises », Paris, Presses universitaires de Paris Sorbonne, 2008.

DOTOLI, Giovanni, « Per una interpretazione socio-politica della *Sylvie* di Jean Mairet », *Il teatro al tempo di Luigi XIII*, « Quaderni del seicento francese », I, Bari-Paris, Adriatica-Nizet, 1974, p. 13-64.

DUPONT, Florence, « Préface » de Virgile, *Les Bucoliques, les Géorgiques*, « Folio », Paris, Gallimard, 1997.

FABRE, Daniel, « Le berger des signes », dans D. Fabre (dir.), *Écritures ordinaires*, Paris, POL-Centre Georges Pompidou-BPI, 1993, p. 269-313.

– « Une culture paysanne », dans A. Burguière et J. Revel (dir.), *Histoire de la France*, t. IV, « Les formes de la culture », Paris, Seuil, 1989, p. 123-216.

FONTAINE, Marie-Madeleine, « Les Guises et les bergers », dans B. Méniel (dir.), *Éthiques et formes littéraires à la Renaissance,* journée d'études du 19 avril 2002, Centre d'études supérieures de la Renaissance, Paris, Champion, 2006.

FOUCAULT, Michel, « *A verdade e as formas juridicas* », traduit par J.W. Prado Jr., *Cadernos da P.U.C.*, n° 16, juin 1974, p. 5-133, conférences à l'Université pontificale catholique de Rio de Janeiro, du 21 au 25 mai 1973 ; « La vérité et les formes juridiques », dans *Dits et écrits, 1954-1988*, éd. D. Defert et F. Ewald (dir.), 4 vol., t. II, 1970-1975, « Bibliothèque des Sciences Humaines », Paris, Gallimard, 1994, p. 538-646.

– « “*Omnes et singulatim*” : vers une critique de la raison politique », dans *Dits et écrits, 1954-1988*, éd. D. Defert et F. Ewald (dir.), 4 vol., t. IV, 1970-1975, « Bibliothèque des Sciences Humaines », Paris, Gallimard, 1994, p. 134-161.

– *Sécurité, territoire, population. Cours au Collège de France. 1977-1978*, éd. F. Ewald et A. Fontana (dir.), « Hautes Études », Paris, Gallimard-Seuil, 2004.

FUMAROLI, Marc, « Le retour d'Astrée », dans J. Mesnard (dir.), *Précis de littérature française du XVIIe siècle*, Paris, PUF, 1990.

Le Genre pastoral en Europe du XVe au XVIIe siècles, actes du colloque de Saint-Étienne (sept.-oct. 1978), Publications de l'Université de Saint-Étienne, 1980.

GIAVARINI, Laurence, « Imitation et satire : sur la motivation pastorale de récriture de la mythologie dans *Le Berger extravagant* de Charles Sorel (1627) », *Textuel*, n° 33, automne 1997, « Thèmes et figures mythiques. L'héritage classique », p. 113-125.

– « Du fantasme à l'expérience. Plaisir et conversion de l'imagination mélancolique dans *L'Astrée* d'Honoré d'Urfé (1607-1619) », *Littératures classiques*, n° 45, automne 2001, « L'imagination », P. Ronzeaud (dir.), p. 157-177.

– « Quel homme de lettres fut Torquato Tasso à la cour de Ferrare ? Sur les enjeux des clés poétiques de l'*Aminta* (1573) », *Littératures classiques*, n° 54, 2005, « Lectures à clef », M. Bombart et M. Escola (dir.), p. 207-220.

– « Vertus héroïques, politiques de la pastorale. Autour de la figure du duc de Montmorency (1595-1632) », dans Ph. de Lajarte (dir.), *Avatars littéraires de l'héroïsme de la Renaissance au Siècle des Lumières*, *Elseneur*, n° 20, « Textes – Histoire – Langages », Caen, Presses universitaires de Caen, 2005, p. 249-274.

– « Une poétique du mélange dans l'*Astrée*? D'Urfé lecteur de Guarini », dans D. Denis (dir.), *Lire l'Astrée*, actes du colloque de Paris IV (4-6 oct. 2007), Paris, PUPS, 2008, p. 29-40.

– « Exemples de corps : les lieux du sommeil dans *L'Astrée*? », *Camenae*, n° 5, automne 2008, « Les visages contradictoires du sommeil de l'Antiquité au XVIIe siècle », V. Leroux et Ch. Pigné (dir.), http://www.paris-sorbonne.fr/fr/spip.php?article8615.

– « Écrire la vertu du chef ligueur. *Les Bergeries de Julliette* de Nicolas de Montreux et le duc de Mercœur (1585-1598) », dans E. Buron et B. Meniel (dir.), *Le duc de Mercœur. Les armes et les lettres (1558-1602)*, actes du colloque de Rennes (21-22 octobre 2005), Rennes, Presses universitaires de Rennes, 2009, p. 219-236.

– « La querelle du *Pastor fido*, un “modèle” pour les débats français ? », dans E. Hénin (dir.), *Les Querelles théâtrales en France (XVIe-XVIIIe siècles)*, actes du colloque de Reims (oct. 2006), « La République des Lettres », Louvain, Peeters, 2010, p. 25-39.

GRAZIOSI, Elisabetta, *Aminta 1573-1580. Amore e matrimonio a casa d'Este*, Lucca, Pacini Fazzi, 2001.

HENEIN, Eglal, *La Fontaine de la vérité d'amour ou les promesses de bonheur dans L'Astrée d'Honoré d'Urfé*, Paris, Klincksieck, 1999.

– « Les vicissitudes de la quatrième partie de "*L'Astrée*" », *Revue d'histoire littéraire de la France*, n° XC, 1990, p. 883-898.

HULUBEI, Alice, *L'Églogue en France au XVIe siècle. Époque des Valois (1515-1589)*, Paris, Droz, 1938.

JEANNERET, Michel, « Les œuvres d'art dans la *Bergerie* de Belleau », *Revue d'histoire littéraire de la France*, vol. LXX, n° 1, 1970, p. 1-13.

JOUHAUD, Christian, « Compte rendu de J.-P. van Eslande, *L'Imaginaire pastoral du XVIIe siècle* », *Annales HSS*, 2000/5, p. 1149-1151.

JOUKOVSKY-MICHA, Françoise, « Tombeaux et offrandes rustiques chez les poètes français et latins du XVIe siècle », *Bibliothèque d'humanisme et Renaissance*, XXVII, 1965, p. 226-247.

KOCH, Paule, « Du nouveau sur *l'Astrée* », *Revue d'histoire littéraire de la France*, 1972/3, p. 385-399.

LAVOCAT, Françoise, *Arcadies malheureuses. Aux origines du roman moderne*, « Bibliothèque de littérature générale et comparée », Paris, Champion, 1998.

– « Lectures à clefs de l'*Arcadia* de Sannazar et de *L'Astrée* d'Honoré d'Urfé. Allégorie et fiction dans le roman pastoral », *Littératures classiques*, n° 54, 2005, « Lectures à clef », M. Bombart et M. Escola (dir.), p. 29-44.

LYONS, John D., « *Don Juan and the false shepherd* », dans *A Theatre of Disguise. Studies in French Baroque Drama (1630-1660)*, Columbia, South Carolina, French Literature Publications Company, 1978, p. 139-159.

MACÉ, Stéphane, *L'Eden perdu. La pastorale dans la poésie française de l'âge baroque*, Paris, Champion, 2002.

MARIN, Louis, « Panoksky et Poussin en Arcadie », dans *Sublime Poussin*, « L'ordre philosophique », Paris, Seuil, 1995, p. 106-125.

– *Détruire la peinture*, « Écriture/figures », Paris, Galilée, 1977 ; rééd. « Champs arts », Paris, Flammarion, 1997.

MARSAN, Jules, *La Pastorale dramatique en France à la fin du XVIe siècle et au commencement du XVIIe siècle*, Paris, Hachette, 1905.

MAURI, Daniela, « L'Aminta du Tasse traduite par Charles Vion d'Alibray », dans D. Dalla Valla (dir.), *Pastorale italiana. Pastorale francese*, atti del Seminario Interuniversitario (Fribourg-Chambéry-Turin, 1994-1995), Alessandria Italia, Edizioni dell'Orso, 1996.

MONGA, Luigi, *Le Genre pastoral au XVIe siècle : Sannazar et Belleau*, Paris, Éditions universitaires, 1974.

PANOFSKY, Erwin, « *Et in Arcadia ego.* Poussin et la tradition élégiaque », dans *L'Œuvre d'art et ses significations. Essais sur les « arts visuels »* [*Meaning in the visual arts. The Renaissance : artist, scientist, genius*, 1955], traduit de l'anglais par M. et B. Teyssèdre, « Bibliothèque des Sciences Humaines », Paris, Gallimard, 1969, p. 278-302.

PIEL, Dietmar, *Untersuchungen zur Staats und Herrschaftsmetaphorik in literarischen Zeugnissen von der Antike bis zur Gegenwart*, Munich, Wilhem Fink Verlag, 1983, p. 29-165.

PINTARD, René, « Pastorale et comédie héroïque chez Richelieu », *Revue d'histoire littéraire de la France*, juil.-sept. 1964, p. 447-448.

REISS, Timothy J., « A Poetics of Cultural Dismay », *Journal of the Institute of Romance Studies*, 1, 1992, p. 165-192.

RIEU, Josiane, « *La Bergerie* de Rémi Belleau : une fête poétique à la gloire des Guises », dans Y. Bellenger (dir.), *Le Mécénat et l'influence des Guises*, actes du colloque de Reims, Paris, Champion, 1997, p. 251-277.

RIVARA, Anne, « La problématique de l'insertion d'un modèle culturel : deux traductions d'*Arcadia*, (1625) », *Littératures classiques*, nº 25, 1990, « La traduction au XVIIe siècle », p. 147-162.

SANCIER-CHÂTEAU, Anne, *Une Esthétique nouvelle. Honoré d'Urfé correcteur de « L'Astrée » (1607-1625)*, Genève, Droz, 1995.

SANTOS, Tomas Gonzalo, *Lecturas y lectores de L'Astrée*, Salamanque, Universidad de Salamanca, 1989.

STRAUCH-NGATOUM, Edmée, « Les éditions du *Pastor fido* en France au temps de la cour médicéenne : de la scène au salon », dans Fr. Decroisette (dir.), *Voyages des textes de théâtre Italie-France-Italie*, « Essais et Savoirs », Vincennes, Presses universitaires de Vincennes, 1998, p. 17-37.

VAN ELSLANDE, Jean-Pierre, *L'Imaginaire pastoral du XVIIe siècle*, « Perspectives littéraires », Paris, PUF, 1999.

WEITZ, Margaret Collins, « François de Belleforest's *La Pyrenée* : The First French Pastoral Novel », *Renaissance Quaterly*, XXXI, 1978/3, p. 322-330.

WINE, Kathleen, *Forgotten Virgo. Humanisme and Absolutism in Honoré d'Urfé's "L'Astrée"*, Genève, Droz, 2000.

YON, Bernard, « Les deux versions de la *Sylvanire* d'Honoré d'Urfé », *Revue d'histoire littéraire de la France*, nº 77, 1977, p. 399-416.

Autres

ABÉLARD, Jacques, « Les *Illustrations de Gaule* de Jean Lemaire de belges. Quelle Gaule ? Quelle France ? Quelle nation ? », *Nouvelle Revue du Seizième Siècle*, nº 13, 1995/1, p. 7-27.

ADAM, Antoine, *Histoire de la littérature française au XVIIe siècle*, « Bibliothèque de l'Évolution de l'Humanité », Paris, Albin Michel, 1997 [1948], 3 vol.

– *Théophile de Viau et la libre pensée française*, Genève, Slatkine Reprints, 1965.

AGAMBEN, Giorgio, *Stanze. Parole et fantasme dans la culture occidentale* [*Stanze. La parola e il fantasma nella cultura occidentale*, Turin, Einaudi, 1977], traduit de l'italien par Y. Hersant, « Bibliothèque Rivages », Paris, Payot, 1994 [1981].

BALSAMO, Jean, *Les Rencontres des Muses. Italianisme et anti-italianisme dans les Lettres françaises de la fin du XVIe siècle*, « Bibliothèque Franco Simone », Genève, Slatkine, 1992.

BARBERIS, Walter, *Traditions militaires des Savoie. Aristocraties sociales et cultures de la guerre du XVIe au XIXe siècle*, thèse EHESS, 1988.

BATANY, Jean, « L'apologue social des strates libidinales : « dui chevalier vont chevauchant… », dans D. Buschinger (dir.) *Le Récit bref au Moyen Âge*, actes du colloque d'Amiens (27-29 avril 1979), Centre d'Études Médiévales, Paris, Champion, 1979, p. 129-152.

BAYON, Jacqueline, *Les Urfé en Forez. Une famille, des destins*, Saint-Étienne, Publications de l'Université de Saint-Étienne, 2004.

BEAUNE, Colette, *Naissance de la nation France*, « Bibliothèque des Histoires », Paris, Gallimard, 1985.

– *Le Miroir du pouvoir*, « BNP », Paris, Hervas, 1989.

BENVÉNISTE, Émile, « Le langage et l'expérience humaine » [1985], dans *Problèmes de linguistique générale*, Paris, Gallimard, 1974, 2 vol., t. II.

BERNARD, Auguste, *Les D'Urfé. Souvenirs historiques et littéraires du Forez au XVIe et XVIIe siècles*, Paris, Imprimerie nationale, 1839.

BLOCKER, Déborah, « Jean Chapelain et les *lumières de Padoue*. L'héritage italien dans les débats français sur l'utilité du théâtre (1585-1640) », *Littératures classiques*, n° 37, automne 1999, « De l'utilité de la littérature », A. Viala (dir.), p. 97-116.

— et HADDAD, Élie, « Protections et statut d'auteur à l'époque moderne : formes et enjeux des pratiques de patronage dans la querelle du *Cid* (1637) », *French Historical Studies*, n° 31, 2008/3, p. 381-416.

— et HADDAD, Élie, « De la scène à la diplomatie : usages de l'écriture lorsque Mairet quitte le théâtre (1639-1643) », *Littératures classiques*, n° 65, été 2008, « Le théâtre de Jean Mairet », B. Louvat (dir.), p. 49-63.

BOMBART, Mathilde, *Guez de Balzac et la querelle des « Lettres » : écriture, polémique et critique dans la France du premier XVIIe siècle*, « Lumière classique », Paris, Champion, 2007.

BOSCO, Grabriella, « L'epico d'Urfé, cortigiano sabaudo », dans M. Masoero, S. Mamino e Cl. Rosso (dir.), *Politicà e cultura nell'età di Carlo Emanuele I*, Turin-Paris-Madrid, Leo S. Olschki, 1999, p. 263-273.

BOUCHERON, Patrick, « "Tournez les yeux pour admirer, vous qui avez le pouvoir, celle qui est peinte ici". La fresque du *Bon Gouvernement* d'Ambrogio Lorenzetti », *Annales HSS*, 2005/6, p. 1137-1199.

BOUREAU, Alain, *Le simple Corps du roi. L'impossible sacralité des souverains français (XVe-XVIIIe siècles)*, « Le temps et l'histoire », Paris, Les Éditions de Paris, 2000 [1988].

BOUTIER Jean, DEWERPE Alain, NORDMAN Daniel, *Un Tour de France royal. Le voyage de Charles IX (1564-1566)*, « Collection historique », Paris, Aubier, 1984.

BRAY, René, *La Formation de la doctrine classique en France*, Paris, Nizet, 1945.

BUTTERS, Gerhardt, « La théorie des topiques comme modèle de production du texte. Quelques hypothèses sur E.R. Curtius et le *Grant et vray art de pleine Rhetorique* de Pierre Le Fèvre », dans P. Wunderli (dir.), *Du Mot au texte*, actes du IIIe colloque international sur le moyen français (Düsseldorf, 1980), Tübingen, Gunter Narr, 1982, p. 263-275.

CASSIN, Barbara, « L'histoire chez Sextus Empiricus », dans A.-J. Vœlke (dir.), *Le Scepticisme antique. Perspectives historiques et systématiques*, actes du colloque international de Lausanne (1-3 juin 1988), Genève-Lausanne-Neuchâtel, *Cahiers de la revue de théologie et de philosophie*, nº 15, 1990, p. 123-138.

– *L'Effet sophistique*, « Essais », Paris, Gallimard, 1995.

CASTOR, Grahame, *La Poétique de la Pléiade. Étude sur la pensée et la terminologie du XVIe siècle* [*Pléiade Poetics, a Study in Sixteenth-century Thought and Terminology,* Cambridge, 1964], traduit de l'anglais par Y. Bellenger, Paris, Champion, 1998.

CAVAILLÉ, Jean-Pierre, « Adrien de Monluc, dévot ou libertin », *Les dossiers du Grihl, Libertinage, athéisme, irreligion. Essais et bibliographie*, mis en ligne le 24 septembre 2007, http://dossiersgrihl.revues.org/document1362.html

CAVE, Terence, « La muse publicitaire dans les *Odes* de 1550 », dans Y. Bellenger, J. Céard, D. Ménager, M. Simonin (dir.), *Ronsard en son IVe anniversaire. Ronsard hier et aujourd'hui*, Actes du colloque international Pierre de Ronsard, « Travaux d'Humanisme et Renaissance », Genève, Droz, 1988, p. 9-16.

– *Cornucopia. Figures de l'abondance au XVIe siècle : Érasme, Rabelais, Ronsard, Montaigne* [*The Cornucopian Text. Problems of Writing in the French Renaissance*, Oxford, Clarendon Press, 1979], « Argô », Paris, Macula, 1997.

– *Pré-histoires I. Textes troublés au seuil de la modernité*, « Les Seuils de la modernité », Genève, Droz, 1999.

CÉARD, Jean, *La Nature et les prodiges. L'insolite au XVIe siècle en France,* Genève, Droz, 1977.

CERTEAU, Michel de, *La Fable mystique*, 1. *XVIe-XVIIe siècles*, « Bibliothèque des Histoires », Paris, Gallimard, 1982 ; rééd. « TEL », Paris, Gallimard, 1987.

– *L'Écriture de l'histoire* [1975], Paris, Gallimard, 2002.

– *Le Lieu de l'autre. Histoire religieuse et mystique*, Paris, Gallimard-Seuil, 2005.

CHARLES-DAUBERT, Françoise, « La fortune de Cremonini chez les libertins érudits », dans E. Riondato e A. Poppi (dir.), *Cesare Cremonini : aspetti del pensiero e scritti*, Padoue, Accademia galileiana di scienze, lettere ed arti in Padova, 2000, p. 169-191.

CHARTIER, Roger, « La noblesse et les États de 1614 : une réaction aristocratique », dans R. Chartier et D. Richet (dir.), *Représentation et vouloir politiques. Autour des états généraux de 1614*, « Recherche d'Histoire et de Sciences Sociales », Paris, Éditions de l'EHESS, 1982, p. 112-126.

CHARTROU, Josèphe, *Les Entrées solennelles et triomphales à la Renaissance (1484-1551)*, Paris, PUF, 1928.

CHASTEL, André, « Melancholia in the Sonnets of Lorenzo », *Journal of the Warburg and Courtauld Institutes*, nº 8, 1945, p. 11-67.

–*Art et humanisme à Florence au temps de Laurent le Magnifique. Études sur la Renaissance et l'humanisme platonicien*, Paris, PUF, 1982 [1958].

COLARD, Jean-Max, « La conversation tempérée : devis et passions dans le *Courtisan* de Castiglione », dans Fr. Lecercle et S. Perrier (dir.), *La Poétique des passions à la Renaissance. Mélanges offerts à Françoise Charpentier*, Paris, Champion, 2001, p. 111-123.

COLRAT, Jean, « Entre vie et mort : figures troubles de la mort. Giacometti, Cotan, Zurbaran », *Revue d'études esthétiques*, « Figures de l'art, 5. L'art des figures », 1999-2001, p. 195-211.

CONSTANT, Jean-Marie, *La Noblesse en liberté* XVIe-XVIIe *siècles,* Rennes, Presses universitaires de Rennes, 2004.

CORNETTE, Joël, *La Mélancolie du pouvoir : Omer Talon et le procès de la raison d'État,* Paris, Fayard, 1998.

CORNILLIAT, François et LOCKWOOD, Richard, *Ethos et pathos. Le statut du sujet rhétorique*, actes du colloque international de Saint-Denis (19-21 juin 1997), Paris, Champion, 2000.

CORSARO, Antonio, *Percorsi dell'incredulità. Religione, amore, natura nel primo Tasso*, Rome, Salerno editrice, 2003.

COSANDEY, Fanny, *La Reine de France. Symbole et pouvoir* XVIe-XVIIe *siècles*, « Bibliothèque des Histoires », Paris, Gallimard, 2000.

— et DESCIMON, Robert, *L'Absolutisme en France. Histoire et historiographie*, « Histoire en débats », Paris, Seuil, 2002.

COX-REARICK, Janet, *Dynasty and Destiny in Medici Art. Pontormo, Leo X, and the two Cosimos*, Princeton, Princeton University Press, 1984.

CROUZET, Denis, *La Nuit de la Saint-Barthélemy. Un rêve perdu de la Renaissance*, « Chroniques », Paris, Fayard, 1994.

–*Le Haut Cœur de Catherine de Médicis. Une raison politique au temps de la Saint-Barthélemy*, « Histoire », Paris, Albin Michel, 2005.

CURTIUS, Ernst Robert, *La Littérature européenne et le Moyen Âge latin* [*Europaïsche Literatur und lateinisches Mittelalter*, Bonn, 1948], traduit de l'allemand par J. Bréjoux, « Agora », Paris, PUF, 1991 [1956].

DAELE, Rose-Marie, *Nicolas de Montreux. Arbiter of European Literary Vogues of the Late Renaissance*, New York, The Moretus Press, 1946.

DE FRANCESCHI, Sylvio Hermann, « La genèse française du catholicisme d'État et son aboutissement au début du ministériat de Richelieu. Les catholiques zélés à l'épreuve de l'affaire Santarelli et la clôture de la controverse autour du pouvoir pontifical au temporel (1626-1627) », *Annuaire-Bulletin de la Société de l'Histoire de France*, année 2001, Paris, Champion, 2003, p. 19-63.

–*Raison d'État et raison d'Église. La France et l'Interdit vénitien (1606-1607) : aspects diplomatiques et doctrinaux*, Paris, Champion, 2009.

DEIERKAUF-HOLSBOER, Wilma, *Vie d'Alexandre Hardy, poète du roi (1572-1632)*, Paris, Nizet, 1972.

DEMANDT, Alexander, *Metaphern für Geschichte. Sprachbilder und Gleichnisse im historisch-politischen Denken*, Munich, CH Becksche Verlagsbuchhandlung, 1978.

DEMONET, Marie-Luce, « La motivation des genres dans *La Poétique* de Scaliger », *Acta Scaligeriana*, colloque d'Agen, 1986, p. 129-141.

DESCIMON, Robert, « La réconciliation des Hotman protestants et catholiques (des années 1580 aux années 1630) », dans Th. Wanegffelen (dir.), *De Michel de L'Hospital à l'édit de Nantes. Politique et religion face aux Églises*, Clermont-Ferrand, Presses universitaires Blaise-Pascal, 2002, p. 529-562.

— et GUÉRY, Alain, « Fondations : l'État monarchique et la construction de la nation France », dans A. Burguière et J. Revel (dir.), *Histoire de la France*, Paris, Seuil, 1989, 4 vol., t. II, « L'État et les pouvoirs », p. 271-286.

— et JOUHAUD, Christian, *La France du premier XVIIe siècle, 1594-1661*, « Histoire », Paris, Belin Sup, 1996.

— et RUIZ IBÁÑEZ, José Javier, *Les Ligueurs de l'exil. Le refuge catholique français après 1594*, « Époques », Seyssel, Champ Vallon, 2005.

DE SMET, Ingrid, « Vers, prose et prosimètre dans les satires néo-latines et françaises du XVIIe siècle : polarité, hybridisme ou symbiose fortunée ? », *Littératures classiques*, n° 24, printemps 1995, « La satyre en vers au XVIIe siècle », p. 65-81.

DE VOS, Wim, *Le Singe au miroir. Emprunt textuel et écriture savante dans les romans comiques de Charles Sorel*, « Études littéraires françaises », Tübingen, Gunter Narr Verlag, 1994.

DEVYVER, André, *Le Sang épuré. La naissance du sentiment et de l'idée de « race » chez les gentilhommes français de l'ancien régime (1560-1720)*, Bruxelles, Éditions de l'Université, 1973.

DEWALD, Jonathan, *Aristocratic Experience and the Origins of Modern Culture. France 1570-1715*, Berkeley, University of California Press, 1993.

DIEFENDORF, Barbara, *Paris City Councillors in the Sixteenth Century. The Politics of Patrimony*, Princeton, Princeton University Press, 1983.

– « Give us Back our Children : Patriarchal Authority and Parental Consent to Religious Vocations in Early Counter-Reformation France », *Journal of Modern History*, n° 68, juin 1996, p. 265-307.

Dizionario biografico degli Italiani, Rome, Istituto della Enciclopedia Italiana, Società Grafica Romana, 1990.

DUBOIS, Claude-Gilbert, *Celtes et Gaulois au XVIe siècle. Le développement littéraire d'un mythe nationaliste*, Paris, Vrin, 1972.

DUBOST, Jean-François, *Marie de Médicis. La reine dévoilée*, Paris, Payot, 2009.

DU BLED, Victor, *La Société française du XVIe siècle au XXe siècle*, t. 1, Paris, Perrin, 1903.

DU CREST, Aurélie, *Modèle familial et pouvoir monarchique (XVIe-XVIIIe siècles)*, « Histoire des Idées et des Institutions politiques », Marseille, Presses universitaires de Marseille, 2002.

DUCROT, Oswald, *Le Dire et le Dit*, Paris, Minuit, 1984.

DUPONT, Florence, *L'Invention de la littérature: de l'ivresse grecque au texte latin*, Paris, Éditions de la Découverte, 1994.

DUPRONT, Alphonse, « Réformes et modernité », *Annales ESC*, n° 39, 1984/4, p. 747-768; rééd. dans *Genèses des Temps modernes. Rome, les Réformes et le Nouveau Monde*, Paris, Gallimard-Seuil, 2001, p. 123-146.

ELIAS, Norbert, *La Société de cour* [*Die höfische Gesellschaft*, 1969], traduit de l'allemand par P. Kamnitzer, Paris, Calmann-Lévy, 1974; rééd. « Champs », Paris, Flammarion, 1986.

– *La Civilisation des mœurs* [*Über den Prozess der Zivilisation*, 1969], traduit de l'allemand par P. Kamnitzer, Paris, Calmann-Lévy, 1973; rééd. « Agora », Paris, Presses Pocket, 1976.

FERNANDEZ-LACÔTE, Hélène, *Les Procès du cardinal de Richelieu. Droit, grâce et politique sous Louis le Juste*, « Époques », Seyssel, Champ Vallon, 2010.

FLEGES, Amaury, « "Je ravie le mort", tombeau littéraires en France à la Renaissance », dans D. Moncond'huy (dir.), « Le Tombeau poétique en France », *La Licorne*, n° 29, 1994, p. 71-142.

FORESTIER, Georges, « De la modernité anti-classique au classicisme moderne. Le modèle théâtral 1628-1634 », *Littératures classiques*, n° 19, 1993, « Qu'est-ce qu'un classique ? », A. Viala (dir.), p. 87-128.

FOUCAULT, Michel, « Qu'est-ce qu'un auteur? » [1969], dans *Dits et écrits*, éd. D. Defert et F. Ewald, « Bibliothèque des Sciences Humaines », Paris, Gallimard, 1994, 4 vol., t. I, p. 789-809.

FUMAROLI, Marc, *L'Âge de l'éloquence: rhétorique et res literaria de la Renaissance au seuil de l'époque classique*, Genève, Droz, 2002 [1980].

– *Héros et orateurs. Rhétorique et dramaturgie cornéliennes*, Genève, Droz, 1996 [1990].

GAL, Stéphane, *Lesdiguières. Prince des Alpes et connétable de France*, « La pierre et l'écrit », Grenoble, Presses universitaires de Grenoble, 2007.

GALLY, Michèle, « Le huitième art. Les clercs du XIIIe siècle nouveaux maîtres du discours amoureux », *Poétique*, n° 75, sept. 1988, p. 279-295.

GARIN, Eugenio, *Moyen Âge et Renaissance* [*Medioevo e rinsacimento*, Rome-Bari, Gius. Laterza & Figli Spa, 1954, 1985, 1987], traduit de l'italien par Cl. Carme, « TEL », Paris, Gallimard, 1989 [1969].

GARRIGUES, Véronique, *Adrien de Monluc (1571-1646). D'encre et de sang*, Limoges, Pulim, 2006.

GAUCHET, Marcel, *Philosophie des sciences historiques. Le moment romantique*, « Points », Paris, Seuil, 2002.

GIAVARINI, Laurence, « Mélancolie, sang et signes. Notes sur le lieu du trouble dans *Pyrame et Thisbé* de Théophile de Viau et *Phèdre* de Jean Racine », dans E. Grossman et N. Piegay-Gros (dir.), *Traversée de la mélancolie*, actes du colloque de Jussieu, « Carnets », Paris, Séguier, 2000, p. 85-111.

– « Le libertin et la fiction-sorcière à l'âge classique: autour de Dom Juan et Théophile », dans Fr. Lavocat (dir.), *Usages et théories de la fiction XVIe-XVIIIe siècles*, Rennes, Presses universitaires de Rennes, 2004, p. 185-218.

– « L'effroi de voir et le pouvoir de la peinture. Sur "Paysage avec Orphée et Eurydice" de Nicolas Poussin (c. 1648) », dans B. Bercoff et F. Fix (dir.), *Mythes en images : Médée, Orphée, Œdipe*, « Écritures », Dijon, Éditions universitaires de Dijon, 2007, p. 61-76.

– *Construire l'exemplarité. Pratiques littéraires et discours historiens (XVIe-XVIIIe siècles)*, actes du colloque de Dijon (mars 2006), Dijon, Éditions universitaires de Dijon, 2008.

– « "*Chacun qui voit mes vers, s'il a les yeux d'un homme/Connaîtra son portrait combien qu'on le nomme.*" (Satire première, v. 65-66). De quoi "Théophile"est-il l'exemple ? », *Cahiers Textuels*, nº 32, P. Debailly et Fl. Dumora (dir.), *Les Œuvres poétiques de Théophile de Viau. « Écrire à la moderne »*, Université de Paris VII, novembre 2008, p. 41-55.

— et HADDAD, Élie, « L'art de la dédicace selon Jean Mairet », *Littératures classiques*, nº 65, automne 2008, B. Louvat (dir.), « Le théâtre de Jean Mairet », p. 35-48.

GIESEY, Ralph, *Cérémonial et puissance souveraine. France, XVe-XVIe siècles* [conférences de nov. et déc. 1985], traduit de l'anglais par J. Carlier, « Cahiers des Annales », Paris, Armand Colin, 1987, p. 36-37.

GINZBURG, Carlo, *Le Fromage et les vers. L'univers d'un meunier du XVIe siècle* [*Il Formaggio e i vermi : il cosmo d'un mugnaio del '500*, Turin, Einaudi, 1976], traduit de l'italien par M. Aymard, Paris, Aubier, 1980.

GODARD DE DONVILLE, Louise, *Le Libertin des origines à 1665 : un produit des apologètes*, Paris-Seattle-Tübingen, *Papers on French Seventeenth Century Literature*, « Biblio 17 », 1989.

– « Théophile et son milieu dans les années précédant son procès », dans R. Duchêne (dir.), *Théophile de Viau*, actes du colloque en hommage à Guido Saba, Paris-Seattle-Tübingen, *Papers on French Seventeenth Century Literature*, « Biblio 17 », 1991, p. 31-44.

GOODY, Jack, *L'Évolution de la famille et du mariage en Europe* [*The Development of the Family and Marriage in Europe*, 1983], Paris, Armand Colin, 1985.

GOYET, Francis, *Le Sublime du « lieu commun ». L'invention rhétorique dans l'Antiquité et à la Renaissance*, Paris, Champion, 1996.

GRAZIANI, Françoise, « Sur le chemin du Tasse. La fidélité du traducteur selon Vigenère, Baudouin et Vion d'Alibray », dans *L'Arioste et le Tasse en France au XVIe siècle*, « Cahiers V.L. Saulnier », Paris, Éditions de la rue d'Ulm, 2003, p. 203-216.

HAASE-DUBOSC, Danielle, *Ravie et enlevée. De l'enlèvement des femmes comme stratégie matrimoniale au XVIIe siècle*, « Histoire », Paris, Albin Michel, 1999.

HADDAD, Élie, « Le cas et le récit. Réflexions sur les rapports entre écriture de l'histoire, histoire religieuse et historiographie chez Michel de Certeau », dans Ph. Büttgen et Ch. Jouhaud (dir.), *Lire Michel de Certeau. La formalité des pratiques*, *Zeitsprünge* 12, Francfort, Vittorio Klostermann, 2008, p. 217-231.

– *Fondation et ruine d'une maison. Histoire sociale des comtes de Belin (1582-1706)*, « Histoire », Limoges, Pulim, 2009.

HANLEY, Sarah, « Engendering the State : Family Formation and State Building in Early Modern France », *French Historical Studies*, 1989, 16/1, p. 4-27.

HAWCROFT, Michael, « Le théâtre français et le livre illustré », dans L. F. Norman, Ph. Desan, R. Strier (dir.), *Du Spectateur au lecteur. Imprimer la scène aux XVIe et XVIIe siècles*, Paris, Presses universitaires de Paris-Sorbonne-Schena Editore, 2002, p. 317-348.

HÉLOT-LÉCROART, Dominique, *Le Domaine de Richelieu à Rueil de 1600 à 1800*, Maury, Société Historique de Malmaison, 1985.

HOFFMANN, Georges, *La Carrière de Montaigne* [*Montaigne's career*, Oxford, Clarendon Press, 1998], traduit par P. Gauthier et G. Hoffmann, Paris, Champion, 2009.

HUPPERT, George, « Naissance de l'histoire en France : les *Recherches de la France* d'Étienne Pasquier », *Annales HSS*, n° 23, 1968, p. 69-105 ; rééd. dans *L'Idée de l'histoire parfaite*, Paris, Flammarion, 1972 [1970], p. 31-76.

ILINE, Anastasia, *François le Métel de Boisrobert (1592-1662) écrivain et homme de pouvoir,* thèse de l'École des Chartes, 2004.

JOUANNA, Arlette, *Le Devoir de révolte. La noblesse française et la gestation de l'État moderne (1559-1661)*, « Nouvelles Études Historiques », Paris, Fayard, 1989.

– *La Saint-Barthélemy. Les mystères d'un crime d'État*, « Les journées qui ont fait la France », Paris, NRF-Gallimard, 2007.

— *et alii*, *Histoire et dictionnaire des guerres de Religion*, « Bouquins », Paris, Robert Laffont, 1998.

JOUHAUD, Christian, « Imprimer l'événement : La Rochelle à Paris », dans R. Chartier (dir.), *Les Usages de l'imprimé (XVe-XIXe siècles)*, Paris, Fayard, 1987, p. 381-438.

– « Sur le statut d'homme de lettres au XVIIe siècle : la correspondance de Jean Chapelain (1595-1674) », *Annales HSS*, 1994/2, p. 311-347.

– *Pouvoirs de la littérature. Histoire d'un paradoxe*, Paris, NRF-Gallimard, 2000.

– « Une "religion du roi" équivoque. *Le Prince* de Jean-Louis Guez de Balzac », dans R. Halevi (dir.), *Le Savoir du Prince du Moyen Âge aux Lumières*, Paris, Fayard, 2002, p. 175-196.

JOUHAUD, Christian et VIALA, Alain (dir.), *De la publication. Entre Renaissance et Lumières*, Paris, Fayard, 2002.

JOUKOVSKY, Françoise, *Poésie et mythologie au XVIe siècle. Quelques mythes de l'inspiration chez les poètes de la Renaissance*, Paris, Nizet, 1969.

KAUFMANN, Laurence et GUILHAUMOU, Jacques (dir.), *L'Invention de la société. Nominalisme politique et science sociale au XVIIIe siècle*, « Raisons pratiques », Paris, Éditions de l'EHESS, 2004.

KOSELLECK, Reinhart, *Le Futur passé : contribution à la sémantique des temps historiques* [*Zur Semantik geschichtlicher Zeiten*, Frankfort, 1979], traduit de l'allemand par J. Hoock et M.-Cl. Hoock, Paris, Éditions de l'EHESS, 1990.

– « Mutation de l'expérience et changement de méthode. Esquisse historico-anthropologique », dans *L'Expérience de l'histoire*, « Hautes Études », Paris, Gallimard-Seuil, 1997, p. 201-247.

LECERCLE, François, « L'infigurable. Le corps entre théologie des images et théorie de l'art », dans J. Céard, M.-M. Fontaine, J.-Cl. Margolin (dir.), *Le Corps à la Renaissance*, actes du XXXe colloque de Tours, Paris, Aux Amateurs de Livre, 1987, p. 173-186.

LECOINTE, Jean, *L'Idéal et la différence. La perception de la personnalité littéraire à la Renaissance*, Genève, Droz, 1993.

– « Les consignes éthiques des manuels d'art épistolaire », dans Fr. Cornilliat et R. Lockwood (dir.), *Ethos et pathos. Le statut du sujet rhétorique*, Actes du colloque international de Saint-Denis (19-21 juin 1997), Paris, Champion, 2000, p. 349-356.

LECOQ, Anne-Marie, *François Ier imaginaire. Symbolique et politique à l'aube de la Renaissance française*, « Art et Histoire », Paris, Macula, 1987.

LINDNER, Hermann, « Rhétorique, poésie, mécénat : "Le Procès" de Ronsard, contre le Cardinal de Lorraine », dans Y. Bellenger (dir.), *Le Mécénat et l'influence des Guises*, Actes du colloque de 1994, Paris, Champion, 1997, p. 405-423.

LONGEON, Claude, *Les Écrivains foréziens du XVIe siècle. Répertoire bio-bibliographique*, Saint-Étienne, Centre d'études foréziennes, 1970.

– *Une Province française à la Renaissance : la vie intellectuelle en Forez au XVIe siècle*, Saint-Étienne, Centre d'études foréziennes, 1975.

MAGENDIE, Maurice, *La Politesse mondaine et les théories de l'honnêteté en France au XVIIe siècle de 1600 à 1660,* Paris, Alcan, 1925, 2 vol.

MARIÉJOL, Jean-Hippolyte, *Charles-Emmanuel de Savoie, duc de Nemours, gouverneur du Lyonnais, Beaujolais et Forez (1567-1595),* Paris, Hachette, 1938.

MARIN, Louis, *Le Récit est un piège*, Paris, Minuit, 1970.

– *De la Représentation*, « Hautes Études », Paris, Gallimard-Seuil, 1994.

– *Politiques de la représentation*, « Collège International de Philosophie », Paris, Kimé, 2005.

MAURI, Daniela, « Vion d'Alibray, tra Arcadia e tragedia », dans E. Mosele (dir.), *Dalla tragedia rinascimentale alla tragicommedia barocca. Esperienze teatrali a confronto in Italia e in Francia*, atti del Convegno Internazionale di Studio, Verona-Mantova, 9-12 ottobre 1991, Schena editore, 1993, p. 255-266.

MAURIN, Fabrice, *Pour une histoire de la bibliothèque du cardinal de Richelieu*, mémoire de l'Université de Paris I, N. Lemaître (dir.), 2006.

MÉNAGER, Daniel, *Ronsard. Le roi, le poète et les hommes*, « Travaux d'Humanisme et Renaissance », Genève, Droz, 1979.

MERLIN, Hélène, *Public et littérature en France au XVIIe siècle,* « Histoire », Paris, Les Belles Lettres, 1995.

– *L'Excentricité académique. Littérature, institution, société*, « Histoire », Paris, Les Belles Lettres, 2001.

MERLOTTI, Andrea, « Politique dynastique et alliances matrimoniales de la Maison de Savoie au XVIIe siècle », *XVIIe siècle*, n° 243, 2009/2, p. 239-255.

MESNARD, Jean, « Richelieu et le théâtre », dans *Richelieu et le monde de l'esprit*, Paris, Chancellerie des Universités en Sorbonne, 1985.

MOREAU, Isabelle, *« Guérir du sot ». Les stratégies d'écriture des libertins au XVIIe siècle*, Paris, Champion, 2007.

MORGAIN, Stéphane-Marie, *La Théologie politique de Pierre de Bérulle (1598-1629)*, Paris, PubliSud, 2001.

NAYA, Emmanuel, *Rabelais. Une anthropologie humaniste des passions*, « Philosophies », Paris, PUF, 1998.

OSSOLA, Carlo, *Miroirs sans visage : du courtisan à l'homme de la rue* [*Dal "Cortegiano" all' Uomo di mondo*, Turin, 1987], traduit de l'italien par N. Sels, Paris, Seuil, 1997.

PAVEL, Thomas, *L'Art de l'éloignement*, « Folio », Paris, Gallimard, 1996.

PENZI, Marco, « "*Damnatio memoria*" : la Ligue catholique française e la storiografia tra politiques, rivoluzionari, mistici e liberali », *Quaderni storici*, n° 118, avril 2005, p. 263-284.

PETRUCCI, Armando, *Le scritture ultime. Ideologia della morte e strategie dello scrivere nella tradizione occidentale*, Turin, Einaudi, 1995.

PINTARD, René, *Le Libertinage érudit dans la première moitié du XVIIe siècle*, Paris, Boivin, 1943 ; rééd. Genève, Slatkine Reprints, 1983.

POCOCK, John Greville Agard, *Le Moment machiavélien. La pensée politique florentine et la tradition républicaine atlantique* [*The Machiavelian Moment. Florentine Political Thought and the Atlantic Republican Tradition*, Princeton University Press, 1975], traduit de l'anglais par L. Borot, « Léviathan », Paris, PUF, 1997.

RANCIÈRE, Jacques, « La rime et le conflit. La politique du poème », dans B. Marchal et J.-L. Steinmetz (dir.), *Mallarmé ou l'obscurité lumineuse*, « Savoir : lettres », Paris, Hermann, 1999, p. 115-142.

– *La Haine de la démocratie*, Paris, La Fabrique, 2005.

RENOUX-ZAGAMÉ, Marie-France, *Du Droit de Dieu au droit de l'homme*, « Léviathan », Paris, PUF, 2003.

REVEL, Jacques, « La Cour », dans P. Nora (dir.), *Les Lieux de mémoire*, II. 3. *La Nation*, « Quarto », Paris, Gallimard, 1986.

RICHET, Denis, *La France moderne : l'esprit des institutions*, Paris, Flammarion, 1973.

RICŒUR, Paul, *La Mémoire, l'histoire, l'oubli*, « Essais », Paris, Seuil, 2000.

ROBIC-DE BAECQUE, Sylvie, *Le Salut par l'excès. Jean-Pierre Camus (1584-1652), la poétique d'un évêque romancier*, Paris, Champion, 1999.

ROSELLINI, Michèle, « *Le Berger extravagant* : critique de l'imagination ou imagination critique ? », *Littératures classiques*, n°45, printemps 2002, « L'imagination au XVIIe siècle », P. Ronzeaud (dir.), p. 180-205.

SCHAPIRA, Nicolas, *Un Professionnel des lettres au XVIIe siècle. Valentin Conrart : une histoire sociale*, « Époques », Seyssel, Champ Vallon, 2003.

SENELLART, Michel, *Les Arts de gouverner : du regimen médiéval au concept de gouvernement*, Paris, Seuil, 1995.

SFEZ, Gérald, « Machiavel, la raison des humeurs », *Rue Descartes. Passions et politique*, Paris, Albin Michel, 1995, p. 11-37.

SIMONIN, Michel, « Ronsard à Bar-le-Duc : notes sur le texte primitif et la représentation des "mascarades" (7 mai 1564) », *Revue d'histoire littéraire de la France*, janv.-fév. 1987, p. 99-109.

– *Vivre de sa plume au XVIe siècle ou la carrière de François de Belleforest*, Genève, Droz, 1992.

SKINNER, Quentin, *L'Artiste en philosophie politique : Ambrogio Lorenzetti et le « Bon Gouvernement »* [*Ambrogio Lorenzetti : the Artist as Political Philosopher*, Londres, British Academy, 1986], traduit de l'anglais par R. Christin, « Cours et travaux », Paris, Raisons d'Agir, 2003.

TOMLINSON, Philip, « Jean Mairet et Gaston d'Orléans », *XVIIe siècle*, n° 130, janv.-mars 1981, p. 25-35.

VAN DAMME, Stéphane, *L'Épreuve libertine. Enquête sur une économie du soupçon dans la France absolutiste*, Paris, CNRS, 2008.

VIALA, Alain, *Naissance de l'écrivain*, « Le sens commun », Paris, Minuit, 1985.

VIVANTI, Corrado, *Guerre civile et paix religieuse dans la France d'Henri IV* [*Lotta politica e pace religiosa in Francia fra cinque e seicento*, Turin, 1963], traduit de l'italien par L.-A. Sanchi, Paris, Desjonquères, 2006.

WIND, Edgar, *Mystères païens de la Renaissance* [*Pagan mysteries in the Renaissance*, London, Faber & Faber, 1958; rééd. augmentée et revue Oxford, Oxford University Press Paperback, 1980], traduit de l'anglais par P.-E. Dauzat, « Bibliothèque Illustrée des Histoires », Paris, Gallimard, 1992.

WORMS, Éric, *Histoire de la philosophie du XXe siècle. Moments*, « Folio-Essais », Paris, Gallimard, 2009.

YATES, Frances A., *L'Art de la mémoire* [*The Art of memory*, 1966], traduit de l'anglais par D. Arasse, « Bibliothèque illustrée des histoires », Paris, Gallimard, 1975.

– *Astrée, le symbolisme impérial au seizième siècle* [*Aestrea. The Imperial Theme in the Sixteenth Century*, Londres, Ark Paperbacks, 1975], traduit de l'anglais par A. Huraut et J.-Y. Pouilloux, Paris, Belin, 1989.

ZEMON DAVIS, Nathalie, *Les Cultures du peuple : rituels, savoirs et résistances au XVIe siècle* [*Society and culture in early modern France*, Stanford, 1975], traduit de l'américain par M.-N. Bourguet, Paris, Aubier Montaigne, 1979.

INDEX NOMINUM

Figurent en italiques les noms « fictifs » (pseudonymes de personnes réelles, d'auteurs, divinités allégorisées, noms de personnages de fiction), en caractères romains les noms de personnes réelles, et en capitales les noms de lieux (réels et fictifs).

TABLE DES MATIÈRES

PASSAGE

L'ÉVÉNEMENT *ASTRÉE*

Achevé d'imprimer par Corlet Numérique - 14110 Condé-sur-Noireau
N° d'Imprimeur : 73598 - Dépôt légal : octobre 2010 - *Imprimé en France*